Enzo Bianchi

# Wir sind nicht besser

Das Ordensleben in der Kirche
und inmitten der Menschen

Enzo Bianchi

# Wir sind nicht besser

## Das Ordensleben in der Kirche und inmitten der Menschen

Aus dem Italienischen übersetzt
von Hermann J. Benning

eos

Umschlagabbildung:
Renate Menneke , „Durchbruch", Öl und Acryl auf Papier


Das Original wurde unter dem Titel
*Non siamo migliori*
*La vita religiosa nella Chiesa, tra gli uomini*
im Jahr 1995 veröffentlicht in den Edizioni Qiqajon, Bose

Aus dem Italienischen übersetzt
von Hermann J. Benning


mail@eos-verlag.de | www.eos-verlag.de

ISBN 978-3-8306-7499-3

Bibliografische Information der Deutschen Bibliothek
Die Deutsche Bibliothek verzeichnet diese Publikation in der Deutschen Nationalbibliografie; detaillierte bibliografische Angaben sind im Internet unter http://dnb.ddb.de abrufbar.

Umschlaggestaltung: Rosemarie Fischer, Präsenz Kunst & Buch
Druck und Bindung: Pustet Verlag und Druck
Printed in Germany

*Meinen Brüdern und Schwestern,*
*von denen ich Tag für Tag die Nachfolge des Herrn lerne*
*und mit denen ich die Barmherzigkeit des Herrn erfahre!*

# Inhalt

## Dritter Teil
## Das Zeichen

# Einleitung

Im mittlerweile fernen 1974 begegnete ich Michele Pellegrino, ein Jahr, nachdem wir mit sechs Brüdern und Schwestern in gemeinsamer Profess der Kirche gegenüber unseren Willen bekundet hatten, im Zölibat und gemeinschaftlichen Leben treu zu bleiben in unserer Antwort auf die Berufung, die wir vom Herrn bekommen hatten. Der Kardinal, seinerzeit Erzbischof von Turin und Garant unserer innigen Verbundenheit mit der katholischen Kirche, sagte mir: „Warum schreibst du nicht ein Buch über das Ordensleben? Das würde mir helfen, es besser zu verstehen. Die Krise ist ja so tiefgreifend, dass eine Stimme aus einer neuen Form monastischen Lebens hilfreich sein könnte.“ Unsicher schmiedete ich daraufhin als Antwort an der Idee, eine Reihe von Vorlesungen über die Theologie des Ordenslebens zu veröffentlichen, die ich im Studienzentrum der Jesuiten in Turin gehalten hatte. Ich fand auch einen Titel, jenes *Wir sind nicht besser*, das ich jetzt wieder aufgreife. Doch aus dem Vorhaben wurde nichts, denn zu groß waren meine Befürchtungen, Dinge zu sagen, die sich nur auf einen Teil des Volkes Gottes und nicht auf alle Getauften beziehen.

Ein Jahrzehnt später ließ ich mich mit nicht geringen Vorbehalten darauf ein, in dem Sammelband *Il mantello di Elia*[a] einige Vorträge über das monastische Leben zu veröffentlichen. Ich hatte sie für die Brüder und Schwestern meiner Kommunität gehalten und ihnen vorausgeschickt, dass es sich um einfache „Orientierungen zur Berufung, zum Leben in Gemeinschaft, zum Gehorsam und zur be-

a Anm. des Übersetzers: d.h. *Der Mantel des Elija* – keine deutsche Übersetzung des Buches vorhanden.

ständigen Treue handelt. Sie richten sich an jene, die sich dem monastischen Leben verschrieben haben, berühren aber die Radikalität des Evangeliums, die von jedem gefordert ist, der an Christus glaubt. Die Nuancen mögen verschieden sein, in der Substanz aber gibt es nur ein christliches Leben, im Zölibat wie in der Ehe." Zum Zeichen meiner Dankbarkeit für das, was dies für mich und die Kommunität bedeutet hatte, widmete ich es dem inzwischen verstorbenen, hochverehrten Kardinal Pellegrino, nunmehr stiller Zeuge für den teuren Preis der Gnade und für die Radikalität des Evangeliums, die in der Nachfolge des Herrn von jedem gefordert ist.

Von jener Zeit an begann ich „über meine Berufung nachzudenken" (vgl. 1 Kor 1,26), um deren Authentizität, ihre Übereinstimmung mit dem Willen des Herrn, ihre Lesbarkeit innerhalb der Kirche und inmitten der Menschen zu prüfen. Seither hatte ich vielfältig Gelegenheit, mir Gedanken über das Ordensleben zu machen, nicht nur mit den Brüdern und Schwestern, die den Weg in Bose mit mir gehen, sondern auch mit Ordenschristen verschiedener Konfessionen und Länder, mit Angehörigen unterschiedlicher Orden und Traditionen. Ich konnte die Sorgen und Hoffnungen im Blick auf das Ordensleben mit der Kirche mitempfinden (*sentire cum ecclesia*), als es 1994 Thema einer Bischofssynode war. Daraus entstand das Nachsynodale Apostolische Schreiben *Vita consecrata.* Vor allem aber war da für mich die Treue des Herrn gleichsam mit Händen greifbar, wie er das Leben seiner Kirche begleitet. Persönlich lernte ich den Glauben und dessen konsequentes Leben gemäß dem Evangelium von Männern und Frauen vieler Nationen kennen, Zeugen der christlichen Radikalität, Mahnung an das Evangelium für ihre Brüder und Schwestern innerhalb und außerhalb der Kirche.

Im Lichte dieses Weges kam mir der Gedanke, meine Überlegungen in drei Schwerpunkte thematisch zu gliedern, die sie seit jeher bestimmt haben:

- *die Identität*: Wer ist der Christ, der seine eigene Berufung aus der Taufgnade in der Dimension des Zölibats für das Reich Gottes und für das Leben in Gemeinschaft lebt?
- *das Leben*: Was beseelt und beinhaltet dieses Leben? Durch welche Strukturen führt das Wehen des Geistes, der es trägt?
- *das Zeichen*: Welche Botschaft wollen wir der Kirche und Welt vermitteln? Welche Wahrheit wollen wir bezeugen?

Darüber hinaus scheint es mir dienlich, bei diesen Gedankengängen von folgenden drei Prämissen auszugehen:

- vom Einfluss des Konzils auf das Ordensleben;
- von den ursprünglichen Wurzeln des Mönchtums;
- von der Einheit zwischen „kontemplativem“ und „apostolischem“ Leben.

# Das Konzilsereignis und das Ordensleben

Kurz nach dem „neuen Pfingsten", das Papst Johannes angekündigt und gewollt hatte, machte ich mich selbst auf den Weg des monastischen Lebens. Deshalb kann der Ausgangspunkt meiner Gedanken nur das Zweite Vatikanum sein mit jenen Orientierungen, die es für das Ordensleben gegeben hat. Ich hege keineswegs den Anspruch, die Lehrverkündigung des Konzils über das Ordensleben zu bewerten. Doch ich glaube, dass gesagt werden muss, dass das *Konzilsereignis als solches* für die Erneuerung des Ordenslebens größeres Gewicht hatte als die Orientierungen im VI. Kapitel der *Lumen Gentium*, im Dekret *Perfectae caritatis* und in *Instituta religiosa* (den 1966 veröffentlichten Ausführungsbestimmungen). Das VI. Kapitel der Dogmatischen Konstitution *Lumen Gentium* über die Ordensleute ist nach dem Urteil vieler Kommentatoren der am wenigsten aussagekräftige Teil der gesamten Konstitution. Das Dekret *Perfectae caritatis* erweist sich als Text ohne prophetische Qualität, während die Ausführungsbestimmungen die Tiefe der Erneuerung des Ordenslebens gemäß dem Evangelium nicht wirklich in den Blick nehmen. Die Krise, die auf dem Ordensleben lastete und immer noch lastet, beruht auch auf diesem *Vakuum*, auf diesem Mangel an nachhaltigen prophetischen Orientierungen, die das Konzil in anderen Bereichen sehr wohl gegeben hat.

Es ist das *Konzilsereignis*, das zusammen mit dem Wandel in der Gesellschaft an den Wurzeln des Ordenslebens gerüttelt hat; doch den Texten, die davon handeln, ist schwerlich eine Begeisterung für die Erneuerung und eine nachhaltige Orientierung im Blick auf die Identität und Sendung der Ordenschristen in der Kirche heute zu entnehmen. Der Grund dafür liegt meines Erachtens darin, dass das

Ordensleben ohne adäquates Bewusstsein seines eigenen Charismas in die Zeit des Konzils hineingeriet. Bezeichnenderweise haben Ordenschristen einen wesentlichen Beitrag zum Konzil geleistet, vor allem als Theologen zu bestimmten Themen, die die Kirche berührten, aber nicht das Ordensleben. Die Notwendigkeit, auf der allgemeinen Berufung zur Heiligkeit zu beharren – eine Notwendigkeit, die ich für *legitim*, *unabdingbar* und *absolut* halte –, hat vielleicht letztlich dazu geführt, dass sich seitens der Konzilsväter ein gewisses Desinteresse am Ordensleben breit machte. Sie hatten vor sich Ordensvertreter, die generell dazu neigten, in allen Fragen den *Status quo* beizubehalten. Der mühsame Weg, den das Konzilsdekret zu gehen hatte, ist ein Indiz mangelnder Klarheit und Anreize. Im Konzil war keine tatsächliche Beziehung zwischen den Ausprägungen der Ortskirchen und denen des Ordenslebens zu spüren. Den Ordenschristen mangelte es an Vertrauen im Blick auf ihre charismatische Präsenz, und man war weit entfernt von der Erkenntnis des Wertes der Botschaft des Ordenslebens für die Menschen und für die Welt.

Schon Pius XII. hatte die Ordenschristen als „ecclesiae praedilectionis filii“ [Lieblingskinder der Kirche] bezeichnet; in der Zwischenzeit aber wurden sie aufgefordert, sich an der apostolischen Arbeit direkt zu beteiligen. Das Konzil hatte dazu mit den historischen Entwicklungen im Hintergrund nicht mit aller Klarheit Stellung bezogen. So weitete sich der Einsatz im Apostolat ohne grundlegende Differenzierung vom Diözesanklerus immer mehr aus. Deshalb stellt sich die Frage, worin das charakteristische *Proprium* des Lebens vieler Orden und Kongregationen besteht, zumal sich auch im Weltklerus Tendenzen zum gemeinschaftlichen Leben und Handeln abzeichnen.

Auch das lastete auf der mangelnden Klärung dessen, was das Ordensleben heute ausmacht und welche Bedeutung der Vielfalt der Ordensfamilien in der Gegenwart beizumessen ist. Die Einheit des Ordenslebens wurde nicht in ihrer tiefen eigenen Identität gesehen, in dem, worin es heute besteht. Es kam vielmehr zum Ausdruck in einer Konvergenz all dessen, was das „operative Geschäft“ betrifft. So wurde auch die Pluralität auf einer tiefen Ebene, nämlich *der Strukturen* des Ordenslebens, nicht klar herausgearbeitet. Es wurde auf eine Unterscheidung von angeblich besonderen „Spiritualitäten“ reduziert, beziehungsweise auf die Mannigfaltigkeit der Ziele und Zwecke, die in Wahrheit zusammenwirken und in Einheit zusammenfließen. In den Konzilstexten kam es ferner nicht zu einem Neudenken des Ordenslebens im Bezug zur Ortskirche, zu den Diözesen. Es wurde lediglich der schwache und nicht sonderlich überzeugende Versuch einer Verteidigung der Exemtion gemacht. Hinsichtlich bestimmter Orden ist dies gewiss zu rechtfertigen; doch das muss, soll es authentisch sein, der Aktualität entsprechen und darf nicht schlichtweg auf im Laufe der Jahrhunderte erworbenen Vorrechten beruhen. Eine solche Rechtfertigung ohne Bezug zur Gegenwart ist nicht nachvollziehbar.

Gesagt werden muss ferner, dass das Konzil den Bischöfen nicht den Platz gezeigt hat, den die Ordenschristen in der Kirche haben. Demzufolge verkennen die Bischöfe – abgesehen von einigen Ausnahmen und trotz des Versuchs einer Klärung in einem späteren Dokument (1978) – die Präsenz des Ordenslebens praktisch weiter, solange es nicht um Aktivitäten im Apostolat, um den pastoralen Notstand in der Kirche geht. Folglich ist das Ordensleben als solches in der Planung des kirchlichen Lebens inmitten der Menschen heute nicht selten einseitig einbezogen. In der Hinsicht haben Orientierungskriterien aus einem gesicherten theologischen Kern gefehlt. Zusammen mit dem Mangel einer Theologie der Ortskirche hat dieses Verständnis zwar zwangsläufig zu einem allgemeinen gegenseitigen Wohlwollen sowie zu bestimmten Formen der Solidarität in der Seelsorge geführt. Darin mögen gemeinsame Ziele übereinkommen, doch eine Bewusstseinsbildung im Blick auf das gegenwärtige Ordensleben in der Kirche hat das nicht bewirkt.

Die Lehre der Konzilstexte über das Ordensleben ist über die vorher existierenden Lehräußerungen nicht hinausgegangen. Die darin vorhandenen Defizite mussten unweigerlich auf der Zeit nach dem Konzil und auf den Versuchen einer Erneuerung des Ordenslebens lasten. Letztere waren von bisweilen wildwüchsigen, dilettantischen oder naiven Erfahrungen geprägt, oder wurden durch belastende Eingriffe auf kanonischer Ebene seitens der römischen Kurie erschwert, was global zu negativen Auswirkungen für die Wirklichkeit der Ordensinstitute führte.

Wenn man einige nachhaltige positive Seiten der nachkonziliaren Erneuerung Revue passieren lässt und interpretiert, ist deshalb darauf zu achten, dass sie ihren Ausgangspunkt nicht in den Konzilstexten haben, die speziell dem Ordensleben gewidmet sind. Sie haben über das Ereignis hinaus vielmehr ihren Ursprung in Dokumenten wie den Konstitutionen *Dei Verbum* und *Sacrosanctum Concilium*, die sich nicht zufällig für das gesamte kirchliche Leben am fruchtbarsten erwiesen haben. Ich beschränke mich darauf, diese positiven Seiten zu skizzieren, sei es, weil sie mittlerweile fest verankerte Gegebenheiten sind, unaufhaltsame Fermente, die das Ordensleben immer mehr verändern und neu prägen werden, sei es, weil die Schubkraft des Konzils, insbesondere der genannten Dokumente, von einer Ausschöpfung ihrer Erneuerungskraft für die Gesamtkirche weit entfernt ist.

## 1. Ende der Verbannung des Wortes Gottes

Nachdem die Bibel jahrhundertelang aus dem Volk Gottes, ja, selbst aus dem Ordensleben verbannt war, hat sie endlich wieder ihren zentralen Platz bekommen, der ihr für das Beten, in der Liturgie und im Leben zukommt. Wie kann man vergessen, dass selbst Ordenschristen die Lektüre der Bibel verboten war, die sich vor allem im

Blick auf das Alte Testament mit der „Heiligen Geschichte“ begnügen mussten? In der morgendlichen Werktagsliturgie wurden in der Messfeier immer die gleichen Lesungen vorgetragen, und das Stundengebet wurde nicht selten durch Frömmigkeitsübungen oder Marienandachten usw. ersetzt.

Heute hat das Ordensleben überall die Bibel in den Händen, das Beten ist biblisch geworden. Das gilt für das Stundengebet, aber auch für die persönliche und gemeinschaftliche *lectio divina*, die an die Stelle des „Meditierens“ von Heiligenviten und Texten mit spirituellem Anspruch getreten ist. Seit ich im Jahre 1972 *Dich finden in deinem Wort. Die geistliche Schriftlesung* veröffentlichte,[a] ist ein weiter Weg zurückgelegt worden. Damals fragten mich viele, selbst Ordenschristen, worum es da gehe. Mittlerweile sind sogar Zeit und Ort für die Geistliche Schriftlesung geregelt, und in den neuen Konstitutionen vieler Ordensfamilien wird dazu angeregt.

Das ist nach meiner Einschätzung eines der vielversprechendsten Zeichen, allerdings von der Ausschöpfung seines Potenzials noch weit entfernt. Es geht nicht darum, frühere Frömmigkeitsübungen abzuwerten, aber die Macht des Wortes Gottes, dessen absoluter Vorrang, seine neu erkannte primäre Stellung im Leben der Ordenschristen nähren den Glauben und die Berufung mehr als das, was die vorkonziliare Frömmigkeit hätte bewirken können.

Das bleibt für mich die größte Gnade, die der Herr der Kirche geschenkt und die das Ordensleben aufzunehmen gewusst hat.

## *2. Ende der spirituellen und sakramentalen Autarkie*

Eine weitere positive Seite ist das Ende der Gleichsetzung „Ordensgemeinschaft – Kirche“. Wenn das Ordensleben bisweilen als Paral-

---

a Deutsche Fassung: *Lectio divina. Die geistliche Schriftlesung*, [1]1988, Köln 2004.

lelkirche gewertet und gesehen wurde, kann heute davon nicht mehr die Rede sein, im Positiven wie im Negativen. Wenn überhaupt, sind es die anderen kirchlichen Zweige, für die solch überhebliche Selbstgenügsamkeit eine Versuchung ist. Die Ordenschristen haben ihren Platz in der Ortskirche, sie nehmen teil an deren Leben, sind abhängig von ihrem sakramentalen Gut. Die gleichen Mönche, die sich gerne als *vollkommene kleine Kirche* wähnten, stehen im Dienst der Kirche, auf der Seite der Gesamtkirche. Es ist noch ein langer Weg zu gehen, und es bleiben Probleme; aber die Schwerpunktverlagerung ist vollzogen und offensichtlich unumkehrbar. Gewiss bleibt eine Frage: Bis zu welchem Punkt ist diese neue Positionierung der Ordenschristen in der Kirche *auf der Ebene des Charismas* des Ordenslebens vollzogen? Oder handelte es sich um ein operatives Vorgehen, um die pastorale Arbeit zu teilen und die immer mehr schwindenden diözesanen Kräfte zu unterstützen? Verstehen die Bischöfe wirklich das Ordensleben, oder knüpfen sie die „gegenseitigen Beziehungen" lediglich im Hinblick auf das Ziel, insgesamt über eine personalmäßig besser ausgestattete Seelsorge zu verfügen?

## 3. Ende der Autarkie des Lebens

Auch in diesem Bereich ist viel Positives wahrnehmbar: Ordensmänner und Ordensfrauen haben eher aus Notwendigkeiten als aufgrund eines dem Evangelium entsprechenden Ansatzes viele ihre Werke aufgeben müssen. Sie verrichten ihre Arbeit unter den Menschen, an Orten inmitten der Welt, die weniger geschützt und nicht mehr getrennt sind. Die Mönche selbst spüren hier und da das Bedürfnis, die Arbeit, die unabdingbar zu ihrem Leben gehört, mit anderen Menschen zu teilen, nicht mehr im Schutze von Klostermauern: Die kanonische Autarkie ist zu Ende, und ebenso die der Arbeit. All das hat einen neuen Stil gefördert, die Armut kennenzulernen und zu leben, mitten unter den Menschen zu weilen. Das ist etwas Neues, das im Ordensleben selbst viel verändert hat. Es ist heutzutage zweifellos weniger „bürgerlich“, und ihre Mitglieder sind weniger „hochwürdig“. Auch die unverständliche und skandalöse Scheidung zwischen Laienbrüdern und Chormönchen ist verschwunden: Das interne Kastenwesen im Ordensleben gibt es nicht mehr.

Nicht verschwiegen werden darf, dass mancherorts – im gegenwärtigen, anmaßend auftretenden Erstarken der konfessionellen Identität des Katholizismus und im daraus entspringenden nostalgischen Streben nach einer Revanche seitens der *societas christiana* – sich viele Ordensmänner und Ordensfrauen nach einer Rückkehr zu einer Tätigkeit innerhalb eines konfessionell geschlossenen Milieus sehnen. Doch der Mangel an Berufungen untergraben diese letzten Regungen einer Vorherrschaft der Christenheit. Die Ordenschristen nehmen ihren Platz immer mehr in der menschlichen Gemeinschaft ein, nicht mehr physisch getrennt, gleichwohl immer wachsam, sich weltliches Denken nicht zu eigen zu machen.

## Das Ordensleben im Osten

Eine weitere Beobachtung vorab, die stets im Auge zu behalten ist, wenn vom Ordensleben die Rede ist – und deshalb auch beim Lesen der folgenden Seiten –, betrifft dessen Ausgestaltung bei den Beziehungen in den orthodoxen und katholischen Ostkirchen. Pater Jacques Winandy, einer der vom Geist Gottes erfüllten Mönche unserer Zeit, schreibt: „Die monastische Tradition des Ostens steht im gleichen Verhältnis zum westlichen Mönchtum wie die apostolische Tradition zum Glauben der Kirche.“ Das sind Worte von großem Gewicht, und ich glaube, dass die meisten Mönche bereit sind, sie zu unterschreiben. Tatsächlich beobachte auch ich, dass, wie die inhaltlichen Zusammenfassungen der Apostelgeschichte im Blick auf die Kirche von Jerusalem als Vorbild bleiben und sich durch die Jahrhunderte in erneuerter Beziehung zur kirchlichen Ausprägung zeigen, das Mönchtum des Ostens, der Wüstenväter, eines Pachomius und Basilius, immer und allerorts Inspirationsquelle für das Mönchtum aller Epochen bleiben.

Jahrhundertelang haben wir im Westen einigen speziellen Merkmalen des Mönchslebens in den Ostkirchen keine Aufmerksamkeit gewidmet und auch nicht darüber nachgedacht. Heute jedoch beginnt eine Unterscheidung zu wirken, die zwei ganz wichtige Besonderheiten ins Licht rückt, die uns vielsagend mahnen.

## *1. Die Einheit des Ordenslebens*

Das Mönchtum in den Ostkirchen ist eins: Das Ordensleben hat seinen Platz im Schoß der Kirche, und das allein prägt das Ordensleben. Tatsächlich hat jede Gemeinschaft ihre eigene Physiognomie, ihr eigenes Gesicht. Doch die Einheit des Ordenslebens ist dort immer gewahrt geblieben, wie es während des ersten Jahrtausends der Gemeinschaft auch im Westen war. Im Westen entstand vom 11. Jahrhundert an (nicht zufällig nach dem Schisma) eine Aufgliederung des Ordenslebens durch das Entstehen der Ritterorden und vor allem durch die Bettelorden. Es mag wahr sein, dass dies eine besonders wirksame Antwort auf die Bedürfnisse und die entstehenden Fragen der Gesellschaft, das heißt der Geschichte war. Ebenso wahr aber ist auch, dass dies zu einem teuren Preis geschah. Die immer weiter vorangetriebene Spezialisierung, nach den anfänglichen Erfolgen, führte nämlich die verschiedenen Formen nicht selten in einen fatalen unbeweglichen Traditionalismus. Louis Bouyer hält in seinem Buch *Sophia*, eine Art Vermächtnis, diese Spezialisierung im Westen für ein gravierendes Risiko der Verdunstung des Spezifikums des Mönchtums, „des Strebens nach dem einzig Notwendigen" (vgl. Lk 10,42). Er schreibt: „Das nicht verankerte und nicht von der monastischen Lunge genährte Ordensleben läuft stets Gefahr, sich nicht der Christianisierung der Welt zuzuwenden, sondern schlicht der Säkularisierung des Mönchtums."[a]

Ich betone dies aus der Überzeugung, dass die Einheit des Ordenslebens in der monastischen Form, wie sie in den orthodoxen und katholischen Ostkirchen präsent ist, gewahrt bleiben, neu aufgegriffen, gefestigt und vielleicht in manchen Fällen wiederhergestellt werden muss, nicht zuletzt zur Mahnung für das Ordensleben im Westen. Je mehr wir mit der Lunge der Ostkirche atmen, desto aufmerksamer werden wir auf diese Besonderheit. Es mag sein, dass diese Einheit, verglichen mit jener, die als Reichtum der lateinischen Kirche gesehen wird, das heißt die Vielfalt der Orden und Kongregationen, von manchen im Westen nicht als Schatz wahrgenommen wird, den es um jeden Preis zu hüten gilt. Doch mit dem bisschen an Intelligenz und Scharfsinn, das der Herr mir gewährt, bitte ich demütig, aber entschieden, sie nicht zu verlieren und sie dort wiederherzustellen, wo sie verloren gegangen sein sollte. Dieses Geschenk der Einheit des Ordenslebens ist ein beredeter Ausdruck für die Ekklesiologie der Ostkirchen: Man kann sich kein orthodoxes Christentum vorstellen ohne ein *wahres monastisches Leben* in ihrem Herzen, Erbe der Wüstenväter, des Pachomius und Basilius.

## 2. Die laikale Komponente des Mönchtums

Wir sollten nicht vergessen, dass sich im Westen – auch in diesem Fall bezeichnenderweise erst nach dem Schisma – eine fortschreitende Klerikalisierung des Mönchtums vollzog. Das war einerseits die Folge

a Louis Bouyer, *Sophia ou le monde en Dieu*, Paris 1994, S. 191-193.

der wachsenden kulturellen Dimension des monastischen Ideals (vgl. Cluny), andererseits Folge der Entstehung eines immer funktionaleren Verständnisses des Ordenslebens, „konzipiert" im Blick auf die Verkündigung (Bettelorden), die Mission (Jesuiten) und das Bildungswesen (Kongregationen des 19. Jahrhunderts). Im Mönchtum hat dies die Entstehung der Laienbrüder erfordert, Mönche zweiter Kategorie, mit eingeschränkten Rechten im Vergleich zu den Mönchen des Klerus. Diese Scheidung innerhalb der Klöster fand ihr Ende mit den Reformen nach dem Zweiten Vatikanum; doch heute, nach einer Phase feurigen Eifers im Blick auf eine Rückkehr zu den ursprünglichen monastischen Quellen, erleben wir eine Restauration des Klerikalismus in vielen Formen monastischen Lebens, im Namen der Evangelisierung oder der intellektuellen Fähigkeiten der Kandidaten.[a]

Damit haben wir ein weiteres Element, das im monastischen Leben des Ostens lebendig zu halten ist, um die gesamte Kirche daran zu erinnern. Die Wahrheit, die Pachomius vor Athanasius bekräftigte, die der große Kirchenvater Basilius beschreibt und die in allen Reformen, einschließlich der studitischen, berücksichtigt ist, muss bleiben: Das monastische Leben konstituiert sich grundlegend aus einfachen Gläubigen, die im Namen des allgemeinen Priestertums der Getauften Gott ihr ganzes Leben „ohne Zerstreuungen" (*amérimnoi*) und „ohne Sorgen" (*aperispástos*; vgl. 1 Kor 7,32-35) innerhalb der Strukturen des koinobitischen, anachoretischen bzw. eremitischen Lebens anbieten.

Man darf ein Faktum nicht vergessen, das normalerweise wenig bedacht wird: Das laikale Ordensleben besteht in der lateinischen

---

a Tatsächlich hat der CIC diese Klerikalisierung des Mönchtums und der Bettelorden durch den Can. 588 weiter gefördert und letztlich bestätigt. Er zwingt nämlich zu einer ausschließlichen Wahl zwischen einem „Klerikerinstitut" und einem „Laieninstitut". Auch in diesem Fall ist es von größtem Wert, dass das Ostkirchenrecht in der im XII. Kapitel ihres „Codex Canonum" festgelegten Positionierung die historische Priorität und die theologische Einheit lebendig hält, die das Mönchtum im Ordensleben bezeugt.

Kirche nur zu 10% aus Männern! Die Frauen repräsentieren 72,5% des Ordenslebens und die Männer 27,5%, von letzteren wiederum gehören 65% dem Klerus an. Unterm Strich besteht das laikale Ordensleben nur aus 10% Männern und der Rest aus 90% Frauen. Diese Zahlen sagen nicht nur etwas über die *gegenwärtige Klerikalisierung des männlichen Ordensleben* aus, die wir im Westen erleben, sondern auch über die extreme *Verkirchlichung* des Ordenslebens.

## Einheit zwischen kontemplativem und apostolischem Leben

Ausgehend gerade vom Osten wurde schrittweise die Qualifizierung „kontemplativ" (abgeleitet von *theoría*) für das monastische Leben eingeführt, die dabei den eigentlichen neutestamentlichen Begriff – im Besonderen bei Paulus – der „Erkenntnis" (*gnôsis*) beziehungsweise „Metaerkenntnis" (*epígnosis*) ersetzte. Der Mönch ist jedoch in Wahrheit eher ein *mártys gnostikós* als ein *theoretikós.*[a]

Ja, es war das griechische Christentum, das den Begriff *theoría* einführte, der der ganzen Heiligen Schrift und den Kirchenvätern fremd ist, sodass aus der Kontemplation das Ziel des monastischen Lebens wurde. Tatsächlich führte dies dazu, dass die christliche Kontemplation im Gegensatz zur Kontemplation des Platonismus eines Philon oder Plotin auf den Kopf gestellt wurde. Im Christentum ist Kontemplation vor einem Sehen ein Gesehenwerden; sie besteht darin, von Christus erfasst und angezogen zu werden, bis man ihn erreicht.[b] Die christliche Kontemplation steht im Zusammenhang mit dem Geschehen am Kreuz, der Nachfolge bis zum

a Vgl. Klemens von Alexandrien, *Stromata* IV,4,157.

b Im griechischen Denken bringt der Begriff *Kontemplation* nicht, wie etwa das hebräische *da'at*, das liebvolle und eindringliche Erkennen zum Ausdruck, sondern eher eine Erfahrung der Koinzidenz und Einheit mit dem Einen durch den *noûs*, den Verstand.

Ziel (*télos*) des menschlichen Lebens Jesu, wie es auch die einzige Stelle nahelegt, die im Neuen Testament Bezug auf diesen Begriff nimmt (Lk 23,48). Darin sagt der Evangelist: „Alle, die zu diesem Schauspiel (*theoría*) herbeigeströmt waren und sahen, was sich ereignet hatte, schlugen sich an die Brust und gingen betroffen weg." Deshalb ist die „Kontemplation", dieses übernatürliche Erkennen des Herrn, dieses „ihm im Geist und im Herzen anhangen" (vgl. *Perfectae caritatis* 5) ein grundlegendes Element jeder Berufung und insofern auch für das monastische Leben essenziell, ein Leben, das untrennbar aktiv und kontemplativ ist.[a] Es darf keine Dichotomie, keinen Raum für einen sogenannten gemischten dritten Weg geben; es gibt nur eine christliche Berufung mit einem alleinigen Ziel: die Liebe, die *agápe*, die von Ort zu Ort, von Zeit zu Zeit, von Mensch zu Mensch unterschiedliche konkrete Umsetzungen erfordert. Um in der *gnôsis* Christi und in der Gotteserkenntnis zu wachsen, ist all das notwendig, was dieser Begriff „Kontemplation" in sich birgt: das standhafte Leben mit dem Wort Gottes, das Gebet, die Wachsamkeit (*nêpsis*), die Reue (*pénthos*), das Stillwerden (*hesychía*) und der Verzicht (*apotaghé*).[b]

---

a In der Beobachtung dieses Erbes einer Dichotomie zwischen aktivem und kontemplativen Leben, das auf Thomas von Aquin zurückgeht, fragt sich Jacques Leclerq, in welchem Maß die Gedanken des Aquinaten über dieses Thema den Geist des Evangeliums widerspiegeln: vgl. J. Leclerq, *La philosophie morale de St. Thomas d'Aquin devant la pensée contemporaine*, Löwen 1955, S. 160-165. Vgl. auch J. Brun, „L'action comme ombre de la contemplation", in: *La contemplation comme action nécessaire*, Paris 1985, S. 26ff.

b Diese Erkenntnis ist jedoch ein Geschenk der Gnade, Gott bringt sie in unseren Herzen zum Leuchten (vgl. 2 Kor 4,6): Zu ihr gelangt man nur durch die Kraft des Heiligen Geistes (vgl. Eph 1,17). Man erlangt sie nie allein durch Askese, Disziplin, aus eigener Kraft (vgl. auch Phil 1,9; Kol 2,2-3). Die Kontemplation Gottes im Christentum ist nur möglich, wenn Gott sich zur Kontemplation anbietet; sie ist kein Weg der Askese, der es erlauben würde, Gott zu sehen, wenn man ihn einmal durchlaufen hat: Sie ist stets eine Frage der zuvorkommende Gnade des Heiligen Geistes, der herabsteigt.

Nach diesen Klarstellungen im Blick auf die christliche Kontemplation scheint es mir angebracht, ein paar Worte zu sagen, um damit gleich die Doppeldeutigkeit auszumerzen, die der Begriff „apostolisches Leben" in sich birgt. „Apostolisches Leben" (*bíos apostolikós*) bezeichnete lange Zeit das Leben der Apostel in der Urgemeinde von Jerusalem, wie es in der Apostelgeschichte beschrieben ist. Doch nach und nach ist es im Westen – vor allem seit Gründung der Bettelorden – zu einem Synonym für ein im Apostolat, in der Verkündigung engagiertes Leben geworden. Demzufolge versteht man heute unter apostolischem Leben nicht mehr die Form der Urkirche, sondern ein religiöses Leben mit Einsatz im Apostolat beziehungsweise in der Evangelisierung. Auch hier ist eine sorgfältige Unterscheidung vonnöten: Seiner Natur nach ist das Mönchtum nicht für das Leben in der Pastoral bestimmt. Die Führung der Herde Gottes ist nämlich eine hierarchische Aufgabe, die durch die Bischöfe, Priester und Diakone wahrgenommen wird. Das beeinträchtigt nicht den Umstand, dass das monastische Leben („aktives" Leben im wahren Sinne, also ein Leben, in dem das Evangelium Tag für Tag praktiziert wird) Zeugnis ablegt, ein „Leuchten vor den Menschen" (Mt 5,16) ist, ein „der Hoffnung Grund geben, die in den Christen lebendig ist" (vgl. 1 Petr 3,15), Zeugnis für die Kraft des Auferstandenen. Im Laufe der Geschichte wurde durch das Werk von Mönchen sogar eine Evangelisierung möglich (man denke an Cyrill und Methodius im Osten, an Anselm von Canterbury und die Benediktiner in Westeuropa), eben weil ein „charismatisches" Apostolat im monastischen Leben immer präsent war. Es entspringt einer großen inneren Fülle und setzt eine besondere Berufung des Herrn voraus. Es geht um ein Apostolat als Evangelisierung, nicht angestrebt als Ziel und Zweck für sich: Es ist ein Apostolat, das nicht Bestandteil der monastischen Institution ist, sondern das in einigen Mönchen als Frucht und Ausdruck eines authentischen geistlichen Lebens hervortritt.

Zwischen der Kontemplation, wie ich sie zu definieren versucht habe, und dem apostolischen Leben, verstanden als Evangelisierung durch das aussagekräftige Zeugnis des praktischen Lebens, besteht keinerlei Widerspruch. Ich glaube, dass sich die Mönche im Osten dieser Wahrheit bewusst sind: Es ist ihnen zu wünschen, dass sie sich nicht von einem gewissen, typisch westlichen Aktivismus versuchen lassen, wo überbeschäftigte Mönche häufig zu agieren scheinen, um nicht nachzudenken, als ob sie Trost für ihre eigene Ignoranz und „Nichterkenntnis" finden würden, wenn sie sich komplett in Aktionen stürzen. Die Mönche im Osten lassen sich von dieser westlichen Hysterie des „Tuns" nicht blenden, das sich in einen sich selbst rechtfertigenden Aktivismus ausweitet. Das Tun ist zu einem neuen Idol geworden, dem sich manche Mönche und Ordenschristen weihen und in dem sie sich so weit entfremden, dass sie davon nicht mehr losgelöst sind, keine Distanz zum eigenen Tun mehr haben und nicht mehr in der Lage sind, sich selbst zu hinterfragen im Blick auf das, was sie sind und was sie tun.

Das monastische Leben – und die Kirche im Ganzen – kann alles gewinnen, wenn es seine Eigenheit im Leben als einfache Glaubende wiederentdeckt: Nicht klerikalisiert und nicht im Blick auf die heutigen Bedürfnisse funktionalisiert, kann es das Bewusstsein wiederfinden, dass Kontemplation und Apostolat, solange sie nicht in einem „Pastoralismus" verwässert werden, miteinander in der Anerkennung der vom Herrn geschenkten persönlichen und gemeinschaftlichen Gaben vereinbar sind. Das Ziel des ganzen christlichen Lebens ist eines, und eines ist das Ziel jedes kirchlichen Dienstes, egal, ob es sich um monastisches Leben oder apostolisches Leben handelt: die *agápe*, das Zeugnis der Liebe, durch das Gott ein geistlicher Kult dargebracht wird in der Erwartung des Herrn in der Herrlichkeit. Das gilt für den Apostel, der den Gottesdienst feiert (*latreúo*) im Geist, worin er die Botschaft seines Sohnes (vgl. Röm

1,9) in der Welt verkündet, für den Apostel, der als „Diener (*leitourgós*) Christi Jesu für die Heiden wirkt und das Evangelium Gottes wie ein Priester verwaltet; denn die Heiden sollen eine Opfergabe werden, die Gott gefällt, geheiligt im Heiligen Geist" (Röm 15,16). Das gilt in gleicher Weise auch für die Ordenschristen, die unter den Christen ihre Leiber als lebendiges Opfer (*thysía*) darbringen, heilig und Gott wohlgefällig, in einem „geistlichen Gottesdienst" (*loghikè latreía* – Röm 12,1), und die ihre Gebete für alle Menschen aufopfern. Alle sollten auf dieses einzige Ziel hin ausgerichtet sein, das unendlich viel wichtiger ist als alle Mittel: die Liebe, die *agápe*. Doch die Liebe ohne die Erwartung des Herrn, ohne den fest auf Jesus gerichteten Blick, endet unweigerlich im Erkalten (vgl. Mt 24,12). Deshalb müssen sich alle gerufen fühlen, die Ankunft des Herrn durch ein heiliges Leben zu erwarten und zu beschleunigen (vgl. 2 Petr 3,11-12), indem sie ihre Augen fest auf die unsichtbaren Dinge gerichtet halten (2 Kor 4,18) und standhaft bleiben im Handeln, in der Praxis, als sähen sie den Unsichtbaren (vgl. Hebr 11,27), um bereits im Hier und Jetzt im Raum jener Liebe zu leben, die das Leben Gottes selbst ist.

# Erster Teil
# Die Identität

*Die Mönche verstehen die Welt und die Dinge „anders", und da sie diese „anders" verstehen, leben sie „anders".*

## Ein prophetisches Leben?

In der Sprache, die für das religiöse Leben benutzt wird, gibt es doppeldeutige Begriffe, die einer kurzen Klärung bedürfen.

Man spricht nämlich von Gott geweihtem Leben, um damit Ordenschristen und Säkularinstitute gleichermaßen bezeichnen zu können; aber ich glaube nicht, dass man sich den Begriff „Weihe" zu eigen machen darf, der rechtmäßig allen Christen zusteht, sofern sie *Gott geweiht, gesalbt* oder besser: durch die Taufe *geheiligt* sind (siehe auch *Lumen Gentium* 44). Christliches Leben ist grundsätzlich Gott geweihtes Leben; in dieser Perspektive ist in der westlichen Theologie der Charakter der Taufe und der Firmung zu sehen.[a]

Bekanntlich taucht dieser Begriff bei Eusebius von Caesarea dort auf, wo er versucht, die beiden Arten des Lebens zu umschreiben, die vom Kirchenrecht her bestimmt sind: „Die erste Art, die die Natur transzendiert ..., die das gewöhnliche menschliche Verhalten hinter sich lässt und sich aus einem Übermaß an himmlischer Liebe ausschließlich dem Dienst an Gott weiht"[b], bezieht sich auf „diejeni-

---

a Vgl. auch im Folgenden *Das Gott geweihte Leben*, S. 85-89.

b Eusebius von Caesarea, *Demonstratio evangelica* I,8.

gen, die sich Gott geweiht haben" (*hierómenoi*). Aber nicht zufällig entstand diese Unterscheidung, die in eine Aufgliederung in zwei oder drei Arten von Christen mündet, mit der Christenheit selbst und ist heute angesichts des Bewusstseins, dass es in der Kirche Christi nur eine Berufung zur Heiligkeit gibt, nicht mehr zu rechtfertigen.

Sicherlich bleiben auch andere Begriffe (wie z.B. „Ordensleben") doppeldeutig; doch wir sollten uns fragen, ob es wirklich nötig ist, dass wir Wirklichkeiten unter einem Begriff zusammenfassen, die die große Tradition der Kirche unterschieden hat. Was das Wort „prophetisch" oder die Aussage „prophetisches Leben" im Bezug auf das Ordensleben betrifft, sei auf einige Schwierigkeiten hingewiesen, die sich bei der Verwendung dieser Terminologie ergeben. Das zum Bereich „prophetisch" gehörende Wortfeld wird im Blick auf das Ordensleben vielfach verwendet; versucht man dann aber zu verstehen, was dieses Vokabular tatsächlich im Bewusstsein dessen bedeutet, der es verwendet, wird man normalerweise ziemlich enttäuscht. Da braucht man nur die Stichworte „Valeur prophétique" im *Dictionnaire de spiritualité*, „Prophetentum im Ordensleben" im *Dizionario degli Istituti di Perfezione* oder andere Beiträge zu lesen, die sich dieser Thematik widmen, um die sprachliche Schwammigkeit und Ungenauigkeit wahrzunehmen, wodurch die nicht voll der Realität entsprechende, wenn nicht doppeldeutige oder gar verdrehte Verwendung des Begriffs sichtbar wird.[a]

In Wahrheit bezeugt das Neue Testament, dass die Kirche auf dem Fundament der Apostel und Propheten erbaut ist (vgl. Eph 2,20), dass Gott in der Kirche „die einen als Apostel (an erster Stelle), die

---

a Vgl. J.-M. R. Tillard OP, "Valeur prophétique (de la vie consacrée)" in *Dictionnaire de spiritualité* XVI, Paris 1994, Sp. 709-713; J. Galot OP "Profetismo della vita religiosa", in *Dizionario degli Istituti di Perfezione* VII, Rom 1983, S. 986-990. Von allen von mir konsultierten Büchern und Artikeln verdient nach meinem Dafürhalten besondere Aufmerksamkeit: S. Rendina: „Vita religiosa: segno profetico nel mondo di oggi", in: *Rassegna di Teologia* 54 (1993), S. 544-557.

anderen als Propheten (an zweiter Stelle) ..." eingesetzt hat (1 Kor 12,28) und dass Paulus die Christen auffordert, nach der Prophetengabe zu streben (vgl. 1 Kor 14,39), die allerdings in den christlichen Urgemeinden reichlich vorhanden war (vgl. Apg 11,27; 13,1; 15,32; 21,9; usw.). Es stimmt auch, dass Jesus in Mt 23,34 verheißt, dass er Propheten senden wird. Gleichwohl ist wahr, dass zu Beginn des 4. Jahrhunderts, wie Hans Urs von Balthasar bemerkt hat, sich infolge des montanistischen Missbrauchs der Prophetie über die prophetische Präsenz in der Kirche ein Grauschleier legt, dessen Auswirkungen noch heute spürbar und nicht aufgearbeitet sind.

Mit dem Aufblühen der Kirche im Römischen Kaiserreich geht auch die Entstehung des Mönchtums einher, und es erscheint so in der Kirche „durch ein Übermaß an Liebe zu Gott", durch einen „Radikalismus", wie Eusebius von Caesarea schreibt,[a] ein anderes, vielgestaltiges, differenziertes Leben, das in den Städten und in der Wüste verbreitet ist, ein Lebensstil, an dem die Merkmale der alten Propheten sichtbar werden, vor allem Elija und seine Jünger, und dann der neue Elija: Johannes der Täufer. Jene ersten Mönche werden als Nachfolger, Erben, Nachahmer des biblischen Prophetentums gesehen: Das Mönchtum – bezeichnet als *bíos prophetikós* – wird zum privilegierten Ort für das Überleben des prophetischen Charismas.[b]

Als die Christen sich im Konstantinischen Kaiserreich einrichten und Gefahr laufen, den Sinn für das Transzendente des Sendungsauftrags Gottes im Blick auf sich und die Welt zu verlieren, als sich die Erwartung des Weltendes und des Kommens des Herrn

a Vgl. Eusebius von Caesarea, *Demonstratio evangelica* I,8.

b Dieses geschärfte monastische Bewusstsein bezeugen Hieronymus (Briefe 22,9) und nach ihm vor allem Ambrosius, Johannes Chrysostomos, Gregor der Große (*Homiliae in Evangelia* II,29,6), Petrus Damiani, Bernhard von Clairvaux, Wilhelm von Saint-Thierry, Arnold von Bonneval u.a. Zu den Zeugnissen in der Patristik vgl. J. Leclerq, *La vie parfaite*, Tournai 1948, S. 57-66.

abschwächt, treten die Mönche auf als eine Lebensform, die mit der Verweltlichung bricht, ein Protest gegen die Verwässerung des Glaubens und der Gleichsetzung der Existenz mit den Nichtchristen, ohne weiteres Zeugnis des Martyriums, Mahnung an das einzig Notwendige, gelegen oder ungelegen (vgl. 2 Tim 4,2).

Nicht aus dem Amt, sondern aus dem Geist sind einige Christen zu einem Leben berufen, dass durch eine radikale Entscheidung frei wird von mannigfachen Hindernissen im Blick auf die Schaffung einer anderen Gemeinschaft, einer anderen Zukunft. Klar, die Gefahren dieses Notstandes lagen und liegen offen zutage. Für die Kirche und die Gesellschaft waren notwendig:

*Prophetie*, nicht Wahrsagerei, und auch nicht Utopismus;
*Distanzwahrung*, keine Zerstreuungen, kein Voyeurismus;
*Brechen mit dem Konformismus*, keine Geheimnistuerei, kein Inkognito;
*Alternative für das Leben*, kein Sektierertum;
*Protest*, keine Revolte und kein Ausscheiden aus der Gemeinschaft.

Es geht um monastisches Leben als prophetisches Leben, jedoch unter der Bedingung, dass man sich diese Gabe nicht anmaßt, wenn man nicht wirklich der Gabe der Prophetie teilhaft ist. Wer ist tatsächlich Prophet? Der Heiligen Schrift und der großen Tradition nach erscheint der Prophet als Sprachrohr Gottes; es ist nicht jener, der rätselnd die Zukunft weissagt, sondern derjenige, der das Wirken Gottes auch im Blick auf die Zukunft liest. Es ist nicht jener, der gegen die Institution protestiert, nur um zu protestieren, sondern der zu unterscheiden weiß und der Untreue und Sünde widersagt. Es ist nicht jener, der seine eigenen Worte hat, sondern der für sein Sprechen nur eine Quelle hat, inspiriert von Gott, zu dessen Echo er sich – selbst fast zermalmt – macht. Vor allem lässt er die Gegenwart Gottes nicht durch sein Sprechen spürbar werden, sondern durch sein ganzes Leben, durch seinen Stil, seine Art zu sprechen und sein Schweigen.[a] Wilhelm von Saint-Thierry hat in seinem *Goldenen Brief* das monastische Leben als „vita a tempore prophetarum praemonstrata et in Johanne Baptista instaurata et innata" bezeichnet.[b] An dieser Definition kann jedoch nicht ein für alle Mal festgehalten werden: Sie ist von Mal zu Mal in einer in der Geschichte konkret gelebten Lebensform zu verifizieren.

Schließlich sei daran erinnert, dass nicht alle Ordenschristen in gleicher Weise und in derselben Intensität Propheten sind (auf jeden Fall aber sollten diese Gaben der Unterscheidung und der Prophetie zumindest diejenigen auszeichnen, die die Leitung haben!). In den Gemeinschaften sollte jedoch *eine grundlegende prophetische Orientierung* präsent sein, sie sollte gewollt sein und für sie sollte Raum gewährleistet sein, ein Nährboden, der die Gabe der Prophetie aufkeimen lässt.

## *Das Ordensleben als Prophetie – heute*

Natürlich ist die prophetische Begabung der ganzen Kirche eigen, allen Gliedern des Leibes Christi als Priester, Prophet und König; gleichwohl ist wahr, dass sich unter allen Getauften einige – aufgrund von Kraft, Intensität und Beredsamkeit – als Propheten mit spezifischen Zügen erweisen, mit einer eigenen Botschaft für die Kirche ihrer Zeit. Wenn das Ordensleben prophetisches Leben ist, dann gerade deshalb, weil es zum Volk Gottes gehört; es hat seinen

---

a Vgl. S. Rendina, „Vita religiosa", S. 546-547.

b „Leben, vorgeprägt durch die Zeit der Propheten, in Johannes dem Täufer erneuert und wiederhergestellt" (Wilhelm von Saint-Thierry, *Goldener Brief* I,11, hrsg. von C. Falchini, Bose 1988, S. 41).

Platz in der Kirche, und aufgrund seiner Radikalität kann es am geeignetsten sein, die Prophetie aufkeimen zu lassen und zum Ausdruck zu bringen. Die Ordenschristen (wir werden nie müde werden, dies zu betonen) übersetzen die Nachfolge Christi in ihr Leben; deshalb verlassen sie um des Evangeliums willen ihre Heimat, Familie und Felder. Das einzig Notwendige ist das Suchen des Reiches Gottes (vgl. Mt 6,33), ihre einzige Regel ist das Evangelium und nichts anderes (vgl. *Perfectae caritatis* 2a); nichts ziehen sie der Liebe zu Christus vor (vgl. *RB* 4,21). In diesem radikalen Verzicht, den sie mit ihrer ganzen Person – mit Leib und Seele – vollziehen, in dieser Ganzhingabe im Blick auf das Kommen des Herrn und seines Reiches, für die sie ihre ganze Existenz aufs Spiel setzen, gewinnen die Ordenschristen eine Erkenntnis (*gnôsis*) oder besser: eine *epígnosis* (die übernatürliche Erkenntnis, von der Paulus häufig spricht), die unter anderen Bedingungen nicht als Geschenk vom Herrn gegeben wäre und auch keinen günstigen Nährboden finden würde. Gerade in dieser Haltung der Freiheit, die es jeden Tag um den Preis des Verzichts auf das Weltliche neu zu erobern gilt, können die Ordenschristen der Kirche und der Welt alternative Botschaften ankündigen.

Wenn sie Menschen geworden sind, die sich dem Heiligen Geist im Kampf der Askese („Gib dein Blut und du wirst den Geist empfangen", sagt Abt Longino in einer Sentenz) unterworfen haben, werden sie vom Heiligen Geist geführt, bis sie zu Trägern seines Geistes werden, weil sie dem Geist anheimgegeben sind, Träger des Wortes, weil sie dem Wort Gottes anvertraut sind.

Im Übrigen ist das Ordensleben, wenn es authentisch gelebt wird, in sich selbst eine prophetische Bestätigung, die eine andere, ergänzende Dimension der menschlichen Existenz voraussetzt. Je stärker und intensiver der Bezug zum Glauben ist, umso mehr erweist sich das Ordensleben als Herausforderung angesichts einer nihilistischen und weithin materialistischen Kultur, die dem Menschen eine ihn transzendierende Dimension nicht zugesteht. Das Leben der Ordenschristen – in dem die *memoria Dei* ständig in den Vordergrund gerückt wird inmitten der verschiedenen Beschäftigungen und der vielen Arbeit – und die Zeit ihrer Tage, denen die Rhythmen des liturgischen und persönlichen Gebets ein tägliches Sabbatgedenken innewohnen lassen, sind eine prophetische Botschaft, dass Gott gegenwärtig ist und über den regiert, der ihn über sich herrschen lässt.

Tatsächlich haben die verschiedenen Formen des Ordenslebens, vor allem in der Zeit ihrer Entstehung, im Sichtbar-werden-Lassen einer Situation eine Aufgabe gehabt; sie haben versucht, an die ursprüngliche Inspiration der Kirche zu erinnern („forma primitivae ecclesiae"). Sie waren Ansporn für neue Formen der Gegenwart unter den Menschen und in der Geschichte. Nicht zufällig sind die unterschiedlichen Formen des Ordenslebens (nicht jedes einzelnen Instituts!) normalerweise in einer Zeit der Krise der Kirche entstanden, und ihre Gründer hatten immer eine geistliche Erkenntnis der Geschichte, in der sie lebten, die Zeichen der Zeit klar unterscheidend.

Das Ordensleben ist in der Intention der Gründer immer ein Leben, das von einer *Unterscheidung* geprägt ist, die ihnen aus dem Evangelium zuwuchs. Es ist ein menschliches, ein eminent menschliches Leben, ein anthropologisches Kunstwerk, aber *anders, unterschieden*, bestrebt zu zeigen, dass das Unmögliche möglich ist, dass das Utopische, das Ortlose (*u-tópos*) aus der Kraft des Heiligen Geistes einen Ort der Inkarnation in einer Gemeinschaft findet. Dies, soweit es Männern und Frauen möglich ist, die sich mit den Gelübden verpflichten, nicht nur nicht das Evangelium zu verraten, sondern niemals aufzuhören, Christus in seiner Nachfolge gleichförmig zu werden. Der Ordenschrist müsste dank seines beharrlichen Lebens mit dem Herrn, dank seines Nicht-abgelenkt-Seins (*amérimnos*), seines Nicht-geteilt-Seins (*aperíspastos*) eine Offenlegung aller Defizite der gegenwärtigen Wirklichkeiten sein, Verkündigung der Hoffnung,

Narration der Erwartung des neuen Himmels und der neuen Erde. Er müsste ein Leben führen, dass sich nach der Parusie ausstreckt, frei von Ängsten und deshalb frei von Kompromissen, gefestigt im Anhangen, „als sähe er den Unsichtbaren“ (Hebr 11,27) in der Realität.

Die prophetische Kritik richtet sich nicht nur auf das Mondäne, auf die mit vielfältigen falschen Idolen bevölkerte Welt, sondern wird auch im Blick auf die Institutionen der Kirche und auf all das ausgeübt, was nur vorläufiges Mittel und Werkzeug ist (einschließlich der Sakramente!) und Gefahr läuft zu „verabsolutieren“! All das muss auf die Wirklichkeit des Lebens *en Christô* orientiert sein, auf die Realität des „Christus in uns“ ... ja, auf Christus in uns, die „Hoffnung auf Herrlichkeit“ (Kol 1,27). Man darf das christliche Leben nicht auf ein Gesamt von kirchlichen Strukturen reduzieren, auf rechtliche Regelungen, auf Gottesdienstpraktiken; das alles ist natürlich notwendig, aber es hat seine Existenzberechtigung, wenn es die Gemeinschaft, die *koinonía* fördert, wenn es Dienst an der Gemeinschaft mit Gott, unter den Christen, mit allen Menschen, unseren Brüdern und Söhnen Adams ist.

Prophetisches Leben: Es geht nicht nur um das Reden, sondern so zu leben, dass der Mensch, die religiösen Gemeinschaften, eine prophetisch aussagekräftige Gegenwart verkörpern ... Man muss aufpassen, die Prophetie nicht auf einen Dienst zu reduzieren, im Sinne einer Diakonie, die auf die in der Gesellschaft auftretenden Nöte antwortet, wozu man heute neu unter dem Antrieb einer emphatischen Betonung der Erfahrungen im Ehrenamt und der Organisation der Liebe neigt.[a] Dabei geht man so weit, mit dem Begriff Prophet ehrenwerte Philanthropen zu bezeichnen!

---

a S. Burgalassi definiert im *Dizionario degli Istituti di Perfezione*, Bd. VII, S. 993, Prophetie des religiösen Lebens als Aufmerksamkeit auf Randgruppen und Orientierung auf eine Klärung der wahren menschlichen Ideale (sic!). Auch P. Vanzan äußert in einem Artikel in *Via, Verità e Vita* 148 (1994), S. 90-95, das Engagement in der Ge-

Die prophetische Dimension setzt eine *lebendige eschatologische Erwartung* seitens des Ordenslebens voraus, einen Blick auf die Zukunft, nicht als Verlängerung der Vergangenheit, sondern als Zeit des Advent, das heißt als Zeit des Neuen, das kommt, des kommenden Reiches Gottes. Von Bloch stammt die Mahnung, man müsse „die Zukunft vom Advent unterscheiden": Nicht jede Zukunft nämlich wird als Realität, die „entgegenkommt", verstanden und gelebt. Nur mit einer als Advent verstandenen Zukunft durchbricht man das gegenwärtige antichristliche Bewusstsein der Zeit als bekannte Unendlichkeit, die evolutionistisch aufgelöst ist und der es an Erwartung fehlt.

Es gibt einen Text von Bernhard von Clairvaux, der im Blick auf das prophetische Leben der Ordenschristen für mich am klarsten und aussagekräftigsten ist:

> *Meine Brüder, eine ganz herausragende Weise zu prophezeien ist die, der ihr euch (mit eurem Leben) verschrieben habt. Worin besteht dieses Prophezeien? Wie der Apostel sagt: nicht, was sichtbar ist, sondern das Unsichtbare sehen, das ist wahrhaft Prophezeien. Den Weg des Geistes gehen, allein aus dem Glauben leben, die Dinge des Himmels suchen, sich dem widmen, was vor einem liegt; das ist ein noch partielles Prophezeien, aber dennoch groß. So wünschten einst die Propheten sehnsüchtig, den Tag des Herrn zu sehen, und als sie ihn sahen, erfreuten sie sich an ihm.*[a]

---

sellschaft und der eschatologische Vorbehalt seien gegenüberzustellen und man solle versuchen, dass man sie und nicht schizophrene Dimensionen miteinander verbinden kann, aber das Engagement in der Gesellschaft sei direkt politisch zu verstehen. Dem kann ich nicht zustimmen, denn authentische Prophetie steht immer über der Politik; sonst befrachtet man sie mit Doppeldeutigkeiten und der Logik der Konfrontation und Feindschaft; das sind unmögliche Elemente für denjenigen, der ein Amt für die Gemeinschaft in der Kirche innehat.

a Bernhard von Clairvaux, *Ansprachen zu verschiedenen Themen* 37,6.

Schließlich sei gesagt, dass es in der prophetischen Dimension immer ein Bedürfnis der Kreativität gibt, denn das prophetische Amt muss immer auf dem gründen, der „alles neu macht" (Offb 21,5). Von daher muss es alle Dinge relativieren und sie mit dem kommenden Reich Gottes in Verbindung bringen. Gerade deshalb waren die Gründer im Ordensleben kreativ und haben häufig leidvolles Unverständnis und Verfolgung erfahren.[a]

## *Ordensleben und eschatologischer Horizont*

Um authentisch prophetisch zu sein, muss sich das Ordensleben den eschatologischen Horizont neu zu eigen machen, der mittlerweile nicht nur im kirchlichen Raum, sondern auch im eigenen Bereich der Ordenschristen fast abwesend ist.

Johann Baptist Metz ermahnte bereits 1977 in seinem Buch *Zeit der Orden?*[b] die Ordenschristen im Hinblick auf die Nachfolge und verdeutlichte die Unmöglichkeit, diese ohne die eschatologische Erwartung umzusetzen. Tatsächlich ist das gebietende Wort Jesu „Folge mir nach" untrennbar von unserem flehenden Gebet „Komm, Herr Jesus!" Der radikalen Nachfolge Christi muss eine radikale Erwartung des kommenden Herrn entsprechen. Aber da stellen wir uns die Frage: Wo ist dieses eschatologische Bewusstsein im Ordensleben? Feiert nicht auch das Ordensleben (ich möchte sagen: nicht nur liturgisch, sondern auch existenziell) mehr das Weihnachtsgeschehen als die Parusie, das endgültige Amen Gottes zur ganzen Menschheit, zur gesamten Schöpfung?

---

a Vgl. C. Maccise, „La créativité comme réponse au Seigneur de l'histoire", in: *Le lien des contemplatives* 110 (1992), S. 1-16 (aus einer Vortragsreihe im Karmelitenkloster von Avon im Januar 1992).

b J.B. Metz, Zeit der Orden? Zur Mystik und Politik der Nachfolge, Freiburg 1977, S. 85.

Das Ordensleben müsste auf das Weltende ausgerichtet sein, und zwar nicht als Schach-Ansage an diese Schöpfung, sondern als Neuigkeit, als von Gott gewollte Verklärung mit einem ausdrücklichen Urteil über die Geschichte und unser Leben! Es geht nicht darum, eine Dichotomie zwischen *éschaton* und Geschichte zu leben, wohl jedoch eine Dialektik! Wir alle wissen, dass, wenn heutzutage die Zeit erforscht wird, dies von Nichtglaubenden angeführt wird, die die These zu formulieren versuchen, dass die Zeit ein Ende hat, durch die sie bedeutsam, nicht leer, nicht unendlich wird. Aber es ist traurig, dass Gläubige und Ordenschristen zu diesem Argument nichts zu sagen haben! Das Ordensleben müsste doch Experte der Zeit sein aufgrund einer Erkenntnis, die aus der Erwartung kommt, aus der täglichen steten Wachsamkeit. Es müsste wissen, dass die Zeit ein Ende hat und dass es wirklich geschehen kann, dass das Kommen des verherrlichten Messias in der Geschichte in *unser* Leben einbricht (vgl. 1 Thess 4,15-18).[a] Ist es ein Zufall, dass die Feier des Advents gleichzeitig mit dem Ordensleben im 5. Jahrhundert entstand?

Das Ordensleben muss deshalb diesen eschatologischen Horizont zurückholen und sich als wirksamen *Advent* für heute im Leben vor Augen halten. Es muss auf der Basis dieser Hoffnung das eigene Leben gestalten und dadurch der Kirche und der Welt eine Botschaft vermitteln.

„Es ist Zeit, dass es Zeit ist", schreibt Paul Celan in einem Gedicht. Ja, es ist Zeit, dass es Zeit ist, vor allem in einem Ordensleben, das sich wie die Welt benimmt, das vermittelt, es habe keine Zeit. Dabei bekundet es, was zu einem seiner Idole geworden ist, dass es die Zeit weltlich als Evolution, das eigene Leben von der Unzeitlichkeit geprägt, die Geschichte als homogenes ewiges Kontinuum sieht, in dem für Überraschungen kein Raum ist, eine bereits bekannte Unendlich-

---

a Siehe im Folgenden, S. 227-248.

keit, eine inhaltslose Ewigkeit. Das Zweite Vatikanum definiert die eschatologische Qualität des Ordenslebens (*Lumen Gentium* 44), sieht aber diese Qualität im Bekenntnis zu den evangelischen Räten im Innern des Volkes Gottes, das „hier keine bleibende Heimstatt hat, sondern die zukünftige sucht". Das ist sicher wahr, aber meines Erachtens reicht das nicht aus. Es genügt nicht, die eschatologische Dimension an das Bekenntnis zu den drei Gelübden zu delegieren, denn vor diesen, die in erster Linie zu der Person gehören, die ihre Profess ablegt, ist die Eschatologie eine Dimension, die die Lebensform prägt.

Ja, die eschatologische Dimension bedeutet, die Kategorien, in denen man sich eingerichtet hat, anders zu denken, eine erneuerte Beziehung in den Strukturen des Ordenslebens zu leben, die Autorität und die Ämter in anderer Weise neu zu denken, die Sakramente und die Liturgie zu verstehen als notwendige, aber immer vorläufige Werkzeuge im Blick auf das Ziel des christlichen Lebens, das in der *agápe*, in der Liebe besteht, die einzige Dimension, die im kommenden Reich Gottes bleibt (vgl. 1 Kor 13,13).

Die Eschatologie in den Mittelpunkt des eigenen Glaubens zu stellen bedeutet im Streben nach einer Erfüllung zu leben, *die noch nicht geschehen ist.* Es bedeutet, aus Hoffnung zu leben, nicht als Schauende den Weg zu gehen (vgl. 2 Kor 5,7), es bedeutet, das Bewusstsein des Vorläufigen, der Unvollkommenheit jeder Gemeinschaft, jedes Zeugnisses wiederzugewinnen. Und das muss selbst zum Zeitpunkt der vollen Blüte geschehen, die doch früher oder später dem Verwelken preisgegeben ist.

Gerade der eschatologische Horizont könnte die Ordenschristen zu einer ständigen neuen Fundierung ihres Amtes anspornen, sie dazu drängen, die ursprüngliche Inspiration (die man doppeldeutig als „Charisma des Gründers" bezeichnet) nicht nur mit den neuen Lebensverhältnissen und den Zeichen der Zeiten und Orte abzugleichen, sondern auch mit dem Geist der neuen Generationen. Auch diese sind wie die erste Generation mit der vom Heiligen zugesicherten *unctio magistra* gerüstet, denn er ruft zur Nachfolge Christi! Nicht zuletzt angesichts der wachsenden Verkirchlichung des Glaubens, der wir seit einem Jahrhundert bis heute beiwohnen, könnten die Ordenschristen, die die Kirche lieben, dem Herzen der Kirche ein Wort sagen, das ohne als Vorwand dienende Proteste die ewige Herrschaft Christi sowie die Vorläufigkeit des kirchlich-ekklesiastischen Ordnungsgefüges wieder in Erinnerung ruft.

Damit die Menschen die Ordenschristen fragen: „Wächter, wie lange noch dauert die Nacht? (Jes 21,11), müssen sie in ihnen „Wächter" sehen können, die ein Wort vonseiten Gottes zu sagen haben, sonst werden sie sich an andere wenden ... Auch Johann Baptist Metz ermahnt dazu:

> *Was liegt auf dem Grunde unseres sog. modernen Bewusstseins* [...]*? Ist es nicht eine besondere Art von Erwartungslosigkeit und Apathie, die immer wieder zur erfolgreichen Anpassung verleitet, zur Anpassung an den „Lauf der Dinge", zur Widerstandslosigkeit gegenüber dem „Lauf der Welt", zur Passivität* [...]*? Hat die Vorstellung von einer evolutionären Unendlichkeit der Zeit in den Seelen nicht längst eine besondere Form von Resignation erzeugt?*[a]

Ja, die Ordenschristen müssten sich fragen, ob sie noch zum Widerstand gegen den „Lauf der Welt" fähig sind, wenn dieser Lauf Ausdruck der Weltlichkeit ist. Sie müssten sich fragen, ob die Zukunft für sie nicht, wie für viele, eine inhaltslose Zukunft ist, sodass sie weder Kraft noch Lust haben zu flehen „Komm, Herr Jesus" – „*Maranà tha*" (Offb 22,20).

---

a J.B. Metz, *Zeit der Orden?*, S. 85.

Eine weitere Frage, die ich mir in dieser Zeit oft stelle, in der seitens vieler Glieder der Kirche eine obsessive Suche nach Identität spürbar ist: Kann man eine eigene authentische Identität aufzeigen, ohne sie in Christus zu finden und ohne dass sie von der eschatologischen Wirklichkeit inspiriert ist? In einer Zeit, die gelebt wird in der Schizophrenie zwischen dem zweimaligen Kommen des Herrn, zwischen dem mittlerweile eine ziemliche Distanz liegt, gibt es nur Raum für eine Zeit, die wir als die „unsrige" verstehen, eine Zwischenzeit, die dazu bestimmt ist, vom *saeculum*, das heißt von der Säkularisierung geprägt zu sein. Das Heute des westlichen Menschen ist von einem Alibi-Leben gekennzeichnet, von der Zugehörigkeit zu Stückwerk-Elementen, von der Bekräftigung eines Bleiberechts, als würde man über eine Reihe von Leben verfügen, vom Leben der eigenen Situation als Erfahrung. Wenn sich die Ordenschristen diese vorherrschende Zügellosigkeit zu eigen machen, wie sollen sie dann ihre eigene Identität in erneuerter Radikalität eines Lebens nach dem Evangelium finden?

## *Prophetisches Leben aus einem Paradoxon*

Wenn es wahr ist, dass es im kirchlichen Leben dauernde Stände gibt (wie das Priesteramt), muss man auch gestehen, dass es kein ständiges Prophetenamt gibt. Der Ordenschrist ist deshalb in dem Maße Prophet, wie er ein Wort vonseiten Gottes mit seinem Leben und Mund sagt. Das Ordensleben ist lediglich eine Vorbedingung, die das Prophetentum zu stimulieren vermag, aber als solches ist es dafür keine Garantie. Deshalb muss man sagen, dass das Ordensleben prophetisch ist, wenn es das Paradoxon des Evangeliums umsetzt.

Durch das Paradoxon des Evangeliums beziehungsweise Jesu wird nicht nur etwas dargestellt, kommt zu Wort und weckt Aufmerksamkeit, sondern es ist immer eine Forderung der Radikalität, einer ganzheitlichen, unwiderruflichen Entscheidung. Es führt, ob man will oder nicht, zu einem Bruch, zur Auseinandersetzung mit der weltlichen Umgebung. Wer das vollzieht, den kann dieser Bruch sogar zu einem Außenseiterdasein im Blick auf die Welt führen, doch es führt ihn auch zu einer Dialektik, die Botschaften zeitigen kann in seinem Umfeld, von dem er sich unterscheidet. Wehe dem, der sich der vorherrschenden Kultur preisgibt: Das würde bedeuten, den Laxismus festzuschreiben, Anpassung, Bedeutungslosigkeit des eigenen Lebens!

Worte und Verhaltensweisen Jesu vermochten diese Auseinandersetzung mit der Umgebung zu verursachen („Er kam in sein Eigentum, aber die Seinen nahmen ihn nicht auf" – Joh 1,11). Gerade durch dieses überlieferte und allen erklärte Paradoxon löste Jesus einen Skandal unter den Einwohnern Nazareths aus; er provozierte ein Urteil seitens seiner Angehörigen, er sei von Sinnen (Mk 3,21 und 6,2-4). Bei der Attacke des Petrus musste er die große Versuchung jedes Christen klarmachen, das Kreuz zu verdrängen, den Skandal zu umgehen (Mk 8,33).

Wenn nun der Ordenschrist in der Nachfolge Christus gleichförmig wird, indem er sich bemüht, ihm immer zu folgen, wohin sein Weg auch führen mag, in den schönen Seiten seiner Lehre, aber auch in der schmachvollen Härte des Kreuzes (Mk 8,34; Hebr 12,2; 13,13), ist es normal, dass er ein Leben führt, an dem das Evangelium sichtbar wird und das für die anderen paradox ist. Wie kann sich das Ordensleben von häufig anmaßenden Bildern nähren wie „vollkommenes Leben", „engelgleiches Leben", „apostolisches Leben", „prophetisches Leben", „Leben vollkommener Liebe", „Vermählung mit Christus"[a], wenn es dann diese Selbstdefinitionen im eigenen Leben nicht konkret umsetzt? Das Zeichen ist Zeichen von Nichts, wichtigtuerisches Gehabe, wenn es nicht Ausdruck einer Realität ist.

---

a Vgl. E. Bianchi, *Critiche alle metafore del celibato* [Kritik an den Metaphern für das Zölibat], in: *Servitium* 31 (1973), S. 402-410.

Nein! Entweder man orientiert seinen eigenen Lebensweg im Licht des unsichtbar Transzendenten oder man bastelt am eigenen Schicksal in der Unterwerfung an die Wirklichkeiten der Erde im säkularen Sinn, ohne Transzendenz, ohne Einmündung in das ewige Leben. Man kann nämlich im Namen Jesu als Prophet auftreten, ohne dazu von ihm berufen, erkannt und getragen zu sein (vgl. Mt 7,22), doch „an jenem Tag" wird man dann als „Übertreter des Gesetzes" überführt werden (Mt 7,23).

## *Prophetische Dringlichkeiten heute*

Jetzt möchte ich über einige Voraussetzungen sprechen, die mir heute notwendig erscheinen für ein Ordensleben, das der Prophetie Raum gibt. Es handelt sich um prophetische Dringlichkeiten, die die Gesamtkirche betreffen, in besonderer Weise aber die Ordenschristen, die aufgrund der Radikalität ihres Lebens qualifizierter sind. Ich möchte sie so ausdrücken, lesbar und beredsam machen:

1) ein Leben der Bekehrung;
2) Zeugen des wahren und lebendigen Gottes;
3) der Vorrang des Glaubens;
4) das Wort vom Kreuz.

### *1. Ein Leben der Bekehrung*

Rufen wir uns zwei große Zeugen der Radikalität des Evangeliums in Erinnerung: Franziskus und Klara. Wenn man an die Anfänge ihrer Berufung geht, zeigt sich ihr eindeutiger Wille, ein Leben der *Bekehrung* (Klara), der *Buße* (Franziskus) zu führen. Was Franziskus und Klara beabsichtigen, ist die *conversatio*, ein Leben als Bekehrte, das heißt ein Gott zugewandtes Leben, das Leben dessen, der zu ihm zurückkehrt. In der Sprache von Franziskus und Klara, unterschiedlich, aber einander ergänzend, ist die Notwendigkeit spürbar, ihre Berufung nicht in der *Begrifflichkeit einer Sendung*, vielmehr einer *Änderung des Lebens, der Umkehr* zu verstehen.

Die verschiedenen Zeichen der Umkehr: der Kuss des Leprakranken, die Begegnung mit dem Gekreuzigten in San Damiano, die Begegnung mit dem Evangelium usw. Sie zeigen das Bedürfnis der Bekehrung. Franziskus ist beredsam, weil er die Bekehrung aufgezeigt, sichtbar gemacht und erklärt hat, indem er zu einer lebendigen Exegese wurde.

Die Gelübde, oder besser gesagt: die Logik des Evangeliums, der sich die Ordenschristen verschrieben haben, muss den Ordenschristen prägen und an ihm sichtbar werden. Die drei Begierden – die *libido amandi*, die *libido possidendi* und die *libido dominandi* sind nicht nur in sich gut, sondern für die Persönlichkeitsbildung generell notwendig –, doch sie bedürfen der Läuterung und Umwandlung in *Keuschheit*, in *Armut*, in *gegenseitige Unterwerfung und Gehorsam*. Sie dürfen niemals zu etwas Absolutem werden, zu einem Ziel, das entfremdet und die Gemeinschaft der Menschen und die *koinonía* der christlichen Brüder verletzt. Wie Christus in der Wüste gegen diese Versuchungen gekämpft hat (vgl. Mt 4,1-11 und Lk 4,1-13), so müssen es ihm auch alle Christen gleichtun, darunter die Ordenschristen. Wo gekämpft wird, da geschieht Bekehrung!

Wir müssen uns die Frage stellen: Gibt unser Leben als Ordenschristen *Zeugnis von der Bekehrung heute*? Zeigt es, dass wir *einen anderen Weg* gehen? Das ist die erste Frage: Sehen die Menschen an uns *eine Änderung des Lebens*? Wenn sie feststellen, dass wir wie sie leben, dieselben weltlichen Ziele verfolgen und dass wir unfähig sind, ein „anderes" Leben zu zeigen, warum sollten sie sich dann bekehren?

## 2. Zeugen des wahren und lebendigen Gottes

Zur Bezeichnung der Gegenwart hat sich der Begriff „Postmoderne“ durchgesetzt. Jenseits dieser hartnäckigen Definition ist unbestritten, dass in diesen allerletzten Jahren tendenziell Veränderungen zu registrieren sind. Es kommen existenziell Neuigkeiten auf: Immer klarer wird die Zersplitterung, die Vielfalt, die Komplexität, die Unterschiedlichkeit usw. Sicher stehen wir vor einer neuen Epoche der Wahrnehmung des Göttlichen. Man hatte uns gerade den Tod Gottes verkündet, als wir viele Gründe fanden, ihn als lebendiger denn je zu erklären. „Gott kehrt zurück!“, heißt es im Sprachgebrauch der Massenmedien. *La revanche de Dieu* ist der Titel eines kürzlich erschienenen Buches von Gilles Kepel. Man war auch der Meinung, das Problem sei mittlerweile nicht mehr so sehr, an Gott zu glauben, als vielmehr an den Menschen zu glauben, nach den ungeheueren Verbrechen dieser Zeit im Westen, im Osten, in den Entwicklungsländern usw.

Doch was ist passiert? Die Religion ist zurückgekehrt, nicht Gott! War gestern noch das Problem „Christus ja, Kirche nein!“, kann man heute sagen: „Religion ja, Gott, Christus nein!“ Die Religion, die zurückgekehrt ist, ist dionysisch, angstbesetzt, eine „Placebo“-Religion, die eine Zufriedenheit zusichert, aber die Mühe und das Leid ausklammert. Es ist eine Religiosität, die als mystischer Seelenrausch verstanden wird, eine psychologische Einbildung, in Unschuld gekleidet. Marx ist tot, aber Nietzsche lebt (Mythos ja, Christus-Gott nein!). Vor diesem Horizont ist die Prophetie sehr dringlich: Zeugnis zu geben von der Gegenwart des wahren und lebendigen Gottes in einem für die heutige Zeit vielleicht notwendigen *Übermaß*, Widerspruch anzumelden, der eine klare Unterscheidung zwischen den verheerenden polytheistisch-ästhetischen Götzen und dem Gott Abrahams, Isaaks, Jakobs und Jesu-Christi deutlich macht. Nicht ein Gott aller in dem Sinne, dass er sich allen anpasst, sondern ein lebender Gott, zu dem es nicht nur einen ethischen Bezug gibt, sondern Liebe ... Hier geht es um Bekehrung in dem Sinne, Christus, Ebenbild Gottes, in den Mittelpunkt von allem zu stellen und *ihn zu lieben*! Die Ordenschristen müssen Zeugen eines Gottes sein, *mit dem* wir sprechen können, und nicht eines Gottes, *über den* nur geredet wird, mit einem Gott, den sie kennen und mit dem sie häufig in Kontakt treten, ohne Zerstreuungen, als sähen sie den Unsichtbaren.

Ich wiederhole: *als sähen sie den Unsichtbaren* ... Die Augen eines starken und reifen Glaubens lassen uns jenseits der Grenzen unseres Intellekts und unserer Sinne schauen. Sie lassen uns die unsichtbaren Wirklichkeiten sehen, die ewig sind (vgl. 2 Kor 4,18), jene Realität, die alle Dinge erklärt: Gott. Das Ordensleben, das von den Vätern (Pseudo-Makarios) definiert wird als ein Amt der Wahrnehmung in der Wachsamkeit, im Warten auf Jenen, der kommt, und in der Feier der Hoffnung, muss Zeugnis einer Präsenz als Gegenwart geben, in der Gott zu Hause ist.

Wer singt für diese Generation gekonnt und überzeugt die Worte aus dem Psalm: „Herr, deine Huld ist besser als das Leben!" (Ps 63,4)? Wer zeigt heute, dass er die Kunst der Unterscheidung der göttlichen Gegenwart gelernt hat, wenn das nicht die Ordenschristen machen? *Das ewige Leben besteht darin, Gott allein, den Vater zu kennen* (vgl. Joh 17,3). Die Form einer Religiosität, die sich allen schön und präsentabel anpasst, die zu keiner Krise führt, die keinerlei eschatologischen Horizont hat, kann man sich im großen westlichen Supermarkt aussuchen. Sie fordert keine Bekehrung, trägt nicht die Züge einer Ganzhingabe in der Liebe, ist unserer Kultur und Existenz vollkommen gleichgeschaltet. Mit christlichem Glauben jedoch hat das nichts zu tun. Manchmal hat man den Eindruck, dass sich Christsein und – man möge mir verzeihen – auch Ordenschristsein als vernachlässigbare Minimalvariante präsentiert, eher als Getue denn als klares unverkennbares Zeichen, das sich der herrschenden weltlichen Mentalität widersetzt. Heute mag man es, keine Unterscheidungen, nichts anderes zu sehen, und wenn man wüsste, dass der Begriff „Heilige" im Neuen Testament „Sich Unterscheidende" bedeutet, getrennt von der Weltlichkeit für Gott, dann würde man ihn nicht mehr gebrauchen! Man ist nicht einmal mehr fähig zu einer „beherzten Praxis der Andersseins" (Stanislas Breton) und zur Bejahung der christlichen Singularität!

### 3. Der Vorrang des Glaubens

Heute kommen die großen Horizonte des Ordenslebens zum Ausdruck in der *Evangelisierung*, die man „neu" will, und im *Einsatz der Liebe*. Es ist nicht nötig zu betonen, dass dies ständige *Notwendigkeiten für das Leben der Kirche* und damit auch für das Ordensleben sind. Aber ich möchte die großen Risiken nicht verbergen, die man eingeht, wenn man neben sie nicht auch die Notwendigkeiten der Spiritualität stellt, eines Lebens im Heiligen Geist, eines inneren Lebens – und das kann nur aus einem Vorrang des Glaubens erwachsen. Hat nicht Johannes Paul II. die Ordenschristen daran erinnert, dass das wahre Problem die Spiritualität ist, im Heiligen Geist zu leben? Sicherlich, der Glaube setzt seiner Natur nach voraus, dass man Rechenschaft über ihn ablegt („Ich habe geglaubt, darum habe ich geredet" – 2 Kor 4,13). Doch man sollte nicht vergessen, dass es vor jedem Wort an andere darum geht, dem Wort Gottes zu gehorchen, das heißt um ein geistliches Engagement, das die persönliche und gemeinschaftliche Bekehrung beinhaltet; ansonsten mündet alles in einem hohlen Altruismus. Nur ein Vollzug der Bekehrung seitens des Ordenslebens kann sich den anderen präsentieren und sie um eine Änderung, eine Umkehr bitten: Weltlich orientierte Ordenschristen können lediglich die Menschen ermutigen, so zu bleiben, wie sie sind. Dadurch aber hindern sie diese daran, wirksam Heil zu entdecken, und entziehen dem Evangelium die Kraft, die in die Welt zu tragen ist.

Das Ordensleben sollte nur aus Glauben leben, „*ex fide vivit*“ (Röm 1,17), wie die Kirche und durch seine maximale Nachfolge des Evangeliums diesen Vorrang sichtbar werden lassen. Es sollte daran erinnern, dass das Ergebnis der Evangelisierung nicht nur von dem abhängig ist, worüber es verfügt, sondern in erster Linie vom Herrn (vgl. 2 Thess 3,1)!

Evangelisierung bedeutet nicht Botschaft, die von der Welt für nützlich gehalten wird, auch nicht eine sich aufdrängende Präsenz, auch nicht verletztendes Zurschaustellen, auch nicht verblendende und demütigende Glanzentfaltung, sondern Ankündigung „Jesu Christi als Hoffnung in uns“ (vgl. Kol 1,27-28). Sie vollzieht sich durch „begnadete Rede“ (Lk 4,22) und durch „gute Taten unter den Menschen“ (1 Petr 2,12).

Im Übrigen, was das Engagement der Liebe betrifft, möchte ich nicht, dass sich die Ordenschristen von dem vorherrschenden Denken – „das Ordensleben dient“ – anstecken lassen, dass sie immer begeisterter werden aufgrund der Anerkennung, die ihnen seitens der Gesellschaft zuteil wird für ihre Dienste und die Werke, die die Zivilgesellschaft selbst nicht zu erbringen vermag.

Die Versuchung heute für das Ordensleben besteht darin, die Ankündigung des auferstandenen, lebenden und kommenden Christus zu verwässern in Taten der Liebe, in Schlachten für die Menschenrechte, in Organisationen der Solidarität und Philanthropie. Sicher darf Dienstleistung, Diakonie, nicht vernachlässigt werden, damit der Ordenschrist seinen Platz in der Geschichte, unter den Mitmenschen hat. Angesichts der Mühen und des Leidens, das die Menschen quält, ist ihm keine Zuschauerrolle zugestanden. Doch man sollte nie vergessen, dass das *Eigentliche*, das Spezifikum des

Christen der Glaube an Christus ist, „den Glauben zu haben, der in der Liebe wirksam ist“ (Gal 5,6), ein Glaube, der am Werk ist, am *Werk* schlechthin. Jesus wurde gefragt: „Was müssen wir tun, um die Werke Gottes zu vollbringen?“ Er gab zur Antwort: „Das ist das Werk Gottes, dass ihr an den glaubt, den er gesandt hat“ (Joh 6,28).

Wenn die Ordenschristen Vertrauen setzen in ihre Werke und in die Art und Weise, wie sie die Werte konzipieren und wirksam werden lassen, wenn sie ihr Zeugnis abflachen auf eine Ethik, mit der sie sich den Menschen anbiedern, wenn sie das Evangelium auf jene Liebe reduzieren, die auf das Ehrenamt und die Befriedigung der in der Gesellschaft vorhandenen Nöte setzt, dann mögen sie hervorragende Philanthropen sind, aber sie sind keine Propheten des Glaubens! Und daran erinnere ich mit dem Blick auf alle Ordenschristen, nicht nur auf jene, die eine einfache Diakonie betreiben, sondern auch auf jene, die sagen, sie hätten keine Diakonie, doch dann widersprechen sie einem Glauben, der Hoffen auf Christus ist – basta!

### *4. Das Wort vom Kreuz*

Schließlich eine letzte Notwendigkeit, die ich dürftig abhandle, weil ich dessen nicht würdig bin. Wenn ich darauf verweise, dann nur deshalb, weil ich hoffe, dass es auch mich selbst zur Bekehrung führt, wenn ich es höre: *das Wort vom Kreuz.*

Unser Gott, wie er heute von authentischen Christen wahrgenommen und erfahren wird (siehe die großen Heiligen unserer Zeit), ist ein Gott, der in Christus nicht nur Mensch geworden ist, sondern der das Leid, den Tod, die Hölle kennengelernt hat. Es ist nicht mehr der in seiner Allmacht hoch erhabene Gott, sondern ein Gott, der sich entäußert hat, der hinabgestiegen ist, der am Tisch der Sünder sitzt, nicht der Gott, der auf dem Richterstuhl der Verdammung sitzt. Ja, das Ordensleben muss im „Palast" jene Etage verlassen, wo das Reich der Selbstgenügsamkeit, des eifersüchtigen Festhaltens am Besitz (vgl. Phil 2,6) regiert. Es muss auf die Erde hinabsteigen, wo die Armut, die Entblößung, das Kreuz herrscht. Raus aus dem sicheren Lager, um Christus zu begegnen, bis hin zum Teilen der Schmach (Hebr 13,13), denn wir haben hier keine bleibende Wohnstatt, sondern sind auf der Suche nach der zukünftigen Stadt (vgl. Hebr 13,14). Jesus hat gesagt, dass die Propheten nicht in den Palästen der Könige wohnen (vgl. Mt 11,8).

Es ist das Kreuz, das *die christliche Heiligkeit im Höchstmaß, den Bruch, den Widerspruch gegen die weltliche Selbstsucht* mit der Solidarität in der Gemeinschaft der Menschen verbindet, in der Hoffnung, dass sich der Wille Gottes verwirklicht, der möchte, dass alle Menschen gerettet werden (vgl. 1 Tim 2,4).

Haben sich die Ordenschristen aus einem Übermaß der Liebe zum Herrn nicht als Nachfolger der Märtyrer bezeichnet? Doch aufgepasst, wie Hilarius von Poitiers bemerkte:

> *Am Horizont steht ein hinterhältiger Verfolger, ein schmeichelnder Feind ... Er geißelt nicht unsere Rücken, sondern streichelt den Bauch. Er konfisziert nicht die Güter und lässt uns das Leben; doch er macht uns reich, um uns den Tod zu geben. Er wirft uns nicht ins Gefängnis und drängt uns zur Freiheit, aber er erweist uns Ehre im Palast und drängt uns zur Knechtschaft. Er schnürt uns nicht die Hüften mit Ketten, aber er will unser Herz besitzen. Er schlägt uns nicht den Kopf ab mit dem Schwert, aber er tötet unsere Seele mit Geld, Macht, Erfolg, mit den „ersten Plätzen".*[a]

---

a Hilarius von Poitiers, *Contra Constantium imperatorem* 5.

Ja, das Kreuz ist das Wort vom Kreuz, *ho lógos ho toû stauroû* (1 Kor 1,18). Diese Worte geben unserem Glauben wahre Wirkkraft, sie allein vermögen unseren Glauben prophetisch werden zu lassen, wie es bei allen Propheten des Alten Bundes und im Leben der Kirche geschehen ist.

# Christus nachfolgen

*Am Beginn jedes religiösen Lebens*
*steht immer ein Wort des Herrn Jesu:*
*„Wenn du willst, komm, folge mir ...“*

## *Das Ende der Vormacht der Christenheit*

Die nachkonziliare Zeit war für das Ordensleben eine Phase intensiver und leidvoller Suche nach Erneuerung, die eine tiefgehende Identitätskrise bloßgelegt hat. Es ist eine Krise, die um so gravierender war und ist, weil sie nicht nur das „wie“ Ordenschrist sein umfasst, sondern auch das „warum“ Ordenschrist heute sein, und damit das „wer“ ist der Ordenschrist. Deshalb ist jeder Versuch einer Erneuerung des Ordenslebens unweigerlich zum Scheitern verurteilt, der darauf hinausläuft, auf die Krise der Motivation („warum“) und der Identität („wer“) einfach nur durch Zielkorrekturen im Blick auf das „wie“ zu antworten. Es bringt wenig, dass sich diese Versuche im Sinne einer verbesserten Neuauflage des „Gründungscharismas“ oder auf einen erneuerten apostolisch-missionarischen Eifer auf der Schiene der „Neuevangelisierung“ oder auf anderes orientieren.

Die Krise muss in ihrer ganzen Tiefe und Bandbreite erkannt und angegangen werden. Sie muss dabei allerdings auch historisch verortet und in das Licht des Evangeliums gerückt werden. Sonst zeugt sie angstbesetzte obsessive Haltungen im Blick auf die Identität, die man immer mehr in sich selbst sucht – mit einer Verworrenheit und einem Kreisen um sich selbst – und immer weniger im Herrn und seinem Evangelium.

In erster Linie hat sie ihren Platz im Innern der weitverbreiteten allgemeinen *Glaubenskrise*, die heute feststellbar ist. Es handelt sich um eine Krise der Plausibilität in einem kulturellen Kontext, in dem das Christentum nicht mehr zum selbstverständlichen Diskurs gehört, sondern ständig herausgefordert ist, sich selbst zu motivieren und im Blick auf sich und die eigenen Fundamente unablässig „Rede und Antwort zu stehen" (1 Petr 3,15). Wir haben vor uns eine Situation der Minderheit des Christentums, in der die Aufgabe, *den Glauben zu vermitteln*, absolute Dringlichkeit zukommt. Dies gilt vor allem für die jüngeren christlichen Generationen, die sich nahezu in einem Zustand des Analphabetismus im Glauben befinden (dieses Problem betrifft unmittelbar auch die Formung der jungen Menschen, die sich auf einen Weg im Ordensleben machen). Es ist eine Situation, in der ein Werk der *Verwesentlichung und Vereinfachung* des christlich Gelebten zur Priorität wird, damit es immer mehr auf Elemente zentriert wird, die den Glauben tragen. All das betrifft das Ordensleben unmittelbar, und wir können es zusammenfassend so ausdrücken: *Die Verflüchtigung der christlichen Vormacht muss auch vom Ordensleben angegangen werden*, ohne sterile Nostalgien und Reaktionen zu nähren, ohne sich zu säkularisieren oder zu ideologisieren.

### Ein Gedanke zur Vereinfachung

Aus diesem Kontext ergibt sich für das Ordensleben ein *Gedanke zur Vereinfachung* beziehungsweise, wenn man so will, ein Übergang *von den Identitäten zur Identität.* Ein Übergang von jenen Unterscheidungen, die auf diversifizierten „Spiritualitäten" gründen (die vielleicht einmal ihre Berechtigung hatten, heute aber eher aufgesetzt wirken) und die Orden und Kongregationen oft künstlich und unangemessen trennen, jedenfalls weit entfernt von der *simplicitas* des Evangeliums sind, von dem, was die wahre *Identität* ausmacht. Sie repräsentiert „das, was identisch ist“, was bleibt und sich nicht ändert: eine Identität beziehungsweise konstitutives Fundament, das man im „ewigen Evangelium“ (Offb 14,6) findet, in „Christus, der derselbe ist gestern, heute und in Ewigkeit“ (Hebr 13,8). Das ist in der Geschichte unter der Führung des Heiligen Geistes kreativ zu leben: Der Geist Gottes ist das nichtweltliche Kriterium, das Unterscheidung und Identität im christlichen Leben und somit auch im Ordensleben prägt. Ein Kriterium, das die Unterscheidung zur Blüte bringt in den Fußspuren der Treue, die aus dem Unterschied nicht eine juridische Unterscheidung oder eine Zweckzuordnung unter den verschiedenen Kongregationen macht, die als „spezialisierte Körperschaften“ im Innern der kirchlichen *missio* auftreten, sondern prophetische Manifestation innerhalb des Leibes der Kirche, ein Element der Kritik an den Idolen in der Gesellschaft, eine eschatologische Mahnung, die sich gegen die Unzulänglichkeit des Hier und Jetzt zur Wehr setzt und nach dem ewigen Leben strebt, nach dem Reich Gottes, nach dem universalen Heil.

## *Ein Gedanke zur Klärung*

Neben dem Gedanken zur Vereinfachung scheint mir auch ein *Gedanke zur Klärung* angebracht, vor allem eine begriffliche Klärung, um Doppeldeutigkeiten, Heucheleien und echte Anmaßungen gegenüber den „normalen Christen“ zu vermeiden. Man sollte diese hermeneutische „Wilderei“ vermeiden, dass man das als spezifisch für das Ordensleben durchgehen lässt, was in Wirklichkeit jedem getauften Christen eigen, grundlegend eigen ist. Hier muss das Ordensleben in der Suche nach dem eigenen Spezifikum den Mut aufbringen, sich offen mit dem ganz einfachen christlichen Leben auseinanderzusetzen, mit dem christlichen Leben, wie es das

Evangelium aufzeigt. Es muss sich mit dem christlichen (katholischen) Bewusstsein auseinandersetzen, wie es das Zweite Vatikanum geprägt hat, in besonderer Weise mit der wiedergewonnenen zentralen Stellung des Wortes Gottes im Leben der Kirche. Diese zentrale Stellung darf nicht einfach so rezipiert werden, dass man der *lectio divina* im geistlichen Leben des Ordenschristen, der Ordenschristin etwas mehr Raum gibt, möglicherweise im Wettstreit mit den „verschiedenen Frömmigkeitsübungen, die jedem Institut eigen sind, denen in der Planung des persönlichen und gemeinschaftlichen Lebens der geschuldete Platz eingeräumt werden muss“[a]. In Wirklichkeit führt uns die zentrale Stellung des Wortes Gottes hinaus aus der Vorherrschaft der „Spiritualitäten“, die im Laufe der Jahrhunderte der Verbannung des Wortes Gottes entstanden sind und an denen sich viele Institute des Ordenslebens inspiriert haben und sich bis heute nähren. Tendenziell geht es um eine Vereinheitlichung im Blick auf eine „biblische Spiritualität“, die sowohl vom Ordenschristen wie auch vom normalen Christen zu leben ist. Hier ist eine Kluft festzustellen zwischen dem Ordensleben und dem heutigen christlichen Bewusstsein. Zusammen mit den Entwicklungen in der Gesellschaft und der Tatsache, dass der Staat Aufgaben übernimmt, die früher von der Kirche durch die Diakonie des Ordenslebens erfüllt wurden, verlieren viele Formen des Ordenslebens ihre Aktualität; das erklärt auch seine mangelnde Anziehungskraft für die junge Generation.

## *Christliches Leben und Ordensleben*

Im Gehorsam gegenüber dem Geist des Evangeliums ist vor allem in der Beziehung zwischen dem christlichen Leben und dem Or-

---

a Leitlinien zur Synode über das Ordensleben, 1. Teil, I,12,c.

densleben wieder ein Gleichgewicht herzustellen. Diese Beziehung ist im Laufe der Geschichte der Spiritualität zu häufig aus den Fugen geraten durch Behauptung einer Überlegenheit des „Standes des geweihten Lebens" im Vergleich zur normalen Lebenssituation des einfachen Christen. Dieses Ungleichgewicht tat sich kund im Gebrauch von verherrlichenden Metaphern in der Definition des Ordenslebens und des zölibatären Standes, den es erfordert („engelgleiches Leben", „mystische Vermählung" usw.). Es hat sich häufig eher von apologetischen und aus der griechischen Philosophie entlehnten dualistischen Argumenten genährt als von einer authentisch biblischen Philosophie. Es hat dann Spiritualitäten der Weltflucht inspiriert (im Sinne einer Trennung von der Gemeinschaft der Menschen), zu einem Ausweichen vor der Geschichte geführt, zur Geringschätzung des Körperlichen und der geschaffenen Wirklichkeiten, zum Zynismus und zur Angst hinsichtlich der Sexualität. Auf diese Weise hat es ein Ideal sakraler und moralischer Heiligkeit gefördert, das mehr auf Trennung als auf Gemeinschaft hin orientiert ist.

Heute hat die Entwicklung einer Spiritualität für Eheleute, die Wahrnehmung der theologischen Dimension der irdischen Wirklichkeiten, der Positivität des Körpers und der Sexualität tatsächlich dazu geführt, dass die unglückliche traditionelle These der Überlegenheit des Zölibats über die Ehe und damit des Ordenslebens über die normale christliche Lebenssituation weniger vertreten wird. Doch bedauerlicherweise schreiben die offiziellen Dokumente diesen Punkt im Echo auf diese Thesen, die Bezug nehmen auf das Konzil von Trient, substanziell weiter fort. So wird dieser harte ideologische Sockel, der das Ordensleben untermauert, teils diskret, teils ausdrücklich auf Schritt und Tritt weiter vorangetrieben und macht sich bemerkbar. Aber gerade das Ordensleben würde großen Gewinn daraus ziehen, dies in Frage zu stellen, denn das ist ein Irrweg! Im Übrigen sieht das unter den heutigen Gläubigen verbreitete Denken immer mehr, dass Ehe und Zölibat zwei Lebensformen sind, die ihre eigene Bedeutung aus ihrem Bezug zum Reich Gottes bekommen, und dass es gar keinen Sinn macht, sie gegenüberzustellen. Es ist absolut unmöglich, eine Hierarchie zwischen diesen beiden Wirklichkeiten zu errichten, die beide durch ihre Beziehung zum Reich Gottes und zu Christus geheiligt sind. Die einzige Frage ist die Treue, die Authentizität, die Heiligkeit, mit der diese beiden Wirklichkeiten gelebt werden! Deshalb sind die offiziellen Texte, in denen die *Verschiedenheit* der Formen des christlichen Lebens als Überlegenheit des einen über das andere interpretiert wird, ungeschickt formuliert: Die Weihe an Gott „wurzelt zutiefst in der Taufweihe und *bringt diese voller zum Ausdruck" (eamque plenius exprimit)*" (*Perfectae caritatis* 5). Das Konzilsdekret selbst spricht vom *„besonderen Wert (praestans valor)* eines durch die Verpflichtung auf die evangelischen Räte geweihten Lebens" (*Perfectae caritatis* 1). Das gottgeweihte Leben ermöglicht eine *besonders enge Nachfolge Christi (pressius sequentes)* (*CIC* can. 573) und „in der christlichen Überlieferung wurde immer von der *objektiven Vollkommenheit des geweihten Lebens* gesprochen" (*Vita consecrata* 18). Man kann gewiss in diesen Texten Entwicklungslinien feststellen sowie eine Rezeption einiger Errungenschaften der nachkonziliaren Theologie, die vom Ordensleben aufmerksamer wahrgenommen wird.[a] Doch es bleibt der Eindruck, dass noch ein weiter und vielleicht von mittlerweile nicht mehr einholbaren Verspätungen gezeichneter Weg zurückzulegen ist.

Doch fragen wir uns: Was verbirgt sich hinter jenem „mehr", das so häufig das Ordensleben kennzeichnet in den Texten, die wir gesehen haben? Kann es sich einer Verwurzelung im Evangelium rühmen, oder ist es eine ideologische Verbrämung zur Verteidigung einer bedrohten Identität? Ist es seine Sakralisierung, die das dra-

a Vgl. z.B. den *Katechismus der Katholischen Kirche*, Nr. 914-933.

matische Problem von dem so vielschichtigen Ordensleben im Blick auf die Rechtfertigung des eigenen Seins zu verschleiern sucht? Ist es möglicherweise das Zeichen einer Unfähigkeit, die Andersartigkeit und den Unterschied innerhalb der einen *Nachfolge Christi* zu akzeptieren, ohne der Versuchung der Konfrontation und des Vergleichens nachzugeben? Warum geben wir nicht mit der Einfachheit des Evangeliums und mit menschlichem Realismus zu, dass das christliche Leben keine Unterkategorie des Ordenslebens ist, dass das Ordensleben lediglich eine bestimmte Weise ist, das christliche Leben zu verwirklichen, und dass es nichts Größeres und nichts Höheres gibt als Letzteres? Die Ordenschristen sind einfach Menschen, die Christen werden wollen, indem sie nach dem Evangelium Jesu Christi leben. Doch dann kommt die Frage: Worin liegt das „Spezifische" des Ordenslebens?

### *Worin liegt das „Spezifische" des Ordenslebens?*

Traditionell wird das Ordensleben als „Leben nach den evangelischen Räten" definiert, also charakterisiert vom öffentlichen Bekenntnis der drei Gelübde der Keuschheit, der Armut und des Gehorsams. Man muss sich jedoch vor Augen halten, dass diese Dreiheit auf einer „relativen Traditionslinie" beruht, denn sie reicht nicht über das 13. und 14. Jahrhundert zurück und ist der Kirche des Ostens fremd. Ferner präsentiert sie sich als Raster eines zu engen Verständnisses des Ordenslebens, eher anthropologischer Art, für die es ziemlich problematisch ist, ein Fundament im Evangelium zu finden, weil sie eine Unterscheidung macht zwischen Vorschriften und Räten – zwischen dem, was für alle verbindlich ist, und dem, was fakultativ und demnach einigen vorbehalten ist –, absolut unwahrscheinlich in der Lehre Jesu. Die exegetische und theologische Kritik am Konzept der „evangelischen Räte" fand in der nachkonziliaren Zeit sehr glaubwürdige Stimmen, denen es dennoch nicht gelungen ist, den gängigen Sprachgebrauch substanziell zu modifizieren.[a]

Was den Zölibat betrifft, können wir höchstens und buchstäblich von „apostolischem Rat" sprechen, nämlich im Zusammenhang mit dem, was Paulus im 7. Kapitel des Ersten Korintherbriefes sagt: In diesem Text unterscheidet Paulus zwischen *epitaghé* (Gebot) und *gnóme* (Rat). Dabei bekennt er, er habe keinerlei Wort (weder Gebot noch Rat) vom Herrn für den Fall, den er in Korinth vor sich hat (möglicherweise eine Anfrage von einigen zur Möglichkeit oder Unmöglichkeit, den Bund der Ehe zu schließen), so dass er wagen möchte, einen eigenen Standpunkt zu empfehlen. Paulus sagt: „Was die Frage der Ehelosigkeit angeht, so habe ich kein Gebot vom Herrn. Ich gebe euch nur einen Rat als einer, den der Herr durch sein Erbarmen vertrauenswürdig gemacht hat" (1 Kor 7,25). Seine Überlegungen zur „Zweckmäßigkeit" des Zölibats in „der bevorstehenden Not" (1 Kor 7,26) durch ungeteiltes Ausharren mit dem Herrn ohne Zerstreuungen (1 Kor 7,34-35) als eschatologisches Zeichen und Bezug der gesamten Realität auf Christus (1 Kor 7,29.31-32) sind demnach als „apostolischer Rat" aufzugreifen.

Mehr als einigen wenigen zugedachte „Räte" sind Keuschheit, Armut und Gehorsam nach dem Neuen Testament *Bedürfnisse*, die zur *Nachfolge Christi* gehören, die jeder Getaufte im eigenen Lebensstand nach dem Maß des eigenen Glaubens zu leben berufen ist. Auch der *Katechismus* spricht, obwohl er inhaltlich in der Begrifflichkeit der „Räte" verharrt, im Echo auf *Lumen Gentium* 42, vom geweihten Leben: „Die evangelischen Räte werden in ihrer Vielfalt jedem Christen empfohlen" (Nr. 915). Diese „Räte" sind also weitaus zahlreicher als die klassische Dreiheit, und ihre Observanz ist nicht

---

a Vgl. im Folgenden, S. 71-75 und 74 Fußnote a.

Monopol einer Schicht, sondern für jeden Getauften als Mittel zur Heiligung bestimmt.

Was das Ordensleben auszeichnet, ist im Wesentlichen *der freiwillige Zölibat* und daneben und damit verbunden *das Leben in Gemeinschaft.* Die Geschichte des Ordenslebens zeigt, dass das, was es immer und überall begleitet hat, der definitiv und öffentlich als Lebensstand freiwillig gewählte Zölibat ist. Und der Zölibat findet auch Raum im Evangelium als Charisma, als Gabe, als Möglichkeit, die dem Jünger angeboten und erschlossen ist durch die eschatologische Neuigkeit, die vom Messias Jesus eingebracht worden ist. Die Zeit ist erfüllt, das Reich Gottes ist ganz nahe gekommen: Diese Frohe Botschaft ist nicht angekündigt, sondern verkörpert durch Christus, der „das Reich Gottes in Person" ist (Origenes). Er ist es, über den Gott in Fülle regiert hat, er, der „alles Neue gebracht hat, indem er sich selbst gebracht hat" (Irenäus). Das eschatologische Bewusstsein, welches das Handeln und die Lehre Jesu beherrschte, war auch für seine eigene Entscheidung zu einem zölibatären Leben maßgeblich. Diese seine Entscheidung stand im Kontrast zu den im Judentum verbreiteten Gebräuchen, die für jeden Rabbi galten. Sie stand im Gegensatz zur vorherrschenden jüdischen Theologie, die den ehelos Lebenden als „einen, der Blut verschüttet"[a] sah, weil er nicht dazu beitrug, den Segen Gottes durch Fortpflanzung zu verbreiten; schließlich stand er im Gegensatz zum familiären Bereich. Da die Familie die grundlegende Struktur war, die für die soziale Organisation der Dörfer Galiläas maßgeblich war, brachte seine Entscheidung Jesus in eine Situation des Bruchs auch mit dem sozialen und wirtschaftlichen System, dessen Grundpfeiler die Familie war. Das Wort Jesu über diejenigen, die sich „um des Himmelreiches willen selbst verschnitten haben" (Mt 19,12) findet wahrscheinlich

a So im Talmud: bJevamot 63b.

seinen ursprünglichen *Sitz im Leben* in der Reaktion Jesu auf die Schmähungen derer, die gegen seine eigene Entscheidung zum Zölibat und die von anderen mit ihm waren, wobei sie ihn mit einem negativen Begriff belegten und ihn als *Eunuchen* verachteten. Jesus reagiert also darauf, indem er bekräftigt, dass es Verschnittene gibt, die als solche aus dem Mutterleib gekommen sind und andere, die von Menschen dazu gemacht haben, und wieder andere, die sich selbst (also freiwillig) um des Himmelreiches willen dazu gemacht haben.[a] Die von Jesus gelebte Radikalität wird also auch zur Radikalität, die denen vorgeschlagen wird, die ihm folgen wollen: die Heimat, die Felder und die familiären Beziehungen zu verlassen, um Jesus zu folgen, aus Liebe zu ihm, wegen des Reiches Gottes und wegen des Evangeliums. In dieser Perspektive bekommt die Möglichkeit des Zölibats einen Platz für jene, die dem „Raum zu geben" wissen (*chorêin*: Mt 19,11-12). Gleichwohl bleibt festzuhalten, dass die Entscheidung für das Leben im Zölibat nicht im Blick auf eine „individuelle Vollkommenheit" und auch nicht für ein „apostolisches Ziel" gedacht war, sondern für eine Lebensgemeinschaft mit Jesus und für eine Eingliederung in die kleine apostolische Gemeinschaft (vgl. Mk 3,14).

Die *Radikalität der Berufung* mag für den einen oder anderen einen Bruch mit seinen familiären Beziehungen oder eine Entscheidung zum Zölibat mit sich gebracht haben, eine bestimmte Form des „Lebens in Gemeinschaft" in der neuen Familie Jesu (Mk 3,31-35), die viele *lóghia* als „die Regel" darstellen (C.M. Martini). Diese Radikalität geht demnach seit den ältesten Schichten der Überlieferung des Evangeliums damit einher. „Die Familie zu verlassen, um mit Jesus zu gehen, war gleichzusetzen mit dem Unternehmen eines Le-

---

a So J. Blinzler, „Eisin eunuchoi. Zur Auslegung von Mt 19,12" in: *Zeitschrift für neutestamentliche Wissenschaft* 48 (1957), S. 252-270.

bens in Gemeinschaft ... Jesus hat vom Beginn an auf die Formung intim vertrauter Jünger (und in gewissem Maße auch Jüngerinnen) gesetzt."[a] Auch in der nachösterlichen Situation erblühen Fälle radikaler Entscheidungen im Verzicht auf die eigene Familie für Christus und für das Evangelium, bahnbrechende Entscheidungen für das gemeinschaftliche Leben, für die Brüderlichkeit in den Gruppierungen der Wandermissionare, der Verkünder des Evangeliums und Katecheten der Urkirche.

Als dann die Worte Jesu in den Evangelien aufgeschrieben wurden, bekamen sie eine immer allgemeinere und universalere Tragweite, die jeden Leser erreichte. Das wurde in unterschiedlichen Weisen aufgegriffen, die zu verschiedenartigen Formen der Heiligkeit, der Verwirklichung des Evangeliums in der Geschichte wurde.

Der Zölibat ist das unterscheidende Merkmal, das das Ordensleben auszeichnet, und hat ein offenbarendes Fundament: Es handelt sich nicht um einen Rat und auch nicht um eine Vorschrift, sondern um eine Festlegung Jesu, die zur Ankündigung einer Möglichkeit für den Jünger wird. Mir scheint darüber hinaus die Verbindung bemerkenswert, die sich zwischen Zölibat und der bereits in der Zeit der Schriftlegung existierenden Gemeinschaft entwickelt hat. Es geht sicherlich nicht darum, Lebensformen in anachronistischer Weise auf das Neue Testament zu projizieren, sondern darum, eine Immanenz, eine Gegenseitigkeit aufzugreifen, eine Bezugnahme auf die beiden Elemente Zölibat und Gemeinschaft, was von der Struktur her und spirituell auch für das Ordensleben grundlegend ist. Das ist vielleicht neu zu überdenken und intensiv zu leben, denn es bildet sein *Proprium*. Die „klassische" Theologie des Ordenslebens, die immer auf die drei Gelübde konzentriert war, hat die Gemeinschaft als entscheidendes Element des Ordenslebens selbst vernachlässigt. „Aber die Gemein-

a D. Marzotto, „Il celibato nel Nuovo Testamento", in: *Scuola Cattolica* 110 (1982), S. 342.

schaft – das gilt mit Ausnahme der Eremiten – erscheint wirklich als grundlegende, ja essenzielle Dimension dieser Art des Lebens."[a] Der Zölibat ist also das spezifische Element des Ordenslebens, und zwar der in einer Gemeinschaft gelebte Zölibat.

### *Geistliche Physiognomie des Ordenslebens mit den Merkmalen Zölibat und Gemeinschaft*

Mir scheint, dass man die Grundzüge einer geistlichen Physiognomie des Ordenslebens mittlerweile in groben Zügen umreißen kann, das im frei gewählten und gelebten Zölibat, aus der Gemeinschaft genährt, das eigene spezifische Charisma im Innern des vielschichtigen kirchlichen Lebens wahrnimmt. Ich liste das teilweise auf, vielleicht unsystematisch, aber ich möchte damit einige der wichtigsten Elemente aufzeigen, die diese Gestalt des Ordenslebens unterscheiden und die gegenwärtig ganz dringlich wieder aufgegriffen und gelebt werden müssen, damit das Ordensleben seiner eigenen Berufung entspricht.

Der *Zölibat* beinhaltet einen *Bruch* mit der Ursprungsumgebung, mit Vater und Mutter, Haus und Feldern ... Ohne diesen *klaren und entschiedenen* Bruch ist die Verwurzelung in einer neuen Familie nicht möglich, und auch die menschliche und geistliche Reifung des Einzelnen wird sonst nicht gefördert. Es ist ein Bruch, der motiviert ist aus der Liebe zu Christus und der auf die Liebe zu Christus abzielt (vgl. Lk 14,25-26).

Der *Zölibat* ist lebbar dank der beharrlichen Treue und der Kenntnis der Schrift sowie aufgrund des Glaubens an die Macht Gottes, der die Toten auferstehen lässt (vgl. Mt 22,23-33). Vorrang hat das gehörte, gelesene, meditierte, gebetete und betrachtete *Wort Gottes*

---

a Th. Matura, *Celibato e comunità*, Bose 1994, S. 50.

im Leben des Einzelnen, das auf diese Weise fruchtbar wird und zur Unterscheidung sowie zur geistlichen Vaterschaft/Mutterschaft befähigt. Aber dieser Vorrang des Wortes gilt ebenso auf der Ebene der Gemeinschaft. Der Zölibat ist ferner, in seiner Ohnmacht und Schwachheit, Bekenntnis und Öffnung im Blick auf die Macht Gottes, der den Toten Leben gibt. Er ist die Kondition dessen, der sich dermaßen seiner selbst entäußert hat, dass er nicht auf sich zählt, sondern der wie einer, über den ein Todesurteil ergangen ist, sein Vertrauen allein auf Gott setzt, der die Toten auferweckt (vgl. 2 Kor 1,9).

Der *Zölibat* ist „um des Himmelreiches willen" und hat somit die Funktion einer eschatologischen Mahnung. Hier muss sich das Ordensleben hinterfragen und – gegebenenfalls – auch zur Selbstkritik zu schreiten wissen. Hat nicht der Verlust der eschatologischen Dimension aus dem Horizont des kirchlichen Glaubens *auch* deshalb geschehen können, weil das Ordensleben weniger seiner spezifischen Aufgabe gerecht geworden ist, Zeugnis davon zu geben, dass „die Gestalt dieser Welt vergeht" (1 Kor 7,31), dass „das Sichtbare vergänglich, das Unsichtbare ewig ist" (2 Kor 4,18)? Es besteht der Eindruck, dass das Ordensleben in dieser Aufgabe der Wachsamkeit und der eschatologischen Mahnung weitgehend versagt hat. An seiner Stelle hat es vielmehr das aktivistische Modell der allgemein üblichen Pastoral übernommen und flachte dadurch ab. Aber warum schmücken wir uns dann weiter mit Bezeichnungen wie „prophetisches Leben" oder „eschatologische Mahnung", wenn das nicht mehr gelebt wird? Hier taucht ein weiteres Problem auf. Auf die Fragen „Was tun?", „Welches Apostolat für das Ordenslebens?" muss man antworten, dass das Leben des Zölibats in Gemeinschaft der Sendungsauftrag und das eigentliche Apostolat des Ordenslebens ist. Weit mehr als die besonderen Zielsetzungen der Kongregationen sind diese beiden Elemente von Bedeutung und beredsam; sie sind genau das, was im Gehorsam zur eigenen Berufung zu leben ist.

„Damit das Ordensleben apostolisch ist, muss es nicht das apostolische Amt als solches ausüben, auch nicht karitative und andere Aktivitäten, die im Übrigen immer mehr die Aufgabe der Gesellschaft werden. Es reicht, wenn es voll und ganz es selbst ist ... Das Ordensleben muss sich nicht, um seine apostolische Wirksamkeit unter Beweis zu stellen, in der Klerikalisierung oder in Aktivitäten engagieren, die per se Aufgabe des Lebens der Laien sind."[a]

Der *Zölibat* impliziert ein *radikales Verlassen* (Lk 18,29b-30), und das *gemeinschaftliche Leben* erfordert das betonte Freisein von eigenem Besitz (Apg 4,32), das radikale Teilen der Güter. Der *Zölibat* und das *gemeinschaftliche Leben* verlangen die gegenseitige Unterwerfung in der Annahme und Anerkennung der Andersartigkeit, im Amt sowie in den Gaben jedes Einzelnen.

Auf diese Weise kann das Ordensleben Schule machen, indem es den Übergang *vom Konsumismus zur Gemeinschaft* lebt, im beständigen Kampf gegen die Vergötzungen des Besitzes, gegen die Entmenschlichung der Beziehungen und egoistische Selbstbehauptung. In diesem Raum entwickelt sich eine kulturelle Mahnung, die jene Werte und menschlichen Erfahrungen zu bewahren vermag, die Erbe des Christen und jedes Menschen sind – und nicht zuletzt ein Raum der Freiheit.

a Ebd., S. 75.

## Laien ohne Bedeutung

*Ein heiliger Abt wurde gefragt:*
*„Wer ist Mönch?"*
*Der alte Mann sagte darauf kein Wort.*
*Er zog seinen Habit aus*
*und trampelte mit den Füßen darauf.*

Athanasius, der Patriarch von Alexandria, fragte bei einem seiner Besuche der Mönche in Oberägypten Pachomius: „Bringt die heilige *koinonía* weiter gute Früchte?" Darauf antwortete Pachomius ihm: „Die Kirche ja. Wir sind nur Laien ohne Bedeutung." Ja, wir Mönche sind nur arme Laien ohne Bedeutung, wir sind keine alternative Präsenz in der Kirche und ihr auch nicht gegenübergestellt. Aber wir möchten eine Verwirklichung der Kirche und damit Zeichen sein; darum bemühen wir uns in Demut, aber entschieden. In der Kirche möchten wir einen Dienst leisten gemäß dem Evangelium, den wir deshalb in dankbarer Anerkennung auf uns nehmen.

Die von Johannes Paul II. gewollte Synode über das „geweihte Leben" hat nach jenen anderen, die den verschiedenen Zweigen des gesamtkirchlichen Gefüges gewidmet waren, unsere Überzeugung bestärkt, dass die Kirche in ihrer Gesamtheit auch von uns Mönchen einige Worte über das erwartet, was wir uns selbst sagen. Also vor dem Herrn der Kirche, in der dem Evangelium gemäßen Offenheit und in der Freiheit der Kinder Gottes sind auch meine Überlegungen ein Versuch darzulegen, wie ich diese Form der christlichen Nachfolge verstehe, damit wir alle gemeinsam danach suchen, was der Geist Gottes heute den Ordensmännern und Ordensfrauen sagt.

Wenige wissen, dass in den christlichen Kirchen das Ordensleben seit seinen Anfängen vielen Schwierigkeiten ausgesetzt war, um zu einer Definition zu gelangen. Wie sollte man jene Christen *kirchlich* nennen, die in den Gemeinschaften vor Ort lebten, aber ohne zu heiraten und in einem asketischen Engagement, das sie von den anderen unterschied? Anfänglich griff man auf das Vokabular zurück, das von der griechischen Philosophie hinterlassen worden war, und daher „Asketen und jungfräulich Lebende" charakterisierte; aber selbst der Begriff *parthénoi* (Jungfrauen), der zwar einen starken ideellen Akzent hatte, schien dennoch nicht ausreichend; deshalb griff man für die Frauen auf Begriffe zurück wie *viduae* („Witwen"), dann „viduae Christo maritate" („mit Christus vermählte Witwen"); das Gefühl einer Unzulänglichkeit und Doppeldeutigkeit blieb jedoch weiter bestehen. Erst im 5. Jahrhundert begann man von „Mönchen" und vom „Mönchtum" zu sprechen (*monachoí*: alleinlebend, geeint, einfach; *monótropoi*: in einer einzigen Grundhaltung Lebende). Dieser Sprachgebrauch hat sich dann im ganzen 1. christlichen Jahrtausend im Osten wie im Westen durchgesetzt. Dennoch ist in der Hinsicht anzumerken, dass die authentischen Schriften des Pachomius und Basilius sorgfältig vermeiden, auf diese Begriffe zurückzugreifen; sie zogen es vor, den gemeinsamen kirchlichen Sprachgebrauch von „Brüdern" und „Schwestern" beizubehalten. Tatsächlich bestand die Unzulänglichkeit des Begriffes „Mönch" weiter, wenn es galt, gemeinsam, in Gemeinschaft Lebende, die „Koinobiten" zu bezeichnen. Dennoch hielt sich der Begriff im Westen und wurde durch Benedikts *Regula monachorum* normiert. Darin ist die Rede von „vier Arten von Mönchen" (*RB* 1,1), darunter zwei lobenswerten: die Koinobiten und die Anachoreten oder Einsiedler.

Im 2. Jahrtausend verbreitete sich nach und nach im Westen der Begriff „Religion", um damit eine Lebensform anzudeuten, und daraus entwickelte sich der Begriff „Religiose" für denjenigen/diejenige, die ihr folgte. Das geht so bis in unsere Tage, auch wenn diese Terminologie, sicher nicht klar und ebenfalls nicht ohne Zweideutigkeit, de facto durch *geweihtes Leben* und *Gottgeweihte(r)* ersetzt wurde, um diejenigen begrifflich auf einen einzigen Nenner bringen zu können, die die evangelischen Räte bekennen, aber sich von dem Moment an nicht für Religiose halten, wenn sie in der Welt leben. Niemandem bleibt die Doppeldeutigkeit dieser letztgenannten Begriffe verborgen, die wir in Kursivschrift gesetzt haben: Das ist eine weitere Bestätigung nicht nur dafür, wie wenig klar der Sprachgebrauch weiter bleibt, sondern auch dafür, welche Verwirrung noch stets im Blick auf das herrscht, was die Begriffsbestimmungen und damit die Identität des Ordenslebens betrifft. Ein ausdrucksstarkes und gravierendes Beispiel dafür ist die Tatsache, dass die Vereinigung der Ordensoberen in ihrer Zusammenkunft im November 1993 hinsichtlich der Frage nach einer „Neudefinierung des geweihten Lebens“ versucht hat, diese zu geben, indem sie eine neue Terminologie verwendete, die der „vollen christlichen Säkularität“, die den Laien eigen ist, und die der „reduzierten christlichen Säkularität“, die den Ordenschristen vorbehalten ist![a]

---

a Vgl. die Dokumentation des internationalen Kongresses: *Carismi nella Chiesa per il mondo*, Cinisello Balsamo 1994. Auf einige darin enthaltene Texte erfolgte eine heftige Reaktion, vor allem auf den Bericht „Identität des geweihten Lebens. Wie man das geweihte Leben heute in der Kirche und in der Welt verstehen und präsentieren soll" sowie auf das Schlussresümee, seitens A.M. Sicari und A. Pigna in: *Rivista di vita spirituale* 3 (1994). Die Vereinigung der Ordensoberen wurde des Horizontalismus und einer Sichtweise des Ordenslebens bezichtigt, die vom Lehramt der Kirche abweicht. Uns scheint, sagen zu dürfen, dass die unternommene Anstrengung, das Ordensleben in der Kirche und unter den Menschen verständlich zu machen, beachtlich ist, aber dass man zweifellos Grundlinien der Identität theologisch stärker und geistlich reicher hätte liefern können. Mir sei nachgesehen, wenn ich meine, dass die Einführung der Kategorie „volle und/oder reduzierte Säkularität" (vgl. S. 220, 223-224) einen veritablen Ausrutscher darstellt: Was ist die Säkularität beziehungsweise das säkulare Wesen? Dieser Begriff, wie auch jener der „Laizität", der auftauchte, ist nicht nur zweideutig, er ist das Erbe einer philosophischen und theologischen Sichtweise, von der sich heute jeder distanziert, der sich der biblischen und patristischen Sprache bedient. Es ist schon traurig, immer noch solche Begriffe hören zu müssen!

Das sind gewiss Hinweise auf ein Ringen, das allerdings keinerlei Anzeichen für einen unmittelbar bevorstehenden Abschluss bietet; doch wir möchten auf zwei Feststellungen aufmerksam machen.

a) Das Verständnis des Ordenslebens ist eng mit der Ekklesiologie verbunden: Die Geschichte lehrt, dass jede unterschiedliche Ekklesiologie, die in einer bestimmten Epoche dominierend wurde, immer eine unterschiedliche Form des Ordenslebens zur Folge hatte: Nicht zufällig gab es im 1. Jahrtausend, in dem die Kirche ungeteilt war, mitsamt ihrer *Communio*-Ekklesiologie, ein einziges Ordensleben, das Mönchtum, wenngleich dies in der Umsetzung und in den Formen sehr unterschiedlich ausgeprägt war. Und es ist auch kein Zufall, dass die orthodoxen Kirchen diese einzige Präsenz noch heute bewahren.

b) Wie ich bereits gesagt hatte, fordern seit mittlerweile 30 Jahren viele Christen – Exegeten, Theologen, geistlich lebende Menschen – eine Klarheit in der Sprache, die sie von Doppeldeutigkeiten befreit:[a] Bedauerlicherweise bleibt nicht nur diese Bitte unerledigt, sondern auch die Reflexion scheint sich geradezu an sich selbst „festzuschrauben", indem sie Auswege in stets einschränkenderen und immer konfuseren Definitionen sucht. Da brauchen wir uns nur die bereits angesprochene Terminologie der „reduzierten oder vollen Säkularität" vor Augen zu halten, an die Anfragen von verheirateten Gläubigen, Zugang zu einer *Weihe* zu bekommen, oder an die eventuelle „stabile Lebensform nach den evangelischen Räten sei-

a Man denke an exegetische Studien von Légasse, Dupont, Egger, Matura, Fusco und an die theologisch-spirituellen Sichtweisen des Ordenslebens von Tillard, Guy, Gribomont, Deseille, Colombás, Winandy, Schulz, Hostie, Metz, Lozano: Sicher würde man sagen, es ist alles so geblieben, wie es früher war – zumindest auf der sprachlichen Ebene –, wenn man weiter vom „Leben der Vollkommenheit", von „Ständen der Vollkommenheit", von „evangelischen Räten" und ähnlichen Ausdrücken spricht. Auch unter den neuen Kommunitäten haben sich lediglich Monteveglio von G. Dossetti und Bose nicht auf diesen alten Sprachgebrauch abgestützt, sie bevorzugen den der großen biblisch-patristischen Überlieferung.

tens der Verheirateten“ (*Instrumentum laboris* der Bischofssynode über das geweihte Leben, 38).[a]

Deshalb wollen wir hier noch einmal einige Begriffe neu anschauen, um einen bescheidenen Beitrag zur mühsamen kirchlichen Suche nach größerer Klarheit zu liefern. Ja, wir bekennen das Unbehagen, das weit verbreitet herrscht; diese Dringlichkeit zur Klarheit erfordert eine Anstrengung vonseiten aller: ein Bemühen, das sich nicht an der Frontlinie in der Verteidigung des Ordenslebens im Bezug zum Leben der Laien bewegt und die sich nicht aus der Angst nährt, einen *privilegierten und besonderen* Platz im Volk Gottes zu verlieren. Es stimmt wirklich traurig zu lesen, dass „die aktuelle theologische und pastorale Bewertung des Laientums ... zu einer Entwertung der Lehre und der Zuneigung zum geweihten Leben führt, vor allem in der jungen Generation“ (*Instrumentum laboris* 26), als ob das Aufkommen der starken Identität des Getauften eine Minderung der „Ordenschristen“ bedeuten würde und nicht ein Wiederaufgreifen des Fundaments ihrer Identität! Es ist an der Zeit, sich in der Suche nach authentischeren Formulierungen anzustrengen, um das Ordensleben zum Ausdruck zu bringen.

## *Die christliche Radikalität*

Die *Communio*-Ekklesiologie – nach der großen Überlieferung gelebt und in jüngerer Zeit vom Zweiten Vatikanum zum Ausdruck gebracht als Fundament der Ordnung der Kirche und einer korrekten

a Vgl. dazu G. Rocca, *Presente e futuro nella vita consecrata*, Rom 1994, S. 73-77. Es gibt bereits Kommunitäten, wie Rocca bescheinigt, die zu einer darauf ausgerichteten Profess gelangt sind; einige formulieren das Gelübde des Zölibats, andere versprechen die eheliche Keuschheit. Doch nach unserer Auffassung trägt das nur zur weiteren Verwirrung bei und ist ein weiterer fehlschlagender Versuch, die Ordenschristen in ihrer im Bezug auf das Volk Gottes, auf die Getauften herausragenden Stellung theologisch zu qualifizieren.

Beziehung zwischen Einheit und Vielfalt in ihr, eine Ekklesiologie, die dem Sensus der Gläubigen entspricht – erfordert in erster Linie eine Revision des Verständnisses der Beziehung zwischen der Berufung aus der Taufe und der des Ordenschristen.

Nun, die Evangelien und das ganze Neue Testament bekräftigen einstimmig den herausfordernden Charakter der christlichen Berufung. Es handelt sich um eine absolut universale Forderung einer Bedingung, der sich *alle* ohne Einschränkung zu stellen haben, also eine *conditio sine qua non* des Christseins. Die *dem Evangelium gemäße Radikalität* ist nicht an einige Formen des Ordenslebens delegierbar, indem man den Gläubigen die einfache Pflicht einer Befolgung ohne Radikalität überlässt. Es gibt verschiedene Formen, in denen diese Radikalität des Protests gelebt werden kann, aber sie selbst bleibt eine einzige. Das ist das, was Jesus lapidar in Mk 8,34 zum Ausdruck bringt: „Er rief die Volksmenge und seine Jünger zu sich und sagte: Wer mein Jünger sein will, der verleugne sich selbst, nehme sein Kreuz auf sich und folge mir nach." In dieser *Weise wird der dem Getauften eigene Lebensstil* skizziert. Die drei Imperative fassen das ganze Leben des Gläubigen unter dem Zeichen der Radikalität, die dynamisch ist („folge mich nach": ein Imperativ im Präsens, ein sich wiederholende Handlung, die sich in der Zeit ausweitet) und gleichzeitig ohne Rückkehr („verleugne sich selbst, nehme sein Kreuz auf sich": Imperative im Aorist, eine punktuell erfolgte, ein für alle Male abgeschlossene Handlung). Es ist also die Taufe – die diese Forderungen in sich birgt –, die in die christliche Radikalität hineinführt. Es ist die Taufe, die einen Bruch bildet, eine unwiderrufliche Entscheidung, nicht zurückzukehren, und die dann täglich in der Dynamik des Anhangens an Christus, den Herrn, zu verifizieren ist. Nicht zufällig spricht das Neue Testament von der Taufe als „Tod" für die Sünde, um auf einem neuen Weg zu gehen (vgl. Röm 6,1-11). Und es sieht darin das Siegel einer „Bekehrung", die Distanzierung von den Götzen, „um dem lebendigen und wahren Gott zu dienen und seinen Sohn vom Himmel her zu erwarten" (1 Thess 1,9). Es ist also die Taufe, die die Christen zu lebendigen Opfern macht, lebende Opfergaben in ihrem ganzen Leben (vgl. Röm 6,12-14; 12,1-2). Es gilt, den Sensus für die herausfordernde Radikalität wiederzugewinnen, die sich in der Taufe birgt (das heißt in der christlichen Berufung schlechthin). Das würde dazu beitragen, Ansprüche und Elemente nicht nur allein auf Ordenschristen anzuwenden, die eigentlich von jedem Christen gefordert und ihm eigen sind! In gewissem Sinne hat die Tatsache, dass man von der religiösen Weihe und von den Gelübden wie von einer *zweiten Taufe* spricht, auch aufgezeigt, wenngleich ungeschickt und irreführend, dass diese Bedürfnisse sich aus dem Innern des Taufgeschehens ableiten und darin ihren Platz haben. Ja, die Radikalität gemäß dem Evangelium darf man nicht an der Menge der Dinge messen, die man hinter sich zu lassen hat, sondern an der Qualität der Berufung, die in der Taufe Tod für den „alten Menschen" und neues Leben in Christus ist.

Gewiss, aus der Berufung, die Jesus an die Jünger und an die Volksmenge richtet (vgl. Mk 8,34ff), entsteht ein Bild der christlichen Radikalität als dynamisches Geschehen, als Begegnung einer persönlichen Freiheit mit Christus, eine Begegnung, in der man aus Liebe zu Christus („um meinetwillen, um des Evangeliums willen") die Herrschaft des Verzichts („verleugne dich selbst") als befreiendes Geschenk annimmt, die nicht vorab festgelegt und vorherbestimmt ist, sondern die in der Zeit und in den verschiedenen Lebensaltern durch die Nachfolge des Herrn („folge mir nach") neu geformt wird. Diese Herrschaft des Verzichts umfasst alle Bereiche der persönlichen Existenz („sich selbst"): von der Beziehung zu den anderen bis zum Verhältnis zu den Gütern. Und sie tendiert dahin, in der Geschichte und im Leben einer Person das Kreuz verklärt erstehen zu lassen, diese lebensspendenden Energien, die sich im Kreuz bergen („nehme sein Kreuz auf sich").

Hier kann man sich die Frage stellen: Gibt es im Innern der christlichen Berufung, die so radikal und herausfordernd für alle gilt (und die deshalb im Innern jeder Lebensform zu leben ist: Zölibat/gemeinschaftliches Leben, Ehe/Familie, Raum für eine „radikalere Radikalität"? Kann man sich Formen der Radikalität vorstellen, vorab festlegen, determinieren, vorherbestimmen, die im Endergebnis „die Radikalität" schlechthin ausmachen würden? Kann man beispielsweise sagen, dass die Aufforderung Jesu an den reichen Jüngling („Geh, verkauf deinen Besitz und gib das Geld den Armen" – Mt 19,21) *radikaler* ist als andere Formen, durch die die Armut und die Liebe zu den Armen im Neuen Testament gelebt wird? Es ist nämlich offensichtlich, dass im Innern der christlichen Berufung aus der Taufe („verleugne dich selbst") das Moment liegt, die Beziehung zu den Gütern einem Vorrang des Evangeliums zu unterwerfen („Ihr könnt nicht beiden dienen: Gott und dem Mammon" – Mt 6,24). Diese Beziehung wird im Neuen Testament nicht in einer bestimmten Weise gelebt: Da gibt es *das Teilen*, da gibt es die *Gütergemeinschaft*, und da kann es diese Aufforderung sein, alles zu verlassen. Aber man kann nicht von einem *Rat* sprechen, der einer *Vorschrift* übergeordnet wäre. Und es ist ebenso wahr, dass die Evangelien die Episode mit dem reichen Jüngling nutzen, um aufzuzeigen, wie die Reichtümer Hindernisse für das *Heil* sind, nicht nur schlichtweg für eine größere *Vollkommenheit*! Mit einfacheren Worten: Es kann jemanden geben, der in der Begegnung zwischen der eigenen persönlichen Wahrheit („etwas fehlt dir noch") und der Radikalität, die Christus fordert („folge mich nach"), dahin gelangt, alles zu verlassen. Aber das konstituiert nicht *die* Form der Radikalität und zielt auf die grundlegende Aufforderung aus der Taufe: *Folge mir nach!* Im Übrigen ist die Form nicht das eigentliche Problem, sondern der

Inhalt der Heiligkeit und der Liebe, der sich in jedem Lebensstil entfalten kann. Denn sowohl der Zölibat als auch die Ehe erhalten ihren Sinn durch den gemeinsamen Bezug auf das Reich Gottes und sind zwei Lebensstile, um den einzigen *Bund* mit dem Herrn zu leben. Es scheint mir nicht sinnvoll, aus den Seiten des Evangeliums diesen oder jenen Satz herauszugreifen und zusammenzutragen, um die Krönung der radikalen Anforderungen vorzunehmen, die dann unvermeidlich im zölibatären Leben/Ordensleben ihre Synthese erfahren. Meines Erachtens sind der Gehorsam gegenüber der eigenen Geschichte und Geschöpflichkeit, das heißt gegenüber Gott-Vater, die Unterwerfung gegenüber dem Sohn, Christus dem Herrn, und das Wirken des Heiligen Geistes dasjenige, was Formen immer neu gelebter Radikalität schafft, nicht auf ein vorherbestimmtes Modell reduzierbar. Die Radikalität ist nichts anderes als die Transparenz des Wirkens Gott-Vaters, des Sohnes und des Heiligen Geistes im Menschen und in der Geschichte. Solche Transparenz ist durch keine Lebensform garantiert.[a]

Aus dieser Perspektive des dynamischen Geschehens, das sich aus der Begegnung einer persönlichen Freiheit mit Christus, dem

---

a In *La Rivista del clero italiano* 9 (1994) bringt Enrico Corradi einen Beitrag über das geweihte Leben und sagt, dass „das Spezifische der geweihten Liebe [sic] nicht so sehr in der Radikalität gemäß dem Evangelium besteht, weil der Appell Jesu, zuerst das Reich Gottes zu suchen, an jeden Getauften gerichtet ist, sondern vielmehr darin ‚leuchtendes Zeichen' (Perfectae caritatis 1) der Erhabenheit des Gottesreiches zu sein (vgl. Lumen Gentium 44). Das geweihte Leben ist nicht vollkommener als andere Berufungen, aber es ist ‚mehr Zeichen', weil es eine solche Gemeinschaft mit Jesus entwickelt, die darauf gerichtet ist, die Vermittlung der Zeichen möglichst bei Seite zu schaffen … So ist die Jungfräulichkeit nicht vollkommener als die Ehe, aber sie ist ‚mehr Zeichen', weil sie die Gemeinschaft der Vermählung mit Christus (die signifikative Wirklichkeit) ohne die Intervention des Zeichens (Ehepartner) lebt" (S. 613). Mir scheint, dass man, nur um eine Überlegenheit des Ordenslebens über das Leben aus der Taufe zu retten, bereit ist zu einer Fassadenkletterei, die darauf hinausläuft, dass eine nicht sakramentale Wirklichkeit ‚mehr Zeichen' sein soll als ein Sakrament! Vgl. auch S. 86 Fußnote b.

Herrn, unter der Führung des Heiligen Geistes entwickelt, zeigt die Radikalität, dass sie sowohl zum ehelichen Leben wie zum zölibatären Leben gehören kann: Ja, diese beiden Formen, *die Familie* und *das brüderliche Leben*, die sich unterscheiden, aber ergänzen, werden Anlass geben zu Erfahrungsberichten über die trinitarische *koinonía*, über die göttliche Liebe. Beides sind Räume der Erfahrung der Treue Gottes, Orte für das Leben des Bündnisses mit dem Herrn.

In dieser Weise wahrgenommen, ist die Radikalität der anthropozentrischen Betonung entzogen, die von den evangelischen Räten her gegeben wird, und wird das theologische, ja das trinitarische Element in die Mitte gerückt; sie wird befreit von einer formal vorherbestimmten Gestalt und findet neu die Kreativität für das Wirken des Geistes. Darüber hinaus gliedert sie sich wieder ein in den Strom der einzigen Berufung zur Heiligkeit des ganzen Volkes Gottes und trägt nicht dazu bei, die „doppelte Ebene" von Stufen christlichen Lebens beizubehalten: eine zu hohem Preis und eine billige!

Gerade deshalb dürfte man sich keine Sorge machen, auf Unterschiede zwischen christlichen Gläubigen und dem Ordensleben aufmerksam zu machen, sondern eher die Verbindung unterstreichen. Die Ausprägungen im Innern der Radikalität und in der Neuheit der Nachfolge sind unterschiedlich; und wenn es diese Unterscheidung gibt, dann ist sie im Innern einer grundlegenden Gleichheit zu verstehen, die von der Taufe her gegeben ist.[a]

---

a Vgl. in diesem Sinn B. Maggioni, „I consigli evangelici non sono consigli" [„Die evangelischen Räte sind keine Räte"] in: Presbyteri 5 (1994), S. 341ff.; ders., „Eunuchi per il Regno" [„Eunuchen für das Himmelreich"], in: *Parole di vita* 32 (1987), wo er schreibt: „Christliche Ehe und Zölibat um des Himmelreiches willen begegnen einander in der Radikalität der Nachfolge, verstanden als eine in der Logik des Kreuzes gelebte Existenz - eine einzige Radikalität, gelebt in zwei verschiedenen Formen", S. 289; T. Citrini, „La vita consecrata come figura ecclesiale" [„Das geweihte Leben als kirchliche Gestalt"] in: *Via Verità e Vita* 148 (1994), S. 49ff.

### *Das „Eunuchentum" für das Himmelreich*

Wir sind des Öfteren kritisiert worden, weil wir den Ausdruck „Jungfräulichkeit“ nicht verwenden. Wir glauben vielmehr, dass dieser Begriff, da er in erster Linie ein *physisches Faktum* beschreibt, das nicht allen Ordenschristen eigen ist und nicht erforderlich ist, um sich auf diese Berufung einzulassen, doppeldeutig ist, um die Situation dessen zu beschreiben, der den Zölibat um des Himmelreiches willen lebt. Ja, wir bevorzugen den Begriff „Zölibat“, der eine Lebenssituation bezeichnet, an die sich der Ordenschrist aufgrund seiner Profess zu halten hat, eine Situation, die die aus der Keuschheit motivierte Enthaltsamkeit mit sich bringt.[a] Letztere ist dann eine christliche Tugend, an deren Einhaltung sich gewiss jeder Christ zu halten hat, sowohl der zölibatär Lebende wie auch der Verheiratete. Ferner meiden wir es, von „vollkommener Enthaltsamkeit“ zu sprechen, wie es hingegen der Kanon 599 des *CIC* tut, denn auch die Eheleute müssen ihre Enthaltsamkeit in vollkommener Weise leben. Man muss deshalb die drei Begriffe *Zölibat*, *Enthaltsamkeit* und *Keuschheit* miteinander verbinden, um die Verpflichtung des Ordenschristen zu definieren: In einem Leben des *Zölibats* verspricht er die *Enthaltsamkeit* aufgrund der *Keuschheit* um des Himmelreiches willen. Ja, das Ordensleben hat als *conditio sine qua non* die Situation des freiwilligen Zölibats, dessen Möglichkeit von Jesus Christus angekündigt worden ist: Es gibt einige, die sich selbst zu Eunuchen gemacht haben im Blick auf das Himmelreich. Wer diesem Wort Raum geben (griechisches Verb dafür: *chorêin*) kann, der gebe ihm Raum (vgl. Mt 19,12).

Es gibt also die Möglichkeit des Zölibats für jene, die ihm Raum zu geben wissen; der Zölibat jedoch bleibt eine Gnadengabe, ein

---

a Vgl. das von mir verfasste Stichwort „Zölibat und Jungfräulichkeit" im *Nuovo Dizionario di Spiritualità*, hrsg. von S. De Fiores und T. Goffi, Rom 51989, S. 176-194.

Charisma (*chárisma*: 1 Kor 7,7), zu dem Paulus auch rät, aber nur dem, der es als Gnadengabe bekommen hat. Deshalb kann man von einem „apostolischen Rat“ sprechen, der jedoch nicht an alle, sondern nur an jene gerichtet ist, denen das als Gnade geschenkt worden ist. Gleichwohl scheint mir auch der Ausdruck „apostolischer Rat“ unzureichend, ohne damit die Autorität des Apostels zu untergraben oder zu schmälern. Es stimmt, tatsächlich spricht Paulus vom Zölibat als „bessere“ (Adverb *kreîsson* – 1 Kor 7,38), „glücklichere“ (*makariotéra* – 1 Kor 7,40) Situation, als unleugbarer „Nutzen“ (*sýmphoron* – 1 Kor 7,35) im Vergleich zur Ehe. Doch dieser Vergleich – bisweilen ausgedrückt in Worten, die teilweise etwas harmlos schematisch klingen („Der Unverheiratete sorgt sich um die Sache des Herrn; er will dem Herrn gefallen. Der Verheiratete sorgt sich um die Dinge der Welt; er will seiner Frau gefallen.“ – 1 Kor 7,32-33), manchmal plump („Es ist besser zu heiraten, als sich in Begierde zu verzehren.“ – 1 Kor 7,9) – macht eine Unterscheidung in einer grundlegenden Gleichheit zwischen der Gnadengabe der Ehe und der Gnadengabe des Zölibats. Diese beiden Wirklichkeiten stehen nämlich unter dem Zeichen der christlichen Neuheit, die nur dem offenbart ist, der sie erfassen kann (vgl. Mt 19,11-12). Sowohl der zölibatär Lebende wie der Verheiratete sollen den Herrn mit ganzem Herzen, mit ganzer Seele und mit aller Kraft lieben (Dtn 6,5; Mk 12,30 par) und im Vorrang der Liebe zu Gott leben. Der zölibatär Lebende wie der Verheiratete sollen die anderen lieben wie sich selbst und Gott *vor* allem anderen („Wer Vater oder Mutter mehr liebt als mich, ist meiner nicht würdig ...“ – Mt 10,37-38), in der Ganzhingabe der eigenen Person (vgl. Mk 12,28-33). Andererseits sei gestattet, daran zu erinnern, dass auch für den zölibatär Lebenden Gott nicht alles ist. Gott ist zu lieben mit dem ganzen Sein, aber das bedeutet nicht, dass Gott alles ist: Ein solcher Gott ist nicht der christliche Gott, denn dieser lässt zu, dass es neben ihm andere Subjekte und

Objekte gibt, die es zu lieben gilt: die Brüder, die Schwestern, die Ehefrau, den Ehemann, die Kinder ... Gott lieben mit seinem ganzen Selbst bedeutet offensichtlich, ihn auch mit all den eigenen Beziehungen zu lieben, in ihnen und durch sie. Der Grund der Bedeutung des Zölibats um des Himmelreiches willen ist nicht zu suchen in der Abwesenheit der Konkurrenz und des Gegensatzes zwischen Liebe zu Gott und Liebe zu einer Familie, und man darf auch nicht einfach der Schöpfungsordnung (in der die Ehe eingeschrieben bleibt) die Ordnung der Auferstehung (vorweggenommen und ausgestaltet durch den Zölibat) entgegensetzen, als wäre gewissermaßen nur der Zölibat Prophetie der künftigen Welt. Der zölibatär Lebende hat gewiss eine eschatologische Wertigkeit aufgrund der Worte Jesu, die ihn mit dem Reich Gottes verbinden („... um des Himmelreiches willen" – Mt 19,12); er ist nämlich, während er in der Ganzhingabe auf die Befolgung des Gebotes des Herrn „Folge mir!" antwortet, untrennbar von dem Flehen „Komm, Herr Jesus!" Ein Kampf gegen die Götzen, Ausdauer mit dem Herrn, keine Zerstreuungen, Wachsamkeit und Gebet für das Kommen des Reiches Gottes, Bewusstsein des Noch-Nicht und Kritik an der Selbstgenügsamkeit im Gegenwärtigen ... all das sind Elemente, die das Leben im Zölibat um des Himmelreiches willen aus sich heraus zu einer Bestätigung einer anderen und ergänzenden Dimension der menschlichen Existenz werden lassen sollen. Der zölibatär Lebende lebt in der Erwartung der Parusie und öffnet dadurch Lichtstrahlen der Hoffnung und Sinngebung für die Menschen. Indem er sich in einer Gemeinschaft von „verschiedenen gemeinschaftlich Verbundenen" inkarniert, gibt er Zeugnis, dass das utopisch Scheinende und Prophetische realistisch ist, und beschleunigt das Kommen des Reiches Gottes. Aber wenn das Ordensleben prophetisch und eschatologisch ist, so ist es das grundlegend deshalb, weil es zum Volk Gottes gehört und in die Kirche eingegliedert ist, in der jeder Getaufte zum „Propheten,

Priester und König" bestimmt ist. Wenn also der zölibatär Lebende die eschatologische Dimension ins Licht rückt, ist es auch wahr, dass diese jede christliche Realität durchzieht, einschließlich der Ehe! Im Übrigen, warum hat gerade Jesus von der künftigen Welt Gottes immer in Bildern von Hochzeit und Vermählung gesprochen und nicht von einem geschlechtlichen Alleinsein?

Bekanntlich hat das Konzil von Trient in einer Verteidigung des Zölibats gegen die Angriffe aus der Reformation denjenigen verurteilt, der behauptet, der Ehestand sei dem Stand der Jungfräulichkeit und des Zölibats vorzuziehen, und es hat auf das *melius* (1 Kor 7,38) und das *beatior* (1 Kor 7,40) des Paulus hingewiesen. Aber dieser Text ist – ohne dass er dadurch abgewertet wird – in dem polemischen Klima zu verorten, in dem er entstanden ist. In jedem Fall gilt es darauf heute hinzuweisen, ihn dem Unverständnis des Volkes Gottes auszusetzen, das darin die Bekundung einer Angeberei erkennen würde.[a] Wir möchten, dass „die zölibatär Lebenden, die in der Keuschheit zu Ehren des Fleisches des Herrn bleiben, sich weiter demütig verhalten, denn wenn sie sich brüsten, sind sie verloren, und wenn sie sich anderen in der Kirche gegenüber als überlegen verhalten, sind sie verderbt."[b] Wir lieben den Zölibat und schätzen ihn als großes Geschenk, das wir nicht würdig zu leben wissen; im eucharistischen Geist aber danken wir dem Herrn und halten uns den anderen gegenüber nicht für überlegen.

---

a Domenico Marafioti setzt sich in: *Civiltà Cattolica* 145/II (1994), S. 143-155, gegen unsere Sichtweise zu Wehr, die einen Vergleich zwischen Zölibat und Ehe (S. 144 und 149) meidet, und weist auf die Überlegenheit der Jungfräulichkeit im Vergleich zur Ehe gemäß dem Konzil von Trient hin (Session 25, Kanon 10) und unterstellt dabei, „dass dieser Kanon Teil der katholischen Wahrheit sei, die es zu erkennen und zu bekennen gilt" (S. 150, Nr. 9). Vergleiche die Darlegung auf S. 56-70.

b Vgl. Ignatius von Antiochien, *Brief an Polykarp von Smyrna* 5,2.

## Geweihtes Leben

Das *Instrumentum laboris* zitiert in der „Einführung" unter Nr. 6: „Es zeigt sich, dass die Terminologie ‚geweihtes Leben', obwohl sie das Zweite Vatikanum verwendet hat, für viele ziemlich neu ist. Von manchen wird sie als nicht ganz angemessen, ja bisweilen als diskriminierend beurteilt, als ob gewissermaßen die anderen Christen nicht aufgrund der Taufe ebenso radikal ‚Geweihte' wären." Obwohl die Texte des Zweiten Vatikanischen Konzils im Gebrauch des Ausdrucks „geweihtes Leben" sehr diskret und zurückhaltend sind (nur in *Perfectae Caritatis* 1; „ein Gott geweihter Stand" in *Lumen Gentium* 45), wurde diese Terminologie im *CIC* (Buch II, Teil III) allen anderen gegenüber bevorzugt und ist in den offiziellen Dokumenten bis hin zum Nachsynodalen Apostolischen Schreiben *Vita consecrata* vorherrschend. Wir sind jedoch der Auffassung, dass jedes christliche Leben geweihtes Leben ist und dass aus dieser Perspektive in der westlichen Theologie der Charakter der Taufe und Firmung zu sehen ist.[a]

Bezeichnenderweise wurden während der Arbeiten der Synode die Stimmen einiger Synodenväter laut, die nicht nur ihre Bestürzung über diese Terminologie zum Ausdruck brachten, sondern auch die Notwendigkeit einer Revision dieses Sprachgebrauchs bekundeten. So beispielsweise sogar Kardinal Hans Hermann Groër: „Das christliche Leben als solches hat als Ziel die Vollkommenheit und führt zur Heiligkeit mit Hilfe der Gnade Gottes. Aus diesem Grund

---

a Vgl. G. Ganobbio: „Lo Spirito santo nella propria scelta di vita" [Der Heilige Geist in der eigenen Lebensentscheidung] in: *Via Verità e Vita* 148 (1994) S. 34-40. Der Autor durchläuft einen zu sehr in Vergessenheit geratenen Weg und beklagt „das Auseinanderklaffen zwischen Lebensentscheidung (oder Berufung), den Sakramenten der christlichen Initiation (und dem in ihnen geschenkten Heiligen Geist) und den Charismen (S. 35). Er bekräftigt mit Recht, dass „jeder Gläubige in ganz eigener Form das Christsein verwirklicht kraft der Ursprünglickkeit seiner Geschichte der Freiheit" (S. 37), nämlich „der Plan Gottes erfüllt sich für jeden in einer ganz eigenen Geschichte, die einzige, die die Person in ihrer Ursprünglichkeit bewahrt" (S. 40).

ist der Ausdruck ‚geweihtes Leben' neu zu sehen: Das Gott geweihte Leben und seine Sendung in der Kirche und in der Welt hat unterschiedliche Formen. Millionen Laien bemühen sich bewusst um die Vollkommenheit und Heiligkeit. ‚Denn alle, die sich vom Geist Gottes leiten lassen, sind Söhne Gottes' (Röm 8,14)".[a]

Genau deshalb möchten wir nun zu dem Begriff „geweihtes Leben" ein paar kritische Anmerkungen machen.[b] Im Neuen Testament werden mit dem Wort „weihen" zwei Verben übersetzt, die in Wirklichkeit verschieden voneinander sind: vor allem *haghiázein*, „heilig nennen, heiligen". Dieses Wort finden wir in Texten wie: „Der Vater hat ihn [Jesus] geheiligt und in die Welt gesandt" (Joh 10,36); oder im Gebet Jesu an den Vater in Joh 17: „Ich heilige mich für sie, damit auch sie in der Wahrheit geheiligt sind" (Joh 17,19), und auch in: „Heilige sie in der Wahrheit" (Joh 17,17). All diese Stellen werden in der italienischen Bibelausgabe (CEI) mit dem Wort „weihen" (*consacrare*) übersetzt. Der zweite Begriff *chríein* – „salben", wird verwendet, um auszudrücken, dass Jesus ein vom Heiligen Geist, der auf ihm ruht (vgl. Lk 4,18), Gesalbter-Geweihter ist, der von Gott Gesalbte (Apg 4,27), der im Heiligen Geist gesalbt worden ist (Apg 10,38). Folglich sind die an Jesus Glaubenden die Gesalbten-Geweihten (2 Kor 1,21; 1 Joh 2,20.27 usw.). Er ist in der Tat der Christus (*Christós*, die griechische Übersetzung des hebräischen *Maschiach*, „Gesalbter", „Messias"), und seine Jünger sind die *christianoí*, das heißt „die Messianischen", „die Christen" (vgl. Apg 11,26). Also weshalb soll man von einer „besonderen Weihe" sprechen (*Perfectae*

a L'Osservatore Romano, 10.–11. Oktober 1994.

b Vgl. auch oben, S. 33. Zu denen, die in konstruktiver Weise die Lineamenta kritisiert und im Blick auf das Thema „Weihe" Fragezeichen gesetzt haben, zählen Secondin, Tillard, Metz, Van Parys u.a. Siehe auch Atti Symposium Claretianum/Lateranense, 19.–21. Mai 1993, Rom 1994. Das Vokabular und die Theologie der „Weihe" unterstützen: Régamy, Galot, Aubry.

*caritatis* 5; *Vita consecrata* 30)? Wenn man feststellt, dass die Weihe des Ordenschristen essenziell in der Taufweihe wurzelt, warum sagt man dann, dass sie „diese voller zum Ausdruck bringt“ – (*eamque plenius exprimit – Perfectae caritatis* 5)? Und warum muss man eigens betonen, dass im geweihten Leben ein „besonderer Wert“ liegt (*praestans valor – Perfectae caritatis* 1)?[a] Es stimmt, dass auch Johannes Paul II. in offiziellen Ansprachen vom „geweihten Leben“ sprach, wobei er allerdings andere Akzente setzte. In dem Apostolischen Brief *Ad omnes personas consecratas* (22. Mai 1988) heißt es, dass die Weihe essenziell auf der Taufe gründet, weil die Taufe „in sich *den Anfang aller Berufungen* einschließt, die im Laufe des Lebens eines Christen oder einer Christin eine eigene Wahl und bewusste Entscheidung in der Kirche wecken. In jeder Berufung einer getauften Person spiegelt sich ein Aspekt jener ‚Heiligung in der Wahrheit‘ wider, die Christus durch seinen Tod und seine Auferstehung erfüllt und in sein Ostermysterium eingeschlossen hat: ‚*Ich heilige mich für sie*, damit auch sie in der Wahrheit geheiligt sind‘ (Joh 17,19). Die Berufung einer Person, ihr ganzes Leben Gott zu weihen, steht in besonderer Beziehung zur Heiligung Christi selbst für die Menschen. Sie erwächst aus der sakramentalen Wurzel der

---

a B. Maggioni, „Il fondamento evangelico della vita consacrata" [Das evangelische Fundament des geweihten Lebens], in: Vita consacrata, Turin-Leumann 1993, S. 93-128, akzeptiert unkritisch den Begriff "Weihe", bekräftigt dennoch, dass die evangelische Radikalität von allen gefordert ist. Er widersetzt sich in der Tat nicht der Interpretation von Légasse (S. 115), die sich nicht unterscheidet von der V. Fuscos (Povertà e sequela [Armut und Nachfolge], Brescia 1991). Er schreibt nämlich: „Das ‚wenn du willst‘ (aus Mt 19,17) bringt nicht einen Rat zum Ausdruck im Sinne von etwas, was man machen kann oder nicht, oder ein Mehr, auf das man durchaus verzichten kann: Darin kommt vielmehr die Form jeder Berufung Gottes zum Ausdruck" (S. 115). Auch E. Manicardi spricht von einer Zweideutigkeit, die dieses Wort in Mt 19,17 weckt, „eine Zweideutigkeit, das Ordensleben als eine Vollkommenheit zu verstehen, was in der Konsequenz das Denken über das Gebot in erster Ebene (das Leben der Laien) und über die evangelischen Räte in zweiter Ebene (das Leben der Geweihten) bestimmt hat" (*La sequela nella carità* [Die Nachfolge in der Liebe], Rom 1994, S. 3).

Taufe, die in sich die erste und grundlegende Weihe der Person an Gott umfasst. Die Weihe durch die Profess der evangelischen Räte – das heißt durch die Gelübde und Versprechen – ist die organische Entwicklung jenes Anfangs, der die Taufe ist" (Teil III). Dieser Text ist aussagekräftig und eindeutig, aber man kann ihn nur schwer neben die Aussage setzen, dass „der Ordenschrist ein Gottgeweihter ist durch Jesus Christus in der Kraft des Heiligen Geistes. Das ist ein ontologisches Faktum, das im Bewusstsein aufscheinen und dem Leben Orientierung geben muss" (Johannes Paul II., 24. November 1978).

In Wirklichkeit ist, wie viele geschrieben haben, „geweihtes Leben bereits das Leben des konsequent lebenden Getauften", so dass für ihn „durch diese Aussage auch keinerlei Besonderheit im Hinblick auf die Taufe geäußert wird."[a] Wenn der Begriff „Weihe" dann auf „das Abgesondert-Sein" für den Herrn hinweist, kann man ihn sowohl auf den Christen als auch auf den Ordenschristen anwenden.[b] Solange man aber nicht sagt, dass die Christen als solche „Geweihte" sind – und das passiert normalerweise gewiss nicht! –, und solange man diesen Begriff lediglich den Ordenschristen vorbehält, führt das zwangsläufig dazu, aus ihnen Privilegierte im Volk Gottes zu machen, gemeinsam mit und neben den durch das Weihesakrament „geweihten" Priestern. Im gängigen Verständnis nämlich ver-

---

a Vgl. G. Dossetti, *Identità pancristica del monachesimo e sue valenze ecumeniche* [Panchristliche Identität und ihre ökumenischen Potenziale], Monteveglio 1994, S. 1.

b Zum Thema „Weihe" siehe den Exkurs über das geweihte Leben in: J.M. Lozano, *La sequela di Cristo* [Die Nachfolge Christi], Mailand 1981, S. 317-332. Sicher wird niemand leugnen, dass die Ordenschristen Geweihte sind, denn in der Taufe sind sie der Weltlichkeit entzogen und geheiligt, also chrístianoi, Messianische, Geweihte durch die Salbung, die in ihnen ist (vgl. 1 Joh 2,20.27; 2 Kor 1,21). Sie sind Geweihte auch deshalb, weil sie „abgesondert sind", „per se vorbehalten" durch einen Akt Gottes. Aber warum sollte man darin etwas Negatives sehen und das Positive in einer „neuen Zielsetzung" und in einer „überlegenen Würde", die uns zur Plage wird? In dieser Weise äußert sich A. Pigna, *La vita religiosa* [Das Ordensleben], Rom 1991, S. 232. Andere Äußerungen in seinem Text sind von hoher spiritueller Qualität, vor allem das XV. Kapitel „Prophetische und eschatologische Dimension des Ordenlebens", S. 359ff.

weist diese Terminologie auf etwas Heiliges und Sakrales, das mit besonderer Aufmerksamkeit zu hüten und zu verehren ist. So kommt man dahin, die Ordenschristen mit einem Heiligenschein zu umgeben und sie von den „normalen Christen“ zu trennen.

Ja, es gibt das Problem eines „Mehr“, ohne das viele Ordenschristen nicht den Grund ihres Ja zur Berufung sehen. Man sprach früher eindeutig von „Überlegenheit“ und „Ständen der Vollkommenheit“ (das war üblicher Sprachgebrauch in den Lehrschreiben Pius XII.); dann ging man dazu über, vom „Leben vollkommener Liebe“ zu sprechen; heute spricht man von einer „besonderen Weihe“. Unterm Strich manifestiert sich immer die Einführung vergleichender Eigenschaftswörter im Blick auf das Leben aus der Taufe. Die Ordenschristen folgen Christus „mehr aus der Nähe“ (*pressius*), „leichter“ (*facilius*), ihre Weihe ist „vollkommenerer“ Ausdruck, „unter neuem speziellem Titel“, „es gibt ein besseres Zeugnis“, „es ist konformer“, „es ist eine bessere Vorankündigung“ usw. Aber steht der „bessere Teil“ und die „Überlegenheit“ den Ordenschristen tatsächlich zu? Was verbirgt sich hinter jenen „Mehr“, vom dem so häufig gesprochen wird? Ist das Zeichen einer Unfähigkeit, die Andersartigkeit und die Unterschiede innerhalb der Kirche zu akzeptieren, ohne in die Versuchung des Abgleichens, des Vergleichs, der Brüstung mit einer Überlegenheit zu fallen? Diese Frage haben sich auch die Ordensoberen gestellt, und auch wir formulieren sie. Und wir glauben, dass man uns keinen Horizontalismus oder Säkularismus vorwerfen kann. Mit Recht schreibt Tullio Critini, dass man auf die Frage nach dem Warum des Ordenslebens „nicht im Sinne einer Beweisführung antworten darf, weshalb es besser ist oder: Was haben wir davon? Die ultimative Antwort darauf kann nur in dem Sinn liegen, dass es für mich, für uns gut und dem Evangelium gemäß ist, Christus in dieser Weise zu folgen.“[a]

a T. Critini, „La vita consacrata“, S. 53.

## *Die verschiedenen Formen des Ordenslebens*

Das Apostolische Schreiben *Vita consecrata* zitiert das Zweite Vatikanum (*Lumen Gentium* 43) und spricht vom Ordensleben als „Baum mit vielen Zweigen, dessen Wurzeln tief in das Evangelium hineinreichen und der in jeder Epoche der Kirche üppige Früchte hervorbringt“. Es deutet das Ordensleben in einer geglückten Erneuerung der Sprache neu: Es ist ein Charisma, eine Frucht des Heiligen Geistes. Wir möchten deshalb kurz einige Züge dieser vielschichtigen charismatischen Verschiedenheit des Ordenslebens anreißen.

### *1. Das monastische Leben*

Das koinobitische, anachoretische und eremitische monastische Leben war eine Suche der Nachfolge des Herrn gemäß dem Evangelium, und das muss so bleiben, und basta! Die einzige Frage, die dem Kandidaten zu stellen ist, lautet traditionsgemäß: „Willst du das Evangelium radikal leben? Dieses monastische Leben wird es dir ermöglichen, aber darüber hinaus verspricht es dir nichts anderes!“ Gerade deswegen hatte das Mönchtum seit den Anfängen als Urheber und Gründer einfache Laien wie die Geschwister Pachomius und Maria, Basilius und Makrina, Benedikt und Scholastika. Es dürfte sich überwiegend aus Laien, einfachen Laien gebildet haben, Männern und Frauen, die zu Brüdern und Schwestern in Christus wurden, in deren Mitte die Präsenz von Priestern das sakramentale Leben gewährleistete. Es ist unnütz, für das monastische Leben ein anderes Ziel zu suchen oder ihm zu geben, als das Evangelium zu leben, auch wenn die Mönche in der Geschichte und an verschiedenen Orten besondere Aufgaben übernommen haben, die allerdings für ihre Berufung nicht konstitutiv und notwendig waren. Dieses Geschenk der Einfachheit ist schwer zu verstehen (auch für die Mönche selbst!), aber ganz wesentlich: Wenn sich die Mönche *institutionell* ein oder mehrere pastorale, kulturelle, karitative, missionarische Ziele zu eigen machen würden, wären sie nominell Mönche, tatsächlich aber würden sie ein Amt oder eine Diakonie ausüben, was zu anderen Formen des Ordenslebens gehört.

Folglich scheint es unangemessen, ja sogar irreführend, das Mönchtum mit dem Eigenschaftswort *kontemplativ* zu versehen (ein Begriff, den die Mönche mehrheitlich seit mindestens drei Jahrzehnten ablehnen) oder ihm als Aufgabe den Gottesdienst oder das inständige Gebet zuzuweisen. Die Mönche leben auf ihre eigene Weise die beständige Beziehung mit Gott, aber sie arbeiten auch intensiv. Ihre Kontemplation ist die des Christen, das heißt die Erkenntnis (*gnôsis*), ja, die Metaerkenntnis (*epígnosis*), zu der jeder Christ eingeladen ist (vgl. Eph 3,17.19; Phil 3,8; Kol 2,2-9; Eph 1,17; Phil 1,9). Ihre Arbeit dient der Umgestaltung dieser Erde, damit die Wüste zu einem Garten und einer Stadt wird.[a] Nach unserer Auffassung wäre ebenso im Verwenden des Begriffs „apostolisches Leben" Vorsicht geboten, wenn man ihn auf die monastische Gemeinschaft bezieht. Er ist durchaus legitim, wenn damit inspiriertes Leben gemeint ist, das an den sogenannten lukanischen Zusammenfassungen in der Apostelgeschichte (Apg 2,42-47; 4,32-35) orientiert ist, also apostolisches Leben, weil es in den Tagen der Apostel gelebt wurde, aber er darf die Gegenwart vieler Mönche nur rechtfertigen, wenn damit auf eine apostolische bzw. evangelisierende und pastorale Aktivität hingewiesen wird.[b]

---

a Vgl. E. Bianchi, *La contemplazione cristiana*, Bose 1994. Zu der Problematik vgl. auch J. Dupont, *Gnosis. La connaissance religieuse dans les épîtres de saint Paul*, Paris 1949; L. Bouyer, Le sens de la vie monastique, Paris 1962 ; B. Besret, *Incarnation ou eschatologie?*, Paris 1964 ; J. Lecerq, *Vita religiosa e vita contemplativa*, Assisi 1972 ; G. Dosetti, „L'esperienza religiosa. Testimonianza di un monaco", in: L'esperienza religiosa oggi, Mailand 1986, S. 221-223.

b Vgl. oben, S. 28f.

Wir glauben an die Notwendigkeit und Aktualität des monastischen Lebens, weil es an die Nachfolge Christi mahnt in einem zölibatären Leben mit Blick auf die Ankunft des Kommenden und in einer ständigen Bekehrung von den Götzen zu Gott, wie sie alle Christen vollziehen müssen. Diese Berufung zum Mönchtum ist bisher gelebt worden, und man kann sie weiter leben in der Einsamkeit einer Einsiedelei wie in der Einfachheit des Lebens des Anachoretentums (kleine Gruppen) und im koinobitischen Leben.

Evident ist der am meisten begangene und am ehesten durch gegenseitige Hilfe unterstützte Weg des gemeinsamen Lebens in den Klöstern, wo der Zölibat die Formung der Gemeinschaft ermöglicht und das Teilen aller Güter sowie dem Evangelium entsprechende Unterwerfung in freudigem Gehorsam in ihr. Wie die christliche Familie in der Kirche und unter den Menschen auszustrahlen vermag, so kann es auch die monastische Gemeinschaft durch ihre Gastfreundschaft, das Wort, die Kommunikation.

### *2. Das apostolische Leben*

Wir nehmen das apostolische Leben im eigentlichen Sinne, also nach dem Vorbild der Apostel-Gesandten unterwegs (mit Jesus und nach seiner Auferstehung), in jener Form des Ordenslebens wahr, in der Menschen mit einer präzisen Zielsetzung leben: Evangelisierung bzw. Verkündigung des Evangeliums in der Kirche, an ihren Grenzen und außerhalb der Kirche. Dieses Leben ist kein monastisches Leben mehr, gleichwohl ist wahr, dass es sich heute normalerweise als von der Priesterweihe begleitetes Leben zeigt (und darin sind die Laienbrüder eine Ausnahme) auf beharrliche Anweisung des Heiligen Stuhls, aber auch aufgrund innerer Notwendigkeiten, die in jene Zielsetzung eingeschlossen sind, die diese Form aufrecht erhält. Die Struktur dieser Form ist nicht das stabile gemeinschaftliche Leben, sondern der „Konvent", wo man zusammenkommt, die „Station", wo man sich in der Mission aufhält, der „Wohnsitz" usw. All diese Ausdrücke weisen hin auf den gegebenen Vorrang nicht im Blick auf gemeinschaftliches Leben, sondern auf eine Aufgabe, eine Tätigkeit, ein Amt, das von der Kirche zugeteilt wird und das man sich zu eigen macht. Dadurch wird gewiss nicht verwehrt, dass es einige Formen gemeinschaftlichen Lebens gibt, aber sie bleiben im Dienst der Mission, der Verkündigung. Es war Ignatius von Loyola, dem es in entschiedener Weise gelungen ist, diese Lebensform zu planen, legitim und fruchtbar werden zu lassen; das wurde jedoch bereits von den Bettelorden im 14. Jahrhundert versucht. Nicht zufällig sind die Predigerbrüder ein Kanonikerorden, also Priester, und die anderen aus Laienbewegungen entstandenen Bettelorden (wie die Franziskaner) fast vom Beginn an Klerikerorden geworden, obwohl sie manche Züge des monastischen Lebens annahmen, das seinerzeit für das Ordensleben noch vorherrschende Modell.

Wir wissen sehr wohl, dass in der Hinsicht bis heute Nomenklaturen in Kraft sind, auf die man eifersüchtig bedacht ist; doch man müsste den Mut und die Aufrichtigkeit haben, über sich im Blick auf das zu sprechen, was man real und institutionell heute ist, und nicht im Blick auf das, was man einmal war oder was man sein möchte.

### *3. Das Leben in der Diakonie*

Damit bezeichnen wir das Ordensleben mit nichtamtlicher (also nichtpriesterlicher), sondern ausgesprochen diakonischer Zielsetzung, die als Antwort auf eine in der Geschichte und in der Gesellschaft aufkommende Notwendigkeit gewollt ist. Etwa um die erste Jahrtausendwende wird das Bedürfnis eines Ordenslebens spürbar, das sich in besonderer Weise den Werken der Liebe widmet (Kranke, Sklavenbefreiung usw.), aber erst in der Neuzeit kam es richtig zur

Blüte, vor allem seit der Katholischen Reform im 16. Jahrhundert (schematisch könnte man das mit Angela Merici und Mutter Teresa von Kalkutta zeitlich markieren). Die stete Zielsetzung, am Beginn der Konstitutionen klar dargelegt, ist karitativ; sie beinhaltet einen Dienst an Notleidenden, an Kranken, Kindern, Jugendlichen, alten Menschen, Ausgegrenzten, und sie ist für jede dieser Kongregationen Prinzip für das Leben und Sterben. Von daher erklärt sich die relative Vorläufigkeit dieser Gründungen, ihre Schwierigkeit, sich über die Jahrhunderte zu behaupten, im Unterschied zum Mönchtum, das im Blick auf geschichtliche Nöte keine herausragenden Zielsetzungen hat, sowie im Unterschied zum apostolischen Leben, das für die Kirche stets notwendig ist. Diese Form des Ordenslebens ist zahlenmäßig am verbreitetesten, aber heute ist sie im Bereich der antiken Christianisierung zum großen Teil in Schwierigkeiten. Wir werden in den kommenden Jahrzehnten sicherlich das Aussterben vieler Kongregationen erleben bzw. ihre radikale Änderung, soweit sie weiter bestehen und sich in den Entwicklungsländern ausbreiten können.

Zweifellos werden viele Aufgaben, die bislang von dieser Lebensform übernommen wurden, heute von einfachen Gläubigen getragen, ehrenamtlich oder in verschiedenen karitativen Formen mit zeitlich begrenztem Einsatz. Gewiss wird auch in Zukunft dieses diakonische Leben weiter präsent sein, weil es die Fortdauer des Dienstes in der Kirche an „den Armen, die wir immer bei uns haben", präsent macht, aber es wird in weit stärkerem Maße flexibler und stärker an die Ortskirchen gebunden sein.

### *4. Jungfrauen und „geweihte" Witwen*

Diese Lebensform von Frauen, die in den letzten Jahrzehnten nach dem Konzil, vor allem nach der Veröffentlichung des „Ritus der

Jungfrauenweihe“, durch ihre Präsenz in den Ortskirchen wiederhergestellt worden ist, in deren Dienst steht und abhängig vom jeweiligen Bischof ist, verbreitet sich in den Kirchen, stolz auf ihr Fundament der Präsenz von Jungfrauen in der antiken Kirche. Derzeit kann man nur sagen, dass man eine Entwicklung und eine wirkliche Vertiefung dieser Berufung erwartet, für die aus unserer Sicht kein adäquates Bewusstsein vorhanden ist, weder seitens der Hirten noch der christlichen Gemeinschaft. Wir stellen trotzdem ein paar Fragen: Wie wird, abgesehen vom normalen Bezug zum jeweiligen Bischof, der konkrete und institutionelle kirchliche Bezug konkret aussehen? Diese Jungfrauen mögen sich eventuell vereinigen, aber wie unterscheiden sie sich dann von den Säkularinstituten, wenn nicht in ihrer Zugehörigkeit zur Diözese anstelle der eventuellen Zugehörigkeit zu mehreren Diözesen? Ist auch an ein männliches Äquivalent gedacht, parallel zu den *ascetae* der antiken Kirche? Und welche Physiognomie werden die Witwen und Witwer annehmen?

### *5. Die Säkularinstitute*

Lange Zeit in der Kirche behindert, wurden sie von Pius XII. eingeführt und entfalteten sich zu einer blühenden und zahlreiche Mitglieder umfassenden Realität in der Gesamtkirche. Sie sind weit verbreitet wie das Ordensleben, von dem sie sich unterscheiden wollen. Sie nennen sich gern „Geweihte“, aber nicht „Ordenschristen“ und auch nicht „Laien“. *Vita consecrata* bescheinigt, dass die Säkularinstitute „in einer spezifischen Synthese den Wert der Weihe mit dem Charakter des Säkularen vereinen“ (VC 32). In der ihnen eigenen Terminologie ist ihr Bestreben die *consecratio mundi* durch die Übernahme „wagemutiger Aufgaben an der Front“. Wir halten uns für nicht kompetent, dazu irgendwas zu sagen.

### *6. Neue Gemeinschaften*

*Vita consecrata* widmet der Entstehung und Entfaltung neuer Gemeinschaften religiösen Lebens zwei Kapitel (vgl. VC 12 und 62), zeigt Interesse und Offenheit gegenüber dem Phänomen, die nicht rein formal sind, und wagt sich trotz der vorhandenen Komplexität und Verschiedenartigkeit an eine Interpretation. Wir möchten nur sagen, dass das aktuelle Aufleben neuer Gemeinschaften eine große Unterscheidungsgabe erfordert und noch längerer Zeit der Klärung bedarf, bevor man zu ihrer Gesamtschau im religiösen Leben übergehen kann. Die Früchte des Geistes, die prophetischen Gaben müssen von der Kirche weitherzig anerkannt werden, aber zugleich ohne Bewunderung aufgrund der Zahl ihrer Mitglieder, ihres Erscheinungsbildes oder ihrer Fähigkeiten der Präsenz und Ausbreitung (vgl. VC 62).

Im Hinblick auf die neuen monastischen Gemeinschaften haben wir den Wunsch, dass seitens des *ordo monachorum* eine wohlwollende Aufnahme ohne Furcht vor Konkurrenz stattfindet, denn auch sie können organisch mit der Tradition verbunden sein. Im Übrigen waren viele westliche monastische Formen (Kamaldulenser, Zisterzienser usw.), die heute ein anerkannter Teil der Kirchengeschichte sind, ebenfalls zu Beginn neue geistliche Gemeinschaften im Verhältnis zum benediktinischen *ordo monachorum*. Wenn eine neue Kommunität wirklich monastisch ist, kann sie gar nicht anders, als Solidarität und Achtung zu empfinden im Blick auf den geschichtlichen *ordo monachorum*, zumal auch das Mönchtum nie nur einen Inspirator hatte, sondern viele geistliche Väter. Im monastischen Leben ist die *concordantia regularum* keine Übung nach dem Buchstaben, sondern Qualitätsinstrument für das menschliche und geistliche Leben.

## *Das Zeugnis des Ordenslebens*

Wenn im Ordensleben das unterscheidende Moment im Blick auf andere Berufungen tatsächlich der Zölibat, ja ausschließlich der Zölibat ist und wenn es wahr bleibt, dass der Sprachgebrauch von evangelischen Räten inadäquat und irreführend ist, ist es gleichwohl wahr, dass die Dreiheit Keuschheit, Armut und Gehorsam eine eigene Wahrheit aufrecht erhält. Wie von mehreren Seiten betont wird, sind nämlich die Forderungen, die das Evangelium stellt, vielfältig, und es sind nicht nur drei; anthropologisch aber kann man sie in diesen drei Tugenden zusammenfassen. Auch die Humanwissenschaften sind sich im Blick auf diese Dreiheit einig, wenn sie auf die drei *libidines* hinweisen, die das menschliche Wesen im Tiefsten prägen: die *libido amandi*, die *libido possidendi* und die *libido dominandi.* Auf diesen drei Topoi bauen wir auf, wir nähren uns davon und werden zu Menschen; aber in diesen drei können wir auch zu Götzendienern werden, wenn wir uns dem wahren und lebendigen Gott, dem Herrn, widersetzen und in die zwischenmenschlichen Beziehungen eine todbringende Logik hineinbringen.[a]

Die große geistliche Tradition hat deshalb nach und nach Keuschheit, Armut und Gehorsam als Frucht eines Kampfes gegen die Götzen gezeitigt, Frucht eines geistlichen Kampfes, kennzeichnend für die Nachfolge des Herrn. Hier haben die Ordenschristen ihre konkrete Nachfolge des Herrn unter Beweis zu stellen, sie durch ihr Leben, ihr Wirken und ihr Sein inkarniert zu zeigen: Sie müssen von dieser

---

a Diese drei *libidines* sind die Versuchungen, die sich den evangelischen Räten widersetzen, und nicht „das Privateigentum", die eheliche Liebe, die „freie Initative", wie das Vita consecrata 55 zu suggerieren schien. Vgl. auch E. Bianchi, „Un vivere alternativo" [Ein alternatives Leben], in: *Bozze* 6 (1982), S. 35-55; A. Gesché, *Dieu*, Paris 1994, S. 156-157.

täglichen konkreten Nachfolge sowohl gemeinschaftlich als auch individuell Zeugnis geben.

Der Zölibat darf nicht auf die Situation einer Freiheit von affektiven und familiären Fesseln reduziert werden, sondern muss beredtes Zeugnis einer beharrlichen Beziehung zum Herrn sein, ungeteilt und ohne Zerstreuungen (vgl. 1 Kor 7,32-34), um – immer *in aenigmate* – jenes Reich anzukündigen, das kommt. Zölibat als Armut in Solidarität mit dem, der das harte Los der Einsamkeit kennt, aber auch Zölibat als Fruchtbarkeit: Ermöglicht nicht gerade der Zölibat das gemeinsame Leben, sichtbares Zeichen der Gemeinschaft mit dem Herrn und Epiphanie der gegenseitigen *agápe*?[a]

Armut in erster Linie nach dem Vorbild Christi gelebt, der vom Reichen, der er war, zum Armen wurde (vgl. 2 Kor 8,9), in einem Kampf gegen die Götzen des Reichtums und des Besitzes der Güter. Armut als Teilen dessen, was der Schöpfer für alle Menschen bestimmt hat; Armut als Situation, die aus dem Arbeiten hervorgeht, um diese Erde umzugestalten, indem die Früchte der Arbeit und von allem miteinander geteilt werden; Armut als Logik der Gemeinschaft.

Schließlich Gehorsam als bereites Hören auf den Herrn, als Unterwerfung im Blick auf die Brüder und Schwestern, als Hören auf den, der im Ordensleben und in der Kirche ein Führungsamt innehat: Gehorsam, der jeder *philautía*, jeder Selbstsucht, widerspricht und jede Logik des Herrschens aus dem Raum der christlichen Gemeinschaft verbannt.

Auch diejenigen, die den christlichen Glauben nicht teilen, verstehen diesen Kampf gegen die drei Dominanten: Sex, Reichtum und Macht, und sie können deshalb die Wahrheit eines Lebens bezeugen, das bestrebt ist, die Gemeinschaft zu stärken: Gemeinschaft in der Liebe, in der Verwaltung der Güter, in den gegenseitigen Beziehun-

---

a Vgl. oben, S. 68-70.

gen und in der Art, wie sie sich in die Gesellschaft einfügt (siehe dazu parallel Gen 3,1-7; Mt 4,1-11; 1 Joh 2,15-17).

Diese Mahnung an das, was jedes christliche Leben und im Blick auf den Zölibat jedes Ordensleben kennzeichnet, wäre eine authentische *memoria futuri*, Hinweis auf den Sinn – das heißt die Richtung und Bedeutung – der Geschichte, wie er von den Propheten angekündigt und von der ganzen Kirchen erwartet worden ist. Doch wenn das Ordensleben nicht mehr zu sagen weiß, dass „die Gestalt dieser Welt vergeht" (1 Kor 7,31), dass „das Sichtbare vergänglich, aber das Unsichtbare ewig ist" (2 Kor 4,18), wie kann es sich dann des Attributs „prophetisch" rühmen und auf den eschatologischen Horizont hinweisen?

Dieser Kampf gegen die Götzen, der so für die letzten Dinge Zeugnis ablegen möchte, ist gewiss in einem gemeinschaftlichen Leben umzusetzen, indem es selbst beredtes Zeichen der Liebe ist: Das einzig sichtbare, vom Herrn selbst garantierte Zeichen für die Anerkennung eines Jüngers ist die geschwisterliche Liebe! „Daran werden alle erkennen, dass ihr meine Jünger seid: wenn ihr einander liebt" (Joh 13,35). Gemeinschaftliches Leben ist demnach keine Garantie für eine bessere Effizienz im Dienst oder als Rationalisierung im Gebrauch der menschlichen Ressourcen, sondern eine *conditio sine qua non* der Neuheit des Lebens, das durch die Sendung des Heiligen Geistes am Pfingstfest begonnen hat.[a] Gerade deshalb besteht die Notwendigkeit und Dringlichkeit eines gemeinschaftlichen Lebens auf hohem menschlichem und geistlichem Niveau. Aber dafür, so glauben wir, genügt es nicht, nur auf den anthropologischen Elementen zu beharren, wenngleich diese notwendig sind: Es geht darum, den anderen, den Bruder, die Schwester als Sakrament Gottes gerade in seinem Anderssein zu akzeptieren.

---

a Vgl. E. Bianchi, „Vita religiosa e nuova evangelizzazione" [Ordensleben und Neuevangelisierung], in: *Nuova evangelizzazione*, hrsg. von E. Franchini und O. Cattani. Bologna 1990, S. 61-64.

Und schließlich: Muss man hier nicht an die „beharrliche Ausdauer im Leben mit Gott" erinnern, an die Begründung, die der Apostel dem Zölibat gibt (vgl. 1 Kor 7,32-34)? Wird diese Beharrlichkeit nicht genährt durch das Stundengebt, durch die Geistliche Schriftlesung, durch das persönliche Gebet, durch das Schweigen und die Eucharistie, dem Gebet der Gebete?

### *Versuch eines Resümees*

Im Licht der verschiedenen Formen des Lebens und des Potenzials, das in den drei klassischen „Räten" liegt, müsste das Ordensleben in erster Linie verstanden und bekräftigt werden als:

- *pneumatisches Leben*, weil es vom Heiligen Geist inspiriert, erweckt, getragen und geleitet ist, der seine Kirche auf dem Weg zum Reich Gottes begleitet, zum Kommen Jesu in Herrlichkeit, das vom Geist selber und von der pilgernden Kirche erfleht worden ist. Ohne das Hören auf diesen Geist, der ständig am Werk ist, erfährt das Ordensleben den geistlichen Verfall und verliert darüber hinaus seine Qualität menschlichen Lebens.

- *christuszentriertes Leben*, weil es in der täglichen, konkreten *Nachfolge* Christi gelebt wird, bis es zum Leben *en Christô* wird, welches das Taufgeschehen zur Fülle der Reife bringt. Diese Nachfolge beinhaltet seitens der Berufenen immer und ständig die real gelebte *metánoia* unter Einsatz der ganzen Person.

- *kirchliches Leben*, weil es in der Kirche als Charisma zum Nutzen aller gelebt wird und deshalb immer der *communio* bedarf. Das

Ordensleben ist keine Kirche, und schon gar nicht eine Parallelkirche, aber es kann kirchliche Gestalt[a] sein und Ort der Erfahrung der Gemeinschaft, geschwisterlichen Lebens, der *agápe*: das einzige Kriterium für die Welt, durch das sich der Jünger Jesu von ihr unterscheidet (vgl. Joh 13.35).

- *eschatologisches Leben*, weil es wahre und fortwährende Epiklese des Kommens Jesu in Herrlichkeit ist. Gerade im Zölibat, in der *xeniteía* und im beharrlichen Leben mit den Heiligen Schriften erwartet das Ordensleben den kommenden Herrn und erinnert in der Geschichte an den Vorrang des künftigen Gottesreiches, indem es treu bleibt, als sähe es den Unsichtbaren (vgl. Hebr 11,27; 2 Kor 4,18). Auf diese Weise kann in der Kirche die tägliche Erinnerung daran aufleuchten, dass das Zeitliche ein Ende hat und dass das Kommen des Herrn in unser Leben hineinwirken kann (vgl. 1 Thess 4,15-18).

Wenn das Ordensleben diese seine Eigenschaften real zu leben versucht, wird es die *Mahnung an das Evangelium in der Geschichte* zum Leuchten bringen, es wird Früchte der Heiligkeit zur Ehre Gottes, aber auch zum Heil aller Menschen tragen. Ja, es wird auch zum privilegierten Ort des Weges der Einheit unter den Kirchen werden, denn je mehr wir in Christus verwurzelt sind und das Evangelium authentisch leben, umso mehr stehen wir als Christen in wechselseitiger Gemeinschaft.[b]

---

a Wenn wir sagen, dass das Ordensleben „kirchliche Gestalt" oder „Mahnung an das Evangelium" ist, wollen wir damit nicht eine eigene Vorbildhaftigkeit für die anderen betonen, sondern seine Eigenschaft als Zeichen, das heißt als ein Element der Unterscheidung im Dienst der Kirche. Es stimmt traurig, die Konfusion und Arroganz derer zu sehen, die das Ordensleben als Zeichen nennen, um gesehen und nachgeahmt zu werden. Das Zeichen ist gesetzt, um gleichsam flüchtig wahrgenommen zu werden, um von Angang an darauf zu verweisen, dass es Zeichen ist, etwas sichtbar werden lässt. Hat nicht gerade deshalb das Ordensleben Johannes den Täufer, der auf Christus hingewiesen hat, als seinen týpos gesehen, „den Prototypen der Mönche"? Vgl. J.-C. Guy, *La vie religieuse: mémoire évangélique de l'Église*, Paris 1987, S. 89-97.

b Vgl. unten, S. 276-296.

# Zweiter Teil
# Das Leben

*Abt Antonius wurde gefragt:*
*„Was habt ihr Mönche?“*
*„Wir haben die Freiheit*
*und die Heiligen Schriften.“*

## Freiheit, Gesetz und Geist

Am Schluss des 1. Kapitels seiner Regel sagt Benedikt, er wolle mit Gottes Hilfe daran gehen, „der stärksten Art, den Koinobiten, eine Ordnung zu geben“. Er hat unter allen Arten der Mönche eine sehr starke gefunden, die der Koinobiten, gekennzeichnet durch das gemeinschaftliche Leben, somit strukturell und wesentlich auf das Leben der *koinonía* ausgerichtet. Diese stärkste Art ist keine Kongregation, die auf eine geistliche Zielsetzung mit einem Nutzen orientiert ist, und sie ist auch nicht ein Mittel, um jedem Mitglied einen siegreichen Kampf gegen das Böse zu ermöglichen, und noch weniger verdient der Dienst des Abtes diese Bezeichnung.

Die monastische Gemeinschaft ist eine „sehr starke Art“, weil sie eine *koinonía* ist, eine Gemeinschaft: Je mehr die Gemeinschaft nach dem Bild der Kirche als *communio* wächst und vor allem nach dem Modell der Drei-Einheit Gottes, die Gemeinschaft des Vaters und des Sohnes und des Heiligen Geistes ist, umso mehr ist sie die „stärkste Art“. Diese Beobachtung scheint mir ein grundlegendes Kriterium für das Verständnis der Regel, die lediglich ein Instrument für die *koinonía* ist. Sie wird zu einem Weg zur *caritas*, zur *agápe*, Ziel allen christlichen Lebens. Obwohl ich nicht unmittelbar Jünger der benediktinischen Tradition bin, komme ich beharrlich auf die Regel Benedikts zurück und bin von diesem hermeneutischen Prinzip immer mehr überzeugt. Jeder andere Weg der Interpretation der Regel scheint mir immer die Mittel zu privilegieren, das Nebensächliche, indem man es mit dem Ziel vertauscht, sodass derjenige, der sie befolgt, unter der Herrschaft der Angst bleibt, und diese Situation gründet auf einer Unfähigkeit des Gesetzes, durch die Liebe überwunden zu werden.

Unter der Vorherrschaft des Neuen Bundes kann die *Benediktus-Regel* ebenso wie jede andere monastische Regel niemals eine *halakhà* repräsentieren, das heißt eine traditionelle, präzise, minutiöse Observanz, die der Freiheit der Gnade und des Heiligen Geistes im Wege steht. Mir scheint sie vielmehr eine Gelegenheit zur *aggadà*, das heißt eine Darlegung des Neuen Gebots in einer bestimmten Tradition, nämlich der monastisch-koinobitischen.

Die *Benediktus-Regel* präsentiert sich als Gesetz, spricht häufig vom Gehorsam, spricht nie ausdrücklich von Freiheit und nennt lediglich in vier Abschnitten den Heiligen Geist (*RB* Prolog 11; 2,3; 7,70; 49,6). Von daher rührt das bisweilen gestrenge Urteil, das seitens von Interpreten und Kommentatoren über sie erging, dass ihre neutestamentliche Inspiration als „schwach“ zu bewerten sei. Gleichwohl bin ich der Auffassung, dass „Freiheit“ und „Geist“, wenn auch implizit, sehr wohl in der Regel präsent sind und ihre Niederschrift de facto geprägt haben.

Aber um diese Präsenz wahrzunehmen, muss man die Regel mit viel Verstand lesen, und vor allem bedarf es des Hörens auf den einzigen Lehrmeister, das heißt auf Christus, den Herrn. Vom „Höre, mein Sohn, auf die Weisung des Meisters“ bis zu den letzten Worten, die auf die Heilige Schrift und die Tradition verweisen, ist das, was vom Mönch verlangt wird, die fortwährende monastische *conversa-*

*tio*, die vor allem auf dem Hören auf Christus, dem Wort Gottes, beruht. Es ist ein Hören, das nur im Geist und mit dem Geist geschehen kann und das dazu führt, frei zu sein, denn „die Wahrheit wird euch frei machen" (Joh 8,32). Nur das Gesetz des Geistes befreit vom Gesetz der Sünde und des Todes (vgl. Röm 8,2), und nur „wo der Geist des Herrn wirkt, da ist Freiheit" (2 Kor 3,17).

In der *Benediktus-Regel* ist das ganze Leben des Mönchs ein Rückkehren zu Gott unter der Mühe des Gehorsams, aber diese Rückkehr wird verwirklicht von dem „Wer Ohren hat, der höre, was der Geist den Gemeinden sagt" (Offb 2,7; RB Prolog 11). Sie tendiert demnach zur Situation dessen, „dem das Herz weit wird, und er läuft in unsagbarem Glück der Liebe den Weg der Gebote Gottes" (*RB* Prolog 49). Die Regel, das Gesetz bleibt und ist notwendig; im Schlusskapitel aber, das den Prolog wieder aufgreift, zeigt Benedikt nicht nur die Grenzen jeder Gesetzgebung auf und sagt, die seine sei mit der des Basilius und der heiligen Väter nicht vergleichbar, sondern stellt den authentischen monastischen Weg unter den Vorrang des Wortes und der Hilfe Christi, die ihn zu einem Weg zum Reich Gottes, zum himmlischen Vaterland werden lassen (vgl. *RB* 73). „Gehen wir unter der Führung des Evangeliums seine Wege" (*RB* Prolog 21), das ist das Grundprinzip der Regel, die tatsächlich *in unlösbarer Weise Freiheit, Gesetz und Geist verbindet*. Dieses Prinzip wird nicht zufällig am Schluss wieder aufgriffen: Die Lehre findet sich in den Schriften und in der großen Tradition für jeden, der sich mit Eifer auf den Weg des Reiches Gottes macht (vgl. *RB* 73,2-6). Von daher also das Aufblühen der Frucht der *koinonía*: „Die Frucht des Geistes aber ist Liebe, Freude, Friede, Langmut, Freundlichkeit, Güte, Treue, Sanftmut und Selbstbeherrschung; dem allem widerspricht das Gesetz nicht" (Gal 5,22-23). Für Benedikt hat diese Frucht des Geistes ihren Ursprung in den Weisungen, die er den Mönchen gibt: „Diesen Eifer sollen also die Mönche mit glühender Liebe in die Tat umsetzen ...; ihre Schwächen sollen sie mit unerschöpflicher Geduld ertragen ...; im gegenseitigen Gehorsam sollen sie miteinander wetteifern ...; die Bruderliebe sollen sie einander selbstlos erweisen; in Liebe sollen sie Gott fürchten" (*RB* 72,3-9).

Um die *communio/koinonía* zu leben und dadurch die Liebe kennenzulernen, bedarf es der Freiheit, des Gesetzes und des Geistes; aber diese stehen im Dienst der Liebe, und allein von der Liebe her sind sie verständlich und glaubwürdig.

In der *Benediktus-Regel* gibt es viele Weisungen, aber man muss sie als Mittel, als Werkzeuge sehen, niemals als das Ziel. Ansonsten läuft man in die immer gegenwärtige Gefahr im monastischen Leben, ständig von neuen oder alten Pelagianismen versucht zu sein, von der Selbstrechtfertigung durch das Erwerben von Verdiensten, von der Arroganz, die daher rührt, die eigene Leistung als das Höchste zu betrachten, vom Suchen des Opfers anstelle der Barmherzigkeit, des Gesetzes anstelle der Gnade.

Symptomatisch für diese Versuchung ist die Beharrlichkeit, mit der man auf bestimmte Aussagen in den Schlussversen des Prologs der *Benediktus-Regel* zurückkommt und dafür andere unbeachtet lässt. So entwickelt man daraus ein wesentlich „institutionelles" Bild des Klosters: „Wir wollen also *eine Schule* für den Dienst des Herrn *einrichten*" (*RB* Prolog 45), fast so, als wäre die monastische Gemeinschaft zurückzuführen auf eine disziplinarisch wohlorganisierte *Akademie* (ein Wort, in dem weiter die kulturelle-militärische Doppeldeutigkeit des lateinischen *schola* mitschwingt). Es würde genügen, dem, was im Text folgt, die gleiche Aufmerksamkeit zu widmen, um die Kontur eines anderes Gesichts des Klosters zu sehen, eine mehr dem Evangelium entsprechende Prägung, in stärkerer Weise erleuchtet vom Geist Gottes. Auch wenn es etwas strenge Weisungen gibt, diese haben ein klar umrissenes Ziel: „... um Fehler zu bessern und die Liebe zu bewahren" (*RB* Prolog 47). Also das

Kloster als Bereich, in dem alles dazu beitragen soll, damit jeder Mönch leben kann, befreit von den Konsequenzen der Sünde und hineingenommen in einen Strom der Liebe, die auf gar keinen Fall erkalten darf. Es wird die Liebe sein, die auf diese Weise „bewahrt" wird, und sicher nicht das einfache Befolgen, um auf dem Weg der Gebote Gottes gehen zu können!

Petrus Venerabilis – dieser leidenschaftliche Verfechter des Vorrangs der Liebe – schrieb in einem Moment monastischer Auseinandersetzungen zum Thema Weisungen an Bernhard:

> *All diese Weisungen sind ihrer Natur nach Dinge, die man ändern kann, und man darf keine Angst haben, sie zu ändern, wenn die Liebe dies erfordert ... Solche Veruntreuung der Regel darf nicht von denen beargwöhnt werden, die sich zur Regel bekennen, im Namen des Respekts vor der Regel, denn jene Regel des heiligen Vaters [Benedikt] ist der großen und universalen Regel der Liebe untergeordnet, von der die Wahrheit [Jesus Christus] gesagt hat: „An ihr hängt das ganze Gesetz samt den Propheten" (Mt 22,40). Wenn ihr jedes Gesetz untergeordnet ist, dann auch das Gesetz der Regel (Quod si universa lex, tunc et illius regulae lex)! Deshalb beachtet der Mönch, der sich zur Regel bekennt, sie wirklich, wenn er in der Befolgung oder Änderung einiger Weisungen, überall das Gesetz der Liebe befolgt.*[a]

Von dieser Prämisse ausgehend, möchte ich nun Begriffe wie „Gesetz", „Freiheit" und „Geist" in der monastischen Gemeinschaft heute neu interpretieren. Dabei habe ich die gesamte monastische Tradition vor Augen, und nicht nur die von der *Benediktus-Regel* geprägte.

---

a Petrus Venerabilis, *Briefe* IV,17,19, PL 189,331; vgl. auch *Briefe* I,28.

## *Das Gesetz im monastischen Leben*

Es stimmt, dass die benediktinisch-monastische Gemeinschaft sich als Miliz „unter Regel und Abt" (*RB* 1,2) präsentiert, und demnach findet die Norm, das Gesetz in der Regel und im Abt einen Ort ihrer Manifestation: Die Regel und der Abt sind die beiden Prinzipien der Autorität im benediktinisch-monastischen Leben. Wir wissen auch, dass diese Charakteristik eine Spezifizierung sowie eine Bereicherung einer Formulierung des monastischen Lebens ist, die sich bereits bei Cassianus findet,[a] der das Koinobitentum als gemeinschaftliches Leben unter der Führung eines Älteren definiert: „unius senioris judicio gubernantur".

Wenn Hieronymus und Sulpicius Severus das koinobitische Leben definieren, sprechen sie immer von einer Unterwerfung unter ein Prinzip der Autorität, die der *superior* ist: „sub unius disciplina patris", „sub abbatis imperio vivere".[b] In der *Vita Fulgentii* taucht mehrmals der Ausdruck „sub regula" auf, als Regel eines Abtes zu verstehen.[c] Auch Gregor der Große spricht vom monastischen Leben als ein Unterwerfen unter die Weisungen der Regel eines Vaters, „sub patris regula degere"[d].

Sowohl das östliche wie auch das westliche Mönchtum haben dem Prinzip der Autorität im monastischen Leben tatsächlich zunächst in einem Älteren, einem *Abbas* einen Platz gegeben und erst im Laufe einer gefestigten Tradition auch in einer Regel, die von der Heiligen Schrift und von der Tradition inspiriert bleibt. Aber wenn das real und unbestreitbar ist, ist es auch wahr, dass man nie

a Vgl. Johannes Cassianus, *Collationes* 18,4.

b Vgl. Hieronymus, *Briefe* 115,15; Sulpicius Severus, *Dialoge* 1,10.

c *Vita Fulgentii* 16: „sub unius regula" (PL 65,125A); 23 und 29: „sub regula" (PL 65,128C und 132A).

d Gregor der Große, *Dialoge* II,1,5; vgl. IV,9,1.

vergessen sollte (und die *Benediktus-Regel* lädt uns zu dieser Erinnerung ein), dass die monastische Gesetzgebung für Pachomius, Basilius und Augustinus nie als eine Regel gesehen wurde, die diesen Begriff ausschließlich der Heiligen Schrift zuschrieben. Pachomius sieht in der Schrift die absolute und höchste Regel für die *koinonía*; und wenn er an den Punkt kommt, Regeln zu geben, tut er das nur, um zwischen dem Wort Gottes und dem konkreten Leben der Brüder einen engen Kontakt herzustellen. Für Augustinus gilt als Regel die *forma vitae* der heiligen Apostel, das heißt das Neue Testament, und er geht nie so weit, eine Regel zu schreiben: Nachdem er Bischof geworden war, gab er eine Anleitung (*libellus*) heraus, die die Lehre der Apostel auf die junge Gemeinde anwendet. Besonders Basilius sagt, dass die einzige Regel für die Christen aus der Schrift besteht, und erstellt daraus in den *Regulae morales* ein Textkompendium. Sind im Übrigen nicht das, was der Westen analog schließlich mit dem Begriff „Regel" bezeichnet, Anweisungen, Empfehlungen und Antworten, die aus der Heiligen Schrift abgeleitet sind?

Übrigens zeigt sich aus den soeben zitierten Texten wie aus der gesamten ursprünglichen monastischen Tradition auch sehr deutlich, dass in den Anfängen dieser *forma vitae* der Begriff *regula* in erster Linie die Lehre des Vorstehers, das Wort des Abtes, Echo des Wortes Gottes, andeutete und nur extrem untergeordnet einen Kodex von Normen, die es zu beachten galt. Wie wäre es ohne diese Priorität, die dem Wort des Abtes gegeben wird, dazu berufen, getreuer Vermittler des Wortes Gottes zu sein, möglich gewesen – wie es hingegen einige Jahrhunderte lang geschehen ist –, unter der Herrschaft einer *regula mixta* zu leben, in der Verhaltensvorschriften miteinander verbunden worden sind, die ausdrücklich im Widerspruch zueinander standen?

Doch auch nachdem sich im Westen eine einzige Regel durchsetzte und deren Übernahme eine eminent „legale" Bedeutung bekam, darf dem ständigen Bezug auf das Evangelium als einzige Lebensnorm nicht ausgewichen werden, will man den Geist, der die *Benediktus-Regel* beseelt, nicht verraten. Wenn wir mit scharfem und aufrichtigem Auge auf die Geschichte des Mönchtums blikken, so müssen wir feststellen, dass kein Mönchskloster – vielleicht mit Ausnahme von Montecassino zu jener Zeit, als Benedikt dort Abt war – irgendeiner „Observanz“ je „nach der Regel des Benedikt“ gelebt hat und diese wird leben können. Und dies nicht wegen der Sünden, der Trägheit, Untreue und menschlichen Grenzen der Mönche und Äbte, und auch nicht weil die Regel des Benedikt Weisungen und praktische Anordnungen enthält, die das Aufeinanderfolgen der Ereignisse und die Entwicklung der Heilsgeschichte nach und nach ungebräuchlich und unanwendbar haben werden lassen, sondern weil es die Regel selbst war – oder besser gesagt: die tiefe geistliche Intuition Benedikts, dieses dem Willen Gottes gegenüber gefügigen Menschen –, die das so gewollt hat. In jedem Mönchskloster bemüht man sich, die Nachfolge Christi nicht nach der Regel Benedikts zu leben, sondern gemäß der Regel, die vom Abt für ganz bestimmte Brüder, an einem ganz bestimmten Ort und zu einer ganz bestimmten Zeit, interpretiert und „erschlossen“ wird. Die Regel ist – im Unterschied zur Heiligen Schrift – keine „verlässliche Wegweisung für das menschliche Leben“ (RB 73,3): Sie ist ein Werkzeug, das nicht nur ausdrücklich vorsieht, sondern geradezu fordert, im Blick auf die Liebe zu den Brüdern überwunden zu werden, im Besonderen gegenüber den Schwächsten, den Kleinsten, den „Geringsten“.

Das bedeutet für alle christlich-monastischen Lebensformen, dass die Norm, das Gesetz in erster Linie im Wort Gottes besteht, welches im Leben jedes Mönchs und jeder Gemeinschaft absoluten Vorrang haben muss, Wort Gottes, das zum Ausdruck kommt in den beiden Testamenten, das immer lebendiges Wort sein muss, Heilsgeschehen und auch disziplinarisch Norm der *traditio*, von der Gegenwart des Heiligen Geistes genährt und getragen.

Protagonist des geistlichen Lebens der monastischen Gemeinschaft ist das Wort Gottes. Die Regel ist lediglich ein Werkzeug, damit sich dieses Wirken vollziehen kann. Es geht darum zuzulassen, dass das Wort Gottes den Mönch und jene Zelle der Kirche, die zu diesem Ziel gebildet worden ist und die das Mönchskloster ist, gänzlich vom Evangelium her prägt.

Was ist nämlich ein Mönchskloster? Benedikt definiert es wiederholt als „Haus Gottes": es ist ein Ort, an dem Gott inmitten der Menschen gegenwärtig wird, indem er in ihnen seine Bleibe errichtet. Es ist die Schule, in der das einzige Lehrfach der Dienst an Gott (*RB* Prolog 45-50) und an den Brüdern (*RB* 72,4-8) ist. Es ist die Werkstatt, in der die Instrumente der guten Werke verwendet werden (*RB* 4,78). Es ist der Leib, dem sich anschließt, wer dem Herrn dienen will (*RB* 61,6-10). Schon die vorhergehende monastische Tradition hatte den wesentlichen Unterschied zwischen einfachem Zusammenleben unter einer gemeinsamen Disziplin und dem Leben in Gemeinschaft im Innern des Hauses Gottes gut verstanden. Da brauchen wir nur an die berühmte *Quaestio* des Basilius über das gemeinsame Leben zu denken,[a] in der dieses letztere mit drei sehr gedankentiefen Ausdrücken bezeichnet wird: ein Leib im Heiligen Geist; ein Raum, in dem der Reichtum der Gaben des Geistes gegenwärtig ist; ein Ort, wo ständig das Wort Gottes meditiert wird. Das Mönchskloster ist wahrlich der Bereich, der für die Aufnahme des Wortes Gottes geschaffen ist.

Der Mönch lässt, nach und nach mit seinem Fortschreiten im monastischen Leben, seine Existenz durch das Wort Gottes gestal-

---

a *Längere Regel* 7 in: Basilius von Caesarea, *Mönchsregeln*, hrsg. von K.S. Frank, St. Ottilien 2010, S. 108-114.

ten und prägen, sodass sein Leben Schritt für Schritt das aufnimmt, was damit verbunden ist. Das Hören auf das Wort, die Geistliche Schriftlesung, das Stundengebet prägen sein Denken, und dieses Denken formt sein Sein. Wenn er mit dem monastischen Leben beginnt, bekräftigt er, dass seine Wirklichkeit noch zu bestimmen ist, und er ist bereit, sich diesen Bestimmungen, den Richtlinien, an die er durch die Regel als Werkzeug erinnert wird, zu unterstellen. Aber es wird das Wort Gottes sein, das seine Existenz prägt, das wirksam und geistlich an den Aufbau seiner Persönlichkeit nach den Vorgaben des Wortes Gottes erinnert. Ja, die Regeln sind und bleiben nur Werkzeuge, notwendige Werkzeuge; aber es ist das Wort Gottes, das bekehrt, das verwundet und formt, das im Mönch wohnt und seine Bleibe hat.

Aus meiner Sicht ist die *Benediktus-Regel* in dieser Perspektive zu lesen, denn sie zeigt das klare Bewusstsein, dass der Lehrmeister, auf den zu hören ist, Jesus, der Herr, ist. Er ist der Weg zum Reich Gottes und kein anderer, und die *conversatio*, mit der notwendigerweise alle Wegweisungen verbunden sind, bedeutet, dass sich das in der Taufe angenommene Wort Gottes entfaltet und wachsen kann. Folglich ist der Gehorsam in erster Linie ein Hören des Glaubens und Gehorsam im Glauben an das Wort Gottes. Es ist ein Hören (*ob-audire*) in einer Beziehung, die nicht vorrangig Befehl/Ausführung ist, sondern intensives Hören bis zum inneren Eingehen einer liebevollen Beziehung des Bundes, der Gemeinschaft. Der Gehorsam ist nie nur Unterwerfung, sondern er ist Gemeinschaft, weil er der Gehorsam des Glaubens ist.

Und dies sage ich ganz freimütig: Nicht indem man der Regel und dem Abt gehorcht, leistet man den im Neuen Testament geforderten Gehorsam, sondern man bleibt dem Geist der Regel treu dank der Anweisungen des Abtes, und so gehorcht man dem Wort Gottes. Es gibt nicht auf der einen Seite die Regel und den Abt als Gesetz und Norm und auf der anderen Seite eine Gemeinschaft, die sie ausführen und sich unterwerfen muss: Es gibt vielmehr eine Gemeinschaft, die die Regel und der Abt in die Lage versetzt, dem Evangelium so zu gehorchen, dass das Wort Gottes Raum findet, sich zu inkarnieren, und dass die gesamte Gemeinschaft, einschließlich Abt, befähigt, das Wort Gottes in sich zu tragen, ja, es im eigenen Leib zu zeugen. Deshalb sind die Regel und der Abt ein Zeichen der Armut der Christen: Sie sind da und bleiben notwendig, aber nur als Werkzeuge, die der Vergänglichkeit unterliegen, wohingegen das Wort Gottes in Ewigkeit bleibt.

Wenn Benedikt die Gestalt des Abtes beschreibt, der beauftragt ist, „im Kloster die Stelle Christi zu vertreten" (*RB* 2,2), weist er sofort darauf hin, dass „der Abt nur lehren oder bestimmen und befehlen darf, was der Weisung des Herrn entspricht" (*RB* 2,4). In dieser Weise qualifiziert er den Abt als Vermittler des Wortes Gottes. Daher ist es erforderlich, dass der Abt „das göttliche Gesetz genau kennen muss, damit er Bescheid weiß und (einen Schatz) hat, aus dem er Neues und Altes hervorholen kann" (*RB* 64,9). Auf das „göttliche Gesetz" also, auf das Wort Gottes richtet sich der Gehorsam!

Der Gehorsam im Blick auf die Regel und die Observanzen, selbst auf die Worte der Heiligen Schrift, die vom Abt erläutert und vergegenwärtigt werden, ist kein vollständiges Hören, wenn er sich im Mönch und in der Gemeinschaft nicht inkarniert, wenn sich die Begegnung zwischen dem Mönch und Christus selbst, dem Herrn, nicht vollzieht. Deshalb bezieht sich der Gehorsam in der *Benediktus-Regel* auch auf die Kranken, auf die Gäste, auf die Brüder, die im Kloster den Platz Christi einnehmen gleich wie der Abt: „Das Gut des Gehorsams sollen alle nicht nur dem Abt erweisen. Die Brüder müssen ebenso einander gehorchen" (*RB* 71,1). Diese Einladung wird dann ermahnend wiederholt: „Im gegenseitigen Gehorsam sollen sie miteinander wetteifern" (*RB* 72,6).

Daraus könnte man etwas kühn schlussfolgern, dass Norm und Gesetz für Benedikt nicht nur die Regel ist, und auch nicht nur der Abt, sondern diese zusammen mit den Brüdern, *lebendige Regel*, fähig zu korrigieren, zu erleuchten, zu vergeben, ein Wort Gottes zu sein, das es anzunehmen gilt, und gleichzeitig Menschen, die es zu lieben, denen es in ihren Nöten zu dienen, denen es zu vergeben gilt.

Die Norm, das Gesetz liegt also auch in jedem Bruder, Ausdruck und Manifestation des Willens Gottes zum Wohle der Gemeinschaft. Diese Unterscheidung fördert zusammen mit den notwendigen gesetzlichen Vorschriften die Gemeinschaft, die *koinonía*. Indem das Wort Gottes Schritt für Schritt den Mönch formt, wohnt dieser mit sich selbst, erfüllt das „*habitare secum*"[a], was nicht nur inneres Leben bedeutet, das geistliche Leben zu entfalten, sondern darin besteht, in sich das Abbild und die Ebenbildlichkeit mit Gott zu finden, Gott *in sich* zu finden, was Paulus mit den Worten zum Ausdruck bringt: „Christus ist in euch, er ist die Hoffnung auf Herrlichkeit" (Kol 1,27; vgl. 2 Kor 13,5).

Da haben wir den gehorchenden Mönch, den das Wort Gottes gänzlich nach Seinem Abbild und Seiner Ebenbildlichkeit geformt hat, bis es im *habitare secum* in ihm erkennbar wird. Das Gesetz hat damit seinen Zweck erfüllt, indem es den Vorrang des Gewissens hinsichtlich jedes menschlichen Gesetzes, einschließlich der Regel, anerkennt und fortschreiten lässt zu der von den Propheten vorausgesehenen Situation – „Keiner wird mehr den anderen belehren" (Jer 31,34) –, woran Jesus als Zeichen der Letzten Zeiten erinnert: „Alle werden Schüler Gottes sein" (Joh 6,45), bekräftigt vom Apostel an seine Gemeinde: „Die Salbung, die ihr von ihm empfangen habt, bleibt in euch, und ihr braucht euch von niemand belehren zu

a Vgl. Gregor der Große, *Dialoge* II,3,5.7.9.

lassen“ (1 Joh 2,27). Mir scheint also, dass ich diese einfachen, aber wesentlichen Hinweise geben darf:

a) Das Evangelium, grundlegende Norm des christlichen Lebens, bleibt die erste Regel des Mönchs, der in Verbindung mit seinem Gewissen jede Norm, jedes menschliche Gebot beurteilt. Die monastischen Regeln ersetzen nicht die Heilige Schrift, sondern sind lediglich ein Werkzeug, um die Notwendigkeiten zu verstehen. Die Regeln sind eine Interpretation des Evangeliums im monastischen Leben, und als solche helfen sie, das Gebot des Evangeliums zu verstehen; aber gerade deshalb müssen sie im Licht der Heiligen Schrift und der großen Tradition der Kirche neu interpretiert werden.

b) Die Tradition ist die objektive Dauerhaftigkeit der Offenbarung im geschichtlichen Werdegang der Kirche: Folglich sind Tradition und Geschichtlichkeit, das heißt Veränderung, aufeinander bezogene Wirklichkeiten. Die monastischen Regeln, die in die Tradition und in geschichtlich zeitbezogenen Formen eingebunden sind, erfordern deshalb eine Unterscheidung zwischen dem, was in ihnen der Tradition angehört, und dem, was zur wandelbaren geschichtlichen Entwicklung gehört. Das bedeutet, dass heute eine Regel zu lesen und zu verstehen, beinhaltet, sie in ihrer Einbindung im Innern der monastischen Tradition selbst zu verstehen und demnach zu sehen, wie sie bis in unsere Tage kirchenrechtlich interpretiert worden ist.

c) Der Abt, der vorsteht, und der Mönch, der gehorcht, bedürfen beide eines gemeinsamen Hörens auf das Wort Gottes, auf den einzigen Lehrmeister, der Christus ist. Sie sind beide zum Gehorsam, zur Erfüllung des Willens Gottes berufen. Sie finden dafür in der Regel eine Hilfe, sei es, dass sie diese mit den eigenen Gaben des Amtes interpretieren, sei es, dass sie diese im Gehorsam gegenüber dem Evangelium verstehen, *„per ducatum Evangelii“* – und all das im Blick auf die Liebe-*agápe*, die nicht vergehen wird, auch nicht wenn die Charismen verschwinden (vgl. 1 Kor 13).

## *Die Freiheit im monastischen Leben*

Fast ist man entmutigt, das Thema der Freiheit im monastischen Leben anzuschneiden, weil dieses Wort nicht belegbar zur monastischen Literatur gehört, noch weniger zum *corpus regularum*. Doch wenn man das Neue Testament liest, ist man erstaunt, wie dieses Thema im Handeln des Gläubigen eine vorrangige Bedeutung bekommt. Die Begriffe Befreiung, Freiheit, Freimut – gefasst in Worten wie *lýo*, *áphesis*, *eleuthería*, *parrhesía* – findet man häufig, vor allem bei Paulus und Johannes, aber es scheint, dass sie in der Tradition der monastischen Regeln nicht das gleiche Schicksal gehabt haben. Dennoch will das monastische Leben, trotz dieses unbestreitbaren Faktums, als ein Weg aufleuchten, in dem die Freiheit eine zentrale Rolle hat. Das kommt klar in den Gründern zum Ausdruck, an den Anfängen jedes monastischen Weges sowie in den Heiligen, die das monastische Leben geprägt hat.

Freiheit und Freimut, *eleuthería* und *parrhesía*, begleiteten Antonius, den ersten Zeugen des christlich-monastischen Lebens: Sein ganzes Leben ist eine Proklamation der Freiheit, und in seinen Briefen sieht er das christliche Leben als „Wort der Freiheit, in dem wir frei gemacht worden sind“[a] und die Inkarnation des Sohnes als Opfer der Freiheit: „Es tut uns gut, dass wir die Freiheit annehmen, die er uns durch sein Kommen anbietet.“[b] Antonius ist ein Mann Gottes, unmittelbar von Gott belehrt, ein *theodídaktos*[c] und gleichzeitig ein *áplastos*,[d] nur der inneren Lehre des Heiligen Geistes gehorchend: In

a Antonius, *Briefe* 5,1.4, in: *Vita di Antonio. Apoftegmi, Lettere*, hrsg. von L. Cremaschi, Rom 1984, S. 227 und 233. Vgl. Briefe 6,4. Vgl. ebenso Antonius der Große, Secondo il Vangelo. Le venti lettere di Antonio, hrsg. von Matta El Meskin, Bose 1999.

b Antonius, Briefe 6,3; vgl. ebd., 5,3.

c Athanasius, Leben des Antonius 66,2.

d Athanasius, Leben des Antonius 1,3.

seiner Erfahrung reift die *parrhesía*, der Freimut des evangelischen Zeugnisses, das zum Ausdruck kommt in der Freiheit des Wortes, Freiheit des Urteils über die Geschichte und die Freiheit des Lebens. Derart ausgeprägte Freiheit kann sich wie folgt ausdrücken:

> *Es wird eine Zeit kommen, in der die Menschen verrückt werden, und wenn sie einen sehen, der nicht verrückt geworden ist, werden sie ihn angreifen und ihm sagen: „Du bist verrückt", allein aufgrund der Tatsache, weil er nicht so ist wie sie.*[a]

Man braucht nur die Apophtegmata der Wüstenväter zu lesen, um ihre große Freiheit und ihre gewohnte *parrhesía* wahrzunehmen. Für sie tangieren das ganze Gesetz und jedes Gebot immer das Gebot Christi, die brüderliche Liebe, und der Gehorsam liegt in der Vorherrschaft des Bundes, der Gemeinschaft mit Gott und den Brüdern. Abt Mios fasst das so zusammen: „Gehorsam aus Gehorsam: Wenn jemand Gott gehorcht, gehorcht Gott ihm!"[b]

Ihre Askese, ihr Verzicht, ihr Gebet steht immer im Blickfeld der Freiheit, um eine Freiheit von der Sünde zu erlangen, von sich selbst, von der Weltlichkeit: Ihnen entging nicht, dass die Liebe, deren unwiderstehliche Kraft jedes Gesetz aufheben muss, weiter als Gebot dasteht und dass im christlichen Leben letztendlich nichts und niemand befehlen kann außerhalb der Liebe, die vom Geist in das Herz des Gläubigen ausgegossen ist (vgl. Röm 5,5).

Nie wird die Freiheit der Wüstenväter einfach als *Freiheit von* gesehen, sondern immer als *Freiheit für*. Die christliche Freiheit ist nicht Autonomie, sondern *theonomía*; sie ist nicht Befreiung von ei-

---

a Antonius 25, in: *Weisung der Väter. Apophthegmata Patrum, auch Gerontikon oder Alphabeticum genannt*, übersetzt von Bonifaz Miller, Trier $^{4}$1998.

b Mios I, ebd., S. 342.

nem äußeren Zwang, sondern Gleichförmigkeit des Mönchs mit dem, was er sein soll; sie ist nicht Freiheit zu tun, was man will, sondern Freiheit, um den tiefen lebendigen Grund des eigenen Seins wiederzufinden, die eigene Wahrheit als Geschöpf im Willen des Schöpfers. Dann wird der Gehorsam „ein Lernen, für Gott zu singen", wie es Clemens von Alexandrien wunderschön ausdrückt.[a] Für die wirklich authentische monastische Tradition ist das Evangelium niemals ein Gesetzeskodex: Es ist vielmehr ein Geist, eine Mystik, die, ohne die Werke des Gesetzes zu unterdrücken, sie von innen her beseelt, indem sie an ihren Ursprung nicht die Angst der Selbstrechtfertigung stellt, nicht die Sorge um die Ausführung des Gebots, sondern den Glauben, der Angenommensein und Anhangen, Gemeinschaft mit Gott ist. Es stimmt, dass in der *Benediktus-Regel* das Vokabular der Freiheit fehlt; aber was ist ein Mönch, wenn nicht ein freier Mensch? „Wenn also der Mönch alle Stufen auf dem Weg der Demut erstiegen hat, gelangt er alsbald zu jener vollendeten Gottesliebe, die alle Furcht vertreibt. Aus dieser Liebe wird er alles, was er bisher nicht ohne Angst beobachtet hat, von nun an ganz mühelos, gleichsam natürlich und aus Gewöhnung einhalten, nicht mehr aus Furcht vor der Hölle, sondern aus Liebe zu Christus, aus guter Gewohnheit und aus Freude an der Tugend" (*RB* 7,67-69).

Das ist der freie Mönch, nicht mehr gefangen und gezwungen auf den Stufen der Leiter, sondern hineingestellt in den offenen Raum der Liebe, der Freiheit, fähig zu laufen „mit weitem Herzen und in unsagbarem Glück der Liebe" (*RB* Prolog 49).

Gewiss, die Freiheit im Mönchsleben ist Frucht des Gehorsams, der *caritativa oboedientia*, des liebevollen Gehorsams, wie Franziskus ihn bezeichnete.[b] Aber es darf auch nicht verschwiegen werden,

---

a Vgl. Clemens von Alexandrien, *Protreptikos* I,5,3, PG 8,60.

b Vgl. Ammonizioni 3, in: *Fonti francescane* I, Assisi 1977, S. 139.

dass dieser von einer *caritativa auctoritas*, von einer liebevollen Autorität abhängt. Diese beiden Begriffe, Gehorsam und Autorität, müssen Quellen der Freiheit sein, *einer großen Freiheit*, wie sie an einer Stelle im *Florilegium* des Franz von Assisi beschrieben ist: Als Franziskus dem Rufino den Auftrag gab zu predigen, bat dieser ihn, ihn von einer Aufgabe zu entbinden, für die er sich nicht fähig wähnte. Als Franziskus seinen nicht bereiten Gehorsam bemerkte, schickte er ihn daraufhin los, nackt, „nur mit Unterhose bekleidet" zu predigen. Rufino führte den Auftrag aus, aber Franziskus fragte sich: „Woher nimmst du, Sohn des Pietro Bernadone, du geringes Menschlein, solche Anmaßung, dem Bruder Rufino zu befehlen ..., dass er nackt dem Volk predigen soll wie ein Verrückter? Aus Gott, den du in dir erfahren wirst als derjenige, der anderen befiehlt!" Sofort darauf legte er sein Gewand ab, ging nackt nach Assisi, betrat eine Kirche und predigte gänzlich nackt, nicht einmal mit Hose, wie er es seinem Bruder Rufino aufgetragen hatte.[a]

Das monastische Leben ist entweder ein Raum, in dem die Freiheit aufblüht, in dem die persönliche Kreativität voll zur Entfaltung gelangt, in dem das Evangelium die Norm lebendig macht, in dem das eigene Gewissen, erleuchtet vom Wort Gottes, respektiert wird, oder es ist ein Raum, in dem man Sklave des Gesetzes ist, an jener Beziehung gehindert, die in den Worten Jesu „Ich nenne euch nicht mehr Knechte ..., sondern Freunde" (Joh 15,15) deutlich wird.

Der Gehorsam und das Befehlen sind nicht und dürfen niemals Negation der Freiheit der Kinder Gottes sein (vgl. Röm 8,21), sondern müssen im Kampf gegen eine Karikatur der Freiheit stehen und die Unterwerfung unter das Joch der Gesetzes überwinden (vgl. Gal 5,1). In den beiden franziskanischen Regeln steht, dass die Oberen den Brüdern nichts befehlen sollen, was ihrem eigenen Ge-

---

a Vgl. *Florilegium* 30, ebd., S. 1525-1526.

wissen widerspricht, über das hinaus, was der Regel widerspricht.[a] Und Franziskus erinnert alle daran, dass „der heilige Gehorsam … den Menschen allen Menschen der Welt unterworfen sein lässt, und nicht nur den Menschen, sondern auch den Tieren und Raubtieren, sodass sie daraus machen können, was sie wollen, soweit es ihnen die Macht des Herrn gewährt."[b]

Wiederholt sagten wir bereits, dass das Mönchsleben ein Zeugnis der Prophetie in der Kirche ist, und nicht zufällig wurden die heiligen Gründer immer als neue Elijas, als neue Elischas, als neue Johannes der Täufer gesehen, gleichsam so, als würden sie deren Zeugnis in der Kirche neu vergegenwärtigen. Doch das bedeutet, dass das Mönchtum eine Schule und ein Leben der Freiheit und der *parrhesía* ist, sicher gegenüber der Weltlichkeit, des Ichs, der Götzen, aber demzufolge auch Raum der Freiheit und *parrhesía* gegenüber den Regeln, den Observanzen, den vorherrschenden spirituellen Ideologien, ja, gegenüber der kirchlichen Institution selbst. Wir sollten uns fragen, ob das monastische Leben heute sich als Ort der Freiheit präsentiert, fähig, ein kritisches Urteil aufkommen zu lassen, das Mahnung zu einem angemesseneren Zeugnis des Evangeliums ist, durch das Leben und die Stellung in der Kirche selbst.

Am 9. Juli 1969 schrieb Paul VI. Folgendes:

> *Unsere Zeit, zu deren Interpreten und Wegweiser sich das Konzil macht, fordert Freiheit. Wir werden im Leben der Kirche, und deshalb in jedem ihrer Söhne und Töchter, eine Zeit größerer Freiheit erleben, das heißt weniger gesetzliche Verpflichtungen und weniger interne Verbote. Die formale Disziplin wird reduziert sein, jede willkürliche Intoleranz, jeder*

---

a Vgl. *Regula non bullata* 4-5 und *Regula bullata* 10, ebd., S. 102-104 und 128-129.

b *Lodi delle virtù* [Lob der Tugenden], ebd., S. 175.

> *Absolutismus abgeschafft. Das vorgegebene Gesetz wird vereinfacht sein, die Ausübung der Autorität gemäßigt; man wird die Bedeutung jener christlichen Freiheit fördern, die in hohem Maße die erste Christengeneration auszeichnete, als sie sich vom mosaischen Gesetz und dessen komplizierten rituellen Vorschriften befreit wusste.*[a]

Das sind Worte eines Papstes, und zwar des Papstes, der das Konzil abschloss! Heute scheinen sie uns weit entfernt und fast nicht wiederholbar, ohne Verdacht zu wecken in einer neuen kirchlichen Situation, die sich abzeichnete; dennoch sind das Worte, an die erinnert werden muss, vor allem von uns Mönchen.

Zum Schluss dieses zweiten Punktes scheint mir deshalb, im Blick auf das monastische Leben heute ein paar Orientierungen aufzeigen zu müssen:

a) Damit die Mönchsgemeinschaft ein *fortissimum genus* sei, muss sie ein Raum der Freiheit sein, fähig, die Mönche so zu prägen, dass sie „nicht mehr Knechte, sonder Freunde" des Herrn sind. Das Gesetz, die Observanzen dienen der Freiheit, und nicht umgekehrt. Es ist die authentische und wahre Freiheit, die die Reife eines Mönchs ausmacht und bezeugt. Deshalb muss dem Mönch mehr als das Gesetz das Bild des Gottessohnes vor Augen gehalten werden: In der Kontemplation jenes Antlitzes wird sein Leben nach und nach umgewandelt.

b) Der Mönch im Mittelalter war von der Tradition bestimmt; der Mönch in der Renaissance war gekennzeichnet durch innere Determinierung bis hin zu einem weit vorangetriebenen Individualismus und zu einer subjektiven Askese. Der Mönch heute inmitten so verschiedener Realitäten ist in dieser pluridimensionalen Situation

a *L'Osservatore Romano*, 10. Juli 1969.

von außen determiniert. Dem muss man beim Ausüben der Autorität Rechnung tragen und Normen übergeben, die der Einswerdung jedes Mönchs sowie der Gemeinschaft des Klosters dienen. In dieser neuen Situation gibt es Versuchungen und Gefahren, aber auch die positive Seite: die Öffnung *nach außen*, also auf das Gemeinsame hin, die Gegenüberstellung *nach außen* und damit ein Wachsen in der Freiheit.

c) In dieser Zeit, wenn man sie mit geistlichem Scharfsinn im Sinne der oben zitierten Worte Pauls VI. interpretiert, habe man keine Furcht vor der Freiheit, man habe keine Angst. Wie Bonhoeffer aufforderte, geht es schlichtweg darum, Gott in die Mitte der Freiheit des Menschen zu stellen, und nicht nur da, wo der Mensch nichts vermag: In Gott nämlich gründet die Freiheit, und er spricht den Menschen unablässig darauf an. Er ist die Freiheit, er begründet unsere Freiheit und gibt ihr Raum. Die Freiheit Gottes besteht darin, wagen zu können; sie ist der Wille und das Vermögen, sich einzuschränken bis zur Offenbarung seiner Gegenwart, um real mit dem anderen in einen Dialog zu treten, um den anderen mit unendlichem Respekt zu lieben, grenzenlose Diskretion, unendliches Leiden dessen, der auf eine freie Antwort wartet, freies Schaffen gemeinsamen Lebens und der Gemeinschaft.

## *Der Geist in der monastischen Gemeinschaft*

Wir haben bereits gesagt, dass der Heilige Geist in der *Benediktus-Regel* wie in allen anderen Regeln des Westens wenig genannt wird; gleichwohl ist er der Protagonist, um das *dilatatum cor* zu erobern: „Dies wird der Herr an seinem Arbeiter ... gütig durch den Heiligen Geist erweisen“ (RB 7,70). Diese Zurückhaltung im Bezug auf den Heiligen Geist trägt dazu bei, den wenigen Stellen, wo er erwähnt wird, umso mehr Bedeutung beizumessen. In diesem letzten Vers des

7. Kapitels entfernt sich Benedikt von seiner unmittelbaren Quelle – hier die *Instituta* des Cassianus –, um diesen ausdrücklichen Hinweis auf den Heiligen Geist einzufügen. Die *Benediktus-Regel* scheint sich in diesem Abschnitt an der ältesten monastischen Tradition zu orientieren, u.a. bezeugt in den Ammonas-*Briefen*, im syrischen *Liber graduum* sowie in den *Geistlichen Homilien* des Pseudo-Makarios. Gemäß dieser Tradition, auf dem Höhepunkt des Lebens der Askese, verwirklicht sich eine ganz besondere überreiche Kommunikation des Heiligen Geistes im von den eigenen Lastern und Sünden geläuterten Menschen. In jenen Texten, die diese Erfahrung mystischer Art irgendwie zum Ausdruck zu bringen versuchen, ist die Rede von einer „Perle", von einem „verborgenen Schatz", von einem „besonderen Charisma", von der „Kraft Gottes", vom „Bund im Geist", der die Geheimnisse denen enthüllt, in denen er seine eigene Bleibe einrichtet. Wie man sehen kann, konnte diese diskrete Anspielung auf das Wirken des Heiligen Geistes am Ende des 7. Kapitels nicht aussagekräftiger sein.[a]

Ein weiterer Bezug der *Benediktus-Regel* auf den Heiligen Geist scheint mir in gleicher Weise bedeutsam, auch wenn er sich in einem weniger zentralen Kapitel findet, dem über die Fastenzeit. Tatsächlich suggeriert uns die Art und Weise, wie dieses 49. Kapitel eingeleitet wird – „Der Mönch soll immer ein Leben führen wie in der Fastenzeit" –, dass nicht nur *die Observanzen*, sondern auch *der Geist*, der die Fastenzeit belebt, jener sein müsste, der das ganze Leben des Mönchs beseelt. Nun, hinsichtlich der Observanzen für die Fastenzeit sagt uns die Regel, dass jeder *„propria voluntate"* – das ist die einzige Stelle in der Regel, in der es erlaubt wird, aus eigenem Willen zu handeln – über das ihm zugewiesene Maß hinausgehen

a Vgl. G.M. Colombás, *La regla de San Benito*, Madrid 1979, S. 316-317; ders., *El monacato primitivo* II, Madrid 1975, S. 299-304.

darf, das heißt, dass er das Gesetz „in der Freude des Heiligen Geistes“ (*RB* 49,6; vgl. 1 Thess 1,6) übersteigen und das heilige Osterfest „mit geistlicher Sehnsucht und Freude“ (*RB* 49,7) erwarten darf. Die fastenzeitliche Praxis, ein Paradigma der täglichen Observanzen, sollte daher nicht als etwas Bedrückendes und Trauriges gelebt werden, vielmehr als frei angewandtes Mittel, um die Konkretheit der eigenen Suche nach dem Willen Gottes zu bezeugen. Nicht das Gesetz, sondern die freudige Erwartung des Osterfestes, die Freude des Heiligen Geistes beseelt und erleuchtet die Fastenzeit und das innere Leben des Mönchs.

Doch mir scheint wichtig, auch daran zu erinnern, dass Gregor der Große in den *Dialogen* vor allem in Benedikt einen Mann sieht, in dem der Heilige Geist wohnt, der ihn beseelt. Er präsentiert Benedikt und Honoratus als Männer „geführt und angeleitet vom Heiligen Geist, sodass sie, wenn ihnen die Lehre von außen fehlt, dennoch vom inneren Lehrmeister geführt werden“[a]. Und über Benedikt sagt er: „Dieser Mann Gottes hatte einen einzigen Geist, den dessen, der durch die Gnade der Erlösung die Herzen aller Auserwählten erfüllt“.[b]

Gregor war sehr daran gelegen, folgende Lehre festzulegen: Wahrer Meister des geistlichen Lebens und folglich des monastischen Lebens ist der Heilige Geist. Am Schluss des 2. Buches der *Dialoge* legt er nicht zufällig Jesus diese Worte in den Mund, in Anlehnung an Johannes 16,7: „Wenn ich mich nicht dem leiblichen Körper entferne, werde ich nicht zeigen können, dass es der Heilige Geist ist, der Liebe ist; und wenn ihr nicht aufhören werdet, mich mit den Augen des Leibes anzublicken, werdet ihr nie lernen, mich in geistlicher Weise zu lieben.“[c] Für Gregor ist es der Heilige Geist, der den

---

a Gregor der Große, *Dialoge* I,1,6.

b *Dialoge* II,8,9.

c *Dialoge* II,38,4.

Gläubigen bewegt, das Wort Gottes zu hören. Es ist der Heilige, der das Wort Gottes in ihm zur Entfaltung bringt, indem der es liest; es ist der Heilige Geist, der die *caritas* ist und die *communio* in der Gemeinschaft aufrichtet.

Es sieht leider nicht so aus, dass derartige Aufmerksamkeit auf die wirkmächtige Gegenwart des Heiligen Geistes die Reflexion und das Gewissen der Mönche heute begleitet; dennoch: Entweder ist das monastische Leben pneumatisch, wirklich vom Heiligen Geist bewegt, oder es erscheint als Bastion der Unbeweglichkeit, ein verehrungswürdiges Zeugnis der Kirche der Vergangenheit.

An dieser Stelle muss die Reflexion über das Mönchtum und sein Hier und Jetzt in der Welt beginnen. Wenn die Klöster unter dem Wirken des Heiligen Geistes stehen, wenn der Mönch aus dieser inneren Beseelung lebt, dann gliedert er sich in die Gemeinschaft der Menschen ein mit einer ihm ganz eigenen prophetischen Qualität und versteht sich darauf, mit anderen zu sprechen und nicht nur mit sich selbst. Das ist eine Notwendigkeit des Heiligen Geistes; er ist vom Vater herabgekommen, von Christus gesandt, um zu leiten, zu erleuchten, die Gläubigen an ihrem Ort und zu ihrer Zeit zu bewegen, damit das Universum erneuert wird. Hier geht es darum, dass die Mönche die Zeichen der Orte und der Zeit zu verstehen wissen, um alternative Orte des Neuen, der Neuheit im Licht der großen Tradition sein zu können. Diese Neuheit muss sorgfältig bedacht sein, in der Bibel verankert, aber so geschaffen und verwirklicht werden, dass sie die Menschen *hic et nunc* anspricht. Sie ist befreit von institutionellen Einbindungen im Innern der Kirche, verbunden mit der Ortskirche, also mit einem Ort und mit Menschen in bestimmter Weise. Die monastische Gemeinschaft muss mehr als jede andere religiöse Gemeinschaft ihre Bereitschaft zeigen, sich führen zu lassen in ihrer Verfügbarkeit gegenüber dem Geist, dem Schöpfer und Erneuerer. Die ihr eigene charismatische Eigenschaft gehört nicht zu den institutionellen Strukturen der Kirche, und deren Sein im geistlichen Herzen der Kirche, wenn auch mit dem Akzent einer Randerscheinung, darf keine *fuga ecclesiae* fördern, keine *splendid isolation*, sondern eine prophetische Haltung, die ihr ganz spezielles Charisma ist.

Es gibt ein romantisches Missverständnis, das allzu sehr auf dem monastischen Leben lastet und den Heiligen Geist an einer wahren tiefen Erneuerung hindert: Es herrscht zu viel Selbstrechtfertigung seitens der Tradition und der Observanzen und zu wenig Verlass auf den Geist. Aber vielleicht gerade deshalb müsste das Kloster eine „schola *humani* atque dominici servitii“ sein, eine Schule, in der man darum bemüht ist, den Menschen und Christen wachsen zu lassen, die beide zusammen den „neuen Menschen“ formen, und nicht dagegen einen Mönch, der sich für kontemplativ hält, weil er an die Stelle des Lebens den Ritus setzt und auf menschlicher Ebene etwas Unbedeutendes tut. Oder haben wir vergessen, dass im Blick auf jeden Gast, der ins Kloster kommt, wie auf jeden Menschen, dem wir begegnen, uns aufgetragen ist, Christus aufzunehmen? Und der andere, den wir aufnehmen, ist nicht eine abstrakte Seele, sondern ein einsgewordener Mensch in der Fülle der Seele, des Geistes und des Körpers. Deshalb muss man ihn, nachdem man miteinander gebetet, den Friedenskuss ausgetauscht, den gegenwärtigen Christus angebetet und in Gegenwart des Gastes die Weisung Gottes gelesen hat, um ihn zu erbauen, mit aller Aufmerksamkeit gastfreundlich annehmen (*RB* 53,3-9). Theophilus von Antiochien mahnte: „Zeige mir deinen Menschen, und ich werde dir deinen Gott zeigen“[a], und wir können das so umschreiben: „Zeige mir, wie du lebst, und ich werde dir sagen, wie du betest, wie du Mönch bist!“ Wilhelm von Saint-Thierry, der mit der Spiritualität der Wüstenväter sehr ver-

a Vgl. *Ad Autolycum* I,2, PG 6,1025B.

traut war und daraus schöpfte, ermahnte seine Mönche in folgender Weise: „Im Gotteshaus werden zuweilen die Geheimnisse der christlichen Frömmigkeit sichtbar und anschaulich gespendet, in den Zellen hingegen wird beharrlich die Substanz aller Sakramente unseres Glaubens zelebriert (*rem sacramenti vel mysterii*).“[a]

Um den Geist zu empfangen und von ihm beseelt zu sein, muss sich der Mönch stets, wie die Regel es bei der letzten Stufe der Demut sagt, als „*publicanus ille*“ (*RB* 7,65) empfinden, er muss sich jeder Arroganz oder Prätention einer besonderen Stellung in der Kirche und unter den Menschen enthalten. Bevor man in den Dingen Gottes erfahren ist, bevor man ein Kontemplativer ist, aber gerade dank dieses Vorsatzes, ist der Mönch erfahren im Atheismus, ist er Bruder jener, die zweifeln, ist er solidarisch mit denen, die die Sünde, die Schwachheit und Gebrechlichkeit kennen, ohne je zu verzweifeln (vgl. *RB* 4,74), weil der Geist in sein Herz ausgegossen ist. Doch ist der Mönch heute fähig, nur mit *parrhesía* diese seine Situation den Brüdern auch mitzuteilen, die sie mehr denn je leben, ist er fähig, diese seine Solidarität zu vermitteln?

Ich sage diese Dinge, um die ganze romantische Überfrachtung wegzunehmen, die auf dem monastischen Leben ruht, und damit eine Epiklese, eine Anrufung des Geistes verhindert, wie es sich in einem genießerischen, oberflächlich charismatischen Christentum abzeichnet. Damit der Geist ruhen kann, braucht er einen *Menschen*, auf dem er ruhen kann, und keine Mönchs*silhouette*. Die Welt ist nicht außerhalb der Klausur zu sehen, sondern in den Mauern des Klosters, soweit es solche hat, denn der Mönch kennt keine Sonderstellung, und die Welt, von der er sich abgewandt hat, ist nicht draußen geblieben, sie ist in ihm. Das ist die Welt, die Gott so sehr geliebt hat, dass er seinen eingeborenen Sohn für sie hingegeben hat

a Wilhelm von Saint-Thierry, *Goldener Brief* I,36.

(vgl. Joh 3,16), die Welt, die die Herabkunft des Geistes erwartet, der fähig ist, das dürre Gebein in uns zu beseelen und lebendig werden zu lassen (vgl. Ez 37).

Wir sind nicht die Gerechten, die außerhalb ihrer Zellen auf Sodom und Gomorra blicken müssen; wir sind vielmehr berufen zu intervenieren, den Geist anzurufen, Mit-Leid mit unseren Brüdern zu empfinden. Der Geist ist immer Liebe, *agápe*, *caritas*, und darum Barmherzigkeit. Benedikt, daran erinnert uns Gregor, ist zur Fülle des christlichen Lebens gelangt, als sich im Gebet, vom Fenster seiner Zelle aus, die Augen fest auf die tiefste Finsternis der Nacht gerichtet, die ganze Welt – jene Welt, die er verlassen hatte, als er aus Rom nach Subiaco floh – „gleichsam konzentriert in einem einzigen Sonnenstrahl" vor ihm auftat. So sagt Gregor abschließend: „Keine Verwunderung, als er die ganze Welt konzentriert vor sich sah, in ihm, der im Licht des Geistes erhoben bereits über die Welt hinaus war."[a] Dank der gewonnenen *makrothymía*, das heißt dank der gelebten und zur Fülle gelangten Liebe, war die Welt für ihn verklärt im Licht des Tabor, im Licht Gottes.

Über die Gegenwart des Geistes in der Mönchsgemeinschaft gäbe es viel mehr zu sagen, aber ich beschränke mich darauf hervorzuheben, dass der Heilige Geist ein Äquivalent für die *caritas*, für die *agápe* ist, denn er ist der Geist Christi.

Monastisches Leben ist Raum für das Wort Gottes, der durch den Geist den Mönch formt und zu einer Ikone Gottes selbst macht. Das Gesetz, die Norm stehen im Dienst dafür und maßen sich kein Leitungsamt an, „denn alle, die sich vom Geist Gottes leiten lassen, sind Söhne Gottes" (Röm 8,14). Nur so wird das Kloster Raum für das Wort Gottes, zu einem Raum für die Kirche und zu einem Raum für die Menschen, die Gott liebt.

---

a Gregor der Große, *Dialoge* II,35,3.5.

Symeon der Neue Theologe schrieb an die Mönche Folgendes:

*Ich bitte euch darum, dass ihr die Liebe mit all euren Kräften lebt und dass ihr im Glauben voranschreitet, um sie zu erobern: Nur so lauft ihr nicht Gefahr, in eurer Hoffnung frustriert zu werden; denn jeder von großer Anstrengung begleitete Eifer und jede Askese [und jede Observanz] sind eitel und bringen nichts Gutes, wenn sie nicht zur Liebe [und zur Freiheit] führen durch das Wirken des Heiligen Geistes, mehr als durch eure Willensanstrengungen.*[a]

---

a Symeon der Neue Theologe, *Katechesen* I,139-145.

# Strukturen der Reifung

*Leben gilt es,*
*jeden Tag neu zu beginnen,*
*nie müde zu werden, neu anzufangen.*

Im 13. Kapitel des 1. Korintherbriefes skizziert Paulus *den alles übersteigenden Weg* des Christen, der in der *agápe*, in der Liebe, in der Hingabe besteht. Dabei macht er deutlich, wie die *agápe* zum *télos*, zum Ziel, zur Vollendung des christlichen Lebens wird. Wer nach den höheren Gnadengaben strebt (vgl. 1 Kor 12,31), muss die Liebe suchen (vgl. 1 Kor 14,1). Dieses Suchen ist ein Weg, ein menschliches und geistliches Wachsen hin zum vollkommenen, reifen Menschen, der die Vollgestalt Christi annimmt (vgl. Eph 4,13). Paulus sagt klar, dass der Glaubende „von der Liebe geleitet, in allem auf Christus hin wachsen wird, der das Haupt ist und durch den der ganze Leib ... wachsen und in der Liebe aufgebaut wird" (Eph 4,15-16).

Nicht zufällig verwendet Paulus in 1 Kor 13,11 wie in Eph 4,14 das Bild eines Kindes als Ausgangssituation, die es im Blick auf dieses Wachsen und Reifen zu überwinden gilt: „Als ich ein Kind war, redete ich wie Kind, dachte wie ein Kind und urteilte wie ein Kind. Als ich ein Mann wurde, legte ich ab, was Kind an mir war." Paulus liegt viel an dieser Idee vom „Wachsen"; in seinen Briefen finden wir häufig dieses Vokabular, vor allem um die Dynamik des geistlichen Lebens jedes Jüngers Christi und des Leibes des Herrn, der Gemeinschaft der Christen aufzuzeigen. Im menschlichen wie im geistlichen Leben ist Wachsen und Reifen eine Notwendigkeit und entspricht dem Willen Gottes, der sich von allem entäußerte, damit der Mensch vor ihm leben und ihm in seinem unantastbaren Anderssein antworten kann; dabei wächst er in der Freiheit und Liebe, den beiden Grundbedingungen des Bundes. Gottes erster Gestus war der Segen über das Wachstum des Menschen (vgl. Gen 1,28). Irenäus sagt, Gott habe den Menschen als Kind erschaffen, damit er wachse und als lebendiger Mensch seine Herrlichkeit sei.[a]

Menschlich und geistlich zu wachsen ist somit die vorrangige Berufung und bedeutet, Gott Ja zu sagen im Gehorsam, indem man sich auf dieses Wachstum und Leben einlässt.

Dieser Weg des Reifens ist jedoch kein Automatismus. Es gibt zahlreiche Hindernisse und Widersprüche, die aus der geschichtlichen Situation, aus dem Leben selbst und von menschlicher Seite kommen: Manchmal werden Menschen in diesem Wachsen durch andere oder auch durch sich selbst behindert. Wachsen, an Weisheit zunehmen in Gestalt und Gnade vor Gott und den Menschen (vgl. Lk 2,40.52), das ist ein mühsamer Weg, der meist einen hohen Preis hat. Es ist ein Weg mit Regeln und in Etappen; für den Christen kann das nur ein österlicher Weg sein, das heißt verbunden mit dem Leben und Leiden, mit dem Tod und der Auferstehung Jesu Christi.

Das Ordensleben ist christliches und menschliches Leben, somit nicht losgelöst von den Problemen des Wachsens und Reifens. Dessen waren sich die Kirchenväter sehr bewusst, wenn sie das nicht selten als *agón* bezeichneten, als Kampf und Schlacht, als Krieg: ein Kampf, um menschlich und geistlich zu wachsen. Aber die Waffen für diesen Kampf – das heißt die Mittel, die Werkzeuge des Wachstums – ändern sich mit den Zeiten und Situationen; es wäre ein fataler Fehler, an Mitteln für das Wachstum, die sich in der Vergangenheit bewährt haben, noch heute um jeden Preis festzuhalten und darauf zu verzichten, neue zu suchen und zu finden. Zweifellos

---

a Irenäus von Lyon, *Gegen die Häresien* IV, 20,7.

bleiben die Gesetze des menschlichen und geistlichen Wachstums immer dieselben, die Mittel jedoch sind zeitbedingt und müssen im jeweiligen kulturellen Kontext und gemäß einer für den Menschen entfalteten Anthropologie reifen.

Mag sein, dass ich mich irre, doch immer mehr bin ich der Überzeugung, dass menschliches und geistliches Wachstum im Gleichschritt gehen und sich notwendigerweise gegenseitig befruchten sollten: In seinem Ablauf und seiner zeitlichen Entwicklung bleibt, wenn das eine fehlt, das andere äußerst anfällig; in diesen Fällen ebnet es uns lediglich den Weg fürs Scheitern, für einen verheerenden Rückschritt.

Fehler in der Spiritualität äußern sich früher oder später in psychischen und auch in somatischen Störungen, ebenso wie sich menschliche Unreife als Hindernis für das Wachstum im geistlichen Leben erweist. Aber worin bestehen die konstanten Gesetze des Reifens? Was zeichnet die Mittel aus, die sich je nach kulturellem Kontext ändern? Aus meiner Sicht sind die konstanten Gesetze der Gehorsam, die Torheit des Kreuzes und die Verherrlichung, während all jene Strukturen Mittel bleiben, die für diesen Weg notwendig sind: das heißt speziell im Ordensleben die Ausbildung, die Regel, die geistliche Mutter- und Vaterschaft, das Kapitel, die brüderliche Zurechtweisung, die Schriftlesung, die Arbeit und die Gastfreundschaft. Man kann sicherlich weitere Gesetze und Mittel aufzeigen, je nach dem Blickwinkel, mit dem man auf das Ordensleben schaut; gleichwohl scheint mir meine Auswahl für ein vertiefendes Nachdenken sinnvoll.

## *Die konstanten Voraussetzungen für menschliches und geistliches Reifen*

Im Prolog der *Benediktus-Regel*, ein grundlegender Text für das Verständnis der gesamten Regel, scheinen mir drei Schlüsselworte die konstanten Voraussetzungen für das Reifen im Ordensleben ins Licht zu rücken. Benedikt sagt dem Mönch als Erstes: „Höre" (*RB* Prol. 1); er fordert also vor allem zum Hinhören auf, das dem Herzen fügsame Offensein des Ohres, das zum Gehorsam wird; dann sagt er: „erfülle es durch die Tat" (*RB* Prol. 1), erfülle es konkret, setze die empfangene Weisung in die Praxis um. Das Ergebnis dieser Einstellung des Mönchs besteht sodann im „Hineingelangen" (vgl. *RB* Prol. 22.42) in die Wohnstatt des Reiches Gottes, in das Leben also, wie er in 7,67 schreibt: „zur Gottesliebe gelangen".

So weist die Regel den Weg zur Reife, den Weg menschlichen und geistlichen Wachstums: Hinhören, Erfüllung des Willens Gottes und Verherrlichung. In dieser Weise vollzieht sich das Wachstum, der wahre Fortschritt im klösterlichen Leben und im Glauben (vgl. *RB* Prol. 49), mit dem man den Zustand dessen erreicht, der „mit weitem Herzen in unsagbarem Glück der Liebe läuft". Diese drei Etappen kann man – wie es die geistliche Tradition getan hat – auch als Läuterung, Erleuchtung und Vereinigung bezeichnen; ich interpretiere sie jedoch lieber in der authentischen, genuin monastischen Tradition als Hinhören, Erfüllung des Willens Gottes und Verherrlichung.

### *1. Hinhören – Gehorsam*

Die Grundhaltung dessen, der an Gott glaubt, ist das Hinhören. Vom „Höre, Israel" des Alten Testaments zum „Das ist mein geliebter Sohn; auf ihn sollt ihr hören" des Neuen Testaments ist der Glaube der Bibel Glaube aus dem Hinhören, *fides ex auditu*. Es ist ein Hören auf das Wort Gottes in der Geschichte, auf das Wort, das durch das Gesetz und die Propheten angekündigt ist, auf das Wort, das in Jesus Christus Fleisch geworden ist und von den Aposteln allen Geschöpfen verkündet wurde. Hinhören ist deshalb ontologisch die grundlegende Haltung des Glaubenden und somit des Mönchs. Die Gemeinschaft der Mönche ist in erster Linie ein Ort, an dem das Wort Gottes ruft, ein Echo findet, wächst, Fleisch und Blut wird, Leben von Männern und Frauen, die sich dadurch geprägt fühlen. Der gesamten biblischen Tradition nach und von seiner Wortbedeutung her ist dieses Hinhören authentisch, wenn es Gehorsam ist, gewissenhafte, konsequente Verwirklichung des Wortes Gottes. Mit aller Klarheit und allem Nachdruck sei gesagt: Grundlegend für den Weg zu menschlicher und geistlicher Reife ist fügsames Hinhören.

Die Väter des Mönchstums waren sich dieser realen Grunddimension im Glauben zutiefst bewusst. Es ist eindrucksvoll, wie häufig dieses Thema vom Hinhören und Gehorsam in den einleitenden Kapiteln der verschiedenen monastischen Regeln vorkommt. Pachomius beginnt seine *Katechese hinsichtlich eines Bruders, der Streit hegte*, mit diesen Worten: „‚Höre, mein Sohn, und sei weise‘ (Spr 23,19), nimm die wahre Lehre an: Es gibt nämlich zwei Wege. Sei Gott gehorsam wie Abraham.“[a] Basilius leitet die *Längeren Regeln* mit der Frage nach dem ersten und wichtigsten Gebot ein und gibt darauf die gleiche Antwort wie Jesus dem Gesetzeslehrer: Er verweist auf das „Höre, Israel“ (vgl. Mt 22,36-39; Mk 12,29).[b] Nicht anders erinnern uns die *Kürzeren Regeln* vom Beginn an daran, dass der Heilige Geist und der Sohn selbst nichts sagen und tun als das, was sie vom Vater gehört haben (vgl. Joh 16,13; 5,19; 12,49), „sodass es in jeder Weise notwendig ist, sich zu fügen: entweder Gott nach

---

a *Catechesi* 1,1-2, in: P. Deseille, E. Bianchi, *Pacomio e la vita comunitaria*, Bose 1998, S. 179-180.

b Vgl. *Längere Regeln* 1.

seinen Geboten oder anderen aufgrund seiner Gebote"[a]. Pseudo-Basilius lädt in seiner *Admonitio ad filium spiritualem*, die auf den Prolog der *Benediktus-Regel* einwirkte, wie folgt ein: „Höre, Sohn, die Ermahnung deines Vaters und neige dein Ohr meinen Worten zu; stelle dich darauf ein, gerne zuzuhören, und höre mit ganz gläubigem Herzen all das, was gesagt wird."[b] Der Prolog Benedikts ist als Ganzes im Blick auf die dringliche Einladung hin gegliedert, auf die Stimme des Herrn zu hören, der ruft. Wie ein Echo auf das „Höre, mein Sohn" steht der Appell, in dem Kampf, der das christliche Leben ist, „den starken und glänzenden Schild des Gehorsams" zu ergreifen (*RB* Prol. 3); ebenso findet die Einladung, täglich die Stimme Gottes zu hören (vgl. *RB* Prol. 9), unmittelbare Umsetzung in dem Zitat aus der Offenbarung: „Höre, was der Geist den Gemeinden sagt" (*RB* Prol. 11). Es ist wirklich der Heilige Geist, der zur Kirche spricht, und in der Niederschrift der *Regel der vier Väter* lesen wir: „Es scheint das Beste zu sein, den Weisungen des Heiligen Geistes zu folgen, nicht nur das: Auch unsere persönlichen Worte können keinen Bestand haben, wenn unsere Einstellungen nicht durch die Verbindlichkeit der Heiligen Schrift getragen sind."[c]

Das Hinhören – der Gehorsam gegenüber dem Wort, gegenüber dem Willen Gottes, wie er in der Heiligen Schrift, in der Geschichte, in der Kirche und in der Gemeinschaft der Mönche gegenwärtig ist und sich gezeigt hat, ist *der Weg schlechthin* für das Wachen und Reifen zur Vollgestalt Christi, der gehorsam war bis zum Tod, bis zum Tod am Kreuz (vgl. Phil 2,8). Gleichzeitig ist es aber auch der Weg, um menschlich zu reifen: Der reiche Jüngling, der sich auf

---

a Vgl. *Kürzere Regeln* 1.

b Ermahnung, Prolog, in: *Nella tradizione basiliana*, hrsg. von L. Cremaschi, Bose 1997, S. 159.

c *Regel der Vier Väter* 1,3-4, in: *Mönchsregeln von Lérins*, hrsg. von Michaela Puzicha, St. Ottilien 2010.

Jesu Einladung hin nicht auf die Nachfolge einließ, weil er dieses Abenteuer des Wachsens nicht riskieren wollte, zog in der Tat mit seinen schönen Wunschvorstellungen als junger Heranwachsender traurig von dannen (vgl. Lk 18,19). Ein Wüstenvater unserer Tage sagte mir einmal: „Solange ein Novize fügsam ist, kann er, selbst wenn er wegen Unreife Schwächen hat, menschlich wachsen, wenn er mit der notwendigen Hilfe begleitet wird; ohne Gehorsam jedoch kann das Ordensleben für ihn nur zu einem Weg des Rückschritts und der Rebellion werden." Deshalb muss das Kloster eine „Dominici *atque humani* servitii schola" (*RB* Prol. 45) sein, eine menschliche und geistliche Schule, in der die erhabene Kunst praktiziert wird, den Anfänger im geistlichen Leben zum Heil hin (vgl. 1 Petr 2,2; Hebr 5,13-14) und den Menschen zur von der Wahrheit, Freiheit und Liebe geprägten Fülle hin reifen zu lassen. Ist der Gehorsam authentisch, so ist er wahrlich das *bonum*, das Gut (vgl. RB 71,1), das die Richtung zu weisen vermag, in der man nicht Kind bleibt, sich nicht in Neurosen flüchtet, sich nicht durch Gesetze Sicherheit aufbaut, die Realität nicht ignoriert durch Fantastereien oder gewaltsame Zerstörung, sondern in der man wächst, indem man sich der Realität so stellt, wie sie ist; dabei durchläuft man verschiedene Etappen und Veränderungen im Leben, ohne Rückschritte oder Blockaden.

Um das Wachstum – menschlich und geistlich zugleich – zum Ausdruck zu bringen, das der Gehorsam hervorbringt, gibt es, so glaube ich, keinen schöneren Text als Kapitel 68 der *Benediktus-Regel*: „Wenn einem Bruder etwas aufgetragen wird, das ihm zu schwer oder unmöglich ist ..." Indem Benedikt – unter Berücksichtigung all seiner möglichen Quellen[a] – den ganzen psychologischen Prozess und Weg im Glauben sorgfältig und präzise darlegt, die den Mönch

a Vgl. Basilius der Große, *Kürzere Regeln* 119; *Ermahnung* 6; Cäsarius von Arles, *Reden* 233,7; Johannes Cassianus, *Institutiones* 4,10.

schließlich zum Gehorsam führen, zeigt er uns einen Christen, der zur vollen menschlichen und geistlichen Reife gelangt ist: Ein solcher Mönch ist sich seiner eigenen Grenzen und Schwächen bewusst und gelangt dahin, sie im fortschreitenden Gleichförmigwerden mit Christus im Garten Gethsemani anzunehmen und zu überwinden: „Nicht wie ich will, sondern wie du willst“ (Mt 26,39).[a]

### *2. Erfüllung des göttlichen Willens*

Das Hinhören – der Gehorsam des Christen führt also zu einem *efficaciter complere*, zu einem Erfüllen in der Praxis, das heißt zur Nachfolge Jesu Christi, dessen Speise es war, den Willen des Vaters zu tun (vgl. Joh 4,34). Auf diese Weise wird der Christ, wird der Mönch auf einen österlichen Weg geführt; es ist der Weg des Kreuzes, auf dem man aufhören muss, sich selbst zu kennen, und auf dem man Ja dazu sagen muss, um des Herrn willen und für das Evangelium sein eigenes Leben zu verlieren, um es zu gewinnen (vgl. Mk 8,34-35).

Die Offenbarung dieser Notwendigkeit vollzog Jesus für sich und für die Jünger in sehr eindeutiger Weise, ganz klar und wiederholt, doch sie schien dem Petrus eine Torheit, der Jesus beiseite nahm und ihm Vorwürfe machte (vgl. Mt 16,21-26). Von Paulus wurde dieses Sprechen als Wort vom Kreuz bezeichnet, das eine Torheit für jene ist, die verloren gehen (vgl. 1 Kor 1,18ff). Ja, es ist ein hartes Wort. Aus Sicht der Welt ist die Nachfolge Jesu ein irres Vorhaben, das die natürlichen Planungen eines Mannes oder einer Frau in unserer Welt durchkreuzt, ein Vorhaben, in dem die Entsagung, die *apotaghé* sichtbar wird.

---

a Zur Interpretation von RB 68 im Lichte des Gebetes Jesu in Gethsemani vgl. Hans Urs von Balthasar, *Les thèmes johanniques dans la Règle de S. Benoît et leur actualité*, in: *Collectanea Cisterciensia* 37 (1975) S. 3-14.

Diese Forderung, die im Leben des Christen so grundlegend ist, dass sie liturgisch im Sakrament der Taufe einen besonderen Ort gefunden hat, bildet die Wurzel jedes wirklich authentischen Ordenslebens. Diese Entsagung kennzeichnet als absolute Voraussetzung und unausweichliche Bedingung den Beginn des Gleichförmigwerdens mit Christus. Wenn das zur Umschreibung des Lebens der Anachoreten, der Einsiedler genügte, sodass in der Literatur der Wüstenväter der Begriff „die Entsagung vollziehen" gleichgesetzt wird mit Mönch werden,[a] wird mit dem Aufkommen des koinobitischen Lebens diese *apotaghé* vor allem im Blick auf die Gemeinschaft mit den Mitbrüdern gefordert, um ein Herz und eine Seele mit ihnen zu werden. Der einfache Verzicht auf Güter und auf eine Familie, wie er vom Postulanten gefordert ist, wird bei Pachomius und Basilius[b] erster Schritt zum radikalen Verzicht auf den eigenen Willen, auf persönliche Pläne, auf das eigene Leben, was nur möglich ist, wenn man sich den Brüdern unterwirft und die Gemeinschaft aufbaut. Verzicht auf eine Familie, auf Güter, auf den Eigenwillen: das heißt Zölibat, Armut und Gehorsam.

Wie kann man diesen Weg, der menschlich gesehen und in den Augen der Welt eine Torheit ist, in Einklang bringen mit authentischem menschlichem und geistlichem Wachstum? Liegt darin nicht ein Widerspruch, vor allem wenn man sich vergegenwärtigen muss, dass sich dieses Wachstum mit der eigenen Geschichte als Ausgangspunkt vollzieht, mit all dem, was diese an Belastungen, Konflikten und Verletzungen in sich birgt, allerdings auch an Möglichkeiten, Reichtum und Talenten? Ja, es stimmt, das christliche und das monastische Leben ist eine Torheit; doch es gibt auch Voraussetzungen,

---

a Vgl. Antonius 20, in: Weisung der Väter, S. 20; vgl. auch: *Detti*, L. Mortari (Hrsg.), Rom 1972, S. 123–132.

b Vgl. Pachomius, *Vorschriften* 49; Basilius von Cäsarea, *Längere Regeln* 8. Vgl. auch RB Prol. 3; 1,11; 3,8; 4,60; 5,7.12; 7,12.19ff. und 31ff.

diese Torheit in gesunder Weise, das heißt in psychischer und körperlicher Gesundheit zu leben.

Eine erste Voraussetzung dafür besteht darin, zu dieser Torheit von Christus berufen zu sein! Jesus hat wiederholt darauf hingewiesen: „Nicht ihr habt mich erwählt, sondern ich habe euch erwählt!“ (Joh 15,16) – „Niemand kann zu mir kommen, wenn nicht der Vater ihn zu mir führt“ (Joh 6,44). Nur unter der Voraussetzung, berufen zu sein, einem Ruf gefolgt zu sein, kann man Christus nachfolgen, wobei man sein Leben verliert, ohne darauf zu verzichten, zu leben, kreativ und fruchtbar zu sein und zu wachsen. Wenn man sich hingegen auf das monastische Leben einlässt, ohne dazu berufen zu sein, sind Störungen der psychischen und körperlichen Gesundheit oder Rückschritte absehbar. Unbewusste oder mehr oder weniger bewusste Motive – wie das Kreisen um die eigene Person, eine Verweigerung zu wachsen, die Angst vor dem anderen Geschlecht – können jemanden zum Ordensleben gedrängt haben, aber so jemand kann weder menschlich noch geistlich wachsen, wenn er nicht die Berufung dazu hat. – Eine weitere Voraussetzung besteht darin, dass man auf die Berufung in Freiheit, in der Wahl der Entscheidung antworten kann. Das Ordensleben darf kein aufgezwungenes Projekt sein, vor dem man eine innere Unruhe behält, eine Ruhelosigkeit, in der sich Nostalgie nach anderen Lebensformen kundtut, in denen die Beziehung zum Besitz, zur Sexualität und zur Macht eine andere ist. – Eine dritte Voraussetzung liegt im Gespür für die Radikalität des Evangeliums als eigene Berufung, als eigene Wahrheit: Es geht also darum, dass man sich vollständig in diese Entscheidung einbringt bis zur Bereitschaft, das Leben zu geben, indem man sich ganz der Barmherzigkeit Gottes und der Mitbrüder anvertraut.

Diese Voraussetzungen sind keine Gewähr dafür, dass das Engagement, im Orden zu leben, automatisch bedeutet, menschlich und geistlich zu wachsen; dennoch sind sie keineswegs zu unterschätzen.

Sicherlich lehrt uns die Logik des Kreuzes auch, dass die christliche und monastische Gemeinde auf menschlicher Schwäche aufgebaut wird, denn die Berufung wird demjenigen zuteil, der schwach ist in der Welt, der niedrig, unbeachtet und verachtet ist (vgl. 1 Kor 1,26-30); doch es sind ja gerade diese Schwächen, die Wunden und diese starke Verletzbarkeit, die Gott in seiner Allmacht heilen will: Damit dies jedoch geschehen kann, damit die Gemeinschaft zu einem Ort wird, an dem das Wort vom Kreuz, aber zugleich auch die Macht der Auferstehung regiert, bedarf es der Aufmerksamkeit auf das menschliche und psychische Wachstum des Einzelnen. Gewiss ist das Ordensleben ein „in Geduld Anteil haben an den Leiden Christi" (*RB* Prol. 50), es ist Entsagung, es ist klösterliches Leben, allerdings um in der Freiheit, in der Liebe und in der Fülle des Lebens zu wachsen.

### *3. Verherrlichung*

Im Mysterium des Christseins gibt es Leiden nicht ohne Auferstehung, was Stärke, Wirken des Heiligen Geistes bedeutet, der unser begrenztes Dasein in ein Leben der Herrlichkeit umwandelt. Im geistlichen Leben zu wachsen heißt, gemäß dem Geist Gottes und durch die Macht dieses Geistes zu wachsen, es bedeutet, mithilfe der Gnade Gottes persönlich und gemeinschaftlich den Weg hin zur Auferstehung zu gehen. Wir sollten dieses göttliche Wirken in uns nie vergessen, das wir nur zulassen können, doch es bleibt ein für unser geistliches und menschliches Reifwerden grundlegendes Wirken Gottes. Was wir werden, werden wir durch Gnade (vgl. *RB* Prol. 31); es ist jene Gnade, die aus einer Missgeburt einen Apostel hat werden lassen (vgl. 1 Kor 15,8).

Der große Protagonist im Leben des Christen und demnach auch im Leben des Mönchs bleibt also der Heilige Geist, der die natürlichen Fähigkeiten ausrichtet, das Einswerden der ganzen Person – Körper, Psyche und Geist – lenkt, die Wunden der Krankheit und Sünde heilt, die Kraft gibt, um den Kampf gegen den Bösen, gegen die Idole zu bestehen, die auf die Entfremdung des Menschen und des Glaubenden abzielen.

So sieht der Mönch, der im klösterlichen Leben und im Glauben fortschreitet, wie sein Herz Schritt für Schritt weit wird, und erfährt das unsagbare Glück der Liebe (vgl. *RB* Prol. 49); so kann er mühelos, natürlich und aus Gewöhnung das einhalten, was er bisher nicht ohne Angst befolgt hat (vgl. *RB* Prol. 7,68). Das ist ein österlicher Weg, ein Weg der Verherrlichung, vom Kampf (*agón*) zum Seelenfrieden (*hesychía*), von der Furcht zur Liebe, vom Gesetz zur Freiheit, von den Leidenschaften zur Liebe: Das möchte der Herr seinem Diener durch das Wirken des Heiligen Geistes erweisen (vgl. *RB* 7,70). Indem der Mönch auf sich verzichtet, sagt er Ja dazu, dass er seine Wahrheit von Oben, von Gott empfängt; er findet einen Zugang zum Anderssein der anderen und Gottes, er wird Wahrheit!

## *Strukturen der Reifung im monastischen Leben*

Nachdem wir die konstanten Voraussetzungen für das menschliche und christliche Reifen beschrieben haben, möchte ich auf einige vitale Strukturen eingehen, die der Kandidat für das monastische Leben vorfindet, wenn er in die Gemeinschaft eintritt, und aufzeigen, wie diese heute zu Werkzeugen der Reifung werden können. Dem schicke ich jedoch drei Bemerkungen voraus.

a) Jeden Mann und jede Frau kann man als Pilger auf dem Weg des Lebens sehen. Das menschliche Wachstum, vom kleinen Wesen im Schoß der Mutter bis zum Tag des Todes, ist ein langer beschwerlicher Weg, der zwischen zwei Schwachpunkten liegt: der Schwäche des kleinen Wesens und der Schwäche des Hochbetagten. Es kommt zu einem Wachstum und dann zu einem Niedergang bis hin zur Abhängigkeit des alten Menschen von anderen: Er wird wieder wie ein Kind. Aber auch der Weg des Reifens unterliegt dem Zeichen der Schwäche: körperliche und psychische Krankheiten, Leid, Sünde, Widersprüche zur eigenen Wahrheit.

b) Unter menschlicher und geistlicher Reifung versteht man einen Entwicklungsprozess der Person, der von der Geburt bis zum Tod dauert; es gibt demnach verschiedene Grade der Reifung, die abhängig sind von der Umgebung, von den Hilfen und von den Hindernissen, auf die man stößt, von den Fähigkeiten, vom persönlichen Engagement und von der biologischen Komponente, mit anderen Worten: vom eigenen Körper.

c) Der Kandidat für das monastische Leben ist so gut wie nie eine bereits reife, vollendete Person, sondern braucht Hilfen und Begleitung, um diesen Prozess weiterzuführen: Natürlich braucht er einen hinreichend ausgeglichenen Charakter (diese Voraussetzung gilt für das Leben im Zölibat ebenso wie in Ehe und Familie); doch die psychisch-affektive Unreife kann mit geeigneten Mitteln, die aus den monastischen Strukturen, aus der Umgebung des gemeinschaftlichen Lebens erwachsen, in angemessener Weise überwunden werden.

Diese Bemerkungen sind zu vergegenwärtigen, um zu vermeiden, dass die Argumentation idealistisch und demzufolge in der Analyse der monastischen Strukturen der Reifung irreal wird.

### *1. Die Formung im Noviziat*

Der Kandidat für das monastische Leben, der in eine Kommunität eintritt, lebt nach allen Regeln und Gebräuchen eine Zeit der Prüfung – deren Dauer wechselt und verändert wird je nach Tradition – vor dem definitiven Engagement, eine Zeit, in der es unterschiedliche aufeinander folgende Abschnitte gibt: Postulat, Noviziat usw. Diese Zeit, für die gegenwärtig ein Zeitrahmen von drei bis sieben Jahren vorgesehen ist, ist immer eine *Zeit der Prüfung* und *der Initiation beziehungsweise Formung*. Es geht darum festzustellen, ob eine Berufung vonseiten Gottes vorliegt. Benedikt, der sich die vorausgehende Tradition zunutze macht,[a] gibt einige Kriterien an, um die Echtheit dieser Berufung festzustellen: „... ob der Novize wirklich Gott sucht, ob er Eifer hat für den Gottesdienst, ob er bereit ist zu gehorchen, ob er fähig ist, Widerwärtiges zu ertragen" (*RB* 58,7). Das heißt, ob eine volle Zustimmung zum Ruf Gottes vorliegt, eine innere Dynamik der Aufmerksamkeit im Blick auf diesen Ruf, eine spontane Bereitschaft zum Gespräch mit Gott, ein innerer Drang zum Gehorsam und zum Eintauchen in das österliche Geheimnis des Kreuzes bis in die einfachsten Dienste. Es geht darum, die Geister zu prüfen, ob sie von Gott kommen, wie es die Apostel aufgezeigt haben (vgl. 1 Joh 4,1 und 1 Thess 5,19-21). Diese Arbeit wird nie leicht sein und bedarf einer gründlichen geistigen Unterscheidungsgabe; doch ich sagte bereits, indem ich einen der Wüstenväter unserer Tage zitierte, dass die Prüfung einen positiven Ausgang haben kann, wenn Gehorsam vorhanden ist. Für unsere Argumentation am interessantesten ist aber das Thema der Formung, der menschlichen und geistlichen Reifung.

Der Kandidat, der sich heute in unseren Kommunitäten vorstellt, ist normalerweise in hohem Maße vom Kontext jener Kultur geprägt, in der wir leben: ein Kontext, der dem Augenblicklichen – isoliert von Vergangenheit und Zukunft – im Vergleich zum Dauerhaften den Vorzug gibt; die spontane, intensive, echte und authentische Erfahrung wird bevorzugt vor dem, was in längeren Zeiträumen ge-

---

a Vgl. Basilius von Caesarea, *Längere Regeln* 10; Johannes Cassianus, *Institutiones* 4,3,1.

schieht, was vorbereitet, mehrfach durchgearbeitet und reflektiert ist; die Vielfalt der Erfahrungen wird im Vergleich zum Wachstum in einer Erfahrung bevorzugt ... Man könnte sagen, die jungen Menschen heute wünschen und akzeptieren eher Bekehrungen als das Wachsen in mühevoller Treue im Alltag. Auf der Ebene des christlichen Lebens, ohne eine extrem vielfältige Realität auf einen Nenner bringen zu wollen, zeigen die Kandidaten für das monastische Leben Symptome mangelhafter geistlicher Bildung: Sie sind enorm großzügig, bereit zur Liebe und dem Nächsten zu helfen, fähig, sich im „Gutes tun" zu engagieren, doch es mangelt ihnen eine intellektuelle und geistliche Kenntnis des christlichen Geheimnisses, und meist fehlt ihnen ein Gespür für die Kirche, für die Katholizität.[a] Diese Gegebenheiten sind, auch wenn man sie nicht immer bei allen heutigen Kandidaten antrifft, in der menschlichen und geistlichen Formung zu berücksichtigen.

*Selbsterkenntnis und Selbstannahme.* Der Novize ist vor allem zur Selbsterkenntnis und Selbstannahme heranzubilden; das ist nämlich der Maßstab für das persönliche Gleichgewicht und gibt auch Gelegenheit zum ersten Gehorsam: im Blick auf sich selbst, auf die eigene Geschichte, auf den eigenen Leib. Sich selbst zu erkennen bedeutet, zur eigenen Realität mit ihren Grenzen, Wunden und Mängeln ebenso zu stehen wie zu den persönlichen Qualitäten und Talenten, die einer hat: das akzeptieren, was man ist, aber auch das, was man werden kann. Wenn diese Selbstannahme gefördert und zur Reife gebracht wird, führt sie als Frucht einerseits zur Annahme der eigenen Verantwortung, die im Verhältnis zu den Gaben steht, die man mitbekommen hat, und andererseits zum tieferen Erkennen der eigenen ständigen Hilfsbedürftigkeit seitens der Brüder und Schwestern.

---

a Vgl. M. Rondet-C. Viard, *La croissance spirituelle*, Paris 1986, S. 5ff.

Selbsterkenntnis heißt auch den eigenen Körper zu kennen, eine gesunde Beziehung zu ihm zu haben, die verhindert, dass man ihn instrumentalisiert, um Missbehagen psychologischer und manchmal auch geistlicher Natur zu überdecken, Ursache psychosomatischer Krankheiten, die in Ordensgemeinschaften nicht selten auftreten.[a]

*Fähigkeit zu Beziehungen.* Weitere Aufmerksamkeit ist der Offenheit für Beziehungen zu widmen, der Fähigkeit zu lieben. Der Novize muss Möglichkeiten zu Beziehungen mit den Brüdern oder Schwestern haben, wodurch er Interesse und Zuneigung für andere entwickelt, entsprechende Energien einsetzt und offen wird für gesunde und freie Freundschaften. Es ist wichtig, dass sich diese Energien nicht in sich erschöpfen, sondern dass sie sich auf andere ausweiten. Daraus erwächst nämlich die Fähigkeit zur Anteilnahme und Kommunikation, die authentisches gemeinschaftliches Leben ermöglicht, die heilige *koinonia*, in der man sich dazu berufen fühlt, „*ad convivendum et ad commoriendum*", *gemeinsam* zu leben und zu sterben. Es geht also darum, sich mit der Andersartigkeit auseinanderzusetzen, indem man anerkennt, dass der andere verschieden ist, dass er sich von dem unterscheidet, was man möchte oder sich erträumt, aber gerade deshalb Ziel einer Beziehung, Begegnung, Zuneigung ist. Andernfalls sind die anderen die Hölle, und das monastische Alleinsein ist nur ein Alibi, um ihnen zu entgehen und nicht mit ihnen in eine tiefe und reale menschliche und geistliche Gemeinschaft einzutreten, die dem Narzissmus und Egozentrismus widersagt.

Aus diesem Grunde muss das Noviziat ein Ort zum Kennenlernen der Mönchsgemeinschaft und ihrer Mitglieder werden und darf keine separate Insel sein, wo Träume und Idealisierungen gefördert werden. Der Novize muss die Realität kennenlernen, die Armut und

a Vgl. L.M. Pinkus, *Rivisitando la vita religiosa*, Rovigo 1987, S. 11.

die Gaben seiner Brüder; sonst erlebt er nach seiner Profess einen Tiefschlag – meist eine große Enttäuschung –, und der Prozess der Auseinandersetzung zwischen Gemeinschaft, realen Brüdern und Traumidealen setzt zu spät ein. „Offen rede man mit ihm über alles Harte und Schwere auf dem Weg zu Gott" (*RB* 58,8). Das beinhaltet auch die Offenlegung der Grenzen, der Schwächen, der Widersprüchlichkeiten, die von der Gemeinschaft und ihren Mitgliedern gelebt werden, um zu lernen, den anderen und den Aufbau der Gemeinschaft auf der menschlichen und geistlichen Schwachheit anzunehmen. Der Schwäche des anderen und der Gruppe ins Auge schauen zu können, das ist einer der wichtigsten Punkte der Reifung: Es geht nämlich nicht nur darum, dass man gegen die unvermeidlichen Schwächen zu kämpfen lernt, sondern dass man auch lernt, sich selbst und den anderen einzuschätzen, und zwar auf Basis der Einstellung gegenüber den jeweiligen Schwächen und guten Eigenschaften.

Oft hat man den Eindruck, dass die monastische Strategie umgekehrt funktioniert, vor allem im Noviziat: All das, was Verwirrung stiften oder Anstoß erregen könnte, wird verborgen, überdeckt, zurückgedrängt; doch auf diese Weise fördert man ein „überspanntes" Ideal, ein Bild vom Kloster, das nur in der Vorstellung dessen existiert, der am Beginn des Weges steht, und das zu spät gnadenlos und unvermeidlich enttäuscht wird. Wenn man dieser Strategie folgt, wie kann sich dann zeigen, dass die Gemeinschaft ein Ort der Vergebung, des Einander-Ertragens, der Geduld ist?

*Deutung der Realität.* Eine weitere Fähigkeit, die es zu fördern gilt, ist die Deutung der Realität und die Lernbereitschaft. Die Realität und die unterschiedlichen Informationen, die man bekommt, konkret und seriös einzuschätzen, ist sehr wichtig. Es setzt nämlich voraus, dass der Mönch die verschiedenen Erkenntnisse und Erfahrungen gewichten kann, ohne sie mit Vorurteilen, persönlichen Projektionen, unbewussten oder unbeherrschten Wünschen zu überfrachten. Das Kloster lebt in der Abgeschiedenheit, gewissermaßen am Rande, ist aber und darf vom kirchlichen und menschlichen Leben nicht isoliert, nicht abgeschottet sein. Der Mönch muss jemand sein ohne Nostalgie nach der Vergangenheit, ohne an abstrakten Modellen festzuhalten, ohne Fixierungen oder Überbewertungen von menschlichen und geistlichen Erfahrungen. Das rigide Festhalten an Positionen, an verfestigten Einschätzungen der Realität ist vor allem ein Hindernis für die Reifung und führt nicht selten dazu, dass man stehenbleibt. Es baut Blockaden in den Personen auf, die in der Konsequenz Angst vor Veränderungen nähren, Unsicherheit im Blick auf die Zukunft, Vorurteile gegenüber allem, was neu ist und die Fixpunkte meiner Lebensplanung angreifen könnte. Der Mönch muss wachsen und fähig werden, sich führen zu lassen, indem er lernt, Meinungen und Einstellungen zu ändern im Bezug zur Veränderung der Situationen; er muss sich führen lassen können angesichts der Observanzen, indem er in sich die geistliche Dynamik lebendig erhält. Konflikte und Frustrationen begleiten jedes menschliche Leben; man muss sie annehmen, sich ihnen bewusst stellen, ohne das psychische und emotionale Gleichgewicht zu verlieren. Auch die Konflikte müssen die Bereitschaft, sich führen zu lassen, fördern sowie die Änderung der eigenen Ansichten und Positionen im Blick auf die Realität. Zeichen eines reifen Gehorsams ist häufig die Fähigkeit, in innerem Frieden die unvermeidlichen Spannungen anzunehmen, die zum Leben in Gemeinschaft gehören. Ohne Spannungen gibt es kein Leben, und sie zu ignorieren bedeutet, darauf zu verzichten zu leben; sie annehmen als Chancen, um zu wachsen, bedeutet hingegen, die lebendige Dynamik des inneren Weges der Einzelnen zu gewährleisten wie auch die Dynamik des gemeinschaftlichen Weges. Alles sollte dazu beitragen, dass die Barmherzigkeit größer wird, das Mitempfinden, die Geschwisterlichkeit, und nicht zu einer Rigidität führen, die sich als eine Verhärtung des Herzens manifestiert, Bitterkeit, Strenge in den Urteilen, beißende Kritik.

*Das Leben vereinheitlichen.* Zum Schluss etwas über die Fähigkeit, dem Leben eine Einheit zu verleihen. Typisch für das frühe Jugendalter ist, dass man von den verschiedenen Aspekten der eigenen Existenz angezogen ist, dass man die Vielfalt der Erfahrungen bevorzugt und sie als voneinander getrennte Realitäten lebt. Die Reifung aber muss getragen sein von der Vereinheitlichung, von der *mónosis*, der vereinigenden Spur der verschiedenen Lebenssituationen. Persönliches Leben und gemeinschaftliches Leben, Momente der Arbeit und Freizeit, und die Lebenszeiten, die man durchläuft, müssen ihre Einheit in der Person finden. Man wächst nur in einer Geschichte, in der das Gegenwärtige einen Bezug zur Vergangenheit hat und offen ist für eine hoffnungsvolle Zukunft. Man muss den Mönch in diese Fähigkeit einführen, die ihn die Gnade der Tradition erfassen lässt, das Gute der Gegenwart, aber auch die Erwartung der an Verheißungen reichen Zukunft, die offen ist für den Beitrag jedes Einzelnen: Das ist heutzutage nicht einfach, vielleicht fällt es schwerer als früher, aber wenn man psychische und spirituelle Schizophrenien vermeiden will, wenn das Ordensleben ein Fortschreiten „im klösterlichen Leben und im Glauben" (*RB* Prol. 49) ist, muss der Weg vereinheitlicht sein, sonst kann man das Laufen im unsagbaren Glück der Liebe nicht erfahren.

Zum Abschluss dieser Bemerkungen über die Ausbildung im Noviziat übergehe ich gewiss nicht, an die geistlich-christliche Formung zu erinnern, die heutzutage vor allem eine Vertiefung des Glaubens, Kenntnis der Heiligen Schrift und der Kirchlichkeit als Offensein für die Katholizität sein muss. Die Formung aber sollte im Innern der Gemeinschaft geschehen, ohne Protektion oder Distanz ihr gegenüber. Sie sollte durch einen Novizenmeister gewährleistet sein, der mit einer geistlichen Unterscheidungsgabe ausgestattet und erfahren in menschlichen Dingen ist; es soll eine Formung sein, die verbunden ist mit der Suche aller Brüder und Schwestern des Klosters, sie sollte langdauernd sein und verschiedene Erfahrungen beinhalten, auch außerhalb der Gemeinschaft, in der Gesellschaft von Menschen und in Solidarität mit der Kirche: Es sollte eine Ausbildung sein, die in Zukunft Wunschträume im Blick auf andere Lebensformen, auf das Noviziat selbst, gegenüber mythischen Idealen oder einem irrealen Mönchtum verhindert. Der Novize sollte nicht isoliert sein, aber auch nicht von der Gemeinschaft vereinnahmt werden. Die Begleitung des Novizenmeisters besteht aus Zuhören, das zum Sprechen ermutigt, aber auch aus einem Einführen in das Zuhören in einer herzlichen, jedoch nicht kumpelhaften Beziehung, einer Beziehung, die nicht symmetrisch ist, aber auch nicht einseitig, autoritär und paternalistisch sein darf.

Ich komme zurück auf das, was ich zu Beginn dieses Kapitels über die Unterscheidungskriterien einer Berufung sagte, und glaube, dass die spezielle Aufmerksamkeit auf die menschliche und geistliche Reife keinesfalls übergangen werden darf. Die alltägliche Hilfestellung, die die Gemeinschaft konkret für die Reifung des Einzelnen zu leisten vermag oder nicht, muss ein Appell an den sein, der die Ausbildung leitet und die Novizen im Blick auf ihre Ernsthaftigkeit begleitet, nicht so sehr im Blick auf die Mönchsberufung abstrakt, sondern vielmehr im Appell, sie in dieser bestimmten Gemeinschaft konkret zu leben. Es kann schmerzlich sein, auf einen Kandidaten zu verzichten, nur weil die Gemeinschaft nicht imstande ist, eine gesunde Reifung zu gewährleisten, aber es wäre geradezu desaströs für den Einzelnen und für die Gemeinschaft, die Zustimmung zu geben, einen Weg zu beginnen, von dem man schon weiß, dass er in einer Sackgasse oder schlimmer noch: in einen geistlichen Tod mündet.

## 2. Die Regel und der Abt

Wer mit dem monastischen Leben beginnt, ist bereit, unter einer Regel und einem Abt zu kämpfen (vgl. *RB* 1,1). Es erübrigt sich zu sagen, dass die Reifung der Person folglich in hohem Maße von dieser Beziehung abhängig ist, die nicht zufällig eine zweifache ist: *die Regel und der Abt.*

Das Evangelium ist eine unerschöpfliche Quelle der *formae vitae*, denn es vermag Lebensstile zu wecken, unterschiedliche Formen der Nachfolge, obwohl es die absolute Regel für den Christen und den Mönch bleibt. Auf diese Weise haben die Gründer des monastischen Lebens die Gabe einer *forma vitae* empfangen, ein spezifisches Charisma, das, in gelungener Befolgung gelebt, in eine Regel übersetzt worden ist. Charisma und Institution sind zwei wesentliche Elemente, die das Entstehen, das Wachstum und die Dauer eines monastischen Lebens gewährleisten. Sobald eine Regel vorhanden ist, rückt vor allem die zentrale Rolle des Gründers mehr in den Hintergrund, der von jenem Moment an gemeinsam mit den anderen ebenfalls der *forma vitae* gehorcht: Die Regel wird zum objektiven Instrumentarium, an dem jeder Maß nimmt für seinen Weg, für die Zugehörigkeit zur Gemeinschaft und ihre Treue zu dem Projekt, dem sie sich verschrieben hat. Die Regel erscheint dann als eine Befolgung des Evangeliums, sie befähigt zur Fruchtbarkeit, die gewiss des Gehorsams bedarf, allerdings in einer dynamischen Treue, die der Gemeinschaft eine schleichend zunehmende Erstarrung verwehrt. Deshalb gibt es den Abt, Vater, Lehrmeister, Arzt, dessen Aufgabe darin besteht zu interpretieren, die Lehre der Regel an einem ganz bestimmten Ort und zu einer ganz bestimmten Zeit auszubuchstabieren, unter dem Vorrang des Wortes Gottes, aber auch der Realität der monastischen Gemeinschaft Rechnung tragend. Seine Lehre darf nicht Gesetz sein, sondern „Sauerteig göttlicher Heilsgerechtigkeit, die die Herzen seiner Jünger durchdringt" (vgl. *RB* 2,5). Die Regel ist dann lediglich eine richtungsweisende Spur im Blick auf die innere Führung des Heiligen Geistes, die *unctio magistra*, die frei macht, und der Abt ist ein Werkzeug, für jeden Mönch eine Gelegenheit zum Gehorsam gegenüber den Forderungen des Evangeliums. Seine Aufgabe besteht darin, „Menschen zu führen", aber auch „der Eigenart vieler zu dienen" (*RB* 2,31), das heißt auf die unterschiedlichen Anlagen jedes Einzelnen einzugehen, um „das göttliche Gesetz genau kennend ... Neues und Altes daraus hervorholend" (vgl. *RB* 64,9) zu übermitteln.[a]

Sicher ist die Beziehung zum Abt eine der wichtigsten Strukturen für die Reifung des Mönchs: Seine persönliche Präsenz, seine Gnadengaben, seine Autorität, seine Führung haben im Guten wie im Negativen Einfluss auf das persönliche Wachstum des Mönchs. Ich möchte hier nur an eine Notwendigkeit erinnern: Der Abt, der nicht vergessen darf, dass er den Namen Vater trägt (vgl. RB 2,1 und 2,30), sollte immer vor Augen haben, dass seine geistliche Vaterschaft im Blick auf das Wachstum, auf die Reifung jedes Mönchs und nicht auf einen fortdauernden Infantilismus gerichtet ist. Er sollte nicht der Versuchung erliegen, diesen möglicherweise negativen Ausgang zu kaschieren, indem er sich auf Forderungen der Spiritualität beruft, die er als „Geist der Kindschaft" bezeichnet – oder Demut oder Kleinheit, die jedoch in Wirklichkeit nur Verweigerungen oder Hemmnisse für das menschliche und geistliche Wachstum maskieren. Das monastische Leben ist Bruch und Verzicht nicht nur auf die Familie, sondern auch auf Muster der Beziehung zum Vater oder zur Mutter, die als solche unverändert in der Gemeinschaft ihre Urständ feiern können. Die physische und affektive Loslösung, die vom No-

a Über dieses unabdingbare Gleichgewicht zwischen Regel und Abt, beide vom Geist beseelt und dem Wort Gottes unterworfen, siehe oben S. 103-129.

vizen in absoluter Weise zu fordern ist, darf nicht durch eine neue väterliche oder mütterliche Beziehung unter gleichen Vorzeichen ersetzt werden. Der Novize neigt in der Tat dazu, den Vater – Abt oder Äbtissin – mit der Autorität zu identifizieren, die wacht, führt, ermahnt, verbessert, korrigiert, und die Mutter mit der Kommunität, das heißt mit der lebendigen Umgebung. Solche Reproduktion familiärer Muster ist ein Wachstumshemmnis, weil sie Projizierungen fördert, Entwicklungen behindert, das Wachstum zum Stillstand bringt. Wenn die Beziehung zum Abt beziehungsweise zur Äbtissin nicht in erwachsener und freier Weise gelebt wird, schafft sie in den Novizen Passivität, mangelnde Initiative, selbst wenn man durch Opfer dahin gelangt: Es entsteht der Wunsch, sich in allem kommandieren zu lassen, Befehle zu empfangen, einen passiven Gehorsam zu leben. Das führt zu Verunsicherung, zu großer Angst vor Veränderungen, auch im Blick auf Neuzugänge in der Gemeinschaft und die Außenkontakte. Diese Situation einer geistlichen Lähmung ist sicherlich nicht das, was Benedikt in seinem Kapitel anstrebte. Jene nämlich, die „im Kloster bleiben und das Verlangen haben, dass ein Abt ihnen vorstehe“ (vgl. *RB* 5,12), sind Menschen, die von der Liebe gedrängt sind, „zum ewigen Leben voranzuschreiten“ (*RB* 5,10), zur Fülle des Lebens, und keine Roboter, beherrscht von Panik vor allem, was neu ist. Wenn dieses vitale Streben fehlt, kann die Kommunität nicht eine Gemeinschaft von selbstständigen verantwortlichen Menschen werden (mitverantwortlich von den kleinen Dingen wie einem Dienstauftrag bis zu den großen Entscheidungen der Gemeinschaft), ein an Vitalität und Persönlichkeiten reicher Ort, was in den zwischenmenschlichen Beziehungen gelebt wird. Sie verwandelt sich dagegen in einen Mutterschoß, einen Schutzraum, in dem die Beziehungen zur Autorität und den Brüdern und Schwestern infantil bleiben. Der Gehorsam muss intelligent, verantwortlich und kreativ sein, wenngleich nicht symmetrisch, zwischen dem

Mönch und der mit einer Gnadengabe ausgestatteten Autorität, die von Gott kommt. Sonst bleibt der Gehorsam passiv, fast immer von Gejammer oder von der Auslöschung der persönlichen Vitalität begleitet. Wenn die Funktion des Abtes oder der Äbtissin in authentischer und intelligenter Weise ausgeübt wird, und nicht nach dem Familienmuster, hilft sie den Brüdern oder den Schwestern, dass sie nicht in einer gezwungenen oder oberflächlichen Weise zusammenhalten, sondern in einem brüderlichen Ausdruck unterschiedlicher geistlicher Erfahrungen. So wird das Wachstum ermöglicht, bis der Mönch auch selbst die geistliche Vater- oder Mutterschaft kennt: Kein Mönch darf sich für ewig einem infantilen Sein verschreiben. Jeder Mönch, der in der Gemeinschaft in Weisheit und Liebe wächst, fördert das Wachstum der ganzen Kommunität. In manchen Mönchsgemeinschaften gelingt es einigen an Gaben reichen Mönchen nicht zu wachsen, weil da – mir sei das Wort gestattet – ein Art unbewusster Wille zur Abtreibung regiert: Menschen, die nie ihre eigenen Talente offenbaren können, Verantwortung zu übernehmen und morgen Führungskräfte der Gemeinschaft zu werden, weil entweder die Autorität oder die Brüder und Schwestern selbst deren Wachstum im menschlichen und geistlichen Leben verhindern, fast so, als würde das ein Attentat auf den Status quo darstellen, auf ihre Funktion als Autorität oder auf ihre Aufgabe in der Gemeinschaft. Der Mangel an offen zutage tretenden, eindeutigen Konflikten in der Gemeinschaft ist häufig ein Zeichen dieser fehlenden Entwicklung oder eines Vorhandenseins eines Familienmusters, das eine Unbeweglichkeit ohne Neuerungen und eine fortdauernde Unmündigkeit der Mitglieder nährt. Über lange Zeit hat sich das monastische Leben im Westen vom Familienmodell genährt, aber wenn Benedikt nur das Modell der patriarchalischen römischen Familie kannte, wollte er deshalb das Kloster an diesem Modell festmachen? Es würde genügen, die extrem unterschiedlichen Ausprägungen nicht zu vergessen, in denen die gesamte monastische Tradition des Westens das Charisma der Vaterschaft im Innern der Kommunität gelebt hat und lebt, um die Grenzen und Gefahren einer einseitigen Akzeptanz des patriarchalischen römischen Modells wahrzunehmen, das von Benedikt aufgegriffen – doch auch zutiefst verändert wurde. Vom Abt der Wüste zum Vater der *koinonía* des Pachomius, vom Oberen des Koinobions des Augustinus bis zum Vorsteher des Basilius erscheint die authentische Gestalt dessen, der die geistliche Vaterschaft ausübt, in einer Verschiedenheit und einem Reichtum an Charismen, die man sicher nicht in einem einzigen Kulturmodell wiederfinden kann, allerdings seit Längerem in einem umfassenden Wandlungsprozess.

### *3. Der Rat der Brüder*

Wenn die koinobitische Tradition ganz darin übereinstimmt, den, der den Vorsitz der Gemeinschaft führt, zu bitten, den Rat der Brüder einzuholen, bevor er eine Entscheidung trifft,[a] ist unbestritten, dass Benedikt neben dem Abt den Rat aller Brüder der Gemeinschaft erneuert: „Der Abt rufe die ganze Gemeinschaft zusammen", „zur Beratung sind alle gerufen" (vgl. *RB* 3,1 und 3,3). Es stimmt, dass in der gesamten monastischen Tradition die definitive Entscheidung dem Abt zukommt und dass man als letztes und absolutes Entscheidungskriterium nicht die Meinung der Mehrheit übernehmen darf, aber es ist ebenso wahr, dass jeder Mönch gerufen ist, mit den anderen und mit dem Abt eine Entscheidung zu erarbeiten. Es erscheint evident, dass das Kapitel oder der Rat eine wesentliche Struktur der persönlichen Reifung und der Mitverantwortung in der Gemeinschaft ist. Und niemand wird übersehen, dass sich gerade durch den

a Vgl. Basilius von Caesarea, *Längere Regeln* 48; *Kürzere Regeln* 104.

Rat die Qualität eines Klosters und seiner Mitglieder erweist. Aber der Rat läuft, wie jede andere Struktur, Gefahr zu funktionieren, wie die Autorität es will, und er kann sich in der Tat in einer formalen Beratung auflösen, die nicht eine Entscheidung hervorbringt und aufbaut, sondern sie einfach von der Autorität annimmt, die sie trifft. In dem Fall ist das Engagement der Mönche nur formal, eine dürftige Beteiligung, genährt von Passivität, die dem Abt die ganze Verantwortung überlässt: Was ein das Wachstum förderndes Werkzeug sein könnte, wird zur lästigen Bürde reduziert. Die Frage ist also, wie diese Versammlung der Gemeinschaft zu leben ist: Es ist zweifellos wesentlich, dass alle gehört werden, auch der Jüngste und Unerfahrenste, „denn oft offenbart der Herr einem Jüngeren, was das Bessere ist" (vgl. RB 3,3), aber das reicht nicht aus. Damit es zu einer gemeinsamen Entscheidungsfindung kommt, ist vor allem notwendig, dass die Autorität das Problem darlegt, ohne es bereits als gelöst hinzustellen, dass sie Fragen stellt und nicht Lösungen präsentiert, dass sie sich nicht damit zufrieden gibt, Antworten zu geben, sondern Hilfestellungen, und dass sie eine echte Auseinandersetzung damit auf den Weg bringt, indem sie an die Kreativität der Mönche appelliert und auf ihre Verantwortung vertraut. Das Problem, das der Abt präsentiert, muss immer ein „offenes Problem" sein, zu dem jedes Mitglied mit seiner Erfahrung, seinen Gaben und seinem Urteil Stellung nehmen kann. Hier darf man mehr als irgendwo anders Konflikte nicht fürchten, aber vonseiten aller gilt es zu wachen, um Geschwätz zu vermeiden, nicht anmaßend auf der eigenen Meinung zu beharren, sich nicht lustig zu machen, dem anderen zuzuhören und sich immer zu fragen, ob das, was gesagt wird, der Freiheit entspricht und der eigentlichen Wahrheit, die dem Geist und der brüderlichen Liebe unterstehen, oder ob es nur Selbstbehauptung, Protest aus festgefahrener Parteinahme sein will. Nur so kann es zu einer echten Auseinandersetzung kommen, kann sich

Dialog entfalten. Dann erarbeitet man gemeinsam eine Entscheidung im Wettbewerb der Gnadengaben aller und ihrer Bedeutung für die Gemeinschaft. Der Abt muss darüber wachen, dass nicht eine infantile Scheineinmütigkeit zustande kommt aufgrund eines affektiven Zusammengehörigkeitsgefühls der Gruppe, dass es nicht zu inneren Aufkündigungen kommt, wenn deutlich wird, dass eine andere Entscheidung herauskommt, und dass keine doppeldeutigen Entscheidungen getroffen werden, die jeder dann auf seine Art deuten kann. Dieser Prozess der gemeinsamen Entscheidungsfindung ist nicht leicht, aber wenn man ihm nicht zustimmt, läuft man Gefahr, in jenes Familienmuster zurückzufallen, das dem Wachstum im Wege steht. Das bedarf der Anerkennung der Andersartigkeit des anderen, der das Recht hat, anders zu sein, und darf sich nicht dem eigenen Ego anpassen. Dialog und Auseinandersetzung vollziehen sich, wenn der eine dem andern zuhört und dabei nicht schon gleich seine Antwort parat hat. Seine eigene Meinung äußern „in aller Demut und Unterordnung" (*RB* 3,4) bedeutet nicht, zu verhindern, sein eigenes Urteil freimütig zu äußern, sondern nur, nicht dreist und anmaßend darzulegen und zu verteidigen. Das hohe Gut des Gehorsams ist ein Werkzeug, um den Willen Gottes zu erkennen, indem man auf seinen eigenen Willen und seine eigene Wunschvorstellungen verzichtet; es ist ein hilfreiches Werkzeug sowohl für den Abt wie für jeden einzelnen Mönch.

In dem Zusammenhang erinnere ich kurz an die traditionelle monastische Einrichtung des „Schuldkapitels", das in der Tat, wenngleich nicht normiert, im Kapitel 45 der *Benediktus-Regel* vorgesehen ist. Das ist sicher ein Mittel gegenseitiger brüderlicher Zurechtweisung, dem weit mehr Beachtung beizumessen wäre: Ich erinnere nur daran, dass Benedikt sagt, dass der Mönch, der einen Fehler gemacht hat, nicht vor den anderen angeklagt werden soll, sondern „seinen Fehler bekennen" soll (vgl. *RB* 46,3). Es geht nicht darum, sich öffentlich vor allen zu demütigen und auch nicht sich anzuklagen, weil Gott allein das Urteil fällt. Man soll hingegen eine Schuld bekennen, um so um Barmherzigkeit, Vergebung und Hilfe zu bitten. Die eigenen Schwächen diskret vor den Brüdern zu bekennen, seine eigene Schwierigkeit zu äußern, bedeutet nicht, das Gesicht zu verlieren, sondern die eigenen Schwierigkeiten mit den anderen zu teilen. Eine Kommunität wächst und reift, wenn ihre Mitglieder sich offenbaren und sich gegenseitig auf der Ebene der Schuld und Vergebung etwas vermitteln. Auch wer den Vorsitz führt, muss etwas von seinen Schwächen zeigen: Nur so findet man zum wahren Bild von sich und den Brüdern als Sünder, denen von Gott, aber auch von jedem Einzelnen vergeben worden ist; so wird man fähig, den anderen die Barmherzigkeit Gottes zu vermitteln. Ist nicht gerade die Vergebung die grundlegende Erfahrung der christlichen Gemeinschaft, die auf den Schwächen jedes Einzelnen und der ganzen Gruppe aufgebaut ist? Und ist nicht „die Barmherzigkeit Gottes und die Barmherzigkeit der Brüder“ die Gabe, die sich derjenige, der neu die Profess abgelegt hat, erwartete, als er in die Kommunität eintrat, nach dem alten Ritus der feierlichen Profess? Auch das Schuldkapitel kann ein Mittel sein, um die Realität zu erkennen, um nicht Träume und Scheinideale im Blick auf die Brüder und die Gemeinschaft zu nähren, ein Mittel, um sich der Wirklichkeit zu stellen und die Defizite anzunehmen, ohne hin und her zu wanken zwischen der Wunschvorstellung nach Einmütigkeit und der Erklärung, ihr nicht gerecht geworden zu sein.

### *4. Die Beharrlichkeit im Blick auf die Schrift*

Es mag etwas forciert erscheinen, auch die Geistliche Schriftlesung in die Strukturen der Reifung im monastischen Leben einzubeziehen, dennoch glaube ich, dass das beharrliche und liebevolle Befassen mit dem Wort Gottes ein entscheidendes Element für das Wachstum des Mönchs bilden kann, nicht nur in geistlicher, sondern auch in menschlicher Hinsicht.

Zunächst aber muss ich vorausschicken, dass ich mich, wenn ich von der Geistlichen Schriftlesung spreche, auf das beziehe, was sie für die große patristische, die antike und mittelalterliche Tradition immer bedeutete: eine meditierende, betende Lektüre der Texte der Heiligen Schrift im Licht des Geistes. Diese Lektüre ist orientiert auf die Betrachtung der eigenen Sünde und der Barmherzigkeit Gottes, auf die Entdeckung der Gegenwart Christi neben mir und in mir. Es ist eine Lektüre, die befähigt, die gehörten und gesehenen Dinge im Herzen zu bewahren, bis sich unsere Person in die Wohnstatt des lebendigen Gottes verwandelt. Die Schriftlesung darf nicht mit dem notwendigen exegetischen, wissenschaftlichen und philosophischen Studium der Heiligen Schriften verwechselt werden. Sie darf auch nicht auf eine fromme Meditation über geistliche Texte reduziert werden, die mehr oder weniger im Einklang mit dem Evangelium sind, oder auf eine hastige Suche in der Bibel nach nützlichen Impulsen für die Verkündigung oder Katechese.[a]

„*Scriptura crescit cum legente*".[b] Diese vorsichtige patristische Feststellung kann man durchaus auch umkehren: Der Leser wächst zusammen mit der Schrift. Die echte Geistliche Schriftlesung verpflichtet nämlich den Mönch, Tag für Tag den eigenen Glaubensweg neu zu gehen: durch die Anrufung des Heiligen Geistes bis zum Verzicht auf Gedanken, die – wie gut oder schlecht sie auch sein mögen – hinderlich sind für das gefügige Hören auf das Wort; durch die tiefe Wahrnehmung der Botschaft, die der gelesene Text beinhaltet, der

a Siehe weiter unten, S. 208-226.

b Diese Aussage des Taius von Saragossa (*Sentenzen* III,40, PL 80,896) greift Gregor der Große auf: „Divina eloquia cum legente crescunt", Homilien über Ezechiel I,7,8 und ferner: „Dicta sacri eloquii cum legentium spiritu crescunt", ebd., I,7,9.

im Bewusstsein, dass dieses Wort genau *an mich heute* gerichtet ist, immer wieder neu gelesen wird; durch die Annahme des Sterbens an sich selbst in der Hoffnung auf die Auferstehung Christi; durch das mühevolle Suchen nach dem Antlitz Gottes, das der Buchstabe verhüllt, bis zum unverdienten Geschenk der Entdeckung Christi durch das Wirken des Geistes.

Das sind die Schritte, die ich als konstante Notwendigkeiten für die menschliche und geistliche Reifung aufgezeigt habe: Hinhören, Erfüllung des Willens Gottes, Verherrlichung.

Durch die Schriftlesung gewöhnt der Mönch sein eigens Ohr und sein Herz daran, aus den zahllosen Geräuschen und Stimmen, die es erreichen, das Wort herauszufiltern und zu erkennen, das der Herr an ihn persönlich richtet. In der Treue zum Herrn entdeckt er in sich jene notwendigen Kräfte, den Willen Gottes zu erfüllen bis zum Tod. Er lernt sie von jenen Kräften zu unterscheiden, die sich dieser Unterwerfung widersetzen. Die Vertrautheit mit dem Wort Gottes führt ihn zu jener intimen Beziehung mit dem Herrn, die es ihm ermöglicht, schon im Hier und Jetzt, wenn auch nur in seltenen und sehr kurzen Augenblicken, die Herrlichkeit des verklärten Herrn zu erkennen. Sicher, all das ist Geschenk Gottes und keine menschliche Eroberung, doch wir sind verpflichtet, alles dafür zu tun, damit das geschehen kann.

Es geht also darum, alle zu diesem täglichen und persönlichen Kontakt mit dem Wort Gottes heranzubilden, indem man jedem Einzelnen die geeigneten Mittel zur Verfügung stellt, die seinen Fähigkeiten und seiner Sensibilität entsprechen. Wenn der Mönch vernünftig vor dem Wort Gottes steht, so steht er in Wirklichkeit vor sich selbst, vor seinen Gaben und Grenzen, vor seiner Größe und Erbärmlichkeit. Aber gleichzeitig steht er vor der Liebe Gottes, die Fleisch geworden ist in Jesus Christus, vor dessen Geduld und Barmherzigkeit. Aus der Begegnung zwischen der Erbärmlichkeit des Mönchs und der Barmherzigkeit Gottes kann der neue Mensch erwachsen, der erwachsene Mensch, der sein eigenes Bild und seine Gleichförmigkeit mit dem Schöpfer wiedergefunden hat.

### *5. Die Arbeit*

„Sie sind dann wirklich Mönche, wenn sie wie unsere Väter und die Apostel von ihrer Hände Arbeit leben" (*RB* 48,8). So sagt Benedikt im Rückgriff auf die gesamte authentische monastische Tradition![a] Die Arbeit ist zweifellos einer der Orte, wo sich die menschliche und geistliche Reife des Mannes oder der Frau am besten vollziehen und gemessen werden kann. Durch sie entwickelt sich die Persönlichkeit des Einzelnen, sie ist ein wesentliches Mittel für das psychische Gleichgewicht eines jeden. Normalerweise arbeiten die Mönche, manchmal auch sehr viel; aber das ist für sich genommen nicht ausreichend, und es ist in jedem Fall bekannt, dass viele Konflikte, Frustrationen, Schwierigkeiten im gemeinsamen Leben tatsächlich von der Arbeit herrühren. Vor allem ist es nicht immer leicht, für jeden Mönch eine passende Arbeit zu finden, eine Tätigkeit, die geeignet ist, seine Persönlichkeit zu entwickeln; das gilt insbesondere für jene Klöster, die die Autarkie oder die Klausur bewahren. Wer professionell qualifiziert ist, der findet früher oder später eine Aufgabe, aber wer ohne berufliche Qualifikation ins Kloster eintritt, läuft Gefahr, nie eine seriöse professionelle Arbeit zu übernehmen. Er wird dann Tag für Tag mit kleineren handwerklichen, nicht kreativen Tätigkeiten beschäftigt. Das führt dann zu Frustrationen; er sieht sich in der Opferrolle, klagt gelegentlich sogar über Ausbeutung. Die Energien

---

a Vgl. *Vita Patrum Jurensium* I,2; *Vita Fulgentii* 52; *Vita Antonii* 50; Rufinus, *Historia monachorum in Aegypto* I; Augustinus, *De moribus Ecclesiae catholicae* 1,70; Johannes Cassianus, *Collationes* 24,12; *Institutiones* 5,39; Hieronymus, *Briefe* 125,11, Cassiodorus, *Institutiones* 38.

gehen verloren, die Konfliktlage verschärft sich und der Ärger wird zum Dauerzustand.

Um das zu vermeiden, ist zu prüfen, ob der Kandidat fähig ist, seriös und qualifiziert zu arbeiten und seine ganze Fantasie einzusetzen, und ihm dafür ausreichend Freiheit zu gewähren, damit der Novize eine seriöse konkrete Arbeit für sich findet, die zur Entfaltung seiner Kreativität und Verantwortung beiträgt. Die Fähigkeiten, die Gaben und Grenzen jedes Einzelnen sind zu respektieren; aber das darf nie bedeuten, zu dilettantischen Studien oder Tätigkeiten zu ermutigen, und auch nicht Aufträge zu erteilen, wo Zeit, Aufwand von Ressourcen und Energien in keinem vernünftigen Verhältnis stehen. Das fördert lediglich Passivität und Oberflächlichkeit im Einsatz, was Rückwirkungen auf das ganze persönliche und gemeinschaftliche Leben hat.

In einem Leben, das bisweilen an konkreten Anreizen nicht reich ist (jene Anreize, die die anderen Menschen kennen, wie Geld, Erfolg, Karriere, Selbstbestätigung – das sind zwar Anreize der Welt, aber sie existieren und erweisen sich als effizient!) – müssen Arbeit oder Studium Früchte zeitigen, Nutzen für die Gemeinschaft haben und wirtschaftlichen Ertrag bringen. Sie müssen in intelligenter Weise ausgeführt werden, ausgestattet mit persönlicher Freude daran, mit Verantwortung und Initiative.

Ein weiteres Problem – vielleicht das, was am schwierigsten zu lösen ist – ist die *gemeinsame Verwaltung*. Der Abt trägt die Verantwortung für die Arbeit der Mönche in der „Werkstatt", wie man das Kloster sehen kann; aber das Kloster darf nicht wie ein Familienbetrieb geführt werden, in dem der Abt als Vater/Chef des Unternehmens auftritt und die Mönche als Söhne des Chefs. Der Abt sollte nicht nur auf eine technische Qualifikation bei der Arbeit eines jeden Mönchs setzen (Garten, Obstplantage, Druckerei, Verlagshaus, Schreinerei, Kunsthandwerk, Käserei, Bibliothek, Küche usw.), sondern auch auf eine wirtschaftliche, um so eine gemeinsame Verwaltung der gesamten Aktivitäten der Gemeinschaft zu ermöglichen. Er sollte ein Auge auf die Arbeit jedes Einzelnen und aller haben, aber sollte nicht die eigentliche Verantwortung aller Bereiche oder der Produktion an sich ziehen. So vermeidet man viele Konflikte zwischen Mönchen und Abt, ähnlich wie es sie zwischen Vater/Chef und Söhnen/Mitarbeitern gibt. Das ist ein ziemlich heikler Punkt, der viel Augenmaß erfordert; aber die Ausübung eines Berufs, einer Arbeit muss in voller persönlicher Eigenverantwortung geschehen und darf nicht von der Autorität abhängen. Ich frage mich, ob nicht auch aufgrund dieser Schwierigkeit häufig in den Männerklöstern die Klerikalisierung gefördert wird: Der Mönch als Priester kann leichter unabhängig vom Abt ein Amt ausüben; aber wenn das geschieht, meidet er auch jede Verantwortung für eine berufliche Arbeit. In den Frauenklöstern besteht die große Gefahr darin, dass man, wenn man sich diesem Thema gar nicht stellt, sein Leben in einer Art Liliput-Welt einrichtet, in der Blumenbeete gepflegt oder Bastelarbeiten verrichtet werden, die sich wirtschaftlich nur deshalb rentieren, weil sie nicht den normalen Marktgesetzen ausgesetzt sind, sondern als Austauschware dienen im Gegenzug für Spenden. Nicht zufällig sind die Mönche, wenn ein Kloster in den Anfängen steht oder jedenfalls eine starke Vitalität aufweist, keine Kleriker und zeigen sich kreativ, nicht selten auch als Künstler; sie sind erfinderisch und finden nützliche gewinnbringende Arbeiten; und wenn sie sich dem Studium widmen, verstehen sie es auch, Experten in religiösen Fachbereichen zu werden.

Schließlich sind die alltäglichen Handarbeiten des Putzens und Aufräumens, der Vorbereitung der Mahlzeiten von allen zu teilen. Heute ist eine Kommunität, die aufgeteilt ist in Wissenschaftler und Mönche für handwerkliche Arbeiten, „in Chormitglieder und Laienbrüder" nicht mehr denkbar. Alle einfachen alltäglichen Arbeiten miteinander zu teilen ist eine Notwendigkeit, wie das heute auch im Bereich der Familien geschieht. Dennoch setzt sich das im angestrebten Leben der Gemeinschaft, des demütigen Teilens, der brüderlichen Liebe noch stets nur mühsam durch. Die jungen Menschen sind besonders sensibel, was dieses Problem betrifft; nicht selten sind sie geneigt, die Gerechtigkeit und die brüderliche Liebe gerade nach dem Kriterium dieses vorrangigen Teilens der Alltagsarbeit zu beurteilen.

Man sollte nicht vergessen, dass sich das Wachstum und die Reifung des Mönches überwiegend auf dem Gebiet der beruflichen Arbeit und der gemeinschaftlichen Alltagsarbeit abspielt.

### *6. Die Gastfreundschaft*

Die *Benediktus-Regel* widmet der Gastfreundschaft das Kapitel 53. Es spricht vor allem über die das Verständnis erläuternden Gründe sowie die menschliche und christliche Art, wie man die Gäste aufnehmen soll. In diesem Kapitel findet sich eine Feinfühligkeit Benedikts, die unauslöschlich die monastische Gastfreundschaft geprägt hat und die, wie mir scheint, in der Ermahnung *„omnis ei exhibeatur humanitas*" (*RB* 53,9) zum Ausdruck kommt: Dem Gast erweise man alle menschliche Aufmerksamkeit! Aber wenn es hier in der *Benediktus-Regel* eine Grenze gibt, so besteht sie darin, dass die Gastfreundschaft lediglich als absoluter Dienst gesehen wird, der dem Gast wie Christus selbst erwiesen werden soll: Über das Geschenk, das der Gast für die Gemeinschaft darstellt, ist damit nichts ausgesagt. Der Gast wird vom Oberen und von den Brüdern „voll dienstbereiter Liebe" (RB 53,3) empfangen, man betet gemeinsam, dann gibt man ihm den Friedenskuss, und man begegnet ihm in tiefer Demut. Der Obere oder der Beauftragte liest ihm aus der Heiligen Schrift vor und bricht das Fasten, um mit ihm zu essen; ihm wird ein Bruder anvertraut, der ihn begleitet, aber kein Mönch darf ohne Auftrag mit ihm zusammen sein oder sprechen. Und wenn er ihm begegnen sollte, „bitte er um den Segen und gehe weiter mit der Bemerkung, es sei ihm nicht gestattet, sich mit einem Gast zu unterhalten" (RB 53,24).

Wenn man sich die entsprechenden Kapitel in den verschiedenen koinobitischen Regeln zur Frage der Gastfreundschaft anschaut,[a] ist man beeindruckt von der völlig fehlenden Wahrnehmung des Gastes als Träger von „Gaben" für die Gemeinschaft. Wir finden die gesunde Sorge, den Kontakt mit weltlichen Mentalitäten zu verhindern – bisweilen allerdings mit Mitteln, die offenkundig dem Evangelium wenig entsprechen; wir finden die Sorge, Unordnung in der Arbeit, im Gebet, im Schweigen und in der Ruhe der Mönche zu vermeiden; des Weiteren die Aufmerksamkeit, den Gast zu erbauen, jedenfalls bei ihm keinen Anstoß zu erregen durch das Leben, das im Kloster geführt wird; ferner das dem Evangelium gemäße Festhalten an der Wahrheit, dass einen Gast aufnehmen oder zurückweisen bedeutet, Christus in Person aufzunehmen oder zurückzuweisen. Dennoch sind die monastischen Gesetzgeber bei all' diesen nachvollziehbaren Gesichtspunkten kein einziges Mal auf den Gedanken gekommen festzustellen, dass der Gast/Christus gekommen ist, um seinerseits etwas zu bringen, um uns selbst ihm gegenüber von der weltlichen Mentalität zu befreien, die wir noch in uns haben, um uns durch ihn erbauen zu lassen durch sein Leben in Freude und Leid, um ihn die Ordnung und die Harmonie entdecken zu lassen, die sich in unserem Leben birgt und deren wir uns nicht mehr bewusst waren.

Welch ein Unterschied, wenn man das mit den Aussagen der Wüstenväter vergleicht! Wie oft hat der einfache Pilger, der Mann der

---

a Siehe Pachomius, *Praecepta* 50-52; Basilius von Caesarea, *Längere Regeln* 20, *Regel der Vier Väter* 2,36-42; 4,14-19.

Welt oder der demütige Jünger, der zum alten Weisen gekommen ist, um ein Wort zu empfangen, das ihn aufrichtet, bei seinem Weggang im Herzen dessen, der ihn empfangen hat, eine unauslöschliche Spur hinterlassen, dass der Herr vorbeigegangen ist!

Müssen wir kapitulieren und schlussfolgern, dass diese Wahrnehmung des Gastes als Geschenk dem Leben der Anachoreten vorbehalten und dem koinobitischen Leben verwehrt ist? Das glaube ich keineswegs, aber selbst wenn es so wäre, bleibt das Faktum, dass heute jedenfalls die Gastfreundschaft nicht nur als Dienst gelebt werden darf, wobei man den Austausch, die Auseinandersetzung, die gegenseitige menschliche und geistliche Bereicherung ausschließt. Die Gastfreundschaft ist ein Aspekt des gemeinsamen Lebens und eine wesentliche Verbindung zwischen dem Kloster, der Kirche und den Menschen. Sie ist eine Chance, die jedem Mönch eröffnet werden sollte, wenn auch unter Berücksichtigung seiner Veranlagung und seiner persönlichen Nöte. Das darf zu keiner Unordnung und auch in diesem Fall zu keinem Dilettantismus führen; aber der Mönch wächst schneller und ausgeglichener, wenn er lernt, nicht nur mit den Brüdern oder Schwestern seiner Gemeinschaft, sondern auch mit den Gästen Beziehungen zu knüpfen. Es trifft zu, dass die Christen und die Menschen, die ins Kloster kommen, das vor allem tun, um selber zu empfangen, aber es handelt sich auch um Personen, reich an Talenten, Erfahrungen, Wunden und Leid, Träger von Botschaften und Werten, die Tröstung, Zeugnis und Kraftquelle für die Mönche sein können.

Die Gastfreundschaft ist keine Nebensache und auch kein übliches Mittel für den Informationsfluss: Sie ist ein Amt, das im Namen der Kirche ausgeübt wird, sie ist ein spezifisch monastischer Dienst; doch darin muss Begegnung, Auseinandersetzung stattfinden, die Möglichkeit, die Geschwisterlichkeit und die menschliche Solidarität zu leben. Wenn man sich auf eine Verbeugung beschränkt und weiter geht, wie kann man dann dem Gast die ganze menschliche Aufmerksamkeit erweisen? Ich glaube, dass es ein Defizit ist, die Gastfreundschaft nicht auch als Geschenk zu sehen, das der Mönchsgemeinschaft gemacht wird, als ein Moment des Lebens der Kirchlichkeit und als Hören auf die Menschheit. Sie ist deshalb eine Chance für das Wachstum und die Reifung, und nicht eine Gefahr, die Welt hineinzulassen, der man entflohen ist: Die Welt tragen wir in uns, selbst in der strengsten Klausur.

Ich habe einige Strukturen der Reifung gestreift und habe nur kurz angerissen, wie diese das menschliche und geistliche Wachstum fördern können. Ich bin mir bewusst, wie beschwerlich dieser Weg sein kann für den, der den Vorsitz führt, wie für jeden einzelnen Mönch. Doch es bleibt ein Weg zur Verklärung im Herrn: Alle Strukturen, alle Mittel – das sollten wir nicht vergessen – haben lediglich dazu zu dienen, in der Liebe zu wachsen. Wir sind in der Schwachheit geboren, und wir müssen reif werden, indem wir gegen die Schwachheit kämpfen, um dann im Alter wieder schwach und klein zu werden; doch die Liebe muss immer wachsen und uns ein weises, immer weiteres Herz geben, ein Herz, das so geweitet ist, dass es das unsagbare Glück der Liebe zu Gott und zu den Menschen erfährt.

# Ein Leben im Geist

*Tugend*
*wird durch Schwachheit nicht entkräftet,*
*sondern gestärkt.*

Für eine Betrachtung über das *monastische Leben als Leben im Geist* ist sofort mit allem Nachdruck zu bekräftigen, dass in einer *Communio*-Ekklesiologie, die aus der großen Tradition gelebt wird und in jüngster Zeit durch das Zweite Vatikanum zaghaft wieder aufgegriffen worden ist, die gesamte Kirche und damit jede Gemeinschaft, jeder Getaufte eine neue Schöpfung ist, die vom Heiligen Geist gewollt, geschaffen ist und lebendig erhalten wird. Der Heilige Geist ist keine Zugabe, die kommt, um eine vorher bestehende Realität zu beseelen, sondern die schöpferische Wirkmacht Gottes, das göttliche Leben, das heißt die der Kirche und des Christen eigene Existenz.[a]

Gerade deshalb wird in einer geglückten neuen Sprachregelung das monastische Leben heute als *Charisma* bezeichnet, Frucht des Heiligen Geistes, Schöpfung des Heiligen Geistes in der Geschichte, pneumatisches Leben, denn es ist Gabe Gottes an die Kirche auf ihrer Pilgerschaft zum Himmelreich. Der Christ kann diese Gabe nämlich nur durch die Inspiration des Heiligen Geistes im Raum der Freiheit und der Liebe empfangen. Diese christliche Lebensform kann authentisch evangelisch bleiben, immer im Neuen, dank der stets zuvorkommenden Hilfe des Heiligen Geistes.[b]

---

a Vgl. J. Zizioulas, „Cristologia, pneumatologia e istituzioni ecclesiastiche", in: *Cristianesimo nella storia* 2 (1981), S. 111ff.

b Zur pneumatischen Eigenschaft des Mönchtums vgl. O. Clément, „Esprit Saint e mo-

In erster Linie ist entschieden zu bekräftigen, dass das monastische Leben *nur eine Form* der Verwirklichung des christlichen Lebens ist, konsequente Entwicklung des Engagements, das man in der Taufe eingegangen ist, einer der Wege, das Ostergeheimnis des Todes und der Auferstehung in Fülle zu leben, in das der Christ im Taufgeschehen hineingenommen worden ist.[a]

Es ist also pneumatisches Leben, weil es christlich, messianisch, das heißt geweiht ist (durch *Christós*, den Messias, den Gesalbten – vgl. Lk 4,18; Apg 11,26) in dem einzigartigen Geschehen der Weihe, die die Taufe ist, wo in einmaliger und endgültiger Weise die *Salbung des Heiligen Geistes* erfolgt.[b] Dieses Geheimnis hindert das Mönchtum daran, als eine Sondersituation gesehen zu werden, als eine Kategorie von Christen, gebildet aus Mitgliedern, die besser sind als die anderen.[c] Die Christen im Zölibat oder im Ehebündnis leben die Nachfolge Christi in unterschiedlichen Bedingungen, die verschiedene Lebensformen erfordern; einzig aber ist der Geist, der sie als neue Geschöpfe zeugt, der die Verwirklichung der Berufung prägt, der den Weg zum Himmelreich unterstützt; einzig ist das Evangelium, das dank der Kraft des Heiligen Geistes in unterschiedlichen christlichen Lebensformen Fleisch und Geschichte wird; einzig ist der Leib, der vom Geist zusammengefügt und geeint worden ist durch das Geschenk seiner Liebe, die in das Herz jedes Getauften ausgegossen ist (vgl. Röm 5,5).

---

nachisme aujoud'hui" in: *Collectanea Cisterciensia* 2 (1976), S. 73-94; G. Dossetti, *Il Vaticano II*, Bologna 1996, S. 223-224.

a Vgl. K. Ware, *La vita monastica, sacramento d'amore*, Bose 1994, S. 4.

b Vgl. Marco l'Asceta, *Il battesimo*, in: *Discorsi sulla vita cristiana*, Turin 1986, S. 68-71; vgl. oben, S. 85-89; vgl. auch den Synodenbeitrag von F. Papamanolis, Bischof von Syros, Santorini und Kreta, in: *Monachesimo, laicità e vita religiosa*, hrsg. von G. Brunelli, Bologna 1995, S. 151-158.

c Vgl. Johannes Paul II., *Orientale Lumen* 9.

## *Heiliger Geist und monastisches Leben*

Nach diesen Vorbemerkungen öffnen wir jetzt Wege der Meditation im Blick auf die Beziehung Heiliger Geist – monastisches Leben.[a]

### *1. „Der Geist trieb ihn in die Wüste" (Mk 1,12): der Ruf in die Wüste*

In den synoptischen Evangelien treibt der Heilige Geist, gleich nachdem er auf Jesus herabgekommen ist in der Taufe, die ihm durch Johannes gespendet wurde (vgl. Mk 1,10 par), wodurch er aus ihm einen Gesalbten/Messias/Geweihten macht, ihn in die Wüste (vgl. Mk 1,12). Auch Johannes, der Wegbereiter, „schon im Mutterleib vom Heiligen Geist erfüllt" (Lk 1,15), herangewachsen und stark geworden im Geist, ging in die Wüste (vgl. Lk 1,80), um seine Berufung als Prophet des Höchsten zu leben (vgl. Lk 1,76).

Beim Mönch geht der entschlossene Gang in die Wüste nicht dem Herabkommen, dem Geschenk des Heiligen Geistes voraus, sondern man kann sagen, dass er eher dessen Frucht ist. Vielleicht ist in den monastischen Schriften der Akzent mehr auf die Entscheidung des Mönchs, auf seine Wahl als auf die Anziehung, den Ruf Gottes, das Drängen des Heiligen Geistes gelegt worden; aber wer „wirklich Gott sucht" (*RB* 58,7), der kann das nur tun, wenn ihn der Geist, der seit der Taufe in ihm am Werk ist, mit seiner wirkmächtigen Anziehungskraft in die Wüste lockt (vgl. Hos 2,16: „Ich will sie in die Wüste hinausführen, spricht der Herr"). Im Blick auf das monastische Leben muss man diese Wahrheit heute mehr denn je im Auge haben.

---

a Zu diesem Thema vgl. verschiedene Autoren, *La vita monastica, vita nello Spirito santo alla luce delle sfide di oggi. Atti del congresso degli abati benedettini*, Rom 1988, Para 1991; von diesen Beiträgen sei besonders erwähnt der von M. Van Parys, „Lo spirito santo nella vita del monaco", S. 39-53. Zur Präsenz des Heiligen Geistes in der westlichen monastischen Literatur, vgl. G. Penco, *Il monachesimo fra spiritualità e cultura*, Mailand 1991.

Es gibt einen Ruf des Geistes in die Wüste, auf den Spuren Jesu, auf den Spuren des Elija und des Johannes, der dem Herrn den Weg bereitete. Wenn das Mönchtum von der gegenwärtig im kirchlichen Raum herrschenden Ideologie verführt wird, von einer aufdringlichen Präsenz, von der Sichtbarkeit um jeden Preis, vom Evangelium, das auf Mission inmitten der Leute reduziert ist, und von einer überbelichteten Verkündigung, so ist im Auge zu behalten, dass das Mönchtum Antwort auf den Ruf des Heiligen Geistes in die Wüste ist,[a] in den als Wüste auf sich genommenen Raum, jenen Raum, den das Neue Testament auch *en tê erémo, tópos kat'idían*, „Wüste", „Ort der Abgeschiedenheit" nennt.[b]

Gregor der Große sagt, dass sich Benedikt, der „sich einzig und allein wünschte, Gott zu gefallen, ... bewusst ungebildet und weise ungelehrt die Welt verließ." Er vermochte dies zu tun, weil er bereits *„gratia Benedictus et nomine"*[c] war: Er war *Benedikt* (gesegnet) dem Namen nach, aber vor allem aufgrund der Gnade, die der Heilige Geist ist. Das heißt, wie man es in monastischer Sprache vielleicht besser ausdrücken könnte: Er war *pneumatisch gebildet*, angeleitet durch den Heiligen Geist. Wie Wilhelm von Saint-Thierry bekräftigte, ist im Mönch *„quaedam docta ignorantia, docta a Spiritu Dei."*[d]

---

a „Nicht die Weisheit der Menschen hat dich dazu gedrängt, sondern es ist ausschließlich der Geist Gottes, der dich gelockt hat" (Petrus Damiani, *Regula eremitica* I, PL 145,336C).

b Es stimmt, dass die Mönche in verschiedenen Epochen der Geschichte auch spezifisch missionarische, pastorale oder karitative Aufgaben übernommen haben; diese waren aber für ihre Berufung nicht grundlegend. Das geschah, weil Hilfe nötig war, und darin waren sowohl die Kommunitäten wie auch einzelne Mönche einbezogen. Sie übernahmen, zur geistlichen Reife gelangt, im Übermaß kirchliche Aufgaben, die nicht spezifisch monastisch waren: Augustinus von Canterbury, Bonifatius, Cyrill und Methodius, die fünf kamaldulensischen Märtyrer-Brüder, Petrus Damiani usw.

c Gregor der Große, *Dialoge* II, Prolog.

d „Eine gelehrte Unwissenheit, gelehrt durch den Heiligen Geist" (Wilhelm von Saint-Thierry, *Kommentar zum Römerbrief*, V,8,20, PL 180,638C).

Ja, Benedikt „kam in die Wüste, um sich zurückzuziehen“[a], weil er vom Heiligen Geist bewegt war: Niemand in der Kirche nämlich hatte ihn dazu aufgefordert. Das Mönchtum entsteht und erneuert sich immer ohne institutionelles Eingreifen seitens der Kirche: Niemand kann es von außen konstituieren, sondern es erscheint als Werk charismatischer Natur, einzig und allein der Initiative des Heiligen Geistes verdankt. Wer in die Wüste lockt, das kann nur der Heilige Geist sein; und nur dessen Kraft ermöglicht es, sie auf dem Weg zum Himmelreich zu durchqueren. Nicht zufällig wurde das monastische Leben in der Tradition des Basilius als „Bündnis mit dem Geist“ gesehen und definiert, dem der Mönch bis zum Tod[b] treu bleiben muss, denn der Heilige Geist ist der Zeuge und Mittler der geistlichen Gemeinschaft.[c]

Wenn man feststellt, dass das monastische Leben ein von der Wüste geprägtes Leben ist, bedeutet das nicht, es als Flucht vor den Menschen zu sehen, schon gar nicht als Trennung von der kirchlichen Gemeinschaft. Die monastische Gemeinschaft bemüht sich, Gemeinschaft zu sein, der der Geist des Weltlichen fremd ist, und sie bleibt ein Glied des Leibes, der die Kirche ist. Ihre Stellung, die sie mit der Wüste einnimmt, ist Einnahme der Distanz (*xeniteía*), die das Kloster nicht *aus* der Kirche hinausführt, sondern gerade *in* sie hinein, solidarisch mit allen Menschen, in Gemeinschaft, und dennoch in verborgener, wenig sichtbarer, nicht exponierter Stellung, wie es das Herz im Körper ist, das heißt in einem vertikalen tiefen Randdasein. Die Mönche sprechen in ihrer Wüste mit den anderen Menschen und mit den christlichen Brüdern, allerdings in einer „an-

a Gregor der Große, *Dialoge* II,1,3.

b „Sich von der Gemeinschaft trennen bedeutet, dem mit dem Heiligen Geist geschlossenen Bündnis nicht gerecht zu werden“ (Konstitutionen der Asketen 21).

c „Wer mit einer geistlichen Gemeinschaft verbunden ist, in der der Geist Zeuge und Mittler ist, der macht sich schuldig, wenn er sich von ihr trennt“ (ebd.).

deren" Sprache, weil sie die gemeinsame Grundsituation als Sünder, die zum Heil berufen sind, „in anderer Weise" leben. Gerade der Heilige Geist ermöglicht es, eine Sprache zu sprechen, die sich auch in der Mitteilung der Frohen Botschaft, des einzigen Evangeliums unterscheidet.

### 2. *„Er wurde vom Satan in Versuchung geführt" (Mk 1,13): der geistliche Kampf*

In der gesamten monastischen Tradition besteht die vorrangige geistliche Tätigkeit des Mönchs in der Wüste in der Auseinandersetzung mit dem Satan von Angesicht zu Angesicht durch den geistlichen Kampf. Wie Jesus in der Wüste den Kampf gegen die Versuchungen erfahren hat, so befindet sich der Mönch im Bemühen, die Reinheit des Herzens zu erlangen, die es ihm ermöglicht, Gott zu schauen (vgl. Mt 5,8), nicht im Kampf gegen die Menschen, und auch nicht gegen den eigenen Leib, sondern gegen die Vormacht des Bösen und der Sünde (vgl. 2 Kor 10,3-5; Eph 6,10-12; 1 Tim 6,12).

Der eigentliche Protagonist dieses geistlichen Kampfes ist, worauf das ihn stets begleitende Attribut hinweist, der Heilige Geist, „derjenige, der unsere Hände zur Schlacht, unsere Finger zum Kampf anleitet"[a]. Der Erzieher im Blick auf die volle christliche Reife ist der Heilige Geist, der „ein reines Herz erschafft", weil er der Geist der Heiligkeit ist (vgl. Ps 51,12-13). Es ist ein harter Kampf gegen sich selbst, gegen das Böse, das in uns wohnt, ein aufreibender Krieg. Man erfährt dabei jedoch die Macht des Heiligen Geistes, mit dem man nicht nur die Versuchungen überwindet, sondern durch den sich die für den Kampf notwendigen Kräfte Tag für Tag erneuern. Wenn ein Mönch auf die Frage: „Was macht ihr in der Wüste?", ant-

---

a Augustinus, *Kommentare zu den Psalmen* 143,7.

worten kann: „Wir fallen hin und stehen wieder auf, fallen hin und stehen wieder auf, fallen abermals hin und stehen wieder neu auf!“[a], dann deshalb, weil er diese Erfahrung des Heiligen Geistes macht, der die Kräfte und die Hoffnung auf den Sieg erneuert und ihn dabei gleichzeitig immer stärker und tauglicher im Kampf macht. Dank des Geistes ist es möglich, nach dem Fallen stärker zu sein als vorher und mit seinen Waffen auf dem Schlachtfeld voranzuschreiten.[b]

Nicht zufällig interpretiert Benedikt in seiner Regel den ganzen Weg des Mönchs auf den Stufen der Demut neu als eine Reinigung von Fehlern und Sünden, die *durch den Heiligen Geist* erwiesen wird (*RB* 7,70). Ebenso erklärt er mit Recht, dass die guten Werke als Instrumente die *Werkzeuge der geistlichen Kunst* sind, der Kunst des Geistes schlechthin: „Das sind also die Werkzeuge der geistlichen Kunst“ (*RB* 4,75). Der Heilige Geist, „der sich bewegen lässt wegen unserer Schwachheit“[c], kommt zur Hilfe: Im Kampf des Mönchs ist er der Kämpfende (vgl. Ps 119,154), indem er die Götzen klar erkennt, die durch ihre Verführungen den Mönch in Versuchung bringen, und indem er jene Weisheit gewährt, die für die im Kampf erlittenen Wunden ein treffliches Heilmittel ist. Also selbst wenn der Mönch im Kampf eine Niederlage erfahren sollte, reinigt der Heilige Geist, „der selbst die Vergebung der Sünden ist“[d], und stellt die volle Gemeinschaft mit Gott wieder her.

Wenn der Mönch zu jener vollendeten Gottesliebe gelangt, die die Furcht vertreibt (*RB* 7,67), wenn er so weit kommt, als Mönch aus Liebe zu Christus zu leben (*RB* 7,69), dann ist das dem Heiligen

---

a Zitiert nach: T. Collandier, *Il cammino dell'asceta*, Brescia 1987, S. 55.

b Vgl. Pseudo-Makarois, Homilien 21,5 und 23,2, in: Spirito e fuoco. Omelie spirituali (Bd. II), hrsg. von L. Cremaschi, Bose 1995, S. 255 und 259-260.

c Evagrius Pontikos, *De oratione* 62.

d „Quia ipse est remissio omnium peccatorum", Gebet nach der Kommunion am Dienstag in der Pfingstoktav.

Geist zu verdanken. In der Freude an ihm kann er in der Freiheit der Kinder Gottes auch über das hinausgehen, was ihm in der Regel aufgezeigt ist (RB 49,6).

Ohne den Heiligen Geist wäre die Nachfolge von einem aufreibenden und auf Gewinn ausgerichteten Kampf gekennzeichnet; ohne die Kraft des Heiligen Geistes wäre sie ein verzweifeltes und willkürliches Unterfangen; ohne den Heiligen Geist könnte sie nicht ein Weg zur Erlösung und Freiheit sein. Es ist ja kein Einzelfall, dass einer, der einen Kampf der Askese ohne Freiheit und ohne Liebe führt wie ein Sklave, früher oder später das Haus des Kampfes verlässt, das er als Ort der Knechtschaft erlebt hat; wer aber als Sohn lebt und deshalb aus Liebe und in Freiheit kämpft, bleibt für immer im Haus (vgl. Joh 8,35).

### *3. „Er ging an einen einsamen Ort, um zu beten" (Mk 1,35): das Gebet*

Neben dem geistlichen Kampf, ja, das gehört dazu, steht das Gebet, eine Aktivität, die, wenn sie authentisch christlich ist, vom Wort Gottes inspiriert, geprägt und beherrscht ist. Hier bedarf es der Fähigkeit zu einer großen Genauigkeit: Das Leben des Mönchs darf nicht abgeflacht sein auf das kultische Element – gewissermaßen so, als wäre die Liturgie, das *opus Dei* Sinn und Zweck des monastischen Lebens – und auch nicht auf die obsessive Suche nach der reinen Erfahrung des Gebets: Das Gebet bleibt in seinen christlichen Ausprägungen, die Gott sei Dank so zahlreich und unterschiedlich sind, ein Mittel, ein Werkzeug, um das Ziel zu erreichen, das nur die *agápe*, die heilige Kommunion sein kann. Gleichwohl ist zu beachten, dass der Mönch in jedem Fall nach dem ständigen Gebet streben muss, das der Apostel empfiehlt (vgl, 1 Thess 5,17; Eph 5,20), nicht im buchstäblichen Sinne, ständig in jeder Situation und bei allen Tätigkeiten Formeln zu wiederholen, sondern als Fähigkeit des inneren Lebens, in dem das Hören auf das Wort Gottes immer möglich ist, in dem Gedanken und Gefühle stets einer Unterscheidung im Licht des Wortes Gottes unterworfen sind, in dem die Dynamik *Hören-meditieren-beten* zur Methode wird für die Art, wie man jedem Ereignis, jeder Person, jedem Raum und jeder Zeit begegnet. Ja, ein authentisch monastisches Leben ist ohne Geistliche Schriftlesung im tiefsten Sinne des Wortes nicht möglich. Gemeint ist die Geistliche Schriftlesung, die sich im Herzen des Mönches mehr als jede Methode herauskristallisiert. Gerade in dieser Tätigkeit des Betens können wir eine bestimmte wirksame Präsenz des Heiligen Geistes erfahren.

Im Tagesablauf des Mönchs, wie übrigens in dem jedes Christen, ist derjenige, der allen seinen Tätigkeiten zuvorkommt und am Schluss aller Handlungen steht, der Heilige Geist. Die Beständigkeit des Mönchs im Gebet, sei es persönlich, sei es gemeinschaftlich, erfordert dieses Bewusstsein, diese Unterscheidungsgabe der Gegenwart des Geistes, der immer und überall herrscht. Der Christ weiß, dass der Zugang zum Vater durch seinen Sohn im Heiligen Geist erfolgt (vgl. Eph 2,18), und deshalb muss er danach streben, immer „im Heiligen Geist zu beten" (Jud 20). Beginnt nicht gerade deshalb das Gebet des Mönchs mit den Worten: „Herr, öffne meine Lippen und mein Mund singe dein Lob", eine wahre Anrufung, weil der Urheber dieser therapeutischen, heilenden Tätigkeit, des Betens zu Gott und des Vermeidens vieler Worte der Heilige Geist ist? Nur der Heilige Geist drängt zum Gebet, und er lässt es authentisch sein, nur er steht auch am Ende des Gebets, weil er das „Gut" ist, das man erbeten hat, „alles Gute" schlechthin (vgl. Mt 7,11). Bezeichnenderweise nennt Lukas dies beim Namen: „Wenn nun schon ihr, die ihr böse seid, euren Kindern gebt, was gut ist, wie viel mehr wird der Vater im Himmel den Heiligen Geist denen geben, die ihn bitten" (Lk 11,13).

Wenn der Mönch seinem Tagesablauf durch das Stundengebet einen Rhythmus gibt, tut er das aus der Überzeugung und dem Bewusstsein, dass die Liturgie der Ort (Raum) und der Augenblick (Zeit) ist, wo sich der Heilige Geist mit der Braut vereint und sie flehen: „Komm, Herr!" Ja, der Heilige Geist drängt zum Gebet, bis er das Gebet des Mönchs wird, denn dieser, sich seiner eigenen Schwachheit bewusst wie jeder Christ, weiß nicht, worum er in rechter Weise beten soll (vgl. Röm 8,26). Der Geist aber kommt dieser für Versuchungen so anfälligen Ohnmacht zur Hilfe, wenn man ein intensives Gebetsleben führt und wenn manchmal die Trockenheit oder Trägheit jedes Verlangen nach Gott lähmt. Gerade dann kann der Heilige Geist, eben deshalb angerufen, weil das Verlangen nach Gott vorhanden ist (vgl. Röm 8,27; 1 Kor 2,10), erziehen, Tiefe und Weite schenken, wärmen, aufrichten, unsere Wünsche korrigieren, weil er selbst Sehnsucht nach Gott in uns wird. Der Heilige Geist, der ausgegossen ist in das Herz des Mönchs, macht sich selbst zum Gebet. Er wird zur Anrufung, zum Lobpreis und zur Danksagung in einer Tiefe, „tiefer als mein Innerstes"[a], intimer und geheimnisvoller als das Intimste, was man erfahren hat. Auf diese Weise betet der Mönch unablässig, gerade weil „die Gnade ihn drängt, die Gnade zu erbitten"[b], so wie der Geist drängt, den Geist zu erbitten, das heißt, der Mönch strebt ständig danach, vom Heiligen Geist beseelt zu sein.

Schließlich sei im Blick auf das Gebetsleben an die wirksame Präsenz des Heiligen Geistes in der Geistlichen Schriftlesung des Mönchs erinnert. Es ist der Heilige Geist, der ihm das Geschenk des Verständnisses der innersten Geheimnisse Gottes macht. Es ist der Heilige Geist, der immer das *Verbum*, das Wort Gottes begleitet, die Schätze der Wissenschaft und der Metaerkenntnis Gottes offenbart. Es ist der Heilige Geist, der die Momente der Einkehr des

---

a Augustinus, *Bekenntnisse* III,6,11.

b Konzil von Orange, Kanon 3, in: H. Denzinger, *Enchiridion symbolorum, definitionum et declarationum de rebus fidei et morum*, Bologna 1995, Nr. 373.

*Verbum*[a] wahrnehmbar und das Wort Gottes zum Licht für die Pfade im Alltag macht (vgl. Ps 119,105). Um die Heiligen Schriften zu ergründen und darin die Nahrung für den Alltag zu finden, muss man den Heiligen Geist erfahren, der nicht zufällig als die „Macht Gottes" bezeichnet wird (vgl. Mt 22,29); er ist der Träger der Kräfte und des Lichts. Die Geistliche Schriftlesung, „Wort Gottes, das man hört, meditiert, betet, feiert, betrachtet", kann immer im Geist zur prägenden Kraft des Lebens des Mönchs werden, eine wahre *Schule des Heiligen Geistes.* Walter von Saint-Victor schreibt, der Heilige Geist „wirkt im Verstand und schenkt Einsicht, er wirkt im Herzen und bringt Liebe: die Einsicht gegen die Unwissenheit, die Liebe gegen die Leidenschaften; die Einsicht erleuchtet die Blinden; die Liebe unterstützt die Schwachen"[b].

## *Das Ziel des monastischen Lebens: das Erlangen des Heiligen Geistes*

Der Mönch lebt nicht nur vom Gebet, sondern müsste, wie es in einem vielleicht etwas überhöhten, aber beredten Sprachgebrauch ausgedrückt worden ist, eine *Epiklese*, eine Anrufung des Heiligen Geistes sein, damit dieser auf ihn, auf die Kirche, auf die Menschheit, auf den gesamten Kosmos herabkomme und sein Werk der Reinigung, der Heiligung, des Innewohnens ausführt. Einige Kirchenväter, beginnend bei Gregor von Nyssa, bevorzugen beim Lesen der Worte in Lk 11,2 statt „Dein Reich komme" jene Variante, die in einigen Handschriften bezeugt ist: „Dein Heiliger Geist komme auf uns herab und reinige uns!"[c] So erläutern viele Kirchenväter

a Vgl. Bernhard von Clairvaux, *Predigten über das Hohelied* 31.

b Walter von Saint-Victor, *Predigt* III,1 CCCM 30, S. 27.

c Vgl. *Novum Testamentum Graece et Latine*, hrsg. von E. Nestle – K. Aland, Stuttgart 2008, Fußnote S. 195.

die Aussage „Das Reich Gottes ist in euch" (Lk 17,21) als Synonym für „der Heilige Geist ist in euch". Ja, das Reich Gottes ist Reich des Geistes und Teilhabe am Geist. So bedeutet „Suchet zuerst das Reich Gottes" (Mt 6,33): Sucht, erfleht, trachtet danach, den Heiligen Geist zu erlangen.

Demnach darf man auch sagen, dass das Ziel des christlichen Leben, der *télos*, der im *Reich Gottes*, in der *Gemeinschaft mit ihm*, im *ewigen Leben* besteht, das Erlangen des Heiligen Geistes ist. Gewiss waren es vor allem die Christen im Osten, die sich einfühlsam für dieses Verständnis erwiesen; aber man kann nicht sagen, dass dies im Westen fremd war. Seit dem durch Antonius, den Vater der Mönche, entstehenden Mönchtum war die Rede davon, dass das Wesentliche des monastischen Lebens die Aufnahme der Gegenwart des Heiligen Geistes ist, Wohnstatt Gottes zu werden, den Heiligen Geist zu erlangen, bis man *pneumatophóros*, „Träger des Geistes" ist.

Im *Brief 8* der arabischen Tradition, der vom koptischen ägyptischen Mönchtum als Testament des Antonius betrachtet wird (dieser kanonische Text wird in der Liturgie zum Gedenken an den Heiligen vorgetragen), schreibt Antonius: „Jenen großen Geist aus Feuer, den ich selbst empfangen habe, empfangt auch ihr ihn. Und wenn ihr erlangen wollt, dass er in euch wohne, zeigt zuerst die Mühsale des Körpers und die Demut des Herzens, indem ihr Tag und Nacht eure Gebete zum Himmel richtet. *Erbittet* mit aufrichtigem Herzen *diesen Geist aus Feuer, und er wird euch gegeben.*"[a] Beharrlich ermahnt Antonius seine Jünger, den Heiligen Geist zu erlangen, weil er ihn für das monastische Leben für grundlegend hält. Den Heiligen Geist erlangen bedeutet, die erflehte Gnade vor allem durch das Gebet aufzunehmen. Deshalb mahnt Antonius: „Zweifelt nicht in euerm Herzen, habt kein geteiltes Herz und sagt nicht: Wer kann ihn

a Briefe 8,1.

empfangen? Nein, meine Söhne, erlaubt solchen Gedanken nicht, in euer Herz einzudringen, sondern betet mit aufrichtigem Herzen, und ihr werdet den Heiligen Geist empfangen."[a] Aber den Heiligen Geist empfangen bedeutet auch, die Gnade zu einem hohen Preis aufnehmen, das heißt durch die ständige Bekehrung, den geistlichen Kampf. Matta El Meskin kommentiert: „Wer immer die Briefe des Antonius liest, gewinnt dadurch einen spirituellen Eindruck, der ihn nicht mehr verlässt: Feuer, Feuer, Feuer. Das Fundament der ganzen Lehre des Antonius ist das göttliche Feuer, das im Herzen wohnt ... Feuer, das der Heilige Geist ist, Feuer, das das Geheimnis des geistlichen Lebens ist."[b]

Das ist die Lehre der Wüstenväter: „Vergieße dein Blut [durch den geistlichen Kampf] und erlange den Geist."[c] Der Mönch muss in der eigenen Form des monastischen Lebens das erfüllen, was eine Notwendigkeit für jeden Christen ist: den österlichen Weg, der ihn vom Tod zur Auferstehung führt. Er muss das Kreuz tragen, ein *stavrophóros* werden, und dann wird er den Heiligen Geist erlangen, und er wird zum *pneumatophóros*, zum „Träger des Geistes".

In einer Predigt des Makarios heißt es: „Der Mensch, der in voller Gemeinschaft mit dem Heiligen Geist lebt und gewürdigt worden ist, Wohnstatt und Thron Gottes zu werden, wird ganz Auge, ganz Licht, ganz Herrlichkeit, ganz Geist."[d] Der Mönch, der so weit gekommen ist, „den Geist zu atmen"[e], wird dessen Wohnstatt, dennoch bleibt er immer „im Bewusstsein der Vereinigung zwischen der eigenen

---

a Ebd.

b Matta El Meskin, *Der Heilige Geist und sein Werk im Herzen* (in arabischer Sprache), Wadi El-Natrun 1974, S. 10; vgl. auch Antonius der Große, Secondo il Vangelo, S. 36-45.

c Longinus 5, in: Weisungen der Väter, S. 159.

d Pseudo-Makarios, Homilie 1,2.

e Isaak der Syrer, *Mystic Treatises*, hrsg. von A. J. Wensinck, Amsterdam 1923, S. 174.

menschlichen Schwachheit und der Allmacht Gottes“[a]. Symeon der neue Theologe entwickelt nachdrücklich diese Lehre vom Erlangen des Heiligen Geistes seitens des Mönchs, der, nachdem er dem Geist der Welt abgesagt und ihn bekämpft hat, den Heiligen Geist empfängt und so die Gnadengaben Gottes erfährt (vgl. 1 Kor 2,12).[b] In der russisch-orthodoxen Tradition ist es das Gespräch des Seraphim von Sarow mit Motiwolow, in dem das Ziel des monastischen und christlichen Leben neu verkündet wird: „Das wahre Ziel unseres christlichen Lebens ist das Erlangen des Heiligen Geistes, während das Gebet, das Fasten, das Wachen, die Gütergemeinschaft und die anderen guten Werke, die aus Liebe zu Christus verrichtet werden, lediglich die Mittel sind, um den Heiligen Geist zu erlangen.“[c]

Wenn der Mönch den Heiligen Geist empfangen hat und dessen Wohnstatt geworden ist, ist er wirklich ein geistlicher Mensch, ein *pneumatikós*, Ort eines ständigen Pfingsten, lebende Anrufung des Geistes für alle Brüder und für den gesamten Kosmos. Das Taufwasser, das den Geist in ihn ausgegossen hatte, bis er ganz davon erfüllt war, ist nun Quelle, die ihrerseits aus ihm für die Brüder entspringt.

*Pneumatikós*, ein „Geistlicher“, *pneumatophóros*, ein „Träger des Geistes“, Prophet der Wiederkunft des Herrn, Stimme der Braut, die vereint mit dem Heiligen Geist ruft: „Komm, Herr!“ Laut Apophtegma 30 in alphabetischer Reihe war Antonius, nachdem er Träger des Geistes geworden war, fähig, den Schleier zu enthüllen, der die Geschichte und die unsichtbaren Dinge der Zukunft bedeckte. Als vom Heiligen Geist angeleiteter Mensch sah er die unsichtbaren Dinge,

---

a Maximus der Bekenner, *Quaestiones ad Thalassium* 56, PG 90,589B.

b Vgl. Symeon der Neue Theologe, Katechese 6 und Katechese 33; vgl. auch Y. Congar, *Der Heilige Geist*, Freiburg 1982.

c Seraphim von Sarow, Gespräch mit Motowilow, in: D. Mereschkowski u.a., Der letzte Heilige – Seraphim von Sarow und die russische Religiosität, Stuttgart 1994, S. 201-239.

verkündete sie den Menschen und bezeugte sie bereits in seiner Person, die von der Kraft des Heiligen Geistes umgewandelt war. So wird der Mönch, dank der Erfahrung des Heiligen Geistes, fähig, die unsichtbaren Dinge zu erkennen,[a] und wird zum prophetischen Diener der aktiven Eschatologie.

## *Die Früchte des Geistes im monastischen Leben*

Der Apostel Paulus verkündet, nachdem er die Christen daran erinnert hat, dass sie, wenn sie sich vom Geist führen lassen, nicht mehr unter dem Gesetz stehen (vgl. Gal 5,18ff), in der Gegenüberstellung zu den Werken des Fleisches (*sárx*) die Früchte des Geistes: „Liebe, Freude, Friede, Langmut, Freundlichkeit, Güte, Treue, Sanftmut und Selbstbeherrschung“. Wer vom Geist lebt, wer seinen Weg dem Geist gemäß geht, sieht auch die Frucht des Wirkens des Geistes in sich. Gewiss die Frucht, die Paulus aufgezeigt hat, mit einigen Spezifizierungen, die als Primat und Ordnungsprinzip die *agápe* haben, ist jedem Christen zugänglich. Dennoch möchten wir, ohne damit zu behaupten, die Frucht des Geistes sei beim Mönch eine andere, ins Licht rücken, dass im monastischen Leben diese einzige Frucht vor allem durch die *Demut*, die *Freiheit* und die *gegenseitige Liebe* gekennzeichnet ist.

### *1. Demut*

Die Wüstenväter äußern beharrlich, dass der Heilige Geist, um auf einem Mönch zu ruhen, in ihm ein demütiges Herz vorfinden muss: „Auf der Demut des Mönchs ruht der Heilige Geist.“[b] Eine einsichtige

a Vgl. Gregor der Große, *Dialoge* IV,1,4-5.

b Iperechio, Consigli agli asceti 23, in: Iperechio, Stefano di Tebe, Zosima, Parole dal deserto, hrsg. von L. Cremaschi, Bose 1992, S. 22.

Interpretation der *Benediktus-Regel* führt zu der Erkenntnis, dass die Stufen der Demut nicht nur durch den Heiligen Geist gangbar sind (*RB* 7,70), sondern dass sie, wenn man sie durchschritten hat, ermöglichen, die Frucht dieser *kénosis*, dieser tiefen Erniedrigung wahrzunehmen, die in einer überreichen Demut besteht, wie die des Zöllners im Evangelium, „publicanus ille“ (*RB* 7,65; vgl. Lk 18,13). Am Ende des beschwerlichen Weges der Demut steht – zu unserer Überraschung! – kein vorbildlicher Heiliger des kirchlichen Lebens, kein vollkommener Asket und kein Musterexemplar des früheren monastischen Lebens, sondern ein *demütiger* Sünder, dem aufgrund seiner Demut vergeben worden ist: der Zöllner!

Hier achte man genau auf das Vokabular: Frucht des Heiligen Geistes ist die *Demut*,[a] die man nur als Geschenk von ihm erlangt, durch seine Gegenwart und durch die Demütigungen, die man erlebt und angenommen hat, bei der eigenen Schwachheit beginnend. *Die Demut ist die Frucht, die Demütigung ist das Mittel.* Wenn es die Demütigung zu erleiden gilt, die Demut gilt es nicht zu erobern, weil die Demut göttlich ist, ja sie ist dem Heiligen Geist eigen. Gerade der Heilige Geist ist unendlich demütig, personifizierte Demut, weil die Demut – wie es Meister Eckhart intuitiv erfasst hatte – in der Tiefe Gottes wurzelt. Immer unsagbar, immer verborgen, fähig darauf zu verzichten, ein Gesicht zu haben, steht der Heilige Geist im Dienst der Inkarnation, aber er hat sich nicht inkarniert. Er ist ein Gesandter, aber wird nicht derjenige, der gesandt ist; er ist Gabe, ohne der Geber zu sein. Nie sagt er „ich“, dennoch sprechen der Vater und der Sohn durch ihn, dank ihm. Demut des Geistes, Demut Gottes, Demut des Christen … Demütig, der Geist macht jene demütig, in denen er wohnt: Laut Matthäus ist es gerade die Gegenwart des Hei-

---

a Zu diesem Thema vgl. A. Louf, *Demut und Gehorsam bei der Einführung ins Mönchsleben* (= Münsterschwarzacher Kleinschriften 5), Münsterschwarzach 1979.

ligen Geistes, die Jesus barmherzig, mitleidvoll, feinfühlig, demütig macht (vgl. Mt 12,15-21). Er ist ein Knecht, der nicht zankt, nicht herumschreit, seine Stimme nicht auf den Straßen hören lässt und der dennoch fähig ist, das barmherzige Urteil Gottes zu verkünden, indem er fest bleibt (vgl. Jes 42,1-3). Jede wahre Liebe ist demütig, fähig zur Erniedrigung vor dem anderen, ja, fähig, in dieser Selbstentäußerung (*kenosis*) eine Seligkeit zu erfahren und sich zu freuen im Nichtswerden zugunsten des anderen.

Der Mönch kann sich niemals demütig *machen*, indem er einem Projekt der Heiligkeit und individueller Vollkommenheit gehorcht: Das würde ihn eher zu einer noch größeren Überheblichkeit führen. Der Mönch kann die Demütigung nur annehmen, bis hin zur Erfahrung der Schmach, wie Christus (vgl. Hebr 13,13), bis dahin, sich vor den anderen am niedrigsten zu fühlen, als der Letzte, weil er von den anderen Widerspruch erfährt. Dieses lange und mühsame Ausharren in der Demütigung macht den Mönch demütig; aber das bedeutet nicht „kleiner Mönch", unbedeutender Mönch, im Gegenteil, ein demütiger und deshalb seliger Mönch, weil der Heilige Geist in einer solchen Weise in ihm wohnt, ihn dermaßen durchdringt, dass er sanftmütig und gütig ist. „Wer Anteil hat am Geist der Sanftmut oder den Wunsch hat, ihrer teilhaft zu sein, muss von einer großen Demut erfüllt sein, denn es ist gut, dass derjenige, der den Geist aufnimmt, dem gleichförmig werde, den er empfängt."[a] In einem Apophtegma wird berichtet, dass Antonius, als er die ganzen Fallstricke des Teufels sah, seufzend sagte: „Wer wird denn je all diesen Versuchungen entgehen können?" Darauf antwortete ihm eine Stimme: „Die Demut."[b]

---

a *Konstitutionen der Asketen* 13.

b Antonius 7, in: Vita e detti dei padri del deserto, S. 83. Zur Demut des Christen als Frucht des Heiligen Geistes vgl. A. Louf, „La vita monastica oggi e domani" [Das monastische Leben heute und morgen], in: Ora et labora 2 (1995), S. 56-57.

Der Mystiker Joseph Hazzaja bezeichnet die Demut als Frucht des Heiligen Geistes und schreibt: „Du erfährst das Wirken des in der Taufe empfangenen Geistes dadurch, dass in deinem Herzen die wahre Demut geboren wird: Ich sage nicht die Demut des Fleisches, sondern die wahre Demut, die aus dem Herzen entspringt ... Vor deinen Augen sind alle Menschen groß und heilig, es gibt für dich keine Guten und Bösen, keine Gerechten und Sünder mehr ... Aus dieser Demut erwächst im Herzen Ruhe, Gelassenheit, Unterwerfung, Ausdauer in den Prüfungen.“[a]

### *2. Freiheit*

Es stimmt, dass der Begriff *Freiheit* in der monastischen Literatur wenig vorkommt; dennoch ist nie geleugnet worden, dass die *Freiheit*, zusammen mit der *Liebe zu Christus*, eine Grundvoraussetzung für das Leben der Nachfolge ist, wozu die *Benediktus-Regel* einlädt: „Nimm den Zuspruch des gütigen Vaters *willig* an“ (*RB* Prolog 1), und auch die Frucht des Heiligen Geistes ist, der im Mönch innewohnt. „Wo der Geist des Herrn wirkt, da ist Freiheit“ (2 Kor 3,17b), und alle Jünger sind zur Freiheit berufen (vgl. Gal 5,13).

Der vom Geist erfüllte Mönch ist – gerade weil er dahin gelangt ist, unter einer Regel, nicht unter einem Gesetz zu leben –, geläutert durch die geistliche Kunst und somit fähig, mit geweitetem Herzen im unsagbaren Glück der Liebe zu laufen (*RB* Prolog 49), nicht aus Furcht vor der Hölle (*RB* 7,69), sondern als ein befreiter Mensch, der so die Freiheit erfährt, wie der Apostel sagt: „Zur Freiheit hat uns Christus befreit!“ (Gal 5,1). Dann kann er mit Antonius die Worte wiederholen: „Wir haben die die Heiligen Schriften und die Freiheit,

a A. Mingana, Woodbrooke Studies VII, Cambridge 1934, S. 262-281.

die uns vom Erlöser geschenkt worden ist."[a] Er fühlt sich einzig und allein bewegt durch die *unctio magistra* und gewappnet mit der *parrhesía*, dem Freimut, der aus der Kraft des Geistes und aus der Gewissheit des bevorstehenden Kommens des Herrn erwächst.[b]

„Die Söhne sind frei" (Mt 17,26); deshalb ist der Mönch, zum Sohn Gottes, des Vaters, gemacht durch den Heiligen Geist, der ihn dazu bringt auszurufen: „Abba, Vater! (Gal 4,6), frei und in den Raum der Freiheit hineingestellt. Spontan erfüllt er das Gesetz, das in der Liebe zusammengefasst ist: „nicht unter dem Gesetz, sondern mit dem Gesetz"[c], und erfährt das vollkommene Gesetz der Freiheit (vgl. Jak 1,25; 2,12), den Freimut des vor Gott enthüllten Antlitzes, um zu beten, und gegenüber den Menschen, um Zeuge zu sein (vgl. 2 Kor 3,7-12; Phil 1,19; usw.). Dank dieser Freiheit, dieses Freimuts kann der Mönch - wenn ihm der Heilige Geist dies gewährt - das prophetische Charisma ohne Furcht vor den Menschen und vor der kirchlichen Gemeinschaft ausüben, indem er auch fest bleibt, falls das Wort Gottes, das er vermitteln oder an das er gemahnen muss, auf Unverständnis, Ablehnung oder Widerspruch stößt.

Ja, die Freiheit, die aus dem Heiligen Geist entspringt, führt den Mönch in ein Verhältnis als Sohn Gottes, in dem fast nichts übrig geblieben ist von seinem Knecht-Sein in der Nachfolge des Herrn. Der Mönch, Sohn Gottes, erfährt sich als Bruder Jesu, ja als Bruder und Freund, bis er in entschiedener Demut sagen kann: „Ich und er (Christus), wir leben gemeinsam!" Nichts gibt Anlass zu Furcht, nichts und niemandem gelingt es, ihm den Frieden und die Freude des Herzens zu rauben. Wenn man einen solchen Mönch sieht, kann man einen entdecken, der das Evangelium nicht als Joch lebt, son-

---

a Vita Antonii 26,4.

b „Es ist ratsam, dass wir die Freiheit annehmen, die der Herr uns durch sein Kommen anbietet", (Antonius, Briefe 6,3); vgl. oben, S. 33-56, 103-129.

c Augustinus, *Kommentar zum Johannesevangelium* 3,2.

dern kreativ, frei, der die Freiheit des Geistes lebt, weitab von jedem Legalismus und Moralismus. Wenn der Mönch, wenn ein Mann Gottes an dem Punkt angekommen ist, ignoriert er selbst seine Heiligkeit, weil er von sich selbst frei geworden ist.[a] Wie der Geist Freiheit ist, so kann auch der Mönch mit Hilfe der Gnade dahin gelangen, Ikone dieser Freiheit zu sein, weil sein Leben, sein Mönchsein die christlichen Grenzen übersteigt in einer transkulturellen Identität, die auch in anderen Religionen vorhanden ist. Auf jeden Mönch, in dem die Frucht des Geistes eine charismatische Freiheit ist, lassen sich die Worte des Franziskus an Bruder Leo anwenden: „In welcher Weise auch immer dir scheint, dem Herrn besser zu gefallen und seinen Spuren und seiner Armut zu folgen, tu es mit dem Segen Gottes und in der Gewissheit, mir gehorsam zu sein!“[b]

### *3. Gegenseitige Liebe*

Es ist in erster Linie der Geist, *der in jedem Mönch wohnt*, der aus der *koinobitischen Gemeinschaft seine Wohnstatt* macht, indem er die Frucht „des Guten und Schönen, miteinander in Eintracht zu wohnen“ (vgl. Ps 133,1) ermöglicht.

Hier bräuchte man nur einige Seiten des Balduin von Ford über den Heiligen Geist und die Gemeinschaft aus Gnade zu lesen, um die Frucht des Geistes als Liebe zu sehen, eine Liebe, die die Gemeinschaft aufrichten will.[c] Laut Balduin muss der Mönch vor allem die *amor communionis* bis zur *communio amoris* kennen, ausüben, in die Tat umsetzen. Man könnte sagen, dass für Balduin die Gemeinschaft die

---

a Zur Freiheit des Geistes siehe P. Ganne, *Le don de l'Esprit*, Paris 1984, S. 24; vgl. auch D. Staniloae, *Bréviaire hésychaste*, Chevetogne 1971.

b Brief an Bruder Leo, in: Fonti Francescane I, S. 171.

c Balduin von Ford, *La vita comune*, in: *Perfetti nell'amore*, hrsg. von E. Arborio Mella, Bose 1988, S. 25-61; dt. Fassung: *Leben in Gemeinschaft*, Regensburg 2010.

Frucht des Wirkens des Heiligen Geistes ist, der von der *communio culpae* durch die Vergebung der Sünden zur *communio amoris* führt. Wie der Heilige Geist die Apostel zum gemeinschaftlichen Leben inspiriert hat, so hat er auch die Mönche zum gemeinschaftlichen Leben inspiriert, indem er sich darin manifestierte im Blick auf das Gemeinwohl durch die Gnadengaben jedes Einzelnen, die aber im Besitz aller sind: „Die Gemeinschaft des Heiligen Geistes ist wahrhaft mit uns, wenn jene besondere Gabe, die jedem Einzelnen geschenkt ist, durch die Gemeinschaft der Liebe in gemeinsamen Besitz gelangt.“[a] Der Geist ist die Antriebskraft der Brüderlichkeit, weil er Liebe ist, die in die Herzen ausgegossen ist, und die Brüderlichkeit ermöglicht: „Die Bruderliebe sollen sie einander selbstlos erweisen ... ihrem Abt seien sie in aufrichtiger und demütiger Liebe zugetan“ (*RB* 72.8.10).

*„Specialis caritatis schola“*[b], *„schola dilectionis“*[c], das koinobitische Leben ist vom Heiligen Geist geprägt, es ist Ort eines ständigen Pfingsten, es ist aktive Anrufung des Geistes, denn „dort, wo die Gemeinschaft ist, da ist der Geist Gottes; und wo der Geist Gottes ist, da ist die Gemeinschaft und jede Gnade“[d]. Es ist der Geist, der sich in den Dienst der Beziehung und der Gemeinschaft unter den Brüdern und Schwestern stellt und das Abenteuer der Geschwisterlichkeit und Freundschaft ermöglicht. Ist nicht auch die monastische Gemeinschaft ein „Brief, geschrieben mit dem Geist des lebendigen Gottes“ (vgl. 2 Kor 3,3)?

Werk des Heiligen Geistes ist immer die Einheit in Vielfalt der Gemeinschaft, fern von jeder Uniformität, vielmehr Ort der Epiphanie der vielfarbigen überreichen Weisheit Gottes, durch die „das mo-

a *La vita comune* X.

b Wilhelm von Saint-Thierry, *De natura et dignitate amoris* 9,26.

c Bernhard von Clairvaux, *Ansprachen zu verschiedenen Themen* 121, PL 183,743B.

d Irenäus von Lyon, *Adversus haereses* III,24,1.

nastische Leben daran gehindert wird, in eine totalitäre Institution zu entarten, die eintönige Observanz verlangt.“[a]

Jeder Mönch, in dem der Heilige Geist wohnt, empfängt vor allem die Gabe des Mit-Leids, jene Fähigkeit, mitzuleiden, mitzuempfinden, mitzutragen, sodass sein ganzes Leben ein Atmen der *koinonía* ist. Der in sein Herz ausgegossene Geist führt ihn vom Mitleid zur Barmherzigkeit – was geradezu abgründige Liebe zu jedem Geschöpf ist, das als gewolltes Sein gesehen wird, geliebt und erhalten von Gott – und von der Barmherzigkeit zur selbstlosen, bedingungslosen Liebe, die sich ausdrückt in der Liebe zum Feind, zum Verleumder, zu dem, der sich widersetzt und widerspricht. Wenn der Mönch vom Heiligen Geist diese Liebe in ihrer Fülle empfängt, wird er zu einer lebendigen Epiklese der Liebe Gottes zu allen Menschen und zu allen Geschöpfen des Kosmos, bis er so weit ist, dem Herrn zu sagen: „Verliere ein Schaf, mich selbst, aber rette alle anderen!“[b]

Wenn hier von der Frucht der Liebe die Rede ist, kommt man nicht umhin, den berühmten Brief des Petrus Venerabilis an Bernhard zu zitieren: Der Abt von Cluny skizziert darin den Vorrang der Liebe in der Gemeinschaft als Heiliger Geist und definiert deshalb den Abt in seinem Sein als Führer der Mönche, in seinem Befolgen der Regel, indem er sie aufgrund der Liebe je nach den Epochen und Orten abwandelt, als „Notar des Heiligen Geistes.“[c]

Gerade hierin besteht die Hauptfrucht des Wirkens des Heiligen Geistes in einer monastischen Gemeinschaft, dass man dahin gelangt, beim Friedensgruß, der in der Versammlung vollzogen wird, den Heiligen Geist auf dem Mund der Brüder und Schwestern zu

a M. Casey, „In communi vita fraterna. St. Bernard's Teaching in Cenobitic Solitude", in: *Analecta Cisterciensia* 46 (1990), S. 245.

b Kosmas der Ätolier, Kandiotis, Athen 1963, S. 247.

c Petrus Venerabilis, *Briefe* I,28, PL 189,156.

sehen, wie es in einem Apothegma heißt.[a] Dass man dahin gelangt, wie Benedikt im Moment seines Heimgangs aus dieser Welt zum Vater, am Ende eines Lebens, das von der Suche nach dem Heiligen Geist geprägt war, die Welt „konzentriert in einem einzigen Sonnenstrahl“[b] zu sehen, die Welt – jene Welt, die der Mönch verlassen hat, um in die Wüste zu gehen –, die zum Sonnenstrahl geworden ist, verklärt vom Geist Gottes, der in Benedikt während seines ganzen Lebens geweilt hat!

a Vgl. *Detti inediti dei padri del deserto*, hrsg. von L. Cremaschi, Bose 1986, S.147-148.

b Gregor der Große, *Dialoge* II,35,3.

# Das Wort baut die Gemeinschaft auf

*Die Worte Gottes wachsen mit dem,*
*der sie liest,*
*und wer sie liest,*
*wächst mit den Worten Gottes.*

Hier möchte ich einige Chancen aufzeigen, die das Wort Gottes für den Aufbau der Gemeinschaft in sich birgt. Die Reflexion über dieses Thema öffnet Perspektiven in verschiedenen Bereichen: von der Exegese zur Verkündigung, von der Liturgie zum Gebet, von der theologischen Reflexion zur Sinnvermittlung auf der Ebene der Ethik. Ich beschränke mich darauf, eine Antwort auf die, wie mir scheint, dringlichsten Fragen in der Kirche und im Ordensleben heute anzudeuten. Ich werde deshalb über drei Beziehungen sprechen:

- die Bibel und das Wort;
- das Wort und die Gemeinschaft;
- von der Gemeinschaft zum Leben.

## *Die Bibel und das Wort*

### *1. Das Buch und die Gemeinschaft*

Die Bibel ist eine Sammlung von Büchern, die sie zu einer gestalteten Einheit machen, eine Vielfalt von Büchern, die im Laufe von etwa einem Jahrtausend entstanden sind. Die Bibel ist deshalb eine

Bibliothek von Büchern, aber diese Bibliothek ist die Frucht einer Auswahl, einer Unterscheidung, so könnten wir sagen: einer *Heiligung* im Sinne der etymologischen Bedeutung des Wortes („Unterscheidung"), die diese Bücher, die diese Schriften „heilig" macht. Das vollzog sich aktiv als Antwort an die Adressaten, als Mühe seitens des Kreises der Adressaten, als Reaktion der Gemeinschaft, die jene Bücher (und nicht andere) empfing, annahm und daraus den Kanon der Schriften schuf.

Im Innern des dialogischen Prozesses Buch-Volk entwickelte sich eine gegenseitige Zugehörigkeit: Das Buch gehört dem Volk, das Volk gehört dem Buch. Der Kanon ist das Siegel dieses Bündnisses, dieser Beziehung. In seiner Zielorientierung ist der Text als *Buch für* (*pròs, hypér*) gewertet worden, dessen Einheit aus der Tatsache erwächst, dass das Buch von einem sozialen Leib gelesen wird, der die Wurzeln seines eigenen Zusammenhalts im Buch selbst findet. In dem Buch sieht das Volk, dass es zusammengerufen wird und so *ek-klesía* bildet; in ihm wird es ständig neu geschaffen, ihm nähert es sich immer von Neuem und eignet es sich im Bewusstsein an, dass es gerade *sein* Buch ist.[a]

Diese Verbindung *zwischen Buch und Volk, zwischen Schriften und Gemeinschaft* ist unbedingt hervorzuheben. „Kanonisch ist das, was Autorität bezieht durch die öffentliche Lesung"[b], also durch das Lesen-Hören, das in einer Versammlung, durch eine Versammlung, für eine Versammlung geschieht. Der kanonische Charakter stellt auf diese Weise einen konstitutiven kirchlich-liturgischen Aspekt dar.[c] Laut Nehemia 8 wurde der Pentateuch zur „kanonischen" Thora,

---

a Hinsichtlich dieser Beziehung Bibel-Gemeinschaft sind sehr einsichtig und für mich inspirierend die Gedanken von S. Breton, *Écriture et Révelation*, Paris 1979, und von J. Caillot, *L'Évangile de la communication*, Paris 1989 (insbesondere die S. 253-281).

b P. Beauchamp, *L'un et l'autre Testament. Essai de lecture*, Paris 1976, S. 191.

c Vgl. L. Bouyer, *Gnosis. La connaissance de Dieu dans l'Écriture*, Paris 1988, S. 23-31.

als diese juridischen und erzählerischen Texte, von bereits anerkannter Autorität, liturgisch verkündet und dem versammelten Volk verständlich gemacht wurden, das weinte, als es vom Wort Gottes ergriffen wurde (Neh 8,9). Wir können demnach sagen, dass die „Bildung des Kanons das liturgische Ereignis der Verkündigung des Wortes ist.“[a] Vor der kanonischen Bewertung haben wir eine Vielfalt von Büchern, aber nach dieser kanonischen Bewertung haben wir *ein* Buch, *eine* Bibel: *tò biblia* könnten wir sagen, wenn wir den Ausdruck wieder aufgreifen, durch den „die heile Neutralität eines Singular-Plurals“[b] hervorgehoben wurde.

Die Bibel besitzt keine Einheit, durch die sich heraushebt, sondern sie besitzt eine Einheit in Beziehung zu einem Leib, einem Volk, einer Gemeinschaft! Es ist eine dialektische Beziehung, allerdings untrennbar: Die Gemeinschaft geht voraus und schafft sich mit Autorität den inspirierenden Text, der ihr heute vorangeht, in dem sie ihr fortdauernd aktuelles Fundament findet und dessen Autorität sie sich für immer unterwirft. Es ist die Kirche, die die Heiligen Schriften schafft und erklärt, aber diese werden für sie zur *norma normans*, weil sie eine zentrale Stellung einnehmen, die sie im Herzen der Kirche, in ihrem Schoß verortet. Und im Schoß, in der Gebärmutter der Kirche sind diese Schriften wie in einer Schwangerschaft gezeugt, und im Schoß der Kirche erscheinen sie ihrerseits zeugend für den Glauben der Gläubigen: Die Schriften zu vermitteln bedeutet, den Glauben weiterzugeben! Die inspirierten Schriften sind nämlich auch inspirierend. Dieses Prinzip des Kanons aber ist ein Prinzip der Kürzung: Der Kanon ist nämlich Frucht einer Auswahl, der Heiligung, der Unterscheidung vonseiten des Volkes, für den er bestimmt ist, das aber auch das schaffende Volk ist. Es gibt keine Schöpfung

a H. Gese, Sulla teologia biblica, Brescia 1989, S. 33.

b J. Caillot, L'Évangile de la communication, S. 265.

ohne Unterscheidung. Die Bibel ist deshalb ein gekürztes Buch, das zum *Verbum breviatum* strebt (vgl. Röm 9,28 in der Vulgata-Fassung), zum eingeborenen Wort, zu Jesus Christus.

So sind Altes und Neues Testament miteinander verbunden, nie voneinander trennbar; beide tendieren, weil beide bereits Kürzungen von Büchern sind, zum *Verbum breviatum*. In dem Sinne ist die gesamte Bibel ein Fingerzeig auf Jesus Christus.

Die Kirche, das Volk des Neuen Bundes, hat im Blick auf das Alte Testament eine „Deuterosis" (Beauchamp) [Wiederholung] vollzogen, dessen Erfüllung sie in Jesus Christus sieht, und damit ein *pesher* [Interpretation] des Alten Bundes, womit sie ihn weder ersetzen noch ablehnen möchte. Die Kirche hat auf diese Weise die Einheit der Bücher gegen die Gnosis und gegen Markion bekräftigt. Gleichzeitig hat sie den Kanon nicht nur in *einem* Buch, sondern in einem *einzigen* Buch abgeschlossen. Dabei hat sie Bücher untereinander in die Gleichzeitigkeit (Synchronität) gehoben und sie nach dem Prinzip *Scriptura sui ipsius interpres* feierlich approbiert. Auf diese Weise hat die Bibel als Buch die Bibel als Text befreit, und das vollzog sich im Schoß der Kirche selbst, sodass nun das Prinzip gilt: *Scriptura in traditione*, das heißt, die Bibel wird Text im Schoß des Volkes und urteilt über das Volk, das diesen Text konzipiert und erzeugt hat.

Die Schrift hat also ihren Fortbestand nur in der Kirche, aber andererseits hat die Kirche ihren Fortbestand nur *in* dieser Schrift, deren sie sich bedient, und *durch* sie.[a] Die Schrift findet als Buch ihre Einheit aufgrund der Tatsache, dass sie gemeinsam gelesen wird, die Schrift ist *Buch, das jene vereint, die sie vereinen.*

Um zu bekräftigen, dass das Wort die Gemeinschaft aufbaut, ist unbedingt diese untrennbare Beziehung zu beachten, die ontologisch zwischen Gemeinschaft und Buch besteht!

a Vgl. S. Breton, Écriture et Révélation, S. 96.

## *2. Die Bibel enthält das Wort Gottes*

An diesem Punkt ist die Frage zu beantworten: Welche Beziehung besteht zwischen der so definierten Bibel und dem Wort Gottes? Die Bibel ist nicht unmittelbar und deshalb nicht exakt Wort Gottes, ja, es ist ziemlich irreführend zu sagen, dass die Bibel Wort Gottes ist. Stanislas Breton schreibt mit Recht: „Die Offenbarung durch die Schrift ist Wort Gottes; und umgekehrt ist das Wort Gottes durch die Schrift Offenbarung.“[a] Er bekräftigt dieses Prinzip und macht deutlich, dass *die Schrift Mittlerin ist.* Die Bibel, die Schrift ist nicht unmittelbares Wort Gotttes, ja, gerade weil sie Buch ist, schafft sie eine Distanz zwischen Gott und seinem Volk. „Die Bibel ist gleichsam eine Ikone, die den verborgenen Gott enthält ... sie ist Zeugnis der Gegenwart und Abwesenheit Gottes in der *kénosis* des Buchstabens.“[b] Die Bibel ist eine Vermittlung, sie ist, so könnten wir sagen, eine Spur, ein Abdruck Gottes; in dem Sinne können wir sagen, dass sie ein Zeichen, *Sakrament* ist. In der Hinsicht möchte ich nur daran erinnern, dass im Laufe des Weges, der zur Niederschrift von *Dei Verbum* geführt hat, der Passus im Vorbereitungstext (*textus prior*) abgelehnt wurde, in dem es hieß: *„Sacrae etenim Scripturae verbum Dei non tantum continent, sed vere Dei verbum sunt“* (Nr. 24). Im approbierten Text hingegen ist zu lesen: *„Sacrae autem Scripturae verbum Dei continent et, quia inspiratae, vere Dei verbum sunt“* (Nr. 24). Diese Aussage muss man neben jene in *Dei Verbum* 9 stellen (die im *textus prior* nicht vorhanden war): *„Sacra Scriptura est locutio Dei quatenus divino afflante Spiritu scripto consignatur“* – Die Schrift ist Wort Gottes oder Sprechen Gottes, weil sie göttlich inspiriert ist.[c] Das Wort

---

a S. Breton, ebd., S.120.

b J. Caillot, *L'Évangile de la communication*, S. 274-275.

c Vgl. E. Bianchi, *La lettura spirituale della Scrittura oggi* (vor allem S. 42-46); vgl. ferner: ders., „Die zentrale Stellung des Wortes Gottes", S. 159-187.

Gottes ist im Vergleich zur Schrift eine weit lebendigere Wirklichkeit: Es geht über sie hinaus und transzendiert sie. Die Schrift ist das sichtbare Zeichen, in dem das Wort Gottes sich dem Menschen mitteilt; sie ist das *Sakrament*, in dem das Wort Gottes hörbar sein kann. Die Schrift ist also „Tabernakel des Wortes Gottes", „Ikone des Wortes Gottes (die Ikone malt man nicht, man schreibt sie!). Sie verhüllt und offenbart gleichzeitig, sie bewahrt und unterstreicht die Andersartigkeit Gottes. Kein Götzendienst ist möglich (und hier meine ich Götzendienst nicht so sehr im Sinne einer Identifikation zwischen Gott und seinem Bild, seinem Zeichen, sondern als Unterwerfung Gottes unter die menschlichen Bedingungen der Erfahrung des Göttlichen), weil der Buchstabe, die Schrift Vermittlung der Offenbarung Gottes ist in dem Maße, in dem sie *Zeugnis* ist (dessen, was war) und Fingerzeig, *Prophetie* (dessen, was sein soll).

## *Das Wort und die Gemeinschaft*

Die Bibel ist das Buch eines Volkes, sie ist heilige Schrift. Als Buch ist sie in erster Linie eine von räumlichen Zeichen bedeckte Oberfläche, von „schwarzen" Zeichen, unterbrochen von „weißen", von „vollen", distanziert von „leeren". Diese Gegenständlichkeit des Buches (die sie vom Wort unterscheidet) zeigt, dass sie vor allem Frucht einer *In-Schrift* ist, die dann durch die gegensätzliche Bewegung des Distanzierens von seiner „Inschrift" durch die Hand des Autors abgeschlossen wird. So erscheint das Werk als eine Hinterlassenschaft, als Erbe, Vermächtnis an die Leser-Adressaten, die dem verschollenen Autor nachfolgen, der „gestorben" ist beziehungsweise sich hinter dem Buch verbirgt. Die Lektüre wird so zu einem für die Schrift unabdingbaren Handeln, und die Leser sind Nachfolger des Autors, indem sie dem Geschriebenen durch ihre Rezeption wieder neu Leben geben. Sie werden gewissermaßen zu Koautoren, die dem Text neue Bedeutung verleihen, der sich so zu einer potenziell unendlichen Interpretation öffnet.[a] Dies zu tun, dazu ist das Volk berufen, der Adressat-Erbe des Testaments. So erscheint die Gemeinschaft untrennbar von der Schrift, weil „das Buch ohne die Gemeinschaft nichts ist", und die Gemeinschaft kann ohne das Buch nicht bestehen, „weil sie darin ihre Identität findet".[b] Das Buch kann also niemals für sich allein, isoliert bestehen; es gibt keine Möglichkeit der „*sola scriptura*", und der Grund dieser Unmöglichkeit ist eben die Gemeinschaft, die Kirche. Dieses Handeln der Aufnahme des Buches vollzieht sich in der Liturgie oder besser: in der in der liturgischen Versammlung vereinten Gemeinschaft: So ist der Ort der Zeugung der Schrift auch Ort ihrer Auferstehung. In dieser Hinsicht ist der Abschnitt Lk 4,16-22 (die öffentliche Verkündigung des Wortes im liturgischen Kontext und die Auslegungen, die Jesus in der Synagoge von Nazareth gibt) bemerkenswert, nicht nur auf theologischer, sondern auch auf anthropologischer Ebene. Da ist eine Hand, die das Buch nimmt und öffnet, das Buch kommt dadurch in Kontakt mit den Augen, und das, was da geschrieben steht, wird durch eine Stimme, die liest, zum lebenden Wort wiedererweckt, das sich an die Ohren der Versammlung wendet und Gehör findet. Da haben wir die Auferstehung des Buches![c] Das vollzieht sich in der liturgischen Versammlung in vier Schritten:

---

a Vgl. D. Banon, *La lecture infinie. Les voies de l'interpretation midrachique*, Paris 1987; P.C. Bori, *L'interpretazione infinita. L'ermeneutica cristiana antica e le sue trasformazioni*, Bologna 1987.

b L.-M. Chauvet, *Symbole et sacrament. Une relecture sacramentelle de l'existence chrétienne*, Paris 1988, S. 214 (sowie das gesamte 6. Kapitel: „Le rapport Écrituresacrement", S. 195-232).

c Interessante Beobachtungen zur Beziehung Hören-Gemeinschaft finden sich in: Gh. Lafont, *Dieu, le temps et l'être*, Paris 1986, S. 261 und an anderen Stellen.

1. Es findet eine Lektüre von Texten aus der Bibel statt, die kanonisiert überliefert sind;
2. diese Texte werden als lebendiges Wort Gott für *heute* verkündet;
3. sie richten sich an eine Versammlung, die darin ihre eigene Identität erkennt;
4. unter dem Vorsitz eines Garanten, der die grundlegende Identität (den apostolischen Charakter) dessen bezeugt, was gelesen wird.[a]

Durch diesen Prozess vermittelt das Buch, das das Wort enthält, dieses Wort der Gemeinschaft. Die Schrift, in der sich die Gemeinschaft wiedererkennt, bedarf eines Menschen, der *sie verkündet*, sie bedarf einer Stimme. Die Stimme hält sich an das, was da geschrieben steht, und zeigt, dass das Geschriebene Vermächtnis ist und dadurch auf das Anderssein Gottes verweist, aber sie übermittelt authentisch das Wort Gottes. Das Geschriebene, das da vorliegende Buch hindert den Leser, der der Schrift seine eigene Stimme leiht, daran, den Platz der Schrift selbst einzunehmen. Die Stimme unterwirft sich der Schrift, gleichzeitig aber erweckt sie den toten Buchstaben der Bibel zum Leben. Verkündigung nämlich bedeutet nicht nur „mit lauter Stimme lesen", sondern *das Wort im Namen des Herrn an jemanden richten.* Verkündigen heißt adressieren, die Stimme an jemanden richten. Von der Schrift soll man schrittweise zum gerichteten, verkündeten Wort kommen, das Gemeinschaft schafft. Deshalb spricht Gott in der Liturgie des Wortes und formt, prägt und schafft Gemeinschaft, und das ist ein *Geschehen. Die Bibel ist somit ein Buch, das sich in Wort für die Gemeinschaft umwandeln muss.* Also wir haben das Geschriebene, die Stimme, die Gemeinschaft, und das Ganze ist authentisch als wahres Wort Gottes

a L.-M. Chauvet, *Symbole et sacrament*, S. 216.

für seine Kirche (die apostolische Tradition) durch einen geweihten Amtsträger (Kanoniker).

Die Gemeinschaft verleiht der Bibel den Ort: Es besteht eine Wechselseitigkeit, eine stillschweigende Zugehörigkeit zwischen dem Schriftkörper und dem kirchlichen Leib. Hier wird das Wort angekündigt (Verkündigung) und zelebriert (Sakrament), und hier wird die Gemeinschaft, die Kirche aufgebaut.

### *1. Die Verkündigung*

Hier und jetzt, im heilbringenden und ewigen *Heute* ist es *Gott, der spricht*! Durch die Kraft des Heiligen Geistes, kraft der Epiklese – *die Verkündigung ist immer Frucht der Epiklese* – wird das Geschriebene als Wort Gottes verkündet, als *Christi locutio* [Sprechen Christi]!

Die liturgische Gemeinschaft, „*Verbi semine et Spiritu Dei repleta*“ (durch den Samen des Wortes und vom Geist Gottes erfüllt – Ambrosius), hört dank des Heiligen Geistes und in der Gegenwart Christi, wenn sie der Verkündigung des Wortes zuhört, „Christus, der spricht“, „da er selbst spricht, wenn die heiligen Schriften in der Kirche gelesen werden“ (*Sacrosanctum Concilium* 7). Die Gemeinschaft zeigt sich (und ist wahre Epiphanie) als *gerufene Kirche, ek-klesía*, zusammengerufen von ... im Blick auf ..., als *vom Wort Gottes errichtete und aufgebaute Versammlung.*

In der Verkündigung vollzieht sich Folgendes: Das Wort wird in der Kraft des Heiligen Geistes an eine Gemeinschaft gerichtet, und in der Kraft dieses Geistes verkündet sie, dass Christus der Herr ist. Diese Ankündigung ist nur aufgrund einer Inspiration des Heiligen Geistes möglich (vgl. 1 Kor 12,3). Wer das Wort seines Gottes ankündigt, muss es so tun, dass derjenige, der ihm zuhört, nicht ihm, dem Jünger zuhört, sondern durch ihn Christus, der spricht.

Die Verkündigung ist nicht in erster Linie Lehrauftrag oder Lehrverkündigung, weil das Buch in diesem Falle durch die sieben Siegel verschlossen bleiben würde (vgl. Offb 5,1-4); es ist auch nicht vorrangig informative Übung eines Bibelexperten, sondern es ist pneumatisches Wirken, durch das ein Wort des Menschen aufhört, menschliches Wort zu sein, und zum Wort Gottes wird: „Wer euch hört, der hört mich!“ (Lk 10,16; vgl. auch 1 Thess 2,13).[a] Es ist nämlich dazu bestimmt, aufzuerwecken, wachzurütteln, den Glauben, das göttliche Anhangen am Herrn zu nähren.

Aber das wird möglich, *wenn* der Jünger das Buch nimmt, es verschlingt, es isst, das heißt, *wenn* er es in einer Weise aufnimmt, dass sein Leben durch die Nahrung des Wortes umgewandelt wird. Es wird möglich, *wenn* die Verkündigung aus dem Glauben als Anhangen am Herrn hervorgeht: „In der Schrift heißt es: Ich habe geglaubt, darum habe ich geredet. Auch wir glauben, und darum reden wir“ (2 Kor 4,13). Es wird möglich, *wenn* die Verkündigung von der Gnade des Geistes getragen ist, der seine Kraft in die verkündeten Worte einfließen lässt, sie begleitet und im Herzen der Zuhörer befruchtet. Vor der Verkündigung steht also die Gemeinschaft, der Nährboden für den Samen des Wortes (Mt 13,18-23), Ort, auf dem das Wort zur Saat wird. Die Gemeinschaft muss wachsam sein, um nicht dem Urteil Christi zu verfallen, der ermahnt, dass es möglich ist, dass man Augen hat und dennoch nicht erkennt, dass man Ohren hat und dennoch nicht versteht (Mt 13,14-15). Das sind Zeichen für ein abgestumpftes, verhärtetes Herz, das sich vom Herrn gelöst hat und mit anderen Dingen beschäftigt ist. Wenn die Gemeinschaft ihre eigene Weisheit bevorzugt und diese nicht aus dem unmittelbaren Hören auf Gott, der spricht, hervorgeht, dann

---

a Zur Theologie der Verkündigung vgl. H. Schlier, *Gottes Wort ist Licht und Wahrheit*, Würzburg 2003.

erleidet sie eine Herzlähmung und wird vom wirkmächtigen Wort verurteilt, das sich nicht darauf beschränkt, nicht aufzurichten und aufzubauen, sondern in dem Fall so weit geht, dass es verstummen lässt, niederreißt, vernichtet (vgl. Jer 1,9-10; 31,28; u.a.).

### *2. Das Sakrament*

Die Aufrichtung der Gemeinschaft erfolgt auch durch das gefeierte Wort (Sakrament) – vom Tisch des Wortes zum Tisch des Sakraments: Das ist die überlieferte unumkehrbare Dynamik, die bereits im Lukasevangelium deutlich wird (Lk 24,25-35). Wie das Wort in die Schriften eingeht, so geht es in den sakramentalen Ritus ein. Das Gebot „Geht und verkündet" ist unlösbar mit jenem anderen verbunden: „Tut dies zu meinem Gedächtnis!" Wie es im 6. Kapitel des Johannesevangeliums heißt, ist Christus das Brot des Lebens, das im Wort und Sakrament vom Himmel herabgekommen ist![a] Wir sollten auch nicht vergessen, dass das Sakrament immer Sakrament des Wortes im Heiligen Geist ist: „*Accedit verbum ad elementum et fit sacramentum*" [Das Wort tritt in die Materie ein und wird Sakrament][b]. Christus, das Wort, wirkt das Sakrament; das Wort der verkündeten Schriften und das Wort des Sakraments, die *in persona Christi* verkündet werden, sind das *Verbum*, das Wort, das vereint mit der Materie das Wort zeugt.

In den Sakramenten ist die Kirche errichtet, weil das Wort gefeiert wird. Auf diese Weise prägt und formt die Eucharistie die Gemeinschaft. Nach einem Wort des hl. Thomas ist die Eucharistie der Schoß, der Bereich, „in dem die Kirche erbaut wird". Irenäus bekräftigt die gleiche Wahrheit, wenn er sagt, dass dort, wo die Eu-

---

a Y. M.-J. Congar, „Le deux formes du pain de vie dans l'évangile et dans la tradition", in: *Parole de Dieu e sacerdoce*, Mélanges Weber, Paris 1962, S. 21-58.

b Augustinus, *Kommentar zum Johannesevangelium* 80,3.

charistie ist, die heilige Kirche ist, und die Kirche wird gleichförmig mit der Eucharistie.

Ja, es ist dem verkündeten und gefeierten Wort eigen, dass es seitens der versammelten Gemeinschaft ein Schweigen verlangt zum Hören: Schweigen und Hören, in denen die Kirche vor allem als *Gemeinschaft des Hörens* erbaut wird, ein Raum, in dem alle, indem sie in dem *einen, einzigartigen und gemeinsamen* Buch ihre Identität erkennen, geprägt und im Leib, in Gemeinschaft aufgerichtet werden. Bernhards Formel von „Buch und Spiegel" definiert die Gemeinschaft als Spiegel des Buches und das Buch als Spiegel der Gemeinschaft. Es gibt also ein grundlegendes hermeneutisches Prinzip, das die unauflösbare Wechselbeziehung zwischen Schrift und Gemeinschaft bekräftigt: „Die Verlesung des Schriftworts ist die Hauptsache; denn in ihr allein wird die Gemeinsamkeit des Hörens und damit der feste Grund aller Gemeinsamkeit der Versammelten geschaffen."[a] Sie befähigt uns, dass wir uns über das Fleisch, das Blut, die Kultur hinaus als Brüder erfahren. Mit anderen Worten: Die Gemeinschaft, die Versammlung, das Volk Gottes ist das erschaffende und ursprüngliche Geschehen der Zielsetzung, für die das Wort Gottes zu uns kommt, aber sie ist auch das Geschehen, in dem das Wort seinen Adressaten (die Gemeinschaft selbst) findet und deshalb als Wort voller Kraft (vgl. Jes 55,10-11; Hebr 4,12) die hörende Gemeinschaft schafft und immer wieder neu schafft: *Verbum Dei in ecclesia – Ecclesia in Verbo vitae* [Wort Gottes in der Kirche – Kirche im Wort des Lebens].

---

a F. Rosenzweig, *Der Stern der Erlösung*, Freiburg/Br., S. 344.

## Von der Gemeinschaft zum Leben

### 1. Wachstum im Wort und Wachstum der Gemeinschaft

Das Wort Gottes, das in der Gemeinschaft seinen Widerhall findet, erweckt, erneuert und trägt die *„fides ex auditu“* (Röm 10,17), regt aber auch die Zuhörer zur *„oboeditio fidei“* (Röm 1,5; 16,26) an durch die *dýnamis*, die Kraft des Heiligen Geistes, der das Wort nicht nur ständig begleitet, sondern im Herzen der Gläubigen wirkt und sie zum Wachstum in einem aktiven Glauben anregt. Jene, die das Wort in die *ecclesia* gerufen hat, heiligt es vor allem und reinigt sie (Joh 15,3); darüber hinaus drängt es sie, Frucht zu bringen: die Frucht des Wortes und des Geistes. So geschieht der Aufbau der Gemeinschaft des Herrn durch das Wort! Das Wort (das laut Weish 18,15 „allmächtig“ – *pantodýnamos* ist) ist und bleibt Subjekt dieses Wirkens, und die Hörer des Wortes sind, wenn sie es einmal aufgenommen und im Herzen bewahrt haben, immer „dem Wort Anvertraute, das die Kraft hat, aufzubauen“ (vgl. Apg 20,32).

An dem Punkt wäre das einfachste und nahe liegendste Vorgehen, an Beispielen zu verdeutlichen, *wie* das Wort die Gemeinschaft aufbaut, wie das Wort zum Leben der Gläubigen wird, aber mich drängt vor allem, in Anbetracht des gegenwärtigen kirchlichen Horizonts, nur einen Aspekt dieses Aufbaus durch das Wort in den Vordergrund zu rücken.

Ich halte mich im Besonderen an einige Aussagen des Lukas von großem theologischen Gewicht, die fast wie Hammerschläge ständig wiederholt werden: „Das Wort Gottes *wuchs*, und die Zahl der Jünger in Jerusalem wurde immer größer“ (Apg 6,7); „Das Wort Gottes wuchs und breitete sich aus ... (Apg 12,24) und weitere gleiche oder ähnliche Aussagen in Apg 13,49; 19,20 usw. Lukas registriert, dass das Wachsen des Wortes auch Wachstum der Konvertiten bedeutet,

Wachstum der Jünger, Wachstum der Gemeinschaft. Das Wort Gottes ist wirksam, weil es eine eigene Dynamik in sich birgt, es ist der große Protagonist des Lebens der Kirche, ihrer Sendung und Evangelisierung, der Bekehrung von Heiden, die sich, wenn sie es hören, erfreuen an der Freude des Heils und es verherrlichen, indem sie den Glauben annehmen. Das Wort Gottes wächst gleichzeitig mit dem Wachsen der Gemeinschaft, aber in diesem Wachstum und in dieser Erbauung ist das Wort stets von den Tröstungen des Heiligen Geistes begleitet (vgl. Apg 9,31).

## *2. Wort und Geist*

Ich möchte zumindest einen Moment über diese Beziehung zwischen Wort Gottes und Geist nachdenken, denn gerade darin ist die Mitte der heilbringenden Dynamik und des kirchlichen Lebens zu verorten. Diese *Beziehung zwischen Wort Gottes und Heiligem Geist* ist heute mehr denn je aus vielen Gründen in den Vordergrund zu rücken. Unter anderem ist nicht zu vergessen, dass nur eine Weitergabe der Schrift im Heiligen Geist an die Gemeinschaft deren Aufbau ermöglicht (und hier besteht die wesentliche Dringlichkeit des Lesens der Schriften als unbedingt pneumatische Lektüre, als geistliche Exegese). Darüber hinaus ist die Vertiefung der Beziehung Wort-Geist begründet in der Notwendigkeit, die Gefahr zu vermeiden, das Wort Gottes auf ein einfaches Mittel zu reduzieren, zu einem einfachen Weg des Heiligen Geistes, wie es viele andere gibt, und das Wort und den Geist zu identifizieren. Eine Charismatik ohne Bezug zum Wort und Fundamentalismus ohne Bezug zum Geist sind gegenwärtig bedrohliche arglistige Wirklichkeiten in der kirchlichen Gemeinschaft. Zwischen Geist und Wort gibt es ein unlösbares Band, und nur durch diese Synergie entwickelt sich der harmonische Aufbau der christlichen Gemeinschaft als Leib Christi. Deshalb ist es im

Neuen Testament gewiss das Wort, das aufbaut, aber das Wort, das von den Gaben des Geistes begleitet ist, darunter in erster Linie die Liebe (1 Kor 8,2); sie ist die Frucht schlechthin des Heiligen Geistes, der in unsere Herzen ausgegossen ist (Röm 5,5).

Der Aufbau der Gemeinschaft durch das Wort erfolgt deshalb spezifisch durch die mit dem Wort verbundenen Gaben und Ämter. Paulus sagt: „Ihr seid auf das Fundament der Apostel und Propheten gebaut" (Eph 2,20). Es ist der Herr, der „den einen in das Apostelamt, andere als Propheten, andere als Evangelisten einsetzt ... für den *Aufbau* des Leibes Christi" (vgl. Eph 4,11-12); aber das sind Gaben des Heiligen Geistes. Der Geist also strebt nach dem vollen Aufbau der Gemeinschaft im Wort. Durch das gemeinschaftliche und persönliche Hören der Schriften und durch den Gehorsam gegenüber dem Wort, das man in ihnen gehört hat, empfängt die Gemeinschaft in fruchtbarer Weise den Geist, der über ihr ausgegossen ist.

„Die Worte des Herrn sind Geist und Leben" (vgl. Joh 6,63), und der Geist des Herrn begleitet ständig das Wort: von seinen Anfängen an bei den Propheten und Aposteln bis zum Hören jener, die mit Hilfe des Geistes das Wort aufnehmen, das in den Schriften enthalten ist. Im gleichen Geist, in dem das Wort Schrift geworden ist, muss die Schrift wieder Wort Gottes werden (vgl. *Dei Verbum* 12). Paulus schreibt auch, nachdem er verschiedene Briefe an seine Gemeinden gerichtet hatte, die diese zusammen mit seiner Verkündigung „als Wort Gottes und nicht Menschenwort" (1 Thess 2,13) aufnahmen: „Unverkennbar seid ihr ein Brief Christi, ausgefertigt durch unseren Dienst, geschrieben nicht mit Tinte, sondern mit dem Geist des lebendigen Gottes" (2 Kor 3,3).

Die vom Wort Gottes gerufene, erweckte, genährte und erbaute Gemeinschaft muss das Wort Gottes werden, das Fleisch, das Geschichte geworden ist. Und so soll es unter den Menschen gesehen, von ihnen „gelesen“ werden. Die Gemeinschaft soll lebendige Exegese des Wortes werden.

„*Scripturae faciunt christianos*“, so war vor einiger Zeit zu lesen, womit eine Aussage des hl. Augustinus umschrieben wurde.[a] Das in den Schriften enthaltene und im Schoß der Kirche durch die Macht des Geistes freigesetzte Wort Gottes erweckt und formt den Glauben der Christen. Diese erste Bewegung aber muss unbedingt ergänzt werden, indem wir daran erinnern, dass das eigene Leben der Christen Wort Gottes ist, das in der Welt, in der Geschichte, inmitten der Menschen Fleisch geworden ist.

a J. Caillot, *L'Évangile de la communication*, S. 162.

## Geistliche Schriftlesung und Ordensleben heute

*Ich bitte, ich bitte flehentlich:*
*Er küsse mich dem Kuss seines Mundes!*

Wenn man die Zwischenbeziehungen und Überschneidungen der drei Begriffe, die hier nebeneinander stehen („geistliche Schriftlesung“, „Ordensleben“, „heute“, letzterer im Bezug sowohl zur Lage des Glaubens und der Kirche als auch zur Situation der Gesellschaft und Kultur), angemessen darlegen wollte, bedürfte dies einer eigenen Abhandlung. Ich werde hier nicht so sehr eine Situationsbeschreibung versuchen, sondern einen Vorschlag formulieren, Bedeutung und Eigenheit der Position der Geistlichen Schriftstellung im religiösen/monastischen Leben heute in den Blick nehmen.

Die *lectio divina* geht in ihrer grundlegenden Dynamik zurück auf ganz antike Ursprünge, ist reich an einer ansehnlichen rühmlichen Vergangenheit, geriet aber seit dem 14. bis 15. Jahrhundert Schritt für Schritt in Vergessenheit mit dem Aufkommen einer *lectio scholastica*, die eher auf die Lehre als auf das Heilsgeheimnis und die Weisheit gerichtet war. In der Folgezeit wurde sie getrübt durch die *Devotio moderna* und durch die nach innen gerichtete psychologische Meditation nach dem Muster des Ignatius von Loyola. Heute erfährt die *lectio divina* eine wahre Auferstehung; sie ist auch unter Laien, in Pfarrgemeinden, in der Wirklichkeit der Kirche vor Ort verbreitet. Auf den Spuren der biblischen, ökumenischen und liturgischen Bewegung und der Wiederentdeckung der Kirchenväter gab das Zweite Vatikanum den entscheidenden Impuls für die Wiederbelebung dieser Praxis einer Annäherung an die Schrift im Gebet.

Das empfahl sie allen Gläubigen, vor allem den Geistlichen (vgl. *Dei Verbum* 25; *Perfectae caritatis* 6). Das Konzil setzte Gott sei Dank der jahrhundertelangen Verbannung der Schrift aus dem Leben der Kirche ein Ende[a]; es hat sie neu in die Mitte des Lebens einer Kirche gestellt, die mittlerweile aus der Vormachtssituation der Christenheit herausgefunden hat, um das geistliche Leben der *Christen, die sich nunmehr in einer Situation der Verbannung befinden*, einer Minderheit in einer entchristlichten Welt, zu nähren und zu stärken. Wie die in der Diaspora lebenden Söhne Israels in der geschriebenen Thora eine „tragfähige Heimat“ finden, so können die Christen heute in der Schrift ein Zeichen der Sinngebung finden, ein Licht, das die Richtung des Weges erhellt, eine Wurzel, die Sicherheit gewährt.

Das monastische Leben leidet unter der ganz allgemeinen Glaubenskrise, an einem Mangel an Beredsamkeit und an kommunikativer Unfähigkeit des Christentums und der Kirche. Es fragt sich nach seinem eigenen Status und seiner eigenen Zukunft und kann in der erneuerten und vertieften Hineïnnahme in die Mitte, die dem Wort Gottes durch die Geistliche Schriftlesung gegeben wurde, *eine Chance finden, um sich heute im Geist des Evangeliums neu zu orientieren.* Es kann darin einen soliden Ausgangspunkt finden, um gemeinschaftliche Formen und Strukturen neu zu entdecken und aus dem Neuen zu schaffen, um Worte und Gesten zu finden, um Zeit und Raum zu organisieren, die Männern und Frauen die christliche Radikalität sichtbar vor Augen führen.

Die Geistliche Schriftlesung kehrt nämlich, obwohl sie für alle Gläubigen bestimmt ist, in konstitutiver Weise wieder zurück in die monastische Lebensform. Nicht zufällig wurde sie immer so empfunden, dass sie mit zu deren Wesen gehört. Sie ist nämlich Teil

---

a E. Bianchi, „La centralità della Parola di Dio“, in: *Il Vaticano II e la chiesa*, hrsg. von G. Alberigo und J.-P. Jossua, Brescia 1985, S. 159-187.

der Radikalität des Evangeliums, die der Mönch mit Hilfe des Zölibats und des gemeinschaftlichen Lebens leben möchte.[a] Wie kann man den *Zölibat* leben, ohne an die „Macht Gottes“ zu glauben und „ohne die Schriften zu kennen“ (vgl. Mk 12,24; Mt 22,29)? Wie kann man das gemeinschaftliche Leben führen ohne gefügiges Hinhören vonseiten jedes Einzelnen im Blick auf das Wort, das den gemeinschaftlichen Leib aufbaut und dessen *communio* strukturiert?[b] Sind nicht etwa die Vermittlung des Wortes durch den *Abt* und durch die Worte der Regel eine Orientierung auf einen authentischeren Gehorsam gegenüber dem Wort Gottes selbst, indem sie dazu beitragen, die Bedürfnisse auf die jeweilige Person zuzuschneiden?[c] Selbst das persönliche Leben des Mönchs – menschlich und geistlich – wird durch das tägliche Aufnehmen der Schrift mit Hilfe der geistlichen Schriftlesung aufgebaut und geordnet. Abt Hyperechios sagte: „Die Askese des Mönchs ist die Meditation der Schriften und die Erfüllung der Gebote Gottes. *Ungeformt ist der Mönch, wenn er sich nicht diesen Dingen hingibt.*“[d] Wie können wir die dem Mönchtum eigene *eschatologische Dimension* leben, ohne die Sehnsucht nach der Heimat im Himmel durch die Beharrlichkeit mit dem Wort Gottes zu nähren. Augustinus ermahnt im Kommentar zu Ps 63,2:

> *Sehnen wir uns nach der Stadt, zu der wir gehören! ... Und wie kann in uns die Liebe zu unserer Stadt neu geboren werden, die wir in der langen Verbannung vergessen hatten? Gerade deshalb hat uns unser Vater Briefe gesandt: Gott hat uns die*

---

a Zur Bedeutung der Schriftlesung für die Mönchsväter vgl. E. Bianchi u.a., *La lectio divina nella vita religiosa*, Bose 1994.

b Vgl. unten, S. 190–205.

c Vgl. RB 73,3; vgl. auch Regel von Bose 3: „Das Evangelium ist die absolute und höchste Regel“.

d Hyperechios, Empfehlungen an die Asketen 4 (Hervorhebung in Kursivschrift von uns).

*Schriften gegeben. Durch diese Briefe wird in uns die Sehnsucht neu geboren, in die Heimat zurückzukehren.*[a]

Wie können wir versuchen, diese Behauptung der eigenen *prophetischen Qualität* konkret werden zu lassen, die ansonsten zu einer Anmaßung wird, wenn wir uns nicht täglich neu formen lassen vom „Wort, dem wir anvertraut sind" (vgl. Apg 20,32) und das einzig und allein aus armseligen Männern und Frauen Zeugen des Evangeliums machen kann?

Für viele Klöster ist die Wiederentdeckung der Geistlichen Schriftlesung eine gnadenhafte Chance. In erster Linie ist sie eine Chance der Bekehrung zum Herrn, aber darüber hinaus kann sie das eigene Leben wesentlicher und einfacher machen; sie ist Balsam und Trost in Situationen des Alters oder der Perspektivenlosigkeit. Sie ist eine kraftvolle Nahrung, „feste Speise" (1 Kor 3,2) für die Formung des Novizen. In besonderer Weise ist sie Chance zur Erneuerung und Reform. Übrigens stand an den Anfängen jedes monastischen Lebens und aller Reformversuche eine Rückkehr zu den Wurzeln und Quellen, ja, zu jener Wurzel und zu jener Quelle, die das Wort Gottes ist. Es ist nämlich das Wort, das stets der Ausbreitung der Heiligkeit in der Geschichte vorangeht und das allein die Gesichter von Männern und Frauen dem Antlitz Christi, des fleischgewordenen Wortes, ganz gleichförmig machen kann.

## *Was ist die Geistliche Schriftlesung?*

„Der eigentliche Gegenstand der Geistlichen Schriftlesung, der einzige, der ihren Namen rechtfertigt, ist die Heilige Schrift."[b] Die Geistli-

a Augustinus, Kommentare zu den Psalmen 63,2.

b G.M. Colombás, *La lectura de Dios. Aproximación a la lectio divina*, Zamora 1980, S. 84. Vgl. E. Bianchi, *Pregare la Parola. Introduzione alla "lectio divina"*, Mailand [15]1996.

che Schriftlesung besteht darin, dass wir alles daransetzen, damit der Vorgang *lectio-meditatio-oratio* zu einem „Besuch des Wortes" wird (Bernhard von Clairvaux). Die Geistliche Schriftlesung ist demnach Öffnung für ein Geschehen des Geistes, der dem Betenden das immer tiefere Bewusstsein seiner Beziehung als Sohn zum Vater schenkt. Rupert von Deutz schreibt, dass die Liebe, die durch diese Lektüre in uns gezeugt wird, Symbol des Hervorgangs des Heiligen Geistes ist, der die Liebe Gottes in uns ist. Der Vater macht uns die Schrift zum Geschenk, damit wir in ihr lernen, den Sohn zu erkennen.[a] Durch die *lectio divina* öffnet der Betende das Ohr zum Hören, er betet hörend. Durch dieses Hören vollzieht sich die Entschleierung des göttlichen Lebens in uns und die Teilnahme am trinitarischen Leben in uns. Die Geistliche Schriftlesung also *macht man* nicht, sondern sie *geschieht* vor allem. Sie ist göttlich, wenn sie zum Ort der Begegnung zwischen dem Wort Gottes und dem Herzen des Menschen wird. Das vollzieht sich nicht nur, wenn man sich mit der Schrift befasst, einem wahren Sakrament, das „das Wort Gottes enthält" (*Dei Verbum* 25), sondern auch wenn man sich ihr mit radikaler Verfügbarkeit seiner selbst für die Aufnahme einer Gegenwart nähert. Es ist sicher wahr, dass die sakramentale Dimension der Schrift offenbar wird, wenn sie sich in lebendiges Wort umwandelt, das dank der liturgischen Verkündigung an eine Versammlung gerichtet ist, die im Namen des Herrn zusammengekommen ist. Da ist es der Christus, der zu seiner Kirche spricht und sie zur Gesprächspartnerin macht. Ja, „gegenwärtig ist er in seinem Wort, da er selbst spricht, wenn die heiligen Schriften in der Kirche gelesen werden" (*Sacrosanctum concilium* 7).[b] Und wenn es gleichfalls wahr ist, dass die persönliche *lectio divina* diese Fülle nicht erwarten kann, ist sie gleichwohl wesentlich für die

a Vgl. Rupert von Deutz, *De sancta trinitate et operibus eius* I,6.

b Vgl. P. De Clerck, „Au commencement était le Verbe", in: *La Maison-Dieu* 189 (1992), S. 19-40.

unerlässliche persönliche Umsetzung der Bedürfnisse, die sich aus einer feierlichen liturgischen Verkündigung ergeben. Die persönliche Geistliche Schriftlesung ist grundlegend für die Verkündigung und das öffentliche Hören der Schrift, ebenso wie das persönliche Gebet das liturgische Gebet unbedingt begleiten muss. Aber gerade die monastische Gemeinschaft könnte der ideale Ort sein, durch eine wohl überdachte liturgische Kreativität gemeinschaftlichen Geistlichen Schriftlesungen eine Form zu verleihen, in denen das Wort Gottes im liturgischen Kontext gelebt wird, bis es gehört wird als das, „was es in Wahrheit ist – Gottes Wort" (1 Thess 2,13), nicht als Wort *über* Gott. Da kann die Schrift ihren sakramentalen Charakter in der organischen Beziehung zu einem bestimmten gemeinschaftlichen Leib offenbaren, sie kann dessen Wirksamkeit deutlich machen, im Heute das Bündnis zwischen Gott, der spricht, und dem Volk, das zuhört, zu erneuern; sie kann sich als Ort einer göttlichen Gegenwart zeigen, die den gemeinschaftlichen Leib aufbaut. Eine monastische Liturgie der *lectio divina* könnte eine Hilfe werden, die die monastischen Gemeinschaften der Kirche geben, um liturgische Räume zu planen, in denen gemeinschaftliches Hören und gemeinschaftliche Wiederbelebung des Wortes erfolgen kann. Ist nicht das Gebet der Ort, an dem sich die Qualität der Gemeinschaft als Subjekt kundtut, das Theologie macht? Die monastische Gemeinschaft macht Theologie, indem sie betet und dabei stets den Vorrang des *lógos toû theoû* anerkennt, des Wortes Gottes im Verhältnis zu den Worten *über* Gott, und dieses Wort feiert.

In jedem Fall sollte klar sein, dass jede persönliche Geistliche Schriftlesung ausschließlich Beschäftigung mit der Heiligen Schrift sein darf! Nicht mit Texten der Kirchenväter oder monastischer Autoren, und auch nicht mit irgendeiner anderen frommen oder spirituellen Lektüre! Ein Text aus der Patristik *kann* hinzugezogen werden, vor allem in der Phase der *meditatio*, in der der Leser, der

Betende sich mit der Vertiefung des Textes befasst, in der er den Text im Blick auf die darin enthaltene Botschaft der Offenbarung auslotet, doch die Texte der Kirchenväter müssen dabei im Vergleich zur Schrift in einer Hebammenfunktion bleiben! Dies gilt: „Die Schrift nicht kennen heißt Christus nicht kennen“[a] und „Die Lektüre der Schrift per se genügt weitaus für die Kontemplation der wahren Wissenschaft; dafür bedarf es nicht der Lehre von Kommentatoren“[b]. Nur aus der Schrift kann die Geistliche Schriftlesung als Kunst der Begegnung mit dem Herrn erwachsen auf dem *Weg*, der vom *Hören* zum *Erkennen* und von da aus zur *Liebe* führt. Diese Dynamik, die im „*Shema‘ Jisra’el*“ („Höre, Israel! Jahwe, unser Gott, Jahwe ist einzig ... Du sollst deinen Gott lieben“ – Dtn 6,4-5) enthalten und zentral in der ganzen Schrift ist (vgl. Mk 12,29-30), ist auch die Triebfeder der Beziehung, in die die Geistliche Schriftlesung hineinführt, und sie mündet in der Teilhabe an der Liebe, das heißt am Sein Gottes: „Du sollst lieben“. Hier steht die Geistliche Schriftlesung im Mittelpunkt jedes Lebens der Bekehrung und der Vergöttlichung. In diesem Sinne kann man die Wahrheit erahnen, die sich hinter der starken Aussage verbirgt, nach der die Geistliche Schriftlesung als „ein Weg, der die Qualität, Würde und Wirksamkeit eines Sakraments in sich hat“[c] erscheint.

### *Schwierigkeiten und Gefahren*

Die Geistliche Schriftlesung stößt auf viele Widerstände. Heute wird häufig Kritik geübt, die auf den *Schwierigkeiten, die in der Bibel selbst liegen*, beruht. Die erschwerte Zugänglichkeit vieler Seiten der

---

a Hieronymus, *Jesaja-Kommentar*, Prolog; zitiert in: *Dei Verbum* 25.

b Johannes Cassianus, *Institutiones* V,34.

c L.-A. Lassus, „Quand Dieu parle“, in: *La Vie Spirituelle* 608 (1975), S. 343.

Schrift, die kulturelle Distanz, die unsere Gegenwart von jener Zeit trennt, in der die biblischen Texte verfasst worden sind, die Unterschiede im Einfühlungsvermögen und in der Mentalität, in den Bildern und in der Sprache führen oft zu einer Befangenheit im Blick auf das Alte Testament. Sie tragen dazu bei, dass zwischen dem Alten und dem Neuen Testament eine Beziehung hergestellt wird in einer Perspektive, die sich das Passende heraussucht (das heißt in einer neuen markionitischen Form). Es kommen Fragen auf im Blick auf die Plausibilität der Texte der Heiligen Schrift für die heutige Zeit, wobei der Mythos ihrer *Aktualität* entstaubt wird. Das heute gewachsene Bewusstsein der *Andersartigkeit des Textes* und die notwendigen Anstrengungen durch Studium und Exegese, um die kulturelle Distanz zu überwinden, die uns von ihm trennt, flößt nicht selten Angst, Verwirrung, Ohnmachtsgefühle ein oder führt zu dem Denken, die *lectio divina* sei ein den Intellektuellen vorbehaltenes Geschäft. Bisweilen, vor allem unter den Mönchen, die in der Zeit vor dem Konzil geprägt worden sind, halten sich Denkschemata und „überholte“ theologische Kategorien, die ein Hindernis für die rechte Annäherung an den biblischen Text bilden. Hier ist daran zu erinnern, dass „das Studium der Schrift die Seele der Theologie ist“ (vgl. *Dei Verbum* 24) und dass sich Theologie, Spiritualität, Liturgie und Verkündigung mittels einer „biblischen Bekehrung“ erneuern müssen. Zugleich ist die Geistliche Schriftlesung, der tägliche Raum, den jeder Mönch zur eigenen Bekehrung im Wort einnimmt, für *alle* bestimmt und muss sich der Persönlichkeit und den Fähigkeiten jedes Einzelnen anpassen. „Ein jeder lerne, nach seiner Notwendigkeit, von der inspirierten Schrift“, rät Basilius;[a] dabei erläutert er, dass derjenige, der den Vorsitz führt, ein Diener des Wortes sein muss,

a *Kürzere Regeln* 95.

der sein Amt des Zusammenhalts der Gemeinschaft ausübt, indem er das Brot des Wortes nach den Bedürfnissen jedes Einzelnen bricht:

> *Wer die Aufgabe hat, den Vorsitz zu führen und sich um die anderen zu kümmern, muss wissen und lernen, was alle betrifft, um in allen Willensäußerungen Gottes zu lehren und jedem Einzelnen persönlich das zu zeigen, was ihn in besonderer Weise betrifft.*[a]

In dem Sinne muss der Abt seinen Dienst tun. Zwischen Vorsitz und *lectio divina* besteht eine organische Beziehung in dem Sinne, dass der Abt, der über das harmonische Wachstum des gemeinschaftlichen Leibes wacht, damit in ihm immer mehr die Liebe Christi wohne, im Wort Gottes, dem er persönlich unterworfen ist, das Licht, die Kraft und die Wirksamkeit findet. Sie bewirken weitaus mehr als das, was er allein aus eigener Kraft tun könnte. Das Amt des Abtes *vollzieht sich*, wenn seine Person, sein Sprechen und Handeln die Formung jedes Einzelnen und aller im Blick auf das Wort Gottes fördern und wenn sie die Inkarnation dieses Wortes in jedem persönlich und im gesamten gemeinschaftlichen Leib ermöglichen. Diese Aufgabe, die ihn mit *Gottesfurcht* erfüllt und die *Demut* im Abt wachsen lässt, macht aus ihn einen wirklichen Vater, beziehungsweise, wenn wir so wollen, eine lebendige *lectio divina*. Die *Gottesfurcht* deshalb, weil er über die Brüder der Gemeinschaft vor dem Herrn „Rechenschaft ablegen muss“[b]; *Demut* in dem Sinne, wie Gregor der Große es seinen Brüder bekennt: „Dank euch lerne ich das, was ich lehre; meist nämlich höre ich mit euch das, was ich euch sage.“[c]

---

a *Kürzere Regeln* 235.

b *RB* 2,34.37.38.39.

c Gregor der Große, *Homilien über Ezechiel* II,2,1.

Eine weitere Schwierigkeit, die heute mit Nachdruck in den Vordergrund tritt, in einer Epoche, die durch die Krise der „klassischen Buchkultur“[a] gekennzeichnet ist, *liegt in den Gegebenheiten der Lektüre selbst.* In einer Zeit, in der wenig und hastig gelesen wird, um einen maximalen Erlebniskick bei minimalem Zeitaufwand zu gewinnen, in einer Zeit, in der Bilder im Vergleich zum geschriebenen Wort bevorzugt werden, erscheint die Lektüre eines anspruchsvollen Textes wie die Bibel, eine Tätigkeit, die zur Bekehrung in einer Beziehung herausfordert und dazu bestimmt ist, ein ganzes Leben zu begleiten, keineswegs als selbstverständlich. Doch der Mönch muss sich bewusst sein, dass *er auch das ist, was er liest*, und dass sich seine menschliche Reife darin zeigt, *wie er liest.* Die Fragen: „Warum lesen?“ – „Was lesen?“ – „Wann lesen?“ müssen ein direkter Appell an den Mönch sein und ihn zu einer vertieften Beziehung zwischen dem Wort Gottes und den Worten aufrufen, zwischen dem Wort Gottes und der Zeit, zwischen dem Wort Gottes und der Innerlichkeit.[b] So erscheint die *lectio divina* organisch in der monastischen Askese, die in sich mühsam ist, in der Anstrengung der Aufmerksamkeit, die sie erfordert („Widme dich der Schrift“ – 1 Tim 4,13), in der geforderten ganzheitlichen Einbeziehung („Heilige Lesungen gern hören. Sich oft zum Beten niederwerfen“ – *RB* 4,55-56), in der Ausdauer, dank der sie allein Frucht bringt („Auf guten Boden ist das Wort bei denen gefallen, die das Wort mit gutem und aufrichtigem Herzen hören ... und durch ihre Ausdauer Frucht bringen“ – Lk 8,15). Ja, „die *lectio divina* war und ist immer aufgrund ihres Gegenstandes eine ernste Aufgabe, ein wahres geistliches Opfer.“[c]

---

a Vgl. I. Illich, *Im Weinberg des Textes. Als das Schriftbild der Moderne entstand*, Frankfurt 1991, S. 9.

b J. Leclercq, „Lecture, culture e vie spirituelle", in: *Lettre de Ligugé* 154 (1972), S. 18ff.

c A. de Vogüé, „La lettura quotidiana nei monasteri (300-700)", in: *Ascolto della Parola e preghiera. La "lectio divina"*, hrsg. von S.A. Panimolle, Vatikanstadt 1987, S. 157.

Als Hindernis für die Praxis der Geistlichen Schriftlesung seitens des Mönchs erweist sich heute *der hektische Rhythmus der Arbeit* und der gemeinschaftlichen Beschäftigungen, der die wachsame aktive Teilnahme am Stundengebet ohnehin problematisch macht. In einer Predigt, in der Isaak von Stella über die drei Phasen *lectio-meditatio-oratio* spricht als Momente, in denen „Gott zu dir spricht" (*lectio*), „du ihn zu Rate ziehst" (*meditatio*), „du ihn anflehst" (*oratio*), erwähnt er auch

> *jene, die im Kloster über den Büchern einnicken, die in der Kirche während der Lesungen vor sich hin dösen und beim lebendigen Wort der Predigten einschlafen.*[a]

Isaak stigmatisiert die Nachlässigkeit jener, die schlafen, während „das Wort Gottes spricht". Heute aber muss man sich zudem fragen, ob die Arbeitsrhythmen in vielen Klöstern, nicht selten erschwert durch den Mangel an jungen Menschen und durch die wachsende Zahl der Älteren, Kranken und derer, die physisch nicht mehr voll funktionsfähig sind, ganz abgesehen von der Aufteilung der Tageszeiten, für manche nicht zu einer erdrückenden Belastung führen. In einer solchen Situation muss man sich realistisch fragen, unter welchen Bedingungen der Wachsamkeit und inneren Aufmerksamkeit die tägliche geistliche Anstrengung der persönlichen *lectio divina* erfolgt.

Eine Schwierigkeit, die im Besonderen die Jüngeren betrifft, besteht in einer Art *Analphabetismus im Glauben*, der eine Katechese für die Novizen erfordert, in der nichts für selbstverständlich gehalten wird und die in die Kenntnis der Schrift einführt, in der Überzeugung, dass die Vermittlung des Glaubens in erster Linie bedeutet,

---

a Isaak von Stella, *Predigt* 14,6-7.

die Schriften zu vermitteln und in ihre Einsicht einzuführen.[a] Darauf werden wir zurückkommen, wenn wir über die *Formung* sprechen, aber schon hier hebe ich die Gefahren hervor, vor denen man sich hüten muss, wenn man die *lectio divina* macht, sowie die grundlegenden Kriterien, die bei einer betenden Lektüre der Schrift im Heiligen Geist zu beachten sind.[b]

Hüten muss man sich heute vor dem *Subjektivismus* und *Dilettantismus*, die dazu führen könnten, die Schrift zu zerpflücken. Die *lectio divina* muss dem objektiven Kriterium der *lectio cursiva* [der fortlaufenden Lesung] eines biblischen Textes unterworfen sein (am besten, wenn sie zu der liturgischen Zeit passt, die gelebt wird) beziehungsweise dem *Lektionar* entsprechen (das hat den Vorteil der Vereinheitlichung zwischen persönlicher und gemeinschaftlicher Ebene des Gebets und des Hörens auf das Wort Gottes).

Man muss sich hüten vor der Unbeständigkeit und fehlender Ausdauer: Nur wenn der Mönch jeden Tag dem betenden Hören-Lesen des Wortes Zeit widmet, baut er eine authentische Beziehung zum Herrn auf. Der Geistlichen Schriftlesung *Zeit widmen*, das ist eine ganz konkrete Art, „das Leben zu verlieren" (vgl. Mk 8,35) für den Herrn, das heißt, im eigenen Leben die Radikalität wahr zu machen.

Man muss sich in Acht nehmen vor dem *Intellektualismus* und *Ästhetizismus*: Die Geistliche Schriftlesung ist nicht mit dem Studium eines Textes gleichzusetzen, und sie kann dadurch auch nicht ausgeschöpft werden. Intellektuelle Mönche, die sehr belesen sind und ästhetischen Geschmack entwickelt haben, können Gefahr laufen, das Potenzial des Textes zu erschöpfen, indem sie seine „Schönheit" genießen oder Ideen erarbeiten, die der Text in ihnen geweckt hat. In der *lectio divina* wird das Buch „wie ein Tabernakel, wie ein

---

a Vgl. J. Caillot, *L'Évangile de la communication*, Paris 1989.

b Weit ausführlicher zu diesem Thema vgl. E. Bianchi, *La lettura spirituale della Scrittura*, Casale Monferrato 1998.

privilegierter Ort der Begegnung mit dem Geliebten"[a]. Es geht in der Tat darum, „das Herz Gottes im Wort Gottes zu entdecken"[b], um das Gebot der Bibel zu erfüllen: „Hange dem Herrn an" (Sir 2,3).

An einige wesentliche Kriterien ist hier zu erinnern, damit sich eine Lektüre im Glauben vollziehen kann.[c] Nämlich nur in der gleichen Haltung des Glaubens, die die biblischen Verfasser bei der Niederschrift geleitet hat, kann man ihre Intentionen erfassen.

*Die Einheit der gesamten Bibel.* Das bedeutet, ihren Kanon als hermeneutisches Kriterium der Schrift vorauszusetzen: Einheit nicht in einer naiven oder oberflächlichen Weise verstanden, sondern als Geschehen, das sich dynamisch von Mal zu Mal neu entwickelt, wenn sie unter der Verantwortlichkeit des deutenden Subjekts (das kann eine Person oder eine Gemeinschaft sein) gelesen wird.

*Scriptura sui ipsius interpres* [Die Schrift interpretiert sich selbst]. Es ist anfänglich das hebräische und später das christliche Prinzip, die Bedeutung eines Verses zu erschließen und durch die Hinzuziehung anderer biblischer Verse auszuweiten, die man in Konkordanzen oder gleichartigen Themenbereichen findet.

*Das zusammenfassende doxologische Kriterium.* Das ist gegenwärtig in der Lektüre selbst, die Jesus aus der Schrift vornimmt, wenn er von der schriftlichen Aussage auf den Willen des Gesetzgebers eingeht (vgl. Mk 10,5-9; Hos 6,6 zitiert in Mt 9,13 und 12,7) oder wenn er die gesamte Thora in dem Gebot zusammenfasst, Gott und den Nächsten zu lieben (vgl. Mk 12,29-31; Mt 22,37-39). Dieses Kriterium setzt die grundlegende *Einfachheit* der Schrift voraus und demnach auch ihrer Lektüre und des christlichen Lebens als solches. Einfachheit, die auf dem Einssein Gottes im Alten wie im Neuen Bund grün-

---

a J.-A. Vinel, „La ‚lectio divina'", in: *Vie consacreé* 5 (1982), S. 292.

b Gregor der Große, *Briefe* 4,31.

c Vgl. E. Bianchi, *L'essere povero come condizione essenziale per leggere la Scrittura* [Das Armsein als Grundbedingung für das Lesen der Schrift], Bose 1991.

det, der Gott Abrahams, Isaaks und Jakobs, dessen Antlitz in Jesus von Nazareth, dem Messias, endgültig offenbar geworden ist.

*Die christologische Einheit der Schriften.* Christus ist der Schlussstein, der die Einheit zwischen dem Alten und Neuen Testament herstellt. In ihm vollzieht sich das österliche Mysterium des ersten Bundes im eigentlichen Ostern. Er ist das *Verbum breviatum*, in dem das Wort Gottes zusammengefasst ist. Die *lectio divina* hat keine andere Aufgabe, als das unerschöpfliche Geheimnis des Christus aus jenen *Zeugnissen* seiner Gegenwart, die die biblischen *Texte* sind, zu erhellen.

*Das Wirkungskriterium.* Das *Hören* bedeutet, biblisch verstanden, *Gehorsam.* Das Hören zielt darauf, dass das in der Schrift überlieferte Wort Gottes Geschichte wird. Deshalb ist es erforderlich, jenes Wort selbst zu leben und danach zu handeln (vgl. Jak 1,22-23). Das Wort ist uns gegeben, damit wir es leben, denn das Leben nach dem Wort ist wesentlicher Bestandteil des Verständnisses des Wortes selbst.[a]

*Das Kriterium der Gleichzeitigkeit.* In der *lectio divina* nähert man sich der Schrift im Glauben, dass durch sie *Gott spricht über und für das eigene Leben heute.* Die Schrift überliefert das „ewige Evangelium" (Offb 14,6), sie verkündet den „Christus, der derselbe ist gestern, heute und in Ewigkeit" (Hebr 13,8). Ja, „alles, was einst geschrieben worden ist, ist zu unserer Belehrung geschrieben" (Röm 15,4), für uns, die wir am Ende der Zeiten leben (1 Kor 10,11).

*Das gemeinschaftliche Kriterium.* „Die kirchliche Gemeinschaft ist die ‚Norm' für die Einsicht in das Wort und für dessen Lebendigkeit."[b] Das konkrete gemeinschaftliche Leben, an dem der Mönch Tag für Tag teilnimmt, ist also wesentliches hermeneutisches Kriterium für die Schriften. Eine Aussage von Gregor dem Großen enthüllt das

a Vgl. M.M. Morfino, *Leggere la Bibbia con la vita*, Bose 1990.

b B. Calati, „La ‚lectio divina' nella tradizione monastica benedettina", in: *Benedictina* 28 (1981), S. 412.

hermeneutische Potenzial im gemeinschaftlichen Kontext, vor allem im Rahmen der Liturgie:

> *Vieles in der Heiligen Schrift, was ich allein nicht zu verstehen vermochte, habe ich verstanden, wenn ich vor meinen Brüdern stand (coram fratibus meis positus intellexi) … Mir ist klar geworden, dass mir die Einsicht durch sie gewährt wurde.*[a]

Ferner ist immer notwendig, dass dem Lesen das Gebet vorangeht und dass es auf das Gebet orientiert ist: „Dein Gebet (*oratio*) und deine Lektüre sollen ausdauernd sein. Im ersteren sprichst du zu Gott, im letzteren spricht Gott zu dir."[b] Man muss natürlich den Heiligen Geist anrufen und sein ganzes eigenes Sein auf seine Aufnahme hin ausrichten, damit das Wirken der *lectio divina* zu einer Interpretation der Schrift wird mit Hilfe des gleichen Geistes, durch den sie geschrieben worden ist (vgl. *Dei Verbum* 12).

### Die Formung für die Geistliche Schriftlesung

Um die Berufung eines Novizen zu prüfen, empfiehlt die *Benediktus-Regel* (*RB* 58,7) festzustellen, ob dieser wirklich Gott sucht: „*si revera Deum quaerit*". Aber da die *lectio divina* der tägliche Raum der Gottsuche ist, bedeutet dies, dass der Novize Liebe zum Wort Gottes zeigen muss. Diese Liebe muss ihm vermittelt und in ihm geweckt werden. So schreibt Guerricus von Igny:

> *Wenn du dich nicht mit der Schrift befasst hast, um mit ihr in der Beharrlichkeit ihrer Umsetzung vertraut zu werden, wann*

---

a Gregor der Große, *Homilien über Ezechiel* II,2,1.

b Cyprian, *Ad Donatum* 15.

*glaubst du dann, dass sie sich dir offenbart? Wer Liebe zum Wort hat, dem wird Einsicht geschenkt, und sie wird in Fülle da sein. Wer aber keine Liebe hat, dem wird wegen seiner Nachlässigkeit selbst das genommen, was er aufgrund seiner natürlichen Fähigkeiten kennt.*[a]

Das Thema Einführung in die Geistliche Schriftlesung ist einbezogen in die weit umfassendere Frage nach der Formung des Novizen.[b] Es geht um eine menschliche und geistliche, nicht einfach nur um intellektuelle Formung. Sie muss deshalb vom Kloster selbst in allen Ausdrucksformen des eigenen Lebens übernommen werden und darf nicht an einen Studienkurs in Akademien und Universitäten delegiert werden. Das Kloster selbst, das monastische Leben als solches ist „Schule"; es muss „Schule" *sein* und sollte nicht einfach nur eine „Schule" *haben.*[c] Und heute muss diese Schule in den Dienst des Gottes, aber auch der Brüder einführen, das heißt, sie muss eine umfassende menschliche und geistliche Einführung in das Leben sein. Mehr denn je ist heute klar, dass sich das Mönchtum in seiner Randerscheinung als Wächter und lebendige Mahnung menschlicher Werte zeigen kann, die in der Gesellschaft untergangen zu sein scheinen. Das Schweigen und die Innerlichkeit sind zwei dieser Werte, aber wir könnten auch die Kunst der Meditation und die Askese in der Lektüre hinzufügen.[d] Man müsste sich auf fragen, ob die Hin-

---

a *Predigten zum Fest des hl. Bernhard* I,5; vgl. Guerricus von Igny, *Predigten*, Bose 2001, S. 298.

b Vgl. oben, S. 142-149, 157-160.

c RB Prolog 45. Vgl. G. Penco, „Sul concetto del monastero come ‚scuola'" in: ders., *Spiritualità monastica. Aspetti e momenti*, Benediktinerabtei Praglia 1988, S. 273-279.

d Interessant in dem Zusammenhang ist folgende Aussage von Ivan Illich: „Mit George Steiner wünsche ich mir, dass es neben unserem Bildungssystem, das inzwischen ganz andere Funktionen angenommen hat, so etwas wie *Lesehäuser* geben möge, nicht unähnlich der jüdischen *Shul*, der islamischen *Medresa* oder dem Kloster, wo wendung vieler zu Praktiken östlicher Meditation, die anderen Kulturen und anderen religiösen Systemen entstammen, nicht auch in irgendeiner Weise mit der Verwirrung seitens der Christen im Blick auf die Wege und Ausdrucksformen der Meditation verbunden ist, die der christlichen Tradition eigen ist.

Was den Novizen betrifft, ist es sicher wichtig „vom Beginn des monastischen Lebens an lesen zu lernen, ebenso wie es wichtig ist, beten zu lernen“[a]. Das Noviziat ist eine Zeit, in der man unter anderem den jungen Menschen beibringen sollte, einen Bezug zu Büchern zu finden, in besonderer Weise zu *dem* Buch, der Heiligen Schrift. Die Bibel muss in der Formung einen zentralen Platz einnehmen, denn sie ist die Quelle, aus der die Theologie und Spiritualität entspringen. Alle müssen möglichst dahin gelangen, dass sie sich die Kunst der „heiligen Lesung“ aneignen. Deshalb muss man *im Lesen unterrichten*, in den Dialog mit dem biblischen Text zu treten (und sich in den Fragen zu disziplinieren, die man an ihn stellt ...), die geistlichen und nicht rein literarischen Mittel zu nutzen, wie die Synopse und Konkordanz. Ferner einführen in die Kenntnis und Verwendung eines biblischen Wörterbuchs, eines Bibellexikons, von Kommentaren und anderen Hilfsmitteln, die in den Bemühungen zum Verständnis eines Textes nützlich sein können. Es stimmt zwar, dass die *lectio divina* nicht mit dem Studium des Textes gleichzusetzen ist, so ist aber auch wahr, dass der Respekt vor dem Wort Gottes

---

die wenigen, die ihre Leidenschaft für ein Leben entdecken, in dessen Mittelpunkt das Lesen steht, die notwendige Anleitung, Ruhe und Anteilnahme finden könnten, die für die lange Initiation in die eine oder andere von vielen ‚Geisteshaltungen' oder Arten der Buchzelebrierung erforderlich sind" (*Im Weinberg des Textes*, S. 10). Über den Sinn des Studiums vgl. auch die Bemerkungen von T. Radcliffe, „Je vous appelle amis", Paris 2000, S. 171-200.

a M.-F. Herbaux, „Formation à la lectio divina", in: *Collectanea Cisterciensia* 32 (1970), S. 217.

eine möglichst korrekte und objektive Vorgehensweise erfordert, damit das Wort nicht manipuliert oder verdreht wird.

Natürlich sind in einem Kloster Menschen, die in ganz unterschiedlicher Weise durch kulturelle Bildung oder intellektuelle Fähigkeiten strukturiert sind: Diese Unterschiede sind unbedingt zu berücksichtigen! Gleichzeitig sollte man aber aufpassen, dass sich in der Kommunität keine Kluft zwischen den Intellektuellen und den Einfacheren bildet! Wer über eine größere Bibelkenntnis und Gewandtheit im Gebrauch der Hilfsmittel verfügt (Kenntnis der alten Sprachen, Beherrschung exegetischer Methoden usw.), der sollte diese Gaben als Dienst an den Brüdern zur Verfügung stellen! Man sollte eine allgemeine Einführung machen und die Schlüssel zur Lektüre des biblischen Buches vermitteln, im Blick auf das, was sich die Gemeinschaft in einer bestimmten Zeit des Jahres als *lectio divina* vorgenommen hat. Dafür kann man Zusammenkünfte und Lektionen für den Unterricht in der Bibel planen, diejenigen unmittelbar begleiten, die nicht so belesen sind oder sich mit der Geistlichen Schriftlesung schwertun, indem man sie an der eigenen persönlichen *lectio divina* teilhaben lässt. All das aber in dem vollen Bewusstsein, dass das Verständnis der Schrift Werk des Heiligen Geistes ist und dass es in letzter Instanz die Demut, die Armut im Geiste und die Reinheit des Herzens sind, die zur christlichen Erkenntnis führen, also zur dynamischen Erkenntnis, die sich auf Jesus, den Christus, den Sohn Gottes bezieht. Das heißt, sie führen zu dem, was das Ziel selbst ist, das die Schrift anstrebt: „Diese Zeichen sind aufgeschrieben, damit ihr glaubt, dass Jesus der Messias ist, der Sohn Gottes, und damit ihr durch den Glauben das Leben habt in seinem Namen“ (Joh 20,31).

Die Formung zur *lectio divina* ist zugleich Einführung in die Askese. Die Praxis der Geistlichen Schriftauslegung erfordert, weckt und nährt im Besonderen:

1. die Fähigkeit zur Verinnerlichung;
2. die Ausdauer;
3. den Kampf.

Genau genommen sind das die drei Voraussetzungen, die, wenn man sie nicht beachtet, das Wort daran hindern, Frucht zu bringen, gemäß der Erklärung im Gleichnis vom Sämann, das wir im Evangelium finden (vgl. Mk 4,13-20). Das sind die drei Eigenschaften, die die ersten drei Arten des Erdbodens (= das Herz), auf die der Same (= das Wort) fällt, nicht aufweisen:

1. Mk 4,15;
2. Mk4,16-17;
3. Mk 4,18-19.

Das sind zugleich drei entscheidende Elemente der *menschlichen und christlichen* Askese. Ja, vor allem der menschlichen Askese, denn ohne Askese, ohne Verzicht, ohne Kampf und Ausdauer, ohne Verinnerlichung kann man nicht „Mensch werden". Aber dann natürlich auch die christliche Askese. Denn nur wenn der Mönch die Kunst des geistlichen Kampfes lernt, kann er aus seinem ganzen Leben eine Nachfolge machen, die sich nicht auf die Erfahrung einer Phase oder eines Augenblicks im Leben beschränkt. So rückt die *lectio divina* in das Herz der Askese des Mönches, und sie verlangt von ihm *Beherrschung der Zeit, des Körpers und des Geistes*. In einem Wort: *des eigenen Herzens*! Das Herz, nicht im Sinne der Gefühle, sondern als Hinweis auf die Radikalität und Tiefe der Person, ist der Raum, in dem sich die *lectio divina* vollzieht. Zum alten monastischen Ritus gehörte dieses Gebet, das der Abt feierlich über den sprach, der gerade die Gelübde abgelegt hatte: „Öffne ihm, Herr, den Verstand, damit er sich dem Studium der Schriften *mit dem Herzen* widme." Dann wird die *lectio divina* wirklich zum Leitweg für das Einswerdens der Person, was das eigentliche Ziel des monastischen Weges ist.

### *Die Früchte der Geistlichen Schriftlesung*

Diesen Aspekt der *lectio divina* möchte ich nur kurz streifen, weil ich überzeugt bin, dass man deren Früchte nur durch ihre Praxis erfährt und genießt! Die offensichtlichste Frucht ist jedenfalls die eines Lebens im Glauben, das heißt einer Beziehung zum Herrn, die nährt und stärkt, sich festigt und zum „Durchhalten" in der Zeit befähigt. Diese Liebe zum Herrn lässt auch die authentische Dimension des monastischen Schweigens erfahren als Hüterin einer Gegenwart: Es ist ein ernstes Schweigen, ganz erfüllt von Gegenwart, und deshalb extrem beredsam. Aber es ist eine Beredsamkeit, die einen vor das Mysterium stellt und Reue weckt. Die *lectio divina* hilft, die *memoria Dei* zu bewahren, indem man sich an einen Vers des biblischen Textes erinnert, den man an dem Tag gebetet hat; sie trägt dazu bei, dass man sich nicht zerstreuen und ablenken lässt und zu unterscheiden weiß. Sie hilft, zum Wesentlichen zurückzukehren, zur Mitte des eigentlichen monastischen Lebens. So gewährt sie eine Sicht der Langmut und Relativierung der Wirklichkeiten des Alltags. Ist das nicht ein Zugang zu jener Kontemplation, in die uns die *lectio divina* führen will? Die Geistliche Schriftlesung formt einen biblischen Glauben, der maßgeblicher und fähig ist, von den Fesseln eines engstirnigen Konfessionalismus frei zu werden. Sie formt eine ökumenische Haltung, ein Offenwerden für den anderen, in dem die Liebe regiert, die die Angst vertreibt. Sie fördert das Einswerden der Person und auch die Einheit der Gemeinschaft im Wesentlichen. Gewiss, wehe, man sie auf eine Observanz reduziert! Man muss deshalb darauf achten, dass Rhythmen, Zeiten und Räume des monastischen Tagesablaufs dem Mönch tatsächlich die Möglichkeit zur *lectio divina* gestatten. Doch man sollte die Kraft und Wirksamkeit der *lectio divina* auch nicht ohne Unterscheidung voller Begeisterung verabsolutieren. Sie muss stets vom persönlichen Gebet begleitet sein, von einem Leben der Arbeit, von einer Beziehung geistlicher Vaterschaft und von einer vollen Bejahung des gemeinsamen Lebens in all seinen Aspekten.

Sicher, die *lectio divina* fördert auch die Vereinfachung der Spiritualität, indem sie „viele Spiritualitäten" in der christlichen „einzigen Spiritualität" annulliert, das heißt in dem einzigen Leben in Christus, das vom Heiligen Geist geleitet wird und an den Vater gewandt ist, von dem die Schriften Zeugnis ablegen. Es ist aufgeschlossen durch die Taufe, und das Mönchtum ist eine besondere Verwirklichung der Taufe. Aber nochmals, ich möchte mich bei der Aufzählung der Früchte der geistlichen Schriftlesung nicht lange aufhalten. In ihrer konkreten Praxis erwachsen für jeden Einzelnen die Formen und Modalitäten ihrer Wirksamkeit und Fruchtbarkeit. „Was jene betrifft, die deren Nutzen nicht verstehen oder an deren Anwendung herummäkeln, der Herr schenke ihnen die Gnade des Hörens, wie es Augustinus an einem Augustabend des Jahres 386 geschah in einem Garten in der Nähe von Mailand: *Tolle, lege!* Nimm und lies!"[a]

---

a P. Miquel, „Apprendere à lire", in: *Lettre de Ligugé* 154 (1972), S. 5.

# Die Zeit leben

*„Nimm mich auf, o Herr,*
*nach deinem Wort,*
*und ich werde leben …“*

Über das Thema Zeit im Ordensleben habe ich gründlich und systematisch nachgedacht, aber vielleicht bin ich noch nicht alt genug, um eine reife vollständige Frucht anzubieten. So bringe ich diesen Beitrag ein, wie er ist: ein einfacher Aufriss über ein Argument, dem spezifische Beiträge fehlen.

## *Die Zeit gemäß den Schriften*

Obwohl ich von der Schrift ausgehe, möchte ich keine Meditation über die Zeit in der Bibel vorschlagen und auch nicht in die noch offene Diskussion eintreten zwischen denen, die wie Oscar Cullmann der Auffassung sind, dass die Zeit linear ist im Gegensatz zur zyklischen Zeit, und denen, die sagen, gemäß der Intuition des Mircea Eliade, dass es eine profane Zeit gibt – die Zeit der menschlichen Existenz in ihrer problematischen Wirklichkeit – und eine heilige Zeit, die Zeit, in der Gott sich in der Geschichte offenbart und ihr dadurch einen Sinn verleiht.

Mir scheint hingegen wichtig und wesentlich, in den Vordergrund zu rücken, dass in der Bibel die Zeit Israels durch den Bund definiert ist: eine existenzielle Zeit, die sich am Wort-Geschehen, am *davar* [Wort] des Herrn, und am Gehorsam des Volkes Gottes misst. Die Zeit in den Schriften ist immer historische Zeit, verbunden mit der radikalen Geschichtlichkeit des Menschen, mit seiner Struktur des Seins, das sein Schicksal zwischen Leben und Tod, zwischen Segen und Verdammnis entscheidet. Es geschieht in der Zeit, dass der Mensch Gott gehorcht oder nicht gehorcht; sie entscheidet das eigene Leben auf der Erde, seine Beziehung zu den Menschen und zu den Dingen in der Option für den *shalom* [Frieden] oder todbringende Gewalt. Die Schrift erinnert ständig daran, dass in der Zeit vor dem Menschen zwei Wege stehen (vgl. Dtn 11,26-28; 30,15-20, wo auf das Beharren auf dem *Heute* der Entscheidung zu achten ist; ferner Psalm 1; Jer 21,8; Sir 15,16-17). Deshalb ist die Zeit auf einen *télos* – Ende und Ziel – ausgerichtet, der durch das Eingreifen Gottes, durch sein Wirken offenbart wird und so zur Heilsgeschichte wird. Gott offenbart sich in der Geschichte und begegnet dem Menschen, sodass die Geschichte mit ihren Konflikten, mit ihren Fortschritten und Rückschlägen eine Epiphanie Gottes ist. Sie ist Heilsgeschichte nicht im Sinne einer Aufeinanderfolge von Eingriffen Gottes, die als solche unbedeutend ist, sondern in dem Sinne, dass Gott den Menschen ständig ruft, den Weg zum Licht zu gehen, zu einem Ziel, zum Reich Gottes. Und er gibt ihm die Möglichkeit, das zu tun, in der Erwartung des *shalom*, Geschenk Gottes und Krönung der Treue des Menschen. Deshalb interpretieren sowohl die Propheten, die zur Bekehrung aufrufen, als auch die Verfasser des Deuteronomiums die Geschichte als eine Aufeinanderfolge von Ereignissen in der Vergangenheit, an die es sich zu erinnern gilt. Es sind Ereignisse, die helfen, die Gegenwart zu erhellen und im *Heute* (*hajjom – hajjom hazzè*, ein Begriff, der im Deuteromium über 70 Mal vorkommt) die ständige Aktualität Gottes zu erfassen, der den Bund geschlossen hat (vgl. Dtn 8,18-19; 10,15; 26,16-18; 29,9 ff), um heute dem Wort, das nahe ist, gehorsam zu werden (vgl. Dtn 30,8.11-14), um die Zukunft als offen oder geschlossen zu sehen, als Zukunft des Lebens oder des Todes auf der Grundlage des Gehorsams oder Ungehorsams des Gläubigen (vgl. Dtn 30,15 ff).

Dieses Zeitverständnis verlängert sich hinein ins Neue Testament: „Die Fülle der Zeit“ (Gal 4,4) ist gekommen; Gott sendet seinen Sohn, geboren von einer Frau. Sein Leben, seine Passion, sein Tod und seine Auferstehung erweisen sich als historische Ereignisse, einzigartig, hineingestellt in eine ganz bestimmte Zeit; und sie führen hinein in die Letzten Zeiten, in denen wir in der Erwartung seiner Wiederkunft in Herrlichkeit leben, einer Erwartung des Reiches Gottes und der Erneuerung des gesamten Kosmos. Diese Letzten Zeiten, in denen das Evangelium verkündet wird, sind Zeiten des Heils, in denen die Zeit der Heimsuchung Gottes erfahrbar wird, Zeiten der Bekehrung, der Rückkehr zu Gott im Anhangen an seinen Sohn, Jesus, den Messias.

Mit dem Kommen Jesu hat ein *kairós* begonnen, eine ganz spezielle Zeit, die den ganzen Rest der Zeit kennzeichnet. Als Jesus mit seinem öffentlichen Wirken begann, verkündete er, dass „die Zeit erfüllt ist“ (Mk 1,15), dass die Stunde der vollen Verwirklichung begonnen hat, dass man sich bekehren und an das Evangelium glauben soll (vgl. Mk 1,15; Mt 4,17). Folglich muss man *die Zeit nutzen*: Die Zeit der Gnade ist Realität in Jesus Christus! Leiden, Tod und Auferstehung Jesu sind nicht einfach Ereignisse aus der Vergangenheit; sie sind gegenwärtige Realität, sodass das konkrete Heute in das Licht des Heils eingetaucht ist.

Das ist die Zeit der Gnade, der Tag der Rettung (vgl. 2 Kor 6,2), die Zeit der Annahme des Glaubens, die Zeit, nach dem Glauben zu leben. Die erste Haltung des Christen besteht also darin, das Heute Gottes im eigenen Heute wahrzunehmen, indem man dem Wort Gehorsam leistet, das *heute* wiederklingt: „Ach, würdet ihr doch *heute* auf seine Stimme hören! Verhärtet euer Herz nicht“ (Ps 95,7-8; Hebr 3,7): Dieses *Heute* dauert fort (vgl. Hebr 3,13), es ist das Heute Gottes im Heute unseres gelebten Lebens; es ist das Heute, das Gott neu für uns festgesetzt hat (vgl. Hebr 4,17).

Unsere Einstellung als Christen im Blick auf die Zeit bekommt dann ganz bestimmte Merkmale: Es geht darum, die Zeit zu deuten wissen, indem man die heuchlerische Maske dessen, der das Aussehen der Erde und des Himmels zu deuten weiß, aber nicht die eigene Zeit, abwirft (vgl. Lk 12,56). Es geht darum, die Zeichen der Zeit zu erkennen (vgl. Mt 16,3), um dahin zu gelangen, die Zeit der Heimsuchung Gottes wahrzunehmen (vgl. Lk 19,44).

Bemerkenswerterweise legt Lukas Jesus *drei Heute* in den Mund, die noch für uns widerhallen: „*Heute* hat sich das Schriftwort, das ihr eben gehört habt, erfüllt" (Lk 4,21) – „*Heute* ist diesem Haus das Heil geschenkt worden" (Lk 19,9) – „*Heute* noch wirst du mit mir im Paradies sein" (Lk 23,43). Für Lukas gibt es also ein *Heute der Erfüllung der Schriften.* Für jeden Christen gibt es ein Heute, in dem er das Evangelium hören soll und das Geschehen, an dem das Wort uns teilhaft werden lässt. Es gibt ein Heute, das sich in der Geschichte wiederholt jedes Mal, wenn ein Christ vor dem Wort Gottes steht: Jeden Tag erfüllt sich das Wort Gottes; es ist an uns, es zu hören und aufzunehmen.

Die zweite Dimension des Heute ist *das Heute der Begegnung* von uns Sündern mit Christus. Lukas weiß, dass die Bekehrung nicht ein für alle Male geschieht, sondern dass es immer ein Heute gibt, in dem Christus uns sagen kann: „Heute ist deinem Haus neu das Heil geschenkt worden" (vgl. Lk 19,9). Und schließlich gibt es *das Heute der Vereinigung* für den, der mit Christus stirbt, das Heute der Verheißung Christi für eine Gemeinschaft im Reich Gottes.

So erscheint das Leben des Christen als ein *Heute* vor Gott, das Heute, in dem er Sein Wort hören und das Heil aufnehmen kann, das Heute der ständigen Bekehrung im alltäglichen Leben, das Heute der Annahme der Gnade. Der Christ lebt die Zeit so: Sie ist im *Heute*, sie ist immer Zeit der Gnade (vgl. 2 Kor 6,2), sie ist immer die Zeit, die von Gott für die Reue und Umkehr gelassen wurde (vgl. 2 Petr

3,9; Offb 2,21). Demzufolge hat der Christ im Blick auf die Tage eine Einstellung konträr zu denen, die „sich leben lassen", weil sie keine Unterscheidung machen, was die Zeit betrifft, und sie als entfremdete, zum Nichts bestimmte Zeit betrachten.

Der Gläubige weiß, dass seine Zeit in den Händen Gottes liegt:

*Ich habe gesagt: Du bist mein Gott,*
*meine Zeiten ruhen in deiner Hand (Ps 31,15b-16a).*

Das ist die Grundeinstellung: Unsere Tage gehören uns ja nicht, sie sind nicht unser Eigentum. Die Zeiten gehören Gott, und deshalb richtet der Betende in den Psalmen an Gott diese Bitte: „Lehre uns zählen unsere Tage, auf dass wir gelangen zu Weisheit des Herzens" (Ps 90,12). Die Weisheit des Gläubigen besteht darin, dass er die eigenen Tage zu zählen, *immer das Heute Gottes im eigenen Heute zu leben weiß.*

Der Gläubige ist deshalb auf eine Beziehung zur Zeit bedacht, er möchte von Gott belehrt sein, was die Tage betrifft, die er zu leben hat; er möchte, dass die vor Gott gelebte Zeit Quelle der eigenen Unterscheidung und der eigenen Weisheit sei. Der Christ muss „wachen und allezeit beten" (Lk 21,36), im Einsatz des Kampfes gegen die Götzen, in dem die entfremdete Zeit zum Idol wird, das versucht den Menschen zu beherrschen und ihn zum Sklaven zu machen. Nach dem Apostel Paulus muss der Christ sich bemühen, die zur Verfügung stehende Zeit zu nutzen, um Gutes zu tun (vgl. Gal 6,10), und vor allem muss er als verständiger Mensch (vgl. Eph 5,16) die Zeit retten, erlösen, befreien – dem Ziel entgegen (*exagorázesthai tòn kairón*).

All das, weil die Zeit des Christen Zeit des Kampfes, der Prüfung, des Leidens ist: die *thlîpsis* [Bedrängnis] im Neuen Testament (vgl. Mk 4,17; 13,19.24; Joh 16,33, Apg 14,22; usw.). Auch nach dem Sieg Christi, nach seiner Auferstehung und der Übertragung der Kräfte des Auferstandenen an den Christen bleibt weiter der Einfluss des „Gottes dieser Welt“ (2 Kor 4,4), sodass die Zeit des Christen Aufenthalt in der Fremde, Zeit der Pilgerschaft ist (*chrónos tês paroikías*: 1 Petr 1,17), in Erwartung der eschatologischen Wirklichkeit, in der Gott „alles in allem“ (1 Kor 15,28) sein wird. Manchmal sind für die Christen „die Tage böse“ (Eph 5,16), es gibt „schlimme Zeiten“ (2 Tim 3,1), aber deshalb muss man aufmerksam und wachsam sein im Gebet und wissen, dass das christliche Leben ein Krieg ist, ein Kampf, der sich nicht gegen die Menschen richtet, sondern gegen die Beherrscher dieser Welt (vgl. Eph 6,12).

Schließlich weiß der Christ, dass die Zeit offen ist auf die Ewigkeit hin, auf das ewige Leben, auf eine ausschließlich von Gott erfüllte Zeit: Das ist das Ziel aller Zeiten, in der „Christus derselbe ist gestern und heute und in Ewigkeit“ (Hebr 13,8; vgl. Offb 1,17). Das Ziel unserer Lebenswege ist das ewige Leben; deshalb sind unsere Tage Erwartung dieser Begegnung mit Gott, der kommt.

Was dieses Thema betrifft, schrecke ich nicht davor zurück, hart und unnachgiebig zu erscheinen: Heute hat man nämlich nicht mehr den Mut, vom ewigen Leben sprechen; und man zieht es vor, sich an die Moderne zu halten, indem man nur von Aktualität redet. Aber dies ist die Zeit der Verbannung und des Kampfes: Einzig und allein das ewige Leben ist unsere Hoffnung, auch wenn die heute vorherrschende Ideologie so ausgelegt ist, dass man sich auf eine entfremdende Unmittelbarkeit ausrichtet, wobei sie uns hindert, nach Oben zu schauen. Gerade wenn wir den Notleidenden eine Hoffnung geben wollen, geben wir ihnen dann nur Hoffnung für das Unmittelbare. Doch wir müssen aufrichtig sein: Wenn es keine Befreiung für das ewige Leben gibt, sind wir Bedauernswerte, denn die wahre Befreiung ist einzig und allein die Befreiung vom Tod (vgl. 1 Kor 15,19)! Die anderen Befreiungen sind Garantien,

Zeichen, Vorwegnahmen, kleine menschliche Befreiungen: die letzte Knechtschaft, die bleibt und von der wir befreit werden müssen, ist die Knechtschaft des Todes (vgl. 1 Kor 15,26).

### *Die Zeit im Ordensleben*

In den unterschiedlichen menschlichen Situationen ist die Wahrnehmung der Zeit nicht einförmig, weil die Art der Wahrnehmung der Zeit kulturell bedingt ist. Demzufolge gibt es „vernichtende" Arten, die Zeit wahrzunehmen und zu nutzen, Arten, die – wie wir bereits gesagt haben – entfremdet, götzendienerisch sind.

Zweifellos ist im Ordensleben die Beziehung zur Zeit eben die jedes Christen, denn wer im Orden lebt, ist ein Christ, ein einfacher Christ, der in der eigenen Taufe den Tod mit Christus zu sehen weiß und im christlichen Leben ein neues Leben. Wer „in Christus ist, der ist ein neues Geschöpf", wie der Apostel sagt (2 Kor 5,17); somit ist er jemand, der dem physischen Tod entgegengeht, indem er das Ende des Exils und die Begegnung mit dem erwartet, der im Übermaß geliebt hat, der Herr der Herrlichkeit. Das ist der ausdrückliche Wunsch des Paulus an die Christen von Philippi: „aufzubrechen und mit Christus zu sein" (Phil 1,23). Unsere Tage bleiben die Tage des Exils, Tage des Fernseins von Gott, der Trennung von dem, der die Zielorientierung der Liebe ist.

Ich meine dennoch, dass im Blick auf die Wahrnehmung der Zeit im Innern des Ordenslebens einige Klarstellungen vorzunehmen sind. Tatsächlich ist der Ordenschrist, der die Gelübde ablegt, jemand, der ein definitives *Amen* zur Berufung sagt, der an den Ursprung des eigenen Lebens eine Entscheidung stellt oder besser: eine endgültige Zustimmung zum Ruf des Herrn gibt. Von dem Moment an lebt er sein Leben auf der Basis der abgelegten Gelübde, und diese Profess steht beherrschend über seinem ganzen Leben bis zum Tod.

Man lebt nicht so in den Tag hinein, sondern in einer entschiedenen, unumkehrbar *entschiedenen* Zeit. Der Ordenschrist verspricht, dass er seine ganze Zukunft einsetzt, alle Tage seines Lebens, um das zu verwirklichen und zu werden, was er ein für alle Male versprochen hat. Das ist eine Wahrheit, die heute im Innern des Ordenslebens lästig sein mag, aber sie ist zu akzeptieren, wenn wir nicht das, was wir tun, sinnentleeren wollen.

Der Ordenschrist verzichtet darauf, „ein Mensch des Augenblicks" (*próskairos*: Mt 13,21; Mk 4,17) zu sein, weil er in sich Wurzeln gelegt hat, und angesichts der Prüfungen und des Widerspruchs bleibt er nicht Anstoß nehmend und erschüttert stehen. Seine Tage sind bereits entschiedene Tage; er erwartet keine neuen Ausgangspunkte, er träumt nicht von plötzlichen Gelegenheiten, sondern spürt, dass er vor sich eine Zeit der Reifung, des Wachstums, eine Zeit des Aufbaus, menschlichen und geistlichen Fortschritts hat, der nie im Widerspruch zu dem stehen darf, was er in der abgelegten Profess versprochen hat. Der Ordenschrist *hat alles verlassen*, Häuser, Felder, Familie (vgl. Mt 19,27-29; Mk 10,28-30; Lk 18,28-30) – und zwar *für immer*. Mit dem Zölibat hat er auf die Möglichkeit einer Eheschließung und auf Nachkommenschaft in der Zeit verzichtet. Mit der Armut hat er das alltägliche Leben in der Zeit des Armen akzeptiert und weiß, dass alle Dinge nunmehr angesichts des Kommens des Herrn relativ sind. Mit dem Gehorsam hat er darauf verzichtet, über seine Zukunft selbst zu verfügen, und steht deshalb ganz in der Gegenwart.

Leider wird diese Wahrheit über die Zeit heute im Ordensleben nicht selten vergessen, diese besondere Art der Wahrnehmung der Zeit. Deshalb kommt es zu einer Verarmung im Verständnis von Ausdauer und Treue. So läuft man Gefahr, auch im Innern des Ordenslebens die entfremdete Zeit der Welt zu leben, die Zeit der „Erfahrung", des „alles und sofort", die Zeit des Kurzfristigen, die Zeit, einfach so in den Tag hineingelebt. Das geschieht mit einem Dilettantismus, der das menschliche Gleichgewicht zerstört, man wird ein „Mensch des Augenblicks", wie es im Gleichnis des Evangeliums heißt (vgl. Mt 13,21; Mk 4,17).

Doch der Ordenschrist sollte sich daran erinnern, dass er mit der Profess ein enges Bündnis mit Gott und mit den Brüdern hat. Deshalb steht die Zeit, die er lebt, im Bündnis mit dem *treuen Zeugen*, mit Jesus Christus, dem ewigen *Amen* (vgl. Offb 3,14). Er ist es, der uns berufen und darauf aufmerksam gemacht hat, dass, wer die Hand an den Pflug legt und sich umschaut, um den Vater zu begraben oder die Eltern zu grüßen, seiner nicht würdig ist (vgl. Lk 9,62). Das Leben des Ordenschristen ist Krieg; es ist der gute Kampf des Glaubens, in dem er sich darum bemüht, das ewige Leben zu erlangen, zu dem er berufen ist und für das er das schöne Bekenntnis des Glaubens vor vielen Zeugen abgelegt hat. Er kämpft gegen die Versuchungen, entflieht ihnen und strebt nach den Früchten des Geistes (vgl. 1 Tim 6,11-12).

## *Die Zeit einer „Gründung"*

Nachdem wir dies über die Wahrnehmung der Zeit im Ordensleben auf persönlicher Ebene gesagt haben, können wir das Vergehen der Zeit auf gemeinschaftlicher Ebene nicht außer Acht lassen, und zwar von der Gründung an. Auch Kommunitäten, Bruderschaften und Kongregationen haben einen Lebenszyklus. Wenn man den nicht berücksichtigt, hat das gravierende Konsequenzen für die einzelnen Mitglieder, aber auch für das Zeugnis vom Evangelium der Gemeinschaft als solche.

Nachdem ein Mann oder eine Frau als Einzelne auf der Suche waren, kommt der Moment, in dem diese Intuition der *Nachfolge Christi* Form annimmt in einer kleinen Gruppe – eine Schar, eine

Truppe –, die eine neue *forma vitae* zu leben beginnt. Aus ihr kristallisiert sich nach und nach *der Gründer, die Gründerin* heraus, das heißt derjenige, der genau weiß, was in ihm lebt, und den anderen die Möglichkeit anbietet, sich in Beziehung zu einem festen Bezugszentrum selbst zu finden. Was die anderen in einer vagen Weise wahrnehmen, das spürt der Gründer in einer ganz eindringlichen Weise und schafft es, dies in Worte zu fassen: So entsteht eine Bruderschaft, in der die Liebe für alles sorgt, die Begeisterung ist stark, die Lebensform ist neu – bisweilen Verdächtigungen ausgesetzt –, aber fähig zur Anziehung.

Nach und nach kommen andere hinzu, und aus der gemeinschaftlichen Dynamik entsteht das Bedürfnis nach einem gemeinsamen Orientierungspunkt: die Regel für das Leben. Das ist der entscheidende Moment: Der Gründer redigiert die Regel und räumt ihr den zentralen Platz ein. Auf diese Weise kann sich das gemeinschaftliche Leben stabiler organisieren, auch wenn es manchmal – vor allem, wenn der Gründer lange lebt – zwischen Regel und Gründer zu Spannungen kommen kann: Wenn nämlich der Gründer auch der Verfasser der Regel ist, fühlt er sich durch sie nicht eingeengt, weil er deren „Architekt" ist. Es ist die Phase der Ausbreitung der brüderlichen Gemeinschaft, eine Zeit enormer Fruchtbarkeit: Die Kirche schaut mit Wohlwollen darauf und approbiert sie; das Umfeld, aus dem Berufungen entstehen, weitet sich aus, ebenso wie die Präsenz der brüderlichen Gemeinschaft. Die interne Organisation folgt diesen Entwicklungen, und normalerweise braucht es etwa 50 Jahre, in denen sich das brüderliche Zusammenleben im Innern der Kirche und des Ordenslebens spezifisch und präzise verortet.

Aber es kommt die Zeit der Stabilisierung – der Höhepunkt ist überschritten. Die Zahl der Berufungen beginnt sich zu verlangsamen, und die Anfragen nach neuen Einsätzen übersteigen die Möglichkeiten, die die brüderliche Gemeinschaft anbieten kann. Anfangs gaben sich die Mitglieder der neuen Gruppe, wenngleich nicht zahlreich, mit allem zufrieden, was sich ihnen bot, und ihr Wagemut war außergewöhnlich. Nun bemüht man sich um ein Wirken „nach besonnener Prüfung“: Die Mitglieder sind bereits in viele Aktivitäten involviert, die sie nicht vernachlässigen können, während sich in einigen Bereichen des brüderlichen Zusammenlebens eine Sorge um die Vergangenheit, eine Unzufriedenheit mit dem Gegenwärtigen und eine Ungewissheit im Blick auf die Zukunft breitmacht; das alles sind Elemente, die die Lebendigkeit der Gruppe verlangsamen. An dem Punkt gibt es nur zwei Alternativen: Entweder man bewegt sich unweigerlich auf den Niedergang zu, oder es kommt zu einer Neugründung der Gemeinschaft, die aber nur möglich ist mit einer neuen Begeisterung ihrerseits, die sich einer dem *Evangelium entsprechenden radikalen Neuorientierung in der Berufung* verdankt.

Das klare Bewusstsein dieser Linien der Entwicklung und des Niedergangs darf keinerlei Ängste auslösen: Ewig ist nur Christus, und im Ordensleben muss man die *ars moriendi* lernen und den Niedergang akzeptieren, möglicherweise bis zum Erlöschen;[a] gleichwohl bleibt eine Rückkehr zu den Quellen immer möglich, eine Wiederbelebung des geistlichen Lebens, eine nicht weltlich orientierte Anpassung, authentisches *Aggiornamento im Sinne des Evangeliums*, fähig, das Heute Gottes für die Kongregation zu unterscheiden, die Nachfolge Christi in Fülle zu ermöglichen und in der menschlichen Gesellschaft eine beredsame Präsenz zu gewährleisten. Darin hat jeder seiner eigene Verantwortung, und viel hängt von den Quellen ab für eine tiefere *Erkenntnis*, ein größeres Erkennen des Herrn, das allein eine wagemutige, ganzheitliche, radikale Nachfolge erlaubt, die den Anfängen entspricht und manchmal sogar in die Lage versetzt, die anfängliche Begeisterung zu überbieten.

---

a Vgl. im Folgenden, S. 297-300.

## *Das Alter im Ordensleben*

Jetzt möchte ich den Versuch unternehmen, über das Alter im Ordensleben zu nachzudenken. Ich würde es schematisch in drei Etappen gliedern: vom Noviziat zur Reife, die Zeit der Krise und das Leben im Alter.

### *1. Vom Noviziat zur Reife*

Wir können nicht außer Acht lassen, dass die Dimension des Zeitlichen bei der Frau im Vergleich zum Mann spürbarer wahrgenommen wird; sie ist auch mehr geneigt, die Dimension des Räumlichen wahrzunehmen. Die Frau, aufgrund ihrer Struktur als Gebärende, die sie prägt, erlebt mit mehr Nachdruck die Dynamik Leben-Tod und damit die zeitliche Dynamik, mit der sie unabdingbar verbunden ist; ihr Körper selbst erinnert sie durch die Menstruation im Fleisch daran. Da die gelebte Zeit lediglich die Ausweitung der eigenen Beziehung zu Vergangenheit, Gegenwart und Zukunft ist, gibt es da in der Wahrnehmung des Zeitlichen eine affektive Dimension, die bei der Frau stärker akzentuiert ist als beim Mann.

All das tritt noch deutlicher zutage in den ersten Jahren des Ordenslebens, einer Zeit, in der die Beziehung des Ordenschristen zur Zeit zu messen ist an seinem Leben früher und an seiner Zukunft. Das sei gleich gesagt: Für das Ordensleben ist ein *Bruch* unabdingbar, eine Loslösung, ein wirklicher eigener Verzicht auf die Vergangenheit, um in Freiheit ein neues Leben zu beginnen. Wenn Gott erklärt, dass zur Bildung einer Familie „der Mann Vater und Mutter verlässt" (Gen 2,24), so gilt dieses Gebot in gleicher Weise – ich würde sagen endgültiger, wenn man an die so radikalen Worte Jesu denkt, was das Verlassen von Eltern, Brüdern und Äckern betrifft (vgl. Lk 14,26; Mt 10,37) – für den, der das Ordensleben auf sich nimmt.

In einigen Kongregationen hat man, vor allem in diesen letzten Jahrzehnten, eine an sich gute Option im Blick auf die Befolgung des vierten Gebotes vorgenommen (mehr Kontakt mit der Familie, die Betreuung alter oder kranker Eltern ...); doch hinter dieser Einstellung verbirgt sich eine gewisse Oberflächlichkeit und Einfalt, die auf dem Ordensleben lastet und lasten wird. Wenn es nämlich keinen Bruch mit der Vergangenheit und der Familie gibt, nährt man im Ordenschristen eine Anhänglichkeit, nostalgische Gefühle, die Quelle der Unsicherheit und Zeichen einer Suche nach Halt sind, nicht im Heute, nicht im brüderlichen Zusammenleben, sondern in der Vergangenheit. Dann ist man nicht imstande, dem eigenen persönlichen und gemeinschaftlichen Leben Sinn zu geben, und sucht einen Bezugspunkt in sich selbst, in der Eigeninitiative, in der eigenen Führungsrolle.

Das passiert vor allem dem, der Widerstand erlebt hat oder dem eine Vaterfigur gefehlt hat: Häufig projiziert er dann auf den Bereich der brüderlichen Gemeinschaft die eigene Frustration, die er mit dem Vater erlebt hat. Nicht zufällig steht im Evangelium die Aufforderung, nicht zurückzublicken, das heißt die eigene Vergangenheit hinter sich zu lassen, im Zusammenhang mit dem Verbot, den Vater zu begraben (vgl. Lk 9,59-62): Der Gerufene soll eine andere Vaterschaft entdecken, die des Vaters, der im Himmel ist; sonst sucht er in sich selbst die eigenen Rechtfertigung mit unentwegten Selbstprojektionen, mit fortschreitenden Abschottungen, mit der Unfähigkeit, eine Beziehung mit dem ganz Anderen einzugehen.

Aber es gibt auch eine Beziehung zur Zukunft, die sich manchmal für den jungen Ordenschristen in Angst überträgt, in dem Versuch, sich der Zukunft zu bemächtigen, in der ständigen Suche nach Neuigkeit des Ortes oder des Dienstes. Dann lebt der Ordenschrist an einem Ort, ist aber überzeugt, er würde an einem anderen Ort besser leben, und später im Leben wird er versucht sein, das brüderliche

Leben für die eigenen Bedürfnisse zu vereinnahmen, um so die eigene Unsicherheit zu kaschieren. Ein solcher Ordenschrist ist versucht durch ein Konkurrenzdenken auf brüderlicher Ebene, durch Neid und Eifersucht: Er bleibt infantil und unreif. Das passiert häufig denen, die von der Mutterfigur abgelehnt worden sind oder denen sie gefehlt hat, die kein vitales organisches Fundament erfahren haben.

So versteht sich die Einladung Jesu, sich keine Sorgen um morgen zu machen, jeden Tag mit seiner Mühe anzunehmen, dass wir uns auf Gott verlassen, der ein mütterliches Herz für uns hat und uns jeden Tag das Notwendige zum Leben gibt (vgl. Mt 6,25-34). Deshalb besteht die Notwendigkeit einer Beziehung mit der Vergangenheit und mit der Zukunft, die sich auszeichnet durch die *Freiheit*; von daher die Wesentlichkeit des von Jesus geforderten Verzichts: Es geht darum, frei zu leben, ohne Altlasten. Die Gegenwart kann man nur leben, wenn man sich selbst akzeptiert, wenn man sich als gezeugtes Geschöpf wahrnimmt, im vollem Gehorsam zur eigenen Geschichte, zum eigenen Leben, zum eigenen Leib. Das Gegenwärtige lebt man in der Verwirklichung des Dankes an Gott, der uns erschaffen hat und uns jeden Tag beisteht, an den Vater, an den wir die Bitte richten: „Unser tägliches Brot gib uns *heute*".

Der Ordenschrist sagt mit Antonius in der Wüste: „*Heute* fange ich an!"[a], heute beginne ich von Neuem, heute gehorche ich und höre auf die Stimme des Herrn (vgl. Ps 95,7), heute verwirkliche ich die Gelübde, die ich abgelegt habe! Frei von der Vergangenheit, frei von der Zukunft lebt der Ordenschrist das Heute Gottes, in dem dieser die biologischen Gesetze des Lebensalters auf den Kopf stellen kann; Gott kann ihm nämlich wie dem Jeremia sagen: „Sag nicht: Ich bin noch so jung. Wohin ich dich auch sende, dahin sollst du gehen" (Jer 1,7). Und in den brüderlichen Gemeinschaften kann es

---

a Vgl. Vita Antonii 7,12; 16,3; 18,2; 91,2.

geschehen, handgreiflich zu erfahren, dass „der Herr oft einem Jüngeren offenbart, was das Bessere ist“ (*RB* 3,3).

Das Heute Gottes in unserem Heute zu leben ist Sache des Zölibats, der Armut, des Gehorsams; deshalb ist die Beziehung zur Zeitlichkeit von ganz enormer Bedeutung und entscheidend im Ordensleben. Man muss Tag für Tag lernen, sich immer zum Herrn zu bekehren, akzeptieren, dass das Leben kein beständiger Fortschritt ist in Richtung von immer höheren Gipfeln der Tugend und Askese, sondern eine langsame Lehrzeit, die eigenen Schwächen anzunehmen, die eigenen Versagen und das eigene Versagen. So kann man die Barmherzigkeit Gottes erfahren, seine Kraft in unserer Schwachheit (vgl. 2 Kor 12,9-10), und lernen, dass auch dann, wenn die Profess längst hinter einem liegt, dennoch das *Ja* im Leben jeden Tag gesagt und wiederholt werden muss. Man wächst in das *Alter* Christi (nach dem griechischen Wortlaut in Eph 4,13) aus Gnade und nicht allein aus eigenem Willen.

## 2. Die Krise

Die gelebten Jahre sind für das geistliche Leben nicht bedeutungslos. Im Laufe der Zeit merkt man – wenn man die Zeitlichkeit vor Gott gut lebt und man sich nicht leben lässt –, dass Gott in uns am Werk ist durch die Erfahrung, die unser Leben mit sich bringt und uns schenkt, wobei Rückschritte immer möglich sind.

Die Erfahrungen sind unterschiedlich und manchmal auch negativ, wirklich im Widerspruch zu unserem religiösen und christlichen Leben. Die Götzendienerei bleibt, wenn auch im Verborgenen, immer gegenwärtig in uns. Vor allem im Ordensleben sind die Idole nicht äußerlicher, sondern innerlicher Natur; sie sind das, was wir unbewusst in unserem Herzen tragen: Die Götzendienerei ist gleichsam eine sehr aktive, wenig bekannte Mikrobe, aber derart, dass sie ganz plötzlich versucht, das Wort Gottes zu besiegen, das wir als Samen in uns tragen (vgl. 1 Petr 1,23). Die Tugenden, der Großmut, der Wunsch nach Vollkommenheit und Heiligkeit, ja das Gebet selbst können Wege werden, Gott zu entfliehen, nicht im Heute seine Stimme zu hören; selbst was wir für die anderen tun, unser Dienst an den Armen oder an der Kirche, kann zur Ausflucht für unser Ich werden, fern von Gott und von der wahren Stimme unseres Herzens. Das sind häufige Gefahren im Ordensleben, deren wir uns bewusst sein müssen, um wachsam zu sein und sie zu enttarnen: In jedem Fall greift Gott – früher oder später – unvorhersehbar in unser Leben ein, um diese Idole zu bekämpfen und sie in Stücke zu reißen.

Dann haben wir die Krise, und wenn sie eintritt, geht sie wirklich bis auf den Grund! Besonders im Ordensleben ist es extrem schwierig, sich da halbherzig irgendwie durchzulavieren. Wenn wir meinen, die Krise zu vermeiden und immer auf den Beinen zu bleiben, machen wir uns etwas vor. Es kann eine körperliche oder psychische Krankheit sein oder dass wir in der Sünde und im Widerspruch zu den abgelegten Gelübden versagen. Es können Probleme sein, die das brüderliche Zusammenleben stellt, oder die Spannungen, die von der äußeren Umgebung hervorgerufen werden ... Doch diese so schwer zu bewältigende Krise kann sich auch für uns in eine Gnade umwandeln: Dies Heimsuchung Gottes ist nie „schön“, sie nimmt vielmehr die Züge des Leidens und einer Verwundung an; doch sie bleibt stets eine Gelegenheit – vielleicht die einzige –, in der Gott von uns eine radikalere Entäußerung fordert, um uns mit seiner Gnade bekleiden zu können. Gott will, dass wir unsere Idole verlassen, unsere Bilder, die wir uns von ihm gemacht haben, um ihm so zu begegnen, wie er ist: verzehrendes Feuer und Arzt unserer Wunden.

Die Krise ist der Moment, in dem Meditation, Anbetung, Gebet, alles seinen Sinn verliert. Auch unser Dienst an den Armen und an der Kirche scheint dann keinen Bestand mehr zu haben, und die Berufung zum Christsein erscheint uns als etwas Geringes. Man erleidet ein Versagen aller geistlichen Anstrengungen, und man hat nicht mehr die Kraft, sich auf Gott zu verlassen. In manchen Fällen kommt man so weit zu sagen, Gott sei tot, und das Nichts scheint zu regieren: Gott scheint eine Illusion zu sein, ganz weit entfernt, stumm, taub, blind ... „Warum schläfst du, Herr?“ (Ps 44,24). In solchen Momenten ist die erste Versuchung die Flucht, das Ordensleben aufzugeben. Manchmal tritt diese Versuchung auf, noch ehe man die Krise bewusst wahrgenommen hat, wie wenn man in einem Tunnel einem anderen Auto hinterherfährt, ohne es zu merken. Auf dem Höhepunkt der Krise wird es dann schwierig, eine konsequente Reaktion zu improvisieren. Man muss sich deshalb vorher darauf vorbereiten, darf sich nicht überraschen lassen, und auch das gehört dazu, „die eigenen Tage zu zählen“.

Tatsächlich steht vor der Flucht aus dem Ordensleben die Flucht vor sich selbst, die Verweigerung, sich selbst zu sehen: In dem noch nicht ganz klaren Unbehagen denkt man vor allem daran, die anderen anzuklagen, Schuld außerhalb von sich zu finden, in den Strukturen, in den Brüdern und Schwestern ... Dann entdeckt man, dass die Kongregation nicht mehr dem ursprünglichen Charisma treu und nicht mehr zeitgemäß ist, dass die Brüder überhaupt kein Charisma haben und die Lebensqualität unerträglich machen. Nur um sich nicht selbst zu ändern, erhebt man den Anspruch, die Kongregation zu reformieren, oder bittet darum, die Kommunität zu wechseln, in der Überzeugung, dass irgendwo anders die Dinge besser laufen. Man beruft sich darauf, das Klima und die örtliche Umgebung seien nicht geeignet. Die eigene innere Unruhe wird in neue Lebensformen projiziert, manchmal kontemplativerer Art, manchmal mehr im Leben unter den Armen; nur um vor sich selbst zu fliehen, macht man sich auf den Weg in eine Einsiedelei oder zu den Armen.

Eine weitere Versuchung, die sich mit der Krise einstellt, ist die, dass man stehen bleibt und zurückbleibt, indem man in dem bis zu dem Moment gelebten Lebensstil zum Fossil wird. In dem Versuch, die eigene innere Angst zu verbergen, flüchtet man sich in eine obsessive Anhänglichkeit an die eigenen Grundsätze, an die festgelegten Normen, an die angewandte Disziplin, an die eingefahrenen Praktiken, an die schriftlichen Regelungen. Das ist für das Ordensleben eine große Gefahr: Man bleibt an der eigenen Praxis und an den eigenen Grundsätzen haften und geht nicht mehr zusammen mit den anderen weiter voran. Dann versteift man sich, die anderen werden ständig kritisiert, sie werden vom hohen Ross des eigenen Anspruchs, dem anfänglichen Charisma treu zu sein, verurteilt, dass sie dem Ordensleben untreu seien. Die eigenen Überzeugungen, die man hat, werden wichtiger als die Brüder und als die Begegnung des eigenen Heute mit dem Heute Gottes. Man verschanzt sich in einer Verteidigungshaltung gegenüber all dem, was – wie die Brüder – ein Werkzeug des Rufs vonseiten Gottes sein könnte. So gelangt man schließlich dahin, immer mehr um sich selbst besorgt zu sein, um die eigene Gesundheit; man weigert sich, die anderen in Betracht zu ziehen, bis hin zu dem Punkt, dass man sich wünscht, wenn man wirklich krank wird, nicht zu genesen, um im Mittelpunkt der allgemeinen Aufmerksamkeit zu bleiben. In dieser angstbesetzten Anhänglichkeit an sich selbst ist man nicht mehr imstande, sich auf Gott und auf diejenigen zu verlassen, die Gott eingesetzt hat als Verantwortliche und Zeugen der Gelübde, die man abgelegt hat.

Wenn die Krise nicht den von Gott gewollten Ausgang hat, dass heißt die Neuwerdung, dann endet derjenige, der ihr erliegt, immer mehr darin, sich in sich selbst abzukapseln, unfähig, die Brüder und Schwestern zu akzeptieren, daran gehindert, sich der Zukunft zu öffnen. Dann bleibt demjenigen nichts anderes, als das Ordensleben aufzugeben, wobei derjenige bezeichnenderweise häufig in die eigene Familie zurückkehrt, wo es immer eine Mutter gibt, um die man sich kümmern muss, einen Vater, den man begraben muss ...

Hier gäbe es viele Aspekte, auf die man näher eingehen müsste; aber ich glaube, dass ich die wesentlichen und heute häufig vorkommenden Symptome der Krise im Ordensleben dargelegt habe. Grundsätzlich sollte man nie vergessen, dass die Krise, in ihrer tiefsten Wahrheit, ein Geschenk Gottes und Gnade ist, wenngleich Prüfung. Wenn sich einer dem nicht entzieht und nicht flüchtet, sondern akzeptiert, neu zu werden, dann verwandelt sich die Krise in eine neue Geburt: Wenn die Idole vernichtet sind, erscheint Gott, den man vom Hörensagen vernommen hat, und erweist seine Allmacht in unserer Schwachheit (vgl. Ijob 42,2-6).

Es geht darum, dass man *durch die Versuchung* wächst: Es gibt keinen Glauben, der nicht geprüft ist, so wie es keine Frucht gibt, wenn der Baum nicht beschnitten ist (vgl. Joh 15,2). Es geht darum, sich mit der eigenen Schwachheit auszusöhnen, sich mit dem Zöllner im Tempel zu identifizieren, die eigene Vergangenheit zu erkennen und sie der Barmherzigkeit Gottes anzuvertrauen. Der Gott, den man nach der Krise kennenlernt, ist dann als Gott *Vater und Mutter*, der barmherzige und treue Gott.

### *3. Das hohe Alter*

Über diese Phase im Ordensleben kann ich etwas sagen, vor allem seitdem ich auf die alten Menschen aufmerksam geworden bin, auf jene, die der christliche Osten mit einem äußerst sinnreichen Wort als *kalógeroi* („vorzügliche Alte“) bezeichnet. Es ist jedenfalls wichtig, auch über diese Zeit im Leben nachzudenken, denn auf das Alter muss man sich vorbereiten, damit man ihm wie den anderen Lebensphasen Folge leisten kann.

Eine erste Sinngebung des Alters finden wir im Psalm 71, in dem der Gläubige, mittlerweile fortgeschritten an Jahren, Gott darum bittet, ihn nicht zu verlassen, wenn irgendwann die Haare ergraut sind, damit er den kommenden Geschlechtern die Treue, Barmherzigkeit und Stärke Gottes kundtun kann (Vers 18). Es ist schön, wie der sterbende Jakob kundtun zu können: „Der Gott, der mein Hirte war, seit ich bin, bis zum heutigen Tag, der Engel, der mich erlöst hat aus aller Not, er segne diese Knaben" (Gen 48,15-16). Das ist das Glaubensbekenntnis dessen, der sein Alter akzeptiert hat und sich darauf vorbereitet, dass aus dem Tod ein *Akt* wird: Der Tod nämlich *ist ein Akt*, er ist unser endgültiges Ja zu Gott, die Wiederholung des Ja unserer Taufe von Angesicht zu Angesicht, des Ja unserer Profess. Dann gibt sich der Gläubige mit dem Fortschreiten der Jahre nicht dem Alter und dem Tod preis, sondern lebt weiter das eigene Heute im Heute Gottes. Der alte Mensch kann auch in seinem Alter Frucht bringen, „Frucht tragen voll Saft und Leben noch im Alter" (Ps 92,15). Ja, wenn „er auf den Herrn hofft, schöpft er neue Kraft, bekommt Flügel gleich einem Adler, läuft und wird nicht müde, geht und ermattet nicht, während die Jungen müde und matt werden, selbst junge Krieger stolpern und stürzen" (vgl. Jes 40,30-31).

Im Ordensleben ist das Alter belastend und schwierig für den, der Tatkraft mit in einem Leben der radikalen Nachfolge des Herrn verwechselt hat, wer aus den eigenen Aktivitäten im Dienst an den Armen und an der Kirche *das Ziel* seines Lebens gemacht und dabei vergessen hat, dass das, was das christliche und religiöse Leben ausmacht, der Gehorsam gegenüber dem Willen Gottes ist, während alles Übrige lediglich einfache *Gelegenheiten* zur Inkarnation dieser Nachfolge sind. Das Alter ist belastend für den, der sich nicht vertraut gemacht hat mit der Einsamkeit, sondern sich betäubt hat mit Aktivitäten, Beziehungen zu anderen Menschen, möglicherweise im Namen des Teilens mit den Armen. Es ist auch belastend für den, der, krank geworden an der eigenen Führungsrolle, es nicht schafft, die unvermeidliche Abhängigkeit von den anderen zu akzeptieren.

Das Alter kann aber auch eine Zeit der Gelassenheit sein, ein Zeugnis der Treue Gottes und seiner Barmherzigkeit: Diese Wahrheit gilt es den kommenden Generationen zu vermitteln, damit sie die Weisheit erlernen. Das Alter ist die Zeit, in der man auf die gesamte Vergangenheit schaut, damit sie vor Gott eins wird, es ist die Zeit, einen kontemplativen Blick zu bekommen auf alles und alle, es ist die Zeit der *makrothymía*, jener Fähigkeit, „das Große zu spüren", mit weitem Herzen zu schauen, wie es Gott eigen ist. Es ist die Zeit, die Schuldgefühle und Sünden der Barmherzigkeit Gottes anzuvertrauen, ohne Versagen und Niederlagen wieder aufzurühren; es ist die Zeit, wachsam und mehr denn je im Gebet für das Kommen des Bräutigams zu leben.

Früher bildeten die Älteren im Ordensleben diesen Schatz für ihre Gemeinschaft; jetzt hingegen laufen sie Gefahr, dass sie zur größten Last werden, aus zwei Gründen: weil sich die Kommunitäten an der Effizienz messen – doch das ist ein weltliches und kein christliches Kriterium! – und weil die Älteren ihr neues Lebensalter nicht akzeptieren. Dies wiederum beruht auf einem Mangel an Vorbereitung, dass man nicht mit aller Klarheit das Spezifische des Ordenslebens ins Licht gerückt hat: nichts anderes als das Mit-Leben und Mit-Sterben mit Christus!

Das Ordensleben ist lang oder besser: es mag so erscheinen: ein langes Lebensabenteuer. Doch wenn man das Heute Gottes lebt, wenn man jeden Tag auf seine Stimme hört, ohne das Herz zu verhärten, wenn man nicht gegen Gott meutert wie in Meriba, wenn man Gott nicht versucht wie in Massa: „Ist der Herr in unserer Mitte oder nicht?" (Ex 17,7), dann tritt man nach und nach in die Ruhe Gottes ein, in den gelassenen Frieden derer, die gehorchen und wissen, dass Gott *Vater und Mutter* ist und das in uns begonnene Werk vollendet (vgl. Phil 1,6), denn er ist der Anfang und das Ende, das Alpha und Omega (vgl. Jes 44,6; Offb 1,8.17; 21,6; 22,13).

Ich glaube deshalb, dass sich jeder Ordenschrist, im Frieden und in der Wahrheit, dieses wunderschöne Gebet von Ephräm dem Syrer zu eigen machen kann:

*Herr, mein Leben geht zur Neige von Tag zu Tag,*
*meine Sünden hingegen nehmen zu.*
*Herr, Gott der Seelen und der Leiber,*
*du kennst meine Schwachheit*
*und hast sie mich erfahren lassen,*
*gib mir deine Kraft, steh mir bei in meiner Not,*
*versenke meine Sünden in deiner Barmherzigkeit*
*und bewahre mich in deiner Liebe bis zum Ende.*
*So wirst du in mir, nunmehr alt und ohne Kraft,*
*offenbaren, dass du ein treuer Gott bist,*
*stark und voll Erbarmen. Amen.*

# Dritter Teil
# Das Zeichen

*Die Gemeinschaft entsteht nicht*
*aus dem Willen eines Menschen,*
*sie entsteht aus seiner Präsenz.*

## Gemeinsames Leben als Gleichnis

Ein Gleichnis, eine Parabel bedeutet wörtlich „Vergleich, Gegenüberstellung“ zwischen einer deutlich sichtbaren, bekannten Wirklichkeit und einer verborgenen, unbekannten Realität. Die Gleichnisse im Evangelium sind geradezu ein „Vergleich“ zwischen alltäglichen Menschen mit ihrer Art zu handeln auf der einen Seite und Gott mit seiner Handlungsweise auf der anderen Seite, das heißt, sie sind eine Gegenüberstellung zwischen menschlichen Situationen und Heilsgeschichte, zwischen menschlichem Denken und dem Denken Gottes, zwischen unserer Erde und dem Himmelreich. In diesem Sinne kann man das *gemeinsame Leben* derer, die die Gelübde der Ehelosigkeit, der Armut und des Gehorsams ablegen, als Gleichnis sehen, als erzählende Umsetzung einiger Glaubenswahrheiten in die Alltäglichkeit des brüderlichen Lebens. Daraus folgt, dass das gemeinsame Leben nur zu einem Zeugnis der trinitarischen *koinonía* werden kann durch das Geschenk des Geistes und kraft der *Authentizität*, mit der es gelebt wird. Es ist nämlich der Geist, der das Ordensleben erweckt – wie jedes andere Charisma im Innern der Gemeinschaft der Gläubigen –, und er konstituiert es als prophetische Präsenz in der Kirche und für die Welt, aber dies unter der Voraussetzung, dass die Ordenschristen das sind, was sie sein sollen: Es gibt keine Garantie einer „institutionellen Prophetie“[a]. Es ist so, dass einige Christen nicht *ex officio* [von Amts wegen], wohl aber *ex Spiritu* [aus dem Geist] zu einem Leben berufen sind, das mittels einer radikalen Entscheidung freigeräumt wird von vielfältigen Hindernissen im Blick auf die Schaffung einer andersartigen Gemeinschaft, einer anderen Zukunft. Entscheidend wird deshalb der Einklang, die Übereinstimmung zwischen dem, was man mit den Lippen bekräftigt, und dem, was man im Alltag lebt. Das hatte Benedikt sehr gut erfasst, und zwar nicht nur im Hinblick auf das liturgische Gebet – „... stehen wir so beim Psalmensingen, dass Herz und Stimme im Einklang sind“ (*RB* 19,7) –, sondern auch und vor allem für den Gesamtbereich des monastischen Lebens: „Nicht heilig genannt werden wollen, bevor man es ist, sondern es erst sein, um mit Recht so genannt zu werden“ (*RB* 4,62).

## *Gleichnis der allumfassenden Versöhnung in Christus*

In diesen letzten Jahren haben die glaubwürdigen Appelle für das Ordensleben sicher nicht gefehlt, damit es die Authentizität des prophetischen Zeugnisse neu entdeckt und zurückkehrt zum Sein jenes „evangelischen Gedächtnisses der Kirche“ – wie es der verstorbene Pater Jean-Claude Guy so treffend formuliert hat –, zu dem, was es nach dem Willen des Geistes sein soll. Schon der neue Kodex des kanonischen Rechts gemahnte *alle* religiösen Institute – und nicht nur die „monastischen“ –, die zentrale Stellung des Lebens in Gemeinschaft neu zu entdecken.

Das jedem Institut eigene brüderliche Leben, durch das alle Mitglieder gewissermaßen zu einer Familie eigener Art in Christus

---

a Vgl. oben, S. 33–56.

vereint werden, soll so geregelt werden, dass es durch gegenseitige Unterstützung allen dazu verhilft, ihre persönliche Berufung zu erfüllen. Durch ihre in der Liebe verwurzelte und gegründete brüderliche Gemeinschaft aber sollen die Mitglieder ein Beispiel für die allumfassende Versöhnung in Christus sein.

In die gleiche Richtung zielte auch die Ermahnung von Johannes Paul II., als er das *Instrumentum laboris* im Blick auf die Bischofssynode über das geweihte Leben vorstellte:

> Die ganze Fruchtbarkeit des Ordenslebens *hängt ab von der Qualität des brüderlichen Lebens in Gemeinschaft.* Mehr noch, die aktuelle Erneuerung ist gekennzeichnet von einer Suche nach Miteinander und Gemeinschaft. Deshalb wird das Ordensleben umso bedeutungsvoller, je mehr es ihm gelingt, „brüderliche Gemeinschaften, in denen Gott vor allem gesucht und geliebt wird",[a] aufzubauen; es verliert hingegen seine Daseinsberechtigung immer dann, wenn diese Dimension der christlichen Liebe vergessen wird, die im Aufbau einer kleinen „Familie Gottes" mit denen besteht, die die gleiche Berufung bekommen haben. Im brüderlichen Leben muss sich „die Güte und Menschenliebe Gottes, unseres Retters" (Tit 3,4) widerspiegeln, wie sie sich in Jesus Christus offenbart hat.[b]

Ein Echo auf diese Worte war das anschließende Dokument über „Das brüderliche Leben in Gemeinschaft", das von der gleichen Kongregation vorbereitet worden war:

---

a CIC Can. 619.

b Ansprache am 21. November 1992 an die Teilnehmer der Vollversammlung der Kongregation für die Institute geweihten Lebens und die Gesellschaften apostolischen Lebens; Text in: Informationes SCRIS 2-1992, S. 165; Kursivsetzung im Text.

> Die religiöse Gemeinschaft ist nicht einfach ein Agglomerat von Christen auf der Suche nach persönlicher Vollkommenheit. Qualifizierte *Teilnahme und Zeugnis* der Kirche als Mysterium gehen weit tiefer, sofern sie lebendiger Ausdruck und privilegierte Verwirklichung ihrer „speziellen“ *communio* sind, *der großen trinitarischen koinonía*, an der der Vater die Menschen im Sohn und im Heiligen Geist hat teilhaben lassen wollen ... Die religiöse Gemeinschaft macht in ihrer Struktur, in ihren Motivationen, in den sie kennzeichnenden Werten das Geschenk der Brüderlichkeit, das von Christus der gesamten Kirche gegeben worden ist, öffentlich und fortdauernd wahrnehmbar. Deswegen ist ihr als unverzichtbares Engagement und als Sendung eigen, eine Zelle intensiver brüderlicher Gemeinschaft zu sein und sich als solche zu zeigen, damit sie Zeichen und Ansporn für alle Getauften sei.[a]

### *Mahnung an die Letzten Dinge*

Gemeinsames Leben soll also Gleichnis des Geschenks der trinitarischen *koinonía* sein, die von Oben herabkommt und alle Menschen mit Gott in Christus versöhnt. Es ist ein Gleichnis, dessen die Kirche ständig bedarf, damit *der eschatologische Horizont* aus ihrem Leben nicht schwindet. Das Ordensleben hat nämlich eine Funktion – oder besser: einen Sinn –, der nicht auf der Ebene der Vorbildlichkeit liegt, es ist keine Ideal der Vollkommenheit, das andere nachahmen sollen, es ist nicht etwas *Mehr* im Vergleich zur Berufung aus der Taufe und zur allgemeinen Berufung zur Heiligkeit. Das gemeinsame Leben im Zölibat ist *Zeichen*, konstante *Mahnung* daran, dass die Kirche immer auf Pilgerschaft, noch in Erwartung der zukünftigen

---

a *L'Osservatore Romano*, 20. Februar 1994; Kursivsetzungen von uns.

Stadt, des Reiches Gottes ist. Das Ordensleben möchte im täglichen Strom der Zeit nachdrücklich Zeugnis davon geben, dass Christus wiederkommt, dass das Reich Gottes vor der Tür steht, dass diese Zeiten die letzten sind (vgl. Hebr 1,2), dass der Herr der Kommende ist. Nicht zufällig ist, als in der Kirche das Ordensleben einen Niedergang erfuhr, auch diese eschatologische Spannung erschlafft. Wenn diese Erwartung der Wiederkunft des Herrn fehlt, die von Männern und Frauen im eigenen Fleisch, mit allen Fasern ihres Seins gelebt wird, dann geht auch der Sinn für die Präsenz der Ordenschristen im Innern des Lebens der Kirche verloren.

Wenn das öffentliche Zeugnis des Ordenslebens [in Gemeinschaft] den apostolischen Aktivitäten und der persönlichen Selbstverwirklichung hintangestellt wird, verlieren die Ordensgemeinschaften ihre evangelisierende Kraft und sind nicht mehr jene Wirklichkeit, die der hl. Bernhard mit dem wunderschönen Ausdruck „*scholae Amoris*“ bezeichnete, das heißt Orte, wo man lernt, den Herrn zu lieben und Tag für Tag Söhne Gottes und damit Brüder und Schwestern zu werden.[a]

Im Übrigen hat das Ordensleben seit seinen ersten Anfängen in der monastischen Form immer einen Bezug und ein Fundament im *gemeinsamen Leben der Urkirche* von Pfingsten an gefunden. Hieronymus drückte das so aus: „Die ersten Christen waren das, was die Mönche heute zu sein sich anstrengen: ein Herz und eine Seele.“ Und Cassianus bekräftigt in einer Definition des „apostolischen Lebens“, das heißt nach dem Vorbild der Apostel in Jerusalem: „So war damals die Kirche, wie man sie heute, und zwar schwerlich, nur in den koinobitischen Gemeinschaften findet. Nachdem nämlich die Apostel nicht mehr da waren, begann die Menge der Gläubigen lau zu werden, vor allem jene, die aus dem Heidentum kamen.“[b]

---

a Johannes Paul II., *Informationes SCRIS* 2-1992, S. 166.

b Johannes Cassianus, *Institutiones* II,5,3.

### *Die Liebe in der „koinonía"*

Insbesondere diese beiden Aspekte – die eschatologische Perspektive und die „apostolische" Dimension – tragen dazu bei, dass das Ordenslebens einen tiefer reichenden Grund hat als wesentliches Merkmal, als letztes *Ziel*, dem alles untergeordnet sein muss, in jener „Liebe, die niemals aufhört" (vgl. 1 Kor 13,8). Die *koinonía*, das gemeinsame Leben in der Liebe ist das Wesen des Ordenslebens. Es ist die Treue zum Evangelium, die dem Ordensleben auferlegt, dem brüderlichen Leben diesen Vorrang zu geben. Auch die monastischen Bewegungen, die in eher anachoretischer Form entstanden sind, haben ihre reifsten Früchte der Spiritualität gezeitigt, als sie ihre Kräfte und ihr Streben auf das gemeinsame Leben konzentriert hatten. Bezeichnenderweise wird diese zentrale Stellung immer an den Anfängen jedes Ordenslebens sichtbar. Das Entstehen der Bettelorden und der Kongregationen des „apostolischen" Lebens ist von einer Gründungsphase gekennzeichnet, in der – noch vor dem Sichtbarwerden eines spezifischen *Propriums* oder eines besonderen *Werkes* – die brüderliche Liebe als Mitte deutlich wird. Man ist durch das Band der Liebe geeint, durch jenes *privilegium amoris*, das es möglich werden lässt, dass die ersten Gefährten, wie einst die Apostel, die herrliche Erfahrung des „*nos qui cum eo fuimus*" [wir waren mit Ihm] machen können: das ein Herz und eine Seele sein als Zustand, für immer mit dem Herrn zu sein.

Diese zentrale Stellung der *koinonía* kennzeichnet die Entstehung des Ordenslebens, die Aufnahme von neuen Brüdern und neuen Schwestern, die juridischen Regelungen, die Strukturen, die Übernahme von verschiedenen Ämtern und Diensten. *Alles* muss nach dem gemeinsamen Leben in der Liebe streben und darin seine Ordnung finden. Sie muss das Kriterium werden, an dem sich jede Gemeinschaft und jeder Ordenschrist messen: nicht die Effizienz, nicht die Werke, nicht die Ämter, sondern das tägliche Zeugnis des höchsten Guts der Brüder, dass sie gemeinsam leben (vgl. Ps 133).

### *1. Keuschheit und gemeinsames Leben*

Es mag paradox klingen, aber selbst die klassischen drei Gelübde – Zölibat, Armut und Gehorsam – sind keine Ziele an sich, sondern *Mittel* für das gemeinsame Leben in der Liebe. Der Zölibat nämlich ermöglicht ein erfülltes gemeinsames Leben, das so für jemanden, der verheiratet ist, nicht praktizierbar ist, zumindest nicht ohne die Tiefe des ehelichen Bundes aufs Spiel zu setzen. Und es ist auch der in der Keuschheit gelebte Zölibat, der es dem gemeinschaftlichen Leben gestattet, voll und ganz menschlich, seriös und frei von Zweideutigkeiten zu sein. Die Keuschheit ist nämlich wesentlich, damit das vollständige Teilen des Lebens im Frieden geschieht und damit die brüderlichen Beziehungen in der Freiheit bewahrt bleiben und in der Transparenz wachsen. Am gemeinsamen Leben ist deshalb die Keuschheit und der Ernst der Widersprüche, die man dem zufügt, zu messen: Die Sünden gegen die Keuschheit sind umso schwerwiegender, je mehr sie das gemeinschaftliche Leben bedrohen, je mehr sie zu Spannungen in der Gemeinschaft führen. Es gilt, dieses objektive Bewertungskriterium zu handhaben. Auch die Freundschaften, die sich aufgrund von Temperamenten unweigerlich innerhalb eines gemeinsamen Leben bilden, finden ihr Bewertungskriterium nicht in einer Ablehnung von vornherein oder in einer gleichfalls nicht unterscheidenden Akzeptanz, sondern vielmehr darin, dass sie niemals zum Hindernis für die Brüderlichkeit oder für die Zuneigung zu den anderen werden. Es ist gut, dass es diese Freundschaften gibt, aber unter der Voraussetzung, dass sie transparent sind und in der Keuschheit gelebt werden. Nur so tragen sie dazu bei, die Beziehungen im Frieden und in der Freiheit zu bewahren. Im Übrigen lehrt die Erfahrung, dass je mehr man in der Liebe wächst, das Herz weiter wird und man befähigt wird, unterschiedliche Beziehungen in der Liebe zu nähren und verschiedene Menschen im Herzen zu tragen.

> *Unter ihnen [die gemeinsam leben] ist der Geist Gottes Liebe, Band und gemeinschaftlicher Zusammenhalt: Je größer die Liebe, umso stärker ist das Band und umso vollständiger der gemeinschaftliche Zusammenhalt, und umgekehrt: Je größer der gemeinschaftliche Zusammenhalt, umso stärker ist die Verbundenheit und umso stärker ist die Liebe.*[a]

## *2. Armut und gemeinsames Leben*

Auch die Armut unterliegt dem Urteilskriterium des gemeinsamen Lebens, denn darauf ist sie ausgerichtet. Sie besteht in dem *sine proprio* [ohne eigenen Besitz], dass man nichts für sich behält, sondern alles gemeinschaftlich hat, sowohl im Blick auf die materiellen Güter als auch im Bezug auf die geistlichen Charismen. Man darf die Armut nicht abflachen durch Gesetze und Regelungen, die den Bedürfnissen jedes Einzelnen nicht Rechnung tragen (vgl. Apg 2,44-45). Alle müssen verantwortlich das Kriterium der Vereinbarkeit eines Bedürfnisses mit dem gemeinsamen Leben anlegen. Die Gemeinschaft muss die unterschiedlichen Bedürfnisse jedes Einzelnen zu unterscheiden wissen, aber jedes Mitglied muss seinerseits die eigenen Bedürfnisse an der Gemeinschaft messen und im Zaum halten. Die „Observanzen", auch und vor allem in der Frage der gemeinschaftlichen Armut, müssen durch die Liebe überboten werden, die deren alleiniges Ziel ist, wie das Aelred von Rievaulx sehr weise zum Ausdruck gebracht hat:

---

a Balduin von Ford, *Das Leben in Gemeinschaft* VII.

> *Man muss so vorgehen, dass – im Bezug auf Wechsel oder Veränderungen, was immer – die Dispens [von einer Pflicht] nicht in der vollständigen Missachtung der Regel mündet. Aber weil die Sorge um die Liebe das eigene Ziel der Institution ist, ist die Dispens vernünftig, wenn durch sie die Liebe gefördert wird.*[a]

### 3. Gehorsam und gemeinsames Leben

Noch evidenter ist das Faktum, dass der Gehorsam – sowie die Autorität, die dazu Anlass gibt – ebenfalls auf das gemeinsame Leben hin geordnet sind. Die Autorität hat die Aufgabe, die Gemeinschaft zu vereinigen und dem brüderlichen Miteinander zu dienen; wenn sie sich andere Mandate anmaßt, steht sie außerhalb der Sichtweise des Evangeliums. Der Gehorsam – Gehorsam gegenüber Gott, gegenüber dem Evangelium, gegenüber den Brüdern und Schwestern – muss immer eine konkrete und tägliche Praxis der unabdingbaren Unterwerfung sein, um dahin zu streben, „ein Herz und eine Seele zu werden". Der Gehorsam ist der Bereich, in dem das Hören auf das Wort Gottes und seinen Willen vor dem Subjektivismus geschützt ist und zu einer persönlichen Zustimmung wird zum gemeinschaftlichen Hinhören auf „das, was der Geist der Kirche sagt" (vgl. Offb 2,7 und andere).

### Schule der Liebe

Benedikt hatte in seiner Regel das Kloster als „Schule für den Dienst des Herrn" definiert, dazu eingerichtet, „um Fehler zu bessern und die Liebe zu bewahren" (*RB* Prolog 45.47). Die spätere Zisterziensertradition – die zur Regel zurückkehren wollte und die sofort be-

---

a Aelred von Rievaulx, *Spiegel der Liebe* III,95, Eschenbach 1989.

absichtigte, eine „Carta Caritatis“[a] zu verfassen, damit man überall „eine gleiche Liebe“ leben kann – bezeichnet das Kloster als „Schule der Liebe“, also als Ort, an dem die Liebe gepflegt, gelehrt, in täglicher Praxis und durch ständige Übung vermittelt wird. Ich glaube, dass man diese wunderschöne Definition auf jede Form einer religiösen Gemeinschaft nicht nur anwenden kann, sondern muss. Gleichzeitig ist sie als Lebensentwurf, den wir immer vor Augen haben, nie vollständig verwirklicht. Angesichts einer einmütigen, Psalmen singenden Gemeinschaft kamen Wilhelm von Saint Thierry folgende Worte:

> *Die Brüder scheinen durch eine Ähnlichkeit von harmonischen Klängen eine andere Melodie zu versinnbildlichen und Gott aufzuopfern, die aus dem Leben besteht, aus täglichen Gesten, aus positiven Gefühlen der Zuneigung, die nicht nach den Regeln der Musik komponiert ist, sondern nach denen der Liebe. Indem sie gegenseitig in sich selbst die Gegenwart der göttlichen Güte wahrnehmen in der gemeinsamen religiösen Anstrengung wie auch in jener bestimmten Gnade, die auf den Gesichtern nachdrücklich sichtbar wird, aber auch in den Körperhaltungen und Verhaltensweisen, umarmen sie einander in tiefer Zuneigung: Ja, jeder Einzelne brennt wegen des anderen, wie es geschieht unter den Seraphim, aus Verlangen Gott zu lieben, und in gewisser Weise kann das, was einer dem anderen schenkt, dem reichen, der schenkt. Das ist die Schule der Liebe!*[b]

Ja, das gemeinsame Leben, die *koinonía* entsteht, wächst und hat nur Bestand, wenn diese gegenseitige Liebe vorhanden ist. Es

---

a Vgl. *I padri cistercensi, Una medesima carità. Gli inizi cistercensi*, hrsg. von A. Azzimonti, Bose 1996.

b Wilhelm von Saint-Thierry, *De natura et dignitate amoris* 9,25.

genügt nicht, dass alle gemeinsam einer einzigen Herrschaft oder einer einzigen Autorität unterworfen sind; es genügt, nicht, dass man die Mahlzeiten, die Tagesordnung, die Orte, die Gebete miteinander teilt, damit *gemeinsames Leben* vorhanden ist: Eine religiöse Gemeinschaft ist etwas anders als eine Kaserne oder ein Kollegium. Für die *koinonía* bedarf es der gegenseitigen Liebe, einer Liebe, die sich ausdrücken und manifestieren kann. Ohne die Anstrengung und das Streben nach dieser gegenseitigen Liebe hat man den Eindruck, man brauche sich der Frage nicht zu stellen, was mir der andere bedeutet, was ich im tiefsten Innern bin, die Frage nach der Qualität der Beziehungen. Dann fühlt man sich nur durch mehr oder weniger strenge Regelungen aneinander gebunden und nicht durch die Suche nach der Erfahrung der eigenen Gefühle, der eigenen Grenzen und der eigenen Charismen.

Lieben ist herausfordernd, sie erfordert eine „Schule", das kommt nicht von selbst. Wenn das Ordensleben keine Lehrzeit für Beziehungen ist, für die Zuneigung zum anderen, schafft man es nicht, ein gemeinsames Leben authentisch christlich zu leben. Darin muss man sich üben; man muss sich daran gewöhnen, dem anderen zu begegnen, Barmherzigkeit, Geduld und Vergebung walten zu lassen. Man muss für den anderen Raum zu schaffen wissen nicht nur im eigenen äußerlichen Leben, sondern in erster Linie im eigenen Denken, im Gebet, im Dialog mit Gott.

Die Liebe zu leben erfordert die Bejahung der Grundformen – im Denken wie im Verhalten – des *sýn* („gemeinsam") und des *allélon* („gegenseitig"). Das Neue Testament beharrt an mehreren Stellen auf der Bedeutung des „Sein-mit" und des alles „füreinander" Tun der Jünger. Nur wenn diese beiden Imperative des Evangeliums umgesetzt werden, wird die Gemeinschaft als gemeinsames Bauwerk errichtet: *gemeinsam und gegenseitig*, bis zum Leben-mit und zum Sterben-mit (vgl. 2 Kor 7,3). Das setzt voraus, dass man geistlich den anderen mitträgt, bis hin zur Übernahme der Verantwortung für die Heiligkeit des anderen wie für die eigene. Darauf muss das Gebet füreinander ausgerichtet sein in der zweifachen Bewegung der Bitte und des Dankes.

## *Das Feuer neu entfachen*

Das gemeinsame Leben bedarf stets der Erneuerung, es muss immer auf die „anfängliche Glut des Eifers" zurückgeführt werden. Darin liegt auch die tiefe Bedeutung der Wiederentdeckung des Charismas des Gründers. Es geht nicht darum, an einer spirituellen Archäologie oder einer musealen Altertumspflege zu arbeiten, und im Gegenzug auch nicht darum, sich in kühne und nicht selten willkürliche Aktualisierungen zu stürzen, sondern auf die Glut des Evangeliums zurückzukommen, die die Anfänge eines gemeinschaftlichen Lebens, eines Ordens, einer Kongregation inspiriert hat. In jeder christlichen Berufung und somit in jedem gemeinsamen Leben ist es grundlegend, den Eifer zu erneuern, die Glut wiederzubeleben: Sonst ist es unvermeidlich – wie glorreich die Vergangenheit auch sein mag –, dass „das Salz seinen Geschmack verliert" (vgl. Mt 5,13). Man muss das Feuer ständig neu anfachen, die brüderliche Liebe, diese Liebe, denn die große Gefahr im gemeinsamen Leben liegt in dem, was Jesus selbst angedeutet hat: im *Erkalten der Liebe* (vgl. Mt 24,12). Es gibt nur einen Weg, das Ideal der Kirche des Pfingstfestes weiter zu leben, indem man Tag für Tag das eigene religiöse Leben wiederbelebt, indem man die Liebe neu entzündet im Blick auf eine Gemeinschaft, die dieses Namens würdig ist und nicht bloß aus einem Nebeneinander von Eremiten besteht oder einem Team religiös Aktiver oder gar wie eine Familienpension geführt wird!

Das brüderliche Leben bietet – neben den Anreizen, die von möglichen Gästen kommen oder durch Kontakte, die mit dem Dienst oder der Arbeit zusammenhängen – einen privilegierten Raum für diese ständige Übung der „Erneuerung des Eifers“: die Brüder und Schwestern. Das Hinzukommen neuer Mitglieder in einer Gemeinschaft ist ein besonders fruchtbarer Moment, wenn alle gemeinsam den eigenen Weg der Bekehrung neu beginnen und sich die Frage nach der Qualität der bestehenden internen Beziehungen stellen – doch wie häufig besteht die Reaktion leider in Misstrauen, wenn nicht in Eifersucht und Ablehnung! Man darf nicht außer Acht lassen, dass auch das Ausharren im gemeinsamen Leben als Chance eines neuen Frühlings gelebt werden kann, ja muss. Den Bruder kennenlernen, dessen Gnadengaben entdecken, Vergebung anbieten und empfangen, sich angenommen und geliebt fühlen, auch mit den eigenen Grenzen, das sind bisweilen schmerzliche, aber gleichzeitig bereichernde Erfahrungen. Nur die brüderliche Liebe im gemeinsamen Leben verleiht ihnen die volle Tragweite des Evangeliums und ermöglicht den wirklichen Austausch der geistlichen Reichtümer.

> *Du magst vielleicht sagen: „Ich habe gar kein Charisma“. Wenn du liebst, dann sage nicht: „Ich habe keine Gnadengaben“; wenn du nämlich die Einheit liebst, das, was deinem Bruder in ihr eigen ist, ist es so, dass es dir eigen ist. Vertreibe den Neid, dann gehört das, was mir gehört, dir; vertreibe den Neid, dann gehört das, was dir gehört, mir.*[a]

Ja wirklich, der Bruder, die Schwester – ob das nun jemand ist, der gerade neu eingetreten ist, oder ein Älterer, den wir jeden Tag mit neuen Augen sehen – muss zu meinem Wächter werden, und ich muss mich als Wächter für sein Leben und für seinen Weg zur Heiligkeit fühlen, im vollständigen Respekt seiner Person und seiner Bedürfnisse.

---

a Augustinus, *Kommentar zum Johannesevangelium* 32,8,14–15.

*Denkt daran, Brüder, dass diejenigen, die erst vor Kurzem in die Gemeinschaft eingetreten sind, wenig gebildet und unwissend erscheinen, andere wiederum gebildet und hochsensibel, einige Knechte der Leidenschaften, wieder andere frei von Problemen, einige gewöhnt an ein leichtes Leben, wieder andere geprüft von Mühsalen, einige faul, andere arbeitsam, einige zur Gewalt neigend, andere von Natur aus friedfertig. Der Charakter und die Veranlagungen jedes Einzelnen sind sorgsam zu prüfen ... Einige müssen vor Beschäftigungen außerhalb der Gemeinschaft und vor gefährlichen Kontakten geschützt werden, andere werden Gelegenheiten zum Jähzorn oder des Ärgers meiden müssen, indem sie sich in das Schweigen flüchten. Die Armut und die Arbeit werden für einige zum Gegengift eines unbeständigen Herzens oder Geistes, für andere wiederum werden es die Nachtwachen sein; wieder andere werden Schutz für ihre Seele vor der Versuchung erfahren durch das Singen der Psalmen, durch das Gebet oder die geistliche Schriftlesung.*[a]

Das bedeutet, über allen und über alles die Liebe walten zu lassen! Das ist die Aufmerksamkeit, die dem anderen zu widmen ist, das Verständnis, das fähig ist, ihn zum neuen Leben zu zeugen, das Feuer neu zu entzünden, wodurch verhindert wird, dass die Liebe erkaltet. Mit der ihm eigenen geistlichen Klarheit hatte Solowjew in diesen Aussagen die unabdingbare Notwendigkeit konkreter Gemeinschaften erfasst, in denen Tag für Tag diese wunderbare Mühe der gegenseitigen Liebe inkarniert wird:

*Wenn das moralische Bedürfnis sich nicht vollständig in persönlichen Beziehungen verwirklicht, bleibt es ein abstraktes*

a Aelred von Rievaulx, *Die Mühsale des Jesaja* 28, PL 195,477-481.

> *Prinzip, das zwar das Gewissen erhellen mag, aber das Leben des Menschen nicht neu zeugt. Diese Beziehungen können nur in Fülle in einer bestimmten Umgebung gelebt werden, in der jedes Individuum für seine tägliche Existenz jeden Tag hineingestellt ist.*[a]

## Gemeinsames Leben als Epiphanie

Das gemeinsame Leben wird zum privilegierten Ort, an dem sich die Qualität des christlichen Lebens zeigt, das man führt. Es wird zum *Gleichnis* der allumfassenden Versöhnung in Christus für diejenigen, die von außen damit in Kontakt kommen. Das Ordensleben ist *Gleichnis*, auch für den, der es führt: täglicher „Abgleich" zwischen dem, was jeder Ordenschrist ist, und dem, was er von Gott her zu sein berufen ist. Das gemeinsame Leben verlangt Authentizität, aber gleichzeitig enthüllt und zeigt es die wahre Natur derer, die es als Antwort auf den Ruf des Geistes auf sich nehmen.

### 1. Epiphanie der Sünde und Gnade

Das gemeinsame Leben bringt die Grenzen und Schwächen jedes Einzelnen deutlich zutage, es rückt die Schattenseiten der Existenz ans Licht. Nur im Zusammenleben mit den anderen können diese Aspekte ans Licht kommen: Wer sich abkapselt, isoliert oder versucht, sich zu verbergen aus Angst, in seiner Schwachheit beobachtet zu werden, verbirgt unweigerlich auch die eigenen Gaben, die in ihm wirkende Gnade, und was noch weiter schlimmer ist: Er verbirgt sie auch vor den eigenen Augen. Es geht hingegen darum, die eigene

a W.S. Solowjow, *La Justification du Bien*, Paris 1939, S. 107-108. [dt. Fassung: Die Rechtfertigung des Guten. Eine Moralphilosophie, München 1976]

Wahrheit zu erkennen und sie nicht der Prüfung im gemeinsamen Leben zu entziehen. Das sollte in einer Weise geschehen, dass die anderen sie im Lichte der brüderlichen Beziehungen wahrnehmen und deuten. In dem Zusammenhang ist das gemeinsame Leben vom typischen Subjektivismus der „Menschen eines Augenblicks" bedroht, im ständigen Auf und Ab zwischen Begeisterung und Enttäuschung. Deswegen bedarf es der Beharrlichkeit, der zeitlichen Ausdauer, des langsamen Vergehens der Jahre, um dahin zu gelangen, aus dem gemeinschaftlichen Leben wirklich die Struktur der eigenen Wahrheit zu machen, den Ort, wo man die eigene Unzulänglichkeit, aber auch die eigenen Stärken zeigt, den Raum, wo man dem anderen gegenüber vollständig offen ist, ganz verfügbar zu lieben und sich lieben zu lassen.

## 2. *Epiphanie der Vergebung*

Diese vor dem Bruder enthüllte Schwachheit bildet das Skelett der *koinonía*, denn in ihr offenbart sich in Fülle die Kraft Gottes: eine Schwachheit, die sich nicht in sich selbst abkapselt, sondern die Vergebung erbittet und empfängt. Es stimmt, dass Gott allein die Sünden vergibt, aber es ist gleichwohl wahr, dass seine Vergebung sich uns nur durch die Brüder kundtut. Dank der erbetenen, erhaltenen und gewährten Vergebung entspricht das Leben einer Gemeinschaft Tag für Tag immer mehr dem Heilsgeschehen, wie es im Evangelium berichtet wird. Entweder wird das gemeinsame Leben zum Ort der „Überfülle der Gnade", weil es sich als Ort der Fülle der Sünde offenbart hat, oder es verliert unterwegs seine evangelische Qualität und wird zu einem gewöhnlichen Zusammenleben, in dem man versucht, gemeinsam ein bestimmtes Ziel zu erreichen, ohne einander zu behindern. Wenn die Ordenschristen täglich die gegenseitige Vergebung erfahren, können sie den Männern und Frauen von heute das Gleichnis von der allumfassenden Versöhnung in Christus vermitteln.

### *3. Epiphanie des Ziels*

Durch diese Erfahrung Gottes in der Vergebung offenbart uns das gemeinsame Leben auch, wem wir im tiefsten Innern angehören und wohin wir gehen. Die Entscheidung zwischen Gott und den Idolen geschieht nämlich nicht ein für allemal, sondern ist eine Frage der täglichen Unterscheidung. Man muss ständig neu akzeptieren, „nicht einmal das Verfügungsrecht über seinen eigenen Leib" zu haben (RB 58,25). Nur die Brüder als lebendige Regel können uns von einer rein subjektiven Sichtweise und geistlicher Überheblichkeit befreien. Dann werden wir in Wahrheit erkennen, wohin wir uns bewegen, und werden das Ziel klar vor Augen haben, auf das hin unser Leben orientiert ist. Wir werden unsere Idole demaskiert sehen, das Suchen nach Beifall, Erfolg und persönlicher Verwirklichung. Dann wird es leichter, fast natürlicher sein, uns neu auf den alleinigen Herrn unserer Leben zu orientieren, den verlorenen Weg wiederzufinden, mit erneuertem Eifer die Suche nach jener Liebe zu verfolgen, die nie endet.

So werden die anderen, die Brüder und Schwestern zur Epiphanie, unserem Herzen wird offenbar: In ihnen und dank ihnen werden wir unser ganzes Leben in Gott, mit Gott und für Gott neu verstehen können.

## *Drei Facetten des Gleichnisses*

Hier möchte ich die Worte eines Lehrmeisters des gemeinsamen Lebens aufgreifen, eines Vaters des Mönchtums, der das, was ich nur angerissen habe, zu vermitteln und vor allem intensiv zu leben gewusst hat. Es sind die Worte eines Mönchs und Vaters der Mönche, der aus seiner ganzen Existenz ein *Gleichnis* der Liebe Gottes zu machen verstanden hat:

> Wie es einen bitteren und bösen Eifer gibt, der von Gott trennt und zur Hölle führt, so gibt es den guten Eifer, der von den Sünden trennt, zu Gott und zum ewigen Leben führt. *Diesen Eifer* sollen also die Mönche mit *glühender Liebe* in die Tat umsetzen, das bedeutet: Sie sollen einander in gegenseitiger Achtung zuvorkommen; ihre körperlichen und charakterlichen Schwächen sollen sie mit unerschöpflicher Geduld ertragen; im *gegenseitigen Gehorsam* sollen sie miteinander wetteifern; keiner achte auf das eigene Wohl, sondern mehr auf das des anderen; die *Bruderliebe* sollen sie einander *selbstlos* erweisen; in Liebe sollen sie Gott fürchten; ihrem Abt seien sie in *aufrichtiger* und demütiger Liebe zugetan. Christus sollen sie nichts vorziehen. Er führe uns *gemeinsam* zum ewigen Leben.[a]

### *1. Die Macht der Gabe*

Das gemeinsame Leben prägt das Innerste und ist das eigentliche Zeugnis des Ordenslebens. Nach dem Beispiel jener, die alles verließen, um mit Jesus zu sein (Mk 2,15), indem sie eine brüderliche Gemeinschaft bildeten (Mk 3,31-35), finden die Ordenschristen im gemeinschaftlichen Leben die ihnen eigene Struktur, in der der Zölibat lebbar wird und seinen vollen Sinn erhält. Da ist der Sinn und auch die Qualität des gemeinsamen Lebens von der gegenseitigen Liebe her gegeben, im Gehorsam gegenüber dem Gebot des Herrn „Liebet einander, wie ich euch geliebt habe; daran werden alle erkennen,

a RB 72; Kursivsetzungen von uns.

dass ihr meine Jünger seid" (Joh 13,34-35). Im konkreten gemeinsamen Leben des Alltags ist die Erfahrung der Dynamik der Auferstehung möglich, indem man den mühsamen Übergang vom „Ich" zum „Wir", vom „die anderen für mich" zum „ich für die anderen" praktisch umsetzt. Deshalb ist die Gemeinschaft wahrlich eine Schule des Miteinanders und der Liebe. Die Gemeinschaft ist Sakrament der Erfahrung der Präsenz des Auferstandenen: Thomas kommt erst zum ganz persönlichen Bekenntnis seines Glaubens: „Mein Herr und mein Gott" (Joh 20,28), als er mit den anderen Brüdern zusammen ist (Joh 20,24.26), weil sich der Auferstandene in ihrer Mitte (Joh 20,19.26) manifestiert.

Als Ort der Epiphanie der negativen Seiten und Schwächen jedes Einzelnen – die dieser hilflos in Einsamkeit verbirgt – wird das gemeinsame Leben so auch zum Ort, wo man in der Begegnung von Angesicht zu Angesicht lernt, indem man jeden Tag die Frage neu stellt: „Wer ist der andere für mich?", sich selbst kennenlernt, so, wie man ist, und Verantwortung für die anderen übernimmt, bis die Lasten wirklich miteinander getragen werden, bis man sich Gott und den Brüdern ganz übergibt in Freiheit, mit vollem Bewusstsein und aus Liebe. In der Hinsicht mahnte der hl. Bernhard: „Wer die eigene Erbärmlichkeit verbirgt, der jagt die Barmherzigkeit von sich."

Ja, durch die Mühe der Demut wächst das Bewusstsein der eigenen Unzulänglichkeit, der eigenen negativen Seiten und Erbärmlichkeit; man wird fähig zu dienen. Im Verzicht auf jeden Selbstbetrug begründet dies die Gemeinschaft jeden Tag neu. Dann wird spürbar, dass die Gemeinschaft ein dynamisches Geschehen ist, nicht eine ein für allemal festgelegte Gegebenheit. Es wird spürbar, dass sie aufgebaut wird, indem die Armut und Schwächen jedes Einzelnen miteinander geteilt werden, und nicht aus der Kraft von wenigen. So wird das gemeinsame Leben zu einer eucharistischen Erfahrung der *solidalitas peccatorum*, neu geschaffen zu einer *communio sanctorum*.

Ein starker Moment dieser Erfahrung ist die Vergebung der Sünden, ganz wesentlich für das gemeinschaftliche Leben, nicht nur als Ausdruck der gegenseitigen Liebe, sondern auch des Glaubens an die Kraft des Auferstandenen, der seinen Jüngern diese Vollmacht verliehen hat (Joh 20,22-23).

Im Übrigen erfordert das authentische gemeinsame Leben nicht nur eine äußere Dimension, die dem anderen, der Liebe zugewandt ist, sondern auch eine innere Dimension, dank der wir die Liebe des Herrn zu uns und die Einwohnung der trinitarischen *agápe* in uns erkennen. „Wenn jemand mich liebt, wird er an meinem Wort festhalten; mein Vater wird ihn lieben, und wir werden zu ihm kommen und bei ihm wohnen" (Joh 14,23). Ein gemeinsames Leben ohne entsprechendes inneres geistliches Leben ist nicht möglich. Das Wort Gottes, stets begleitet von der Kraft des Geistes, macht im Aufbau der Gemeinschaft den Einzelnen selbst zu einer „Wohnstatt Gottes". Die Gemeinschaft ist gleichsam ein mütterlicher Schoß, der den Samen des Wortes aufnimmt und die Gläubigen zu einem Leben im Geist zeugt. Das heißt, sie bringt eine fortschreitende Reinigung der Liebe mit sich, so dass die eigene Liebe eine Ordnung bekommt und man in der Liebe wächst, bis man im anderen ein Geschenk des Herrn sieht. Dann wird das Leben von der Hingabe regiert, nicht vom Besitz, nicht von Anspruchshaltungen, nicht vom Vergleichen, vom Neid, von der Eifersucht ..., diesen typischen Übeln des Zusammenlebens. Für die koinobitisch Lebenden gilt stets das Wort eines Kirchenvaters: „Wer die eigenen Sünden kennt und den Bruder nicht verurteilt, ist größer als einer, der die Toten auferweckt!" So erfordert das gemeinsame Leben einerseits die Anerkennung der eigenen Dimension in der Sünde und ist andererseits nur möglich durch den geistlichen Kampf, den jeder Einzelne gegen die eigenen klaren Neigungen zur Sünde führt. Ziel dieses Kampfes ist die Freiheit, die verhindert, dass man andere verurteilt, und es möglich macht, den anderen als Bruder anzunehmen, als Mensch, zu dem eine Beziehung besteht, die nie abnimmt, jenseits seiner eigenen Treue oder Untreue. Es ist eine Beziehung, die einzig und allein auf derselben Berufung gründet, aber in der man dahin gelangt, sich für den, der einem vom Herrn geschenkt ist, zu entscheiden und ihn anzunehmen. Hierin erweist sich der untrennbare Zusammenhang von Gnade und Verantwortung, von Geschenk und Bedürfnissen, die dem gemeinschaftlichen Leben innewohnen. Es handelt sich nämlich um eine Gnade zu einem hohen Preis: Sie erfordert das Wachstum zu einer affektiven Reife, zum Gleichgewicht und zur Unterscheidung in den Beziehungen, zur Fähigkeit, jeden Tag neu zu beginnen, zur Geduld mit sich selbst und mit den anderen, zur Wachsamkeit gegenüber der Gefahr, „in der Liebe zu erkalten“ (vgl. Mt 24,12), zur realen Zuneigung zum anderen wie auch zur Liebe zum Feind. Gerade deshalb erfordert sie einen großen Glauben, eine starke Liebe zum Herrn – essenzielles Fundament für ein gemeinsames Leben im Zölibat!

### *2. Die Kommunikation*

Die Qualität des gemeinsamen Lebens ist von der Kommunikation abhängig, die sich unter den Mitgliedern der Kommunität entwickelt. Weil die Beziehung mit dem anderen in einer christlichen Gemeinschaft, die gegenwärtiges Zeichen der Liebe zu Gott und zum Nächsten werden will, untrennbar ist von der Beziehung zu Gott, offenbart die Qualität der Kommunikation innerhalb einer Gemeinschaft die Qualität der Beziehung zu Gott, des Gebets. Das Niveau der Kommunikation ist deshalb ein entscheidendes Element, das die menschliche und geistliche Reife der Mitglieder einer Gemeinschaft sichtbar macht. Darauf gründet die psychologische Ausgeglichenheit, die Reife in der Zuneigung, die Fähigkeit zu lieben, aber auch die Authentizität und Tiefe des Glaubens. Ferner bringt sie das

Gleichgewicht des gemeinschaftlichen Leibes hervor, und deren Gesicht wird für die Menschen sichtbar geformt, ebenso ihre Fähigkeit zur Gastfreundschaft und zum Zeugnis, und deshalb auch ihre *sympatheía*, ihre Fähigkeit, wirksam inmitten der Menschen zu stehen.

Doch die brüderliche Kommunikation ist auch der Ort, der am meisten von Schwierigkeiten, Spannungen, Konflikten, ja sogar von Pathologien gekennzeichnet ist. Die Kommunikation ist nämlich ein Risiko: Man akzeptiert, sich selbst den anderen auszusetzen; und wenn man das tut, setzt man sich möglichen Missverständnissen, eventuellen Urteilen usw. aus. Vor allem in einem vom Zölibat gekennzeichneten gemeinschaftlichen Leben ist die Kommunikation ein ganz heikles Thema; sie erfordert große Einsicht und Unterscheidung. Man kommuniziert ja nicht nur verbal, sondern durch sein eigenes Dasein: durch Körperhaltungen, durch Blicke, durch die Art, wie man sich kleidet, durch die Fähigkeit zum Zuhören, durch ein Lächeln, durch das Schweigen, aber auch durch den Ton der Stimme. Und da kommt die wahre, alltägliche christliche Askese ins Spiel; es ist eine Askese, deren Ziel auf die *agapé* gerichtet ist und die deshalb nicht individualistisch zu verstehen ist, sondern sich als radikale Annahme der anderen und des Anderen im eigenen Leben abbildet. Um ein robustes gemeinschaftliches Netzwerk aufzubauen, bedarf es also wahrlich einer eigenen Kunst des Kommunizierens. Es bedarf des Gleichgewichts zwischen Schweigen und Wort, zwischen Einsamkeit und Dasein für die anderen, indem man die Neigung meidet, sich zu isolieren, und ebenso der Versuchung widersteht, sich selbst in den Vordergrund zu stellen. Die Festigung gemeinschaftlicher Beziehungen erfordert die Wachsamkeit gegen eine Form psychologischer Kommunikation, die auf dem „mir scheint", „mir gefällt" gründet, auf Äußerungen subjektiver Gefühle, mit denen man nicht wirklich kommuniziert, sondern auf Komplizenschaft aus ist. Auch eine moralische Kommunikation, die auf dem „man muss“, „es ist nötig“ gründet, stellt keinen Raum für das Gespräch und den Dialog her, sondern dient aufdringlicher Selbstbestätigung. Ja, die Kommunikation kann bisweilen aggressive Töne annehmen, bis hin zu körperlicher Gewalt. Wenn Eifersucht und Neid gepflegt, nicht eingedämmt und gereinigt werden, dann sind Beschimpfungen, Beleidigungen, Verachtung, verbale und physische Gewalt durchaus möglich. Häufig unterliegt die Kommunikation Worthülsen, das heißt, sie ist oberflächlich, sie ist den Massenmedien hörig, in denen Gemeinplätze stets wiederholt werden. Wenn man sich so an den anderen wendet, sucht man keine Beziehung, sondern will nur Dampf ablassen und sich zerstreuen. Die Kunst, die Askese der Kommunikation besteht in erster Linie darin, dass man gegenüber den verschiedenen Menschen die Kommunikationshaltungen zu unterscheiden weiß, seien sie verbal oder nonverbal. Eine direkte Vertrauensseligkeit mit jedem, der Gebrauch von Äußerungen und Gesten der Zuneigung mit jedem, sind meist nicht Zeichen einer besseren Kommunikation, sondern der Unreife, der Unfähigkeit, jene notwendige Distanz zu wahren, um den anderen frei zu lassen, sich zu äußern, und um ihn wirklich kennenzulernen.

Goldene Regel für die Kommunikation im brüderlichen Leben ist deshalb das Ja zu dem Bewusstsein, dass man keine Macht über die anderen hat: Es gibt eine unüberschreitbare Grenze in der Kenntnis des anderen, eine Grenze, die übertrieben akzentuierte Sympathien auflöst, die Antipathien und Kälte austilgt. Diese Grenze ist die Schwelle des Geheimnisses des anderen. Nur wenn man sie respektiert, kann die Kommunikation wirklich im Sinne des Evangeliums sein, so, dass sie den anderen respektiert in der Berufung, die der Herr an ihn gerichtet hat. Darüber hinaus ist die gesunde Kommunikation in der religiösen Gemeinschaft problematisch durch die gleichzeitige Anwesenheit von jungen und alten Menschen, durch die Beziehung mit dem, der den Vorsitz führt, zu der Autorität, und durch das Problem der Zahl. Wenn sie zu viel fordert, läuft sie Gefahr, das Zusammenleben zu verflachen und erschweren; in überbordender Kommunikation ist reales brüderliches Leben nicht mehr möglich.

Aber über all das hinaus müsste das Ordensleben eine ernste Gewissenserforschung im Blick auf die Qualität der Kommunikation seiner Wohnräume, seiner Häuser und Mauern vornehmen: Allein schon dadurch fühlen sich die Menschen angenommen oder abgestoßen.

Schließlich sei daran erinnert, dass das Gleichgewicht der brüderlichen Kommunikation nicht nur eine Frage der guten Ordnung der Gemeinschaft sein darf. Sie gründet im Tiefsten auf dem *communicantes in unum*, dem wahren Fundament der christlichen Gemeinschaft.

### *3. Das Miteinander*

„*Communio* bedeutet Miteinander, im konkreten ausdrücklichen Sinn, dass man gemeinsam füreinander da ist in einer gemeinsamen „Burg" (*mun*, davon abgeleitet *munio*, mit einem Graben umgeben, und *moenia*, die Mauern der Stadt), aber auch in dem, was man gemeinsam leistet, in gemeinsamen Aufgaben und gemeinschaftlichem Handeln. Gleichzeitig kann sie gegenseitiger Gunsterweis, Geschenk, Gnade sein (*mun*, davon abgeleitet *munus*). Jene, die sich in einer *communio* befinden, treten in eine derartige Gemeinschaft nicht aus Eigeninitiative ein, jeweils ausgehend von einer Privatsphäre: Nicht sie können als Initiatoren die Dimensionen dieser Gemeinschaft festlegen. Sie befinden sich da jeweils in einem *Apriori*; sie sind immer schon, im Voraus, in einer vorher festgelegten Dimension, in diesem Apriori aufeinander angewiesen, nicht nur um in gemeinsamer Harmonie am selben Ort zu leben, sondern auch um eine gemeinsame Aufgabe erfüllen zu können (H. U. von Balthasar).

Die Basis der *communio* (*koinonía*), die zu leben die Ordenschristen berufen sind, bildet ihre gemeinsame Berufung, die sie vom Herrn empfangen haben. Es ist eine gemeinsame Berufung, die, wie wir gesehen haben, in der grundlegenden Berufung zur Heiligkeit verankert ist, die durch die Taufe zum Ausdruck kommt, die uns in das Leben „in Christus" eingliedert sowie in die Gemeinschaft der Gläubigen, in den Leib Christi, der die Kirche ist.

Der Ordenschrist versucht nicht, aus seiner Gemeinschaft eine Kirche nach eigenem Gutdünken zu machen, sondern erkennt immer an, Christus anzugehören durch die Kirche, die ihn in der Taufe für ihn gezeugt hat.

Die im Herzen des Ordenslebens verankerte Eucharistie ist die Eucharistie der Kirche! Und aus der Eucharistie – Gedächtnis des trinitarischen Fundaments der christlichen *koinonía* – stammt die Lehre, die das gemeinsame religiöse Leben fruchtbar macht: In der Eucharistie erkennt die religiöse Gemeinschaft das Prinzip, das die zwischenmenschlichen Beziehungen derer ordnet, die sich berufen wissen, das gemeinsame Leben im Zölibat zu leben. In der Eucharistie erkennt sie zugleich, dass sie Schuldnerin der anderen Charismen und Berufungen ist, die es in der Kirche gibt; und so ist sie in ein Miteinander gestellt, nicht in eine Konfrontation mit ihnen.

Das theologische Fundament der *koinonía* liegt durch die zentrale Stellung fest, die das Wort Gottes im persönlichen Leben jedes Einzelnen und in der Gemeinschaft als Ganzes einnehmen muss. In der monastischen Tradition ist dies ganz nachdrücklich wahrgenommen worden, sodass der hl. Basilius bekräftigt, dass die Ausübung des Amtes dessen, der den Vorsitz führt, sich vor allem im Teilen des Wortes Gottes an die Brüder vollzieht. Dies deshalb, weil es einerseits wahr ist, dass das gemeinsame Leben einer Strukturierung des Miteinanders bedarf, also Strukturen einer Autorität für den Zusammenhalt der Gemeinschaft und einer mit Entschiedenheit und Unterscheidungsvermögen begabten Person, die die Brüder im Glauben zu stärken weiß. Andererseits ist ebenso wahr, dass sichtbar sein muss, dass Christus die Einheit der Gemeinschaft weit besser schafft und wirken kann als derjenige, der den Vorsitz führt, oder als dafür vorgesehene Organe, die natürlich notwendig sind.

Eine schwierige Aufgabe im Ordensleben besteht darin, den Auftrag der *koinonía* auf die Ebene der Strukturen einer Autorität so zu übersetzen, dass autoritäres Gehabe vermieden wird und dass man nicht in ein übertriebenes demokratisches Denken ohne genaue Unterscheidung verfällt. Es geht darum, Formen für gemeinsames Handeln zu schaffen und vorher noch, dass man einen Denkstil fördert, der diesen Weg gemeinsamer Entscheidung aufgreift und sich davon leiten lässt.

In der Strukturierung der Gemeinschaft ist das Teilen der materiellen Güter ganz wesentlich. Das ist eine der Bedeutungen des Begriffs *koinonía* im Neuen Testament, vor allem in jener Zusammenfassung des gemeinschaftlichen Lebens der Christen in Jerusalem, wie sie in der Apostelgeschichte beschrieben ist (Apg 2,42ff). Sie hat in der Geschichte der Kirche und des Ordenslebens seit jeher Modellcharakter gehabt, bietet die Möglichkeit einer Rückkehr zu den Ursprüngen und zu einer Reform. Da findet man neu die Gemeinschaftsform, die das vom Herrn für seine Gemeinschaft gebildete Gesicht darstellt. Wenn sie im Innern die Dynamik der Gemeinschaft und der Liebe lebt, kann die christliche Gemeinschaft Zeugnis geben und zum Ferment einer Gemeinschaft unter den Menschen werden.

Die Berufung des Ordenschristen vollzieht sich nicht ausschließlich im Innern der kirchlichen Strukturen, sondern ist auch im Innern der Menschheit, im universalen Horizont verortet. Dort kann sie sich als Zeichen einer möglichen Gemeinschaft, einer Versöhnung der Differenzen manifestieren. Das gilt im Besonderen für die Differenzen zwischen den verschiedenen christlichen Konfessionen: Ein Ordensleben, das durch sein Handeln und Wirken die Anstrengungen der Versöhnung und des Wiederfindens der Einheit konterkariert und dagegen verstößt, wird dem, was zur Berufung in der Taufe gehört, nicht gerecht. Das ist weit wesentlicher als die Unterschiede der verschiedenen speziellen Charismen jedes einzelnen Instituts. Das gemeinschaftliche Zeugnis des Ordenslebens und sein Sakrament-Sein, das die Gegenwart Christi ausstrahlt, stehen im Zusammenhang mit der Fähigkeit der Gemeinschaft mit dem Herrn jedes einzelnen Mitglieds der Gemeinschaft, das heißt mit der innersten Dimension der *koinonía*, die sich aus dem Glauben ableitet, der seinen Ausdruck im persönlichen Gebet findet und sich im gemeinschaftlichen Gebet manifestiert.

Das gemeinschaftliche Gebet ist der Ort, wo das Miteinander der Gemeinschaft sichtbar wird, in der sich entweder das „ein Herz und eine Seele sein" der Mitglieder der Gemeinschaft oder ihr Getrenntsein und ihre Verwundung durch Verletzungen zeigt.

Die gemeinschaftliche *koinonía* kann nur Spiegel der trinitarischen *koinonía* sein und findet deshalb ihre Form im Kreuz: Es geht darum, die Gesinnung (*phroneín*) Christi aufzugreifen, der sich erniedrigt hat, demütig wurde und sich selbst entäußerte bis zum Tod am Kreuz (vgl. Phil 2,5-11). Am Kreuz hat er die Feindschaft getötet und die Gemeinschaft neu wiederhergestellt (vgl. Eph 2,14-18). Das ist der hohe Preis der *koinonía*.

# Mönchtum und Ökumene

*Mönch heißt „geeinter Mensch",*
*fähig zur mühevollen Kunst*
*des Miteinanders.*

Um die Beziehung zwischen Mönchtum und Ökumene zu verstehen, muss man erkennen, dass gerade das Mönchtum – dieser radikale Weg der Nachfolge Christi „unter der Führung des Evangeliums" (*RB* Prolog 21) – wahrhaft bis in unsere jüngste Zeit, bis etwa ins letzte Jahrhundert hinein, vor allem im Widerspruch zu jeder möglichen interkonfessionellen Aussöhnung, zu allen Befriedungsbemühungen unter den Christen und Kirchen stand. Erst seit einem Jahrhundert, als die Ökumene als möglicher Weg der Verständigung und Wiederversöhnung zwischen den Kirchen aufkam, begannen auch die Mönche und mit ihnen das Ordensleben, die Ökumene als Zeichen der Zeit aufzugreifen. Im Besonderen alle neuen Gründungen, die in den Kirchen der Reformation entstanden sind, sowie einige Neugründungen im Bereich des Katholizismus haben in der Suche nach einem Miteinander zwischen den Kirchen eine sich ihnen bietende Synergiequelle gefunden und akzeptiert, dass die Perspektive der Ökumene ihre Strukturen, ihr Gebet, ihr geistliches Leben inspiriere. Diese neuen Gemeinschaften (ich denke da an Nashdom, Grandchamp, Taizé, Casteller Ring, Imshausen, Campello), das müssen wir anerkennen, waren prophetische Zeugnisse einer Ökumene schon in der Zeit vor dem Zweiten Vatikanum, und sie waren das „zu einem hohen Preis". Sie haben nicht nur unter dem Widerstand und bisweilen unter der Verfolgung kirchlicherseits gelitten, sondern auch unter dem Unverständnis jener, die im Mönchtum und im Ordensleben ihre Neuheit und ihren Auftrag für den Dienst an der geeinten Kirche, dem sich alle Kirchen zu stellen haben, nicht wahrnahmen.

Man darf ferner nicht vergessen (auch wenn auf dieses Thema in diesem Zusammenhang nicht angemessen eingegangen werden kann), dass das Mönchtum in der Reformation, bereits mit Luther und dann in den darauf folgenden Jahrhunderten, ein ökumenisches Problem war. Ausgehend von Luther und seiner Kritik an der monastischen Institution überwog lange Zeit die Überzeugung, das Mönchtum stehe im Widerspruch zum Evangelium. Erst mit Kierkegaard hat man begonnen, die Rolle des Mönchtums als Mahnung an den Unterschied zwischen Nachfolge und weltlichem Leben neu zu sehen. So kam man mit von Harnack, Dietrich Bonhoeffer und Karl Barth dahin, diese Lebensform nicht nur als legitim und dem Evangelium gemäß zu verstehen – soweit sie nicht den Anspruch erhebt, ein Weg der Vollkommenheit und Selbstrechtfertigung zu sein –, sondern geradezu als notwendige Präsenz, die im kirchlichen Leben an einige grundlegende Forderungen des Evangeliums zu mahnen vermag.[a]

Ja, mittlerweile können Mönchtum und Ökumene nicht mehr getrennt voneinander wahrgenommen und verstanden werden. Heute

---

a Zu diesem Thema: D. Staniloae, „Iubire şi adevar", in: *Ortodoxia* (Bukarest) 19/2 (1967); C. Cary-Elwes, „Monks and Ecumenism", in: *Monastic Studies* 5 (1968); P. Michalon,*Oecuménisme et unité chrétienne*, Paris 1968; A. Plamadeala, „Contribution monastique au rapprochement oecuménique", in: *Collectanea Cisterciensia* 32/1 (1970), S. 22-45; A. Louf, „En marge d'un pèlerinage", ebd., S. 46-66; A.M. Allchin, „La vie monastique et l'unité dans le Christ", in: *Collectanea Cisterciensia* 40/3 (1978), S. 171-181; und ferner: I. Hausherr, „Spiritualité monastique et unité chrétienne", in: Il monachesimo orientale, OCA 153, Rom 1958, S. 15-32; O. Rousseau, „La dimension oecuménique du monachisme", in: *Unité des chrétiens* 11 (1973); F. Biot, *Communautés protestantes*, Paris 1961; G. Lagny, Communautés religieuses et protestantisme, Paris 1966; A. Perchenet, *Renouveau communautaire et unité chrétienne*, Paris 1967; „Le moines et l'oecuménisme" in: *Lettre de Ligugé* 219 (1983); M. Simon, *La vie monastique, lieu œcuménique au cœur de l'Èglise-Communion*, Paris 1997.

wird immer deutlicher, dass das Mönchtum gerade auf dem Weg der Aussöhnung unter den Kirchen nicht nur entscheidend ist, sondern einen privilegierten Weg bildet. Es ermöglicht ja gerade ein *gemeinsames Leben*, in dem nicht nur das Kennen möglich ist, sondern auch miteinander versöhnt zu leben, in der Erwartung und geduldigen Suche nach der vollen Einheit in einer pluralen Kirche, in einer Kirche von Kirchen, die fähig sind, sich in einem einzigen Glaubensbekenntnis zu erkennen.

### *Ein klares Bekenntnis*

Wir leben in einer Zeit, die in besonderer Weise mit Gnade gesegnet ist, weil sie die Barmherzigkeit Gottes tief zu erfassen vermag: Zeuge dafür ist der Nachfolger des Petrus, Johannes Paul II., der in fast obsessiver Weise das Zeugnis von einem Schuldbekenntnis vor dem Herrn geben wollte, wobei er es hinnahm, von Teilen der Kirche nicht ganz verstanden zu werden. Es ist die Schuld durch das Unverständnis im Blick auf das Geheimnis Israels, durch die Trennung der Kirchen, durch eine nicht dem Evangelium entsprechende Verteidigung der Wahrheit, durch eine Evangelisierung, die häufig von einem Geist der Eroberung und mangelndem Respekt gegenüber anderen Kulturen gekennzeichnet war. Aber in diesem durch den Bischof von Rom geöffneten Weg für eine Reinigung des Gedächtnisses und für eine brüderliche Wiederversöhnung sollte auch das monastische Leben die eigenen Versagen und Widersprüche im Blick auf die Nachfolge Christi als Sünden und Verrat an jenem Evangelium eingestehen, das es sich zur Richtschnur und obersten Regel erwählt hat (vgl. *Perfectae Caritatis* 2).

Das Mönchtum war ja häufig mitbeteiligt an den Geschehnissen, an den Schlachten der Schismen und Häresien, hatte manchmal dabei sogar eine Vorreiterrolle (man denke an die Messalianer im

Osten und an Pelagius im Westen). Dabei hat es „im Namen der Wahrheit“ und zur Verteidigung „der wahren Lehre“ Gewalt angewandt, andere verfolgt, verachtet und abgelehnt, die einen unterschiedlichen Weg gingen, der als „hetero-orthodox“ gebrandmarkt wurde. Ja, die Mönche haben nicht selten entscheidend mit dazu beigetragen, was dann zu den Spaltungen führte, zum Bau von trennenden Mauern, zur fanatischen Polemik unter den Konfessionen. Einige Male waren es gerade die Mönche, die sich den Bemühungen um Aussöhnung und Wiederherstellung der verlorenen Einheit widersetzten.

Wir sollten uns deshalb fragen: Was war das für eine christliche Wahrheit, beziehungsweise was war das für ein Verständnis von Wahrheit, das zuließ, sich der Gewalt zu bedienen? Wie konnte es dazu kommen, dass die Mönche, die sich doch so dafür einsetzen wollten, das Christentum in der Form der Urkirche zu leben, das heißt der Kirche der Apostel, der Kirche, die am Pfingsttag als *koinonía* entstand, in führender Rolle das Gebot, „die Wahrheit in Liebe zu sagen“ (Eph 4,15), so schwerwiegend verletzt haben? Warum hat das Mönchtum nicht „mit Sanftmut, mit Ehrfurcht und gutem Gewissen“ Rechenschaft ablegen können von der Hoffnung, von der es getragen war und um die der Apostel Petrus die christlichen Gemeinden in der Diaspora der Welt bittet (vgl. 1 Petr 3,15-16)?

Die weltliche Gesinnung, die sich maßgeblich in der Kirche der konstantinischen Zeit breitmachte, drang tatsächlich auch in die monastischen Umgebungen in unterschiedlichen Formen ein, die der weltlichen und götzendienerischen Logik folgten. Die Arroganz, Gruppenselbstherrlichkeit, Machtgelüste und ein übermächtiges Auftreten, was sich da in der Kirche breitmachte, als die Verfolgungen endlich beendet waren, hatten auch Auswirkungen auf das Mönchtum. „Das monastische Leben pocht nicht auf irgendeinen Anspruch der Unschuld, es trägt seinen Teil an Verantwortung. Es ist kein unfehlbares Gegenmittel und auch kein wundertätiges Heilmittel, sondern in gleicher Weise berufen zu einem Weg der Bekehrung ..."[a] Trotz allem wurden auch im monastischen Leben zu jeder Zeit, selbst in Epochen, die von Kontroversen und Ablehnung der Häretiker gekennzeichnet waren, manche Mönche zu Zeugen der Gemeinschaft, der Barmherzigkeit, des Nicht-Verurteilens derer, die als Häretiker, als nicht rechtgläubig abgestempelt und häufig mit dem Kirchenbann belegt wurden.

Abt Poimen, der sicherlich die Haltung anderer Wüstenväter kannte, die lehrten, man müsse angesichts der Häretiker Misstrauen hegen und vor allem dürfe man keinen Kontakt mit ihnen pflegen[b], zog es vor, als er den Besuch einer Gruppe von Häretikern empfing, die den Patriarchen von Alexandria verleumdeten, angesichts ihrer Protesthaltung im Schweigen zu verharren; dann rief er einen seiner Mitbrüder und bat ihn, den Tisch zu decken, ihnen zu essen zu geben und sie mit dem Frieden zu grüßen.[c]

Einige Jahrhunderte später fragte in der Wüste von Palästina ein Gläubiger den Barsanuphius, ob er Nestorius und seine häretischen Jünger mit dem Kirchenbann belegen müsse. Der Wüstenvater von Gaza antwortete ihm darauf, Nestorius und die Seinen seien bereits exkommuniziert, und Exkommunizieren sei nicht Aufgabe eines Mönches, und weiter: „Du hast über niemanden den Kirchenbann auszusprechen, denn wer sich für einen Sünder hält, soll über seine eigene Sünde und nichts anderes weinen."[d] Stets riet Barsanuphius jemandem, der einem Rechtgläubigen in der Polemik mit einem Häretiker beistehen wollte: „Wenn du (dem Rechtgläubigen) wirklich helfen willst, rede in deinem Herzen mit Gott, der die verborgenen

a A. Louf, „Moines et oecuménisme", in: *Collectanea Cisterciensia* 44/3 (1982), S. 170.

b Vgl. Agathon 5, Theodor von Pherme 4, Matoe 11, Sisoe 25 und 48, Chomai 1.

c Vgl. Poimen 78.

d Briefe 699, in: Barsanuphius und Johannes von Gaza, *Epistolario*, Rom 1991, S. 540.

Dinge kennt und viel mehr tun kann als das, worum wir ihn bitten. Er wird eingreifen bei jenen, die in einem Disput nach seinem Willen sind ... Er will, dass alle Menschen gerettet werden und zur Kenntnis der Wahrheit gelangen, und wird an ihnen nach seinem Willen handeln."[a] Ist das nicht die wegweisende Spur ökumenischen Betens für die Einheit der Kirchen im Herzen eines Mönches, der die Leiden Christi zu teilen vermag?

Einige Zeugnisse der Ökumene finden sich gerade in den heißen Jahren der großen christologischen Kontroversen. Ebenso findet man sie in der Zeit der Reformation, als die in der Abtei St. Gregor in Valladolid versammelten Benediktineräbte sich weigerten, der Verurteilung des Erasmus zuzustimmen, oder als Lancelot Andrewes in seinen *Preces privatae* für die gesamte Kirche betet, die des Ostens und Westens und die eigene – die anglikanische Kirche – oder auch in unserer Zeit, als Silvanus vom Berge Athos sich weigerte, die katholischen Brüder als „Häretiker" zu bezeichnen. Im Westen wurde Dom Lambert Beauduin gerade in den Jahren aus seinem Kloster verbannt, als er für die Begegnung zwischen den Schwesterkirchen des Osten und Westens arbeitete.

Aber wenn das die Vergangenheit ist, an die erinnert werden muss, um die Beziehung zwischen Ökumene und Mönchtum nicht idyllhaft zu verklären, so gilt es jetzt, deutlich zu machen, was wir heute dank des Evangeliums, das wir besser verstehen als gestern, im Blick auf das monastische Leben als Ort der Ökumene zu verstehen vermögen, um dadurch seine Rolle in der geduldigen Suche nach dem Miteinander zu erkennen.

---

a Briefe 695.

## *Das monastische Leben als Ort der Ökumene*

Eine Prämisse ist notwendig: Das Mönchtum bildet ein *menschliches Phänomen*, noch bevor es ein christliches bildet. Es ist in allen Weltreligionen präsent, auch im Islam, was man tatsächlich zu leugnen versucht hat, und nährt sich von einer eigenen Anthropologie: Der Zölibat, das gemeinschaftliche Leben oder die Einsamkeit, die Suche des Absoluten, die Askese in den verschiedenen Formen, all das sind Elemente eines so im Fleisch, im Leib, in der ganzen Person ausgeprägten Lebens, die de facto das Bewusstsein einer Verwandtschaft in einem einzigen Lebensstil wecken unter denen, die das leben, wenngleich in unterschiedlichen religiösen Kontexten. Nicht zufällig konnte Thomas Merton sagen, er fühle sich einem buddhistischen Mönch näher als einem Kirchenmann des katholischen Apparats.

Gerade deshalb wird der interreligiöse Dialog vor allem in den Klöstern praktiziert, zunehmend seit der zweiten Hälfte der 1960er Jahre (1968 fand die interreligiöse monastische Begegnung in Bangkok statt, in deren Verlauf Merton starb). Der Dialog wird intensiver geführt und vertieft, auch wenn das nicht so sichtbar ist, vor allem durch die schöne Praxis gegenseitiger Gastfreundschaft und durch Aufenthalte in den Klöstern, bis hin zum Teilen des täglichen Lebens und mancher asketischer Übungen.

War das nicht möglicherweise auch anthropologisch der Grund, weshalb das Mönchtum lange Zeit eine kleine, aber bedeutsame Präsenz in den Kirchen der Reformation blieb, bis es sich – im vergangenen Jahrhundert zunächst schüchtern und dann mit immer mehr Wirkkraft in dieser Zeit – als *Lebensform* den Weg bahnte, die mit ihrer nachhaltigen geistlichen Ausstrahlung in den evangelischen Kirchen selbst volle Existenzberechtigung hat?

Diese Eigenschaft als anthropologisches Phänomen sollte man nicht schmälern oder außer Acht lassen, denn auch dank dem erweist sich das Mönchtum als panchristliches Phänomen. Es ist in allen Kirchen präsent und bildet schon per se eine Realität, die miteinander geteilt wird, mit einer Berufung, zu einen und nicht zu teilen.

Doch es gibt andere Gründe, die das Mönchtum zu einem ökumenischen Ort machen:

a) Vor allem reicht das Mönchtum weiter als der *Gipfel der Spaltungen der Kirche*:[a] Seine Wurzeln finden sich gerade in der *ecclesia ex judaeis*, der syrischen Kirche, unmittelbare Erbin der neutestamentlichen jüdisch-christlichen Gemeinschaften. Das monastische Leben entstand ja im 4. und 5. Jahrhundert im Schoß der einen Kirche und nahm jene grundlegenden und endgültigen Charakteristiken an, die es auszeichnen. Deshalb bleiben im Mönchtum die Merkmale der ungeteilten Kirche unauslöschlich eingeprägt. Häufig sind das liturgische und theologisch-patristische Merkmale, aber auch ekklesiologische. Wie sollte man beispielsweise vergessen, dass das charismatische Zeugnis des Mönchtums in der Zeit der ungeteilten Kirche in der *koinonía* der Ortskirche verortet war, deren Herz die Eucharistie ist, unter dem Vorsitz des Bischofs? Und wie sollte man vergessen, dass das Mönchsleben ein Leben von einfachen Getauften war, ein laikales Leben, nichts anderes als eine *diaconia* unter den verschiedenen Zugehörigen einer bestimmten Kirche, eine Diakonie, deren Mitglieder sich dazu bekannten, sich einfach dafür einzusetzen, die Berufung aus der Taufe zu leben und zu entfalten, ohne sich unbedingt als „Geweihte“ zu definieren und sich auch nicht einer Besonderheit zu rühmen, die der Taufe nichts hinzuzufügen vermag und die Gefahr läuft, die Einheit der kirchlichen Fülle zu verdunkeln? Solange es die Einheit der Kirchen gab, war das Mönchtum eins. Seine Ausprägung im Westen hat immer die eigene

---

a Vgl. Kard. J. Willebrands, „Le tendenze attuali del movimento ecumenico e il ruolo del monachesimo", in: *Vita Monastica* 103 (1970), S. 199ff.

Quelle im Mönchtum des Ostens der Wüstenväter, des Pachomius und Basilius anerkannt, wobei es dies als ihre Wurzel und als *Orientale lumen* wahrnahm.[a]

Das ist also der erste Grund, das Mönchtum zu einem ökumenischen Ort zu machen. Dieser Grund wurzelt in seinen Ursprüngen und führt jede Gemeinschaft dazu, der geeinten Kirche zu sagen: „All meine Quellen entspringen in dir“ (Ps 87,7). Es lohnt sich, in diesem Zusammenhang an den Schluss der *Benediktus-Regel* zu erinnern. Da wird der Mönch, der über das Anfängerstadium hinaus Fortschritte machen will, eingeladen, aus der „Regel unseres heiligen Vaters Basilius“ zu schöpfen sowie aus den Lehren der Väter des Ostens, die in den „Unterredungen“, ihren „Einrichtungen und Lebensbeschreibungen“ enthalten sind (vgl. *RB* 73,4-6). Der Benediktinerabt Pierre Miquel, ein gründlicher Kenner der Patristik, hat bekräftigen können: „In den Klöstern findet man besser als andernorts die ungeteilte Kirche.“[b]

b) Das Mönchtum – das darf man nicht vergessen – entstand im Blick auf eine radikale Nachfolge Christi, das heißt als *Weg zur Heiligkeit*. Und es steht fest, dass die Heiligkeit, wie sie im Ordensleben angestrebt wird, wenn auch in unterschiedlichen Konfessionen, Wirken der Einheit ist. Ja, wenn man die Aussage des hl. Bonaventura aufgreift, ist sie *sursum actio*, das Wirken in die Höhe schlechthin, im Blick auf die Einheit am wirksamsten. Matta El Meskin, der geistliche Vater des Makarios-Klosters in Ägypten, hat mit prophetischem Nachdruck und charismatischer Glaubwürdigkeit in einer bekannten Schrift aus dem Jahre 1967 daran erinnert: Die wahre Einheit der Kirche muss vor allem im geistlichen Leben angestrebt

---

a So auch Wilhelm von Saint-Thierry in seinem *Goldenen Brief* 1,1; tatsächlich sind alle Neuanfänge des monastischen Lebens im Westen von der Weisheit der Klöster im Osten geleitet worden.

b *Lettre de Ligugé* 219 (1983), S. 1.

werden als Weg, der die Schwachheit des Kreuzes akzeptiert, in der Gottes Stärke triumphieren kann als von Gott auf dem Antlitz der Christen geformte Heiligkeit. Man sollte jedoch eine Einheit meiden, die nur auf gefühlsmäßigen Zuneigungen beruht, die als Vorherrschaft oder Koalition von Kräften „gegen“ jemanden oder auch in dem Wunsch gelebt wird, an Zahl und in Macht zu wachsen.[a]

Dieses Bewusstsein, dass die Heiligkeit jenseits der konfessionellen Grenzen eint, wird von allen Kirchen geteilt; und alle unterschreiben die Worte des orthodoxen Metropoliten Eulogios: „Männer wie Franz von Assisi und der hl. Seraphim von Sarow haben die Einheit der Kirche in ihrem Leben bereits verwirklicht.“[b] Angesichts der Heiligkeit wird man gewahr, dass die konfessionellen Mauern nicht bis in den Himmel wachsen und dass die *parádosis* [Überlieferung] des monastischen Charismas, wahr vermittelt durch den Heiligen Geist, in die verschiedenen Kirchen eingegangen ist.

Heiligkeit also als konvergierende Kraft, als Miteinander und gemeinsames Zeugnis: Wer kann beispielsweise vergessen, was heute im Westen – im Westen des Katholizismus und der Reformation – ein Heiliger wie der orthodoxe Mönch Silvanus vom Berge Athos bedeutet? Und wie sollte man vergessen, dass man in der orthodoxen *Panaghia*-Kirche von Kritsa auf Kreta ein altes Fresko bewundern kann, auf dem Franz von Assisi mit der Inschrift *„Ho Aghios Franziskos“* dargestellt ist? Wenn die Mönche und Nonnen wirklich Antwort geben auf ihre Berufung zur inneren Einswerdung, zur gelebten Gemeinschaft, zur stets neuen Versöhnung, zur ständigen Barmherzigkeit – nur davon nämlich nährt sich ihr tägliches Leben –, dann werden sie Diener der Einheit; so verbreiten sie auch die

a Vgl. „L'unità dei cristiani“, in: Matta El-Meskin, *Communione nell'amore*, Bose 21999, S. 275-287.

b Zitiert nach: F. Zander, *Vision and Action: the Problem of Ecumenism*, London 1952, S. 107-108.

kirchliche Gemeinschaft und dienen ihr. Der Metropolit Eulogios sagte auch: „Die Heiligen sind Bürger der einen, allumfassenden Kirche; sie reißen die Mauern der Trennung nieder, die von Christen errichtet worden sind, die dem Neuen Gebot nicht treu waren.“[a]

c) Ein weiterer Grund, der das Mönchtum zu einem ökumenischen Ort macht und der nach meiner Ansicht nicht hinreichend erörtert worden ist, ist das Faktum, dass das monastische Leben zu allen Zeiten *Leben der Bekehrung*, Rückkehr zu den Quellen, zum Evangelium sein will. Nicht zufällig wird dem Mönchsvater Antonius, als er mittlerweile hochbetagt und viel Erfahrung im Leben als Mönch hatte, ein Wort zugeschrieben, in dem er bekräftigt: „Heute selbst beginne ich von Neuem!“, das heißt: „Auch heute möchte ich wieder versuchen, mich zu bekehren, zurückzukehren zum Herrn!“ Gerade aufgrund dieser Dynamik ist das monastische Leben, im Osten wie im Westen, durch die Umsetzung von „Reformen“ gekennzeichnet, sodass seine tiefe Dynamik in einer Aufeinanderfolge von Reformen ohne Ende besteht. Bekehrung und Reform gehören zum persönlichen und gemeinschaftlichen Weg im Mönchtum, sodass sie ständig erneuert werden müssen. Es stimmt, dass das Wort *ecclesia semper reformanda* aufklingt, doch in der Kirchengeschichte ist es nur wenige Male konkretisiert worden, bisweilen mit einer solchen Behäbigkeit, dass es die Anstrengungen zunichte machte. Im monastischen Leben jedoch kann man sagen, dass jedes Jahrhundert – und bisweilen sogar jede Generation – eine Reform gekannt hat,

---

a Vgl. F. Zander, *Vision and Action*, S. 107-108. Der Erzbischof von Canterbury Michael Ramsey schrieb am 22. April 1967: „In dem Maße, wie sich unsere Verwandlung im Blick auf das Gleichförmigwerden mit Christus vollzieht ..., kommen wir einander näher in der Einheit, die er gewollt hat. Wenn die Kirche – wie der hl. Augustinus sagt – vom Stadium der ecclesia qualis nunc est zur ecclesia qualis tunc erit übergeht, sind die Wunden der Trennungen geheilt" (zitiert nach: A Perchenet, Renouveau communautaire et unité chrétienne, S. 468).

in der versucht wurde, von Neuem zu beginnen, in einem Gehorsam und einer Treue zum Evangelium, die tiefer reichten.

Ja, im Mönchtum wirkt, trotz der Widersprüche unter seinen Mitgliedern, das Ferment des Wortes Gottes; so begleitet von Reform zu Reform die Diakonie des monastischen Lebens die Kirche. Wir nennen diese dynamischen Kräfte „Gründungen", weil wir gerne den Akzent auf die Rolle und Person der Gründer legen, aber eigentlich sind sie nur „Reformatoren", weil das monastische Leben *parádosis* ist, „Überlieferung", und nicht Gründung von etwas Neuem. Basilius reformierte das bestehende Mönchtum des Eustathius von Sebaste; Benedikt reformierte das in der Umgebung von Rom bereits vorhandene monastische Leben; Romuald von Camaldoli, Bruno, die Zisterzienserväter, Stephan von Thiers, Bernhard reformierten ein traditionelles Mönchtum als Antwort auf die Nöte der neuen Zeit. In ähnlicher Weise gab es im Osten in jedem Kloster einen geistlichen Menschen, der, ohne dafür neuer „Regeln" zu bedürfen, der monastischen Karawane in der Wüste mit gestärkten Kräften den Weg neu bahnte.

„Kein Konzept fasst wohl in angemessenerer Weise die zahlreichen Wechselfälle der monastischen Geschichte zusammen als das der Reform", schrieb André Louf.[a]

Entspricht diese Dynamik der Reform nicht vielleicht auch der in jenen Kirchen vorhandenen Dynamik, die ja gerade von sich sagen, dass sie „aus der Reform" hervorgegangen sind? Der Vorrang des Wortes Gottes – gehört, gesungen, durchmeditiert, gelebt – ist nämlich das Ferment, das eine Änderung erfordert, ein Aggiornamento von Lebensformen, die im Laufe der Zeit erstarrt und ihrer evangelischen Qualität entleert worden sind. Wenn heute die Kirchen der Reformation in ihrem Schoß Gemeinschaften religiösen

a A. Louf, „La dimension oecuménique de la vie monastique", in: *Prière et retrouvailles*, Hauterive 1981, S. 64.

und monastischen Lebens aufgenommen haben, dann vielleicht deshalb, weil sie in deren Aufkommen den gleichen kausalen Zusammenhang verstanden haben, der am Ursprung der eigentlichen kirchlichen Identität steht. Für die zentrale Stellung des Wortes Gottes und die konsequente Dynamik der Reform kann das Mönchtum authentischer Gesprächspartner mit den Kirchen der Reformation sein, von der Geburt her fähig, die gleiche Sprache zu sprechen. Ja, das Mönchtum gehorcht seiner Berufung zur Radikalität und weiß sein kategorisches „Nein" zu sagen „zu jedem Kompromiss, zu jedem Konformismus, zu jeder Komplizenschaft mit dem Versucher, ob der sich nun mit einer Kaiserkrone oder einer Bischofsmitra maskiert"[a]. Deshalb überrascht es nicht, dass einer der größten protestantischen Theologen des vergangenen Jahrhunderts – Karl Barth – sagen konnte: „Das monastische Leben hat Fortbestand aufgrund der Tatsache, dass der Herr dieses Leben will, es begründet und modelliert in jeder Epoche und jeder Situation, und aufgrund der Tatsache, dass das monastische Leben immer offen ist für das Neue, bereit aus der freien Gnade des Herrn zu leben und seinem freien Gebot zu gehorchen."[b]

d) Schließlich nehme ich einen weiteren Grund wahr, der das Mönchtum zu einem ökumenischen Ort macht. Dieser liegt in einer Epiklese, einer ständigen Anrufung des Geistes, wie sie in den Kirchen gelebt wird. Diese Definition des Mönchtums als „Epiklese" stammt eigentlich von Pavel Evdokimov[c], man findet sie aber des Öfteren auch in den Schriften von Olivier Clément. Es ist ein Leben, das man aufgrund einer Inspiration des Heiligen Geistes auf sich genommen hat und das nur mit seiner fortwährenden Hilfe und

---

a P. Evdokimov, *Le età della vita spirituale*, Bologna 1968, S. 148.

b Vgl. verschiedene Autoren, *Visioni attuali sulla vita monastica*, Montserrat 1966, S. 44.

c Vgl. P. Evdokimov, *Le età della vita spirituale*, Bologna 1968, S. 159.

in seiner unablässigen Dynamik gelebt werden kann. Deshalb bekommt das Leben des Mönchs seinen Rhythmus durch die intensive Beschäftigung mit dem Wort Gottes bei Tag und Nacht; die monastische Gemeinschaft erscheint in erster Linie als ein Ort des Hörens. Die *Benediktus-Regel* beginnt mit den Worten „Höre, mein Sohn“ und mit der Einladung zum Hören auf die Stimme Gottes und auf das, was der Geist den Gemeinden sagt (*RB* Prolog 1-13). Das monastische Leben ist wahrhaft aktive Epiklese, Flehen um die Herabkunft des Heiligen Geistes, der im Pfingstereignis die Kraft einer Einheit in Vielfalt war, Gemeinschaft in der Unterscheidung der Gaben und in der Verschiedenheit der Kräfte.

In dieser Epiklese – die auch ein Flehen darum ist, dass alle Brüder und Schwestern den Heiligen Geist empfangen, um Christus treuer zu sein und die Statur des reifen Christen zu erlangen – kann die Sehnsucht, der Wunsch nach Gemeinschaft nicht fehlen. Wenn das Mönchtum „Aufnahme des kommenden Christus“ (Clément) ist, erschöpft sich das nicht in einer nur eschatologischen Dimension, sondern bewahrheitet sich in dem, der kommt: „Ich war fremd, und ihr habt mich aufgenommen“ (Mt 25,35). Es ist Aufnahme dessen, der unerwartet, nicht angekündigt kommt, Aufnahme dessen, der zum Bruder wird, auch wenn er seiner Herkunft nach feindlich gesinnt wäre, Aufnahme, die nicht das Bekenntnis der Zugehörigkeit abfordert ... Die Klöster müssten auf ihren Pforten und in den Herzen ihrer Mitglieder jene Worte eingeprägt haben, die Angelo Roncalli 1934 als Nuntius in Bulgarien schrieb: „Wenn jemand an meinem Haus vorübergeht bei Nacht, wird er an meinem Fenster ein angezündetes Licht finden: Klopfe an, klopfe an! Ich werde dich nicht fragen, ob du ein Katholik oder ein Orthodoxer bist, Bruder: Komm herein! Zwei brüderliche Arme werden dich empfangen, ein warmes Herz eines Freundes wird dir ein Fest bereiten.“ In jenen Jahren in der ersten Hälfte des 20. Jahrhunderts waren nur ganz wenige

Ordenschristen Wächter; Gott aber bereitete ein Stunde vor, die des Konzils, in der er sie aufwecken und einladen wollte, die neuen Zeichen der Zeit zu entdecken durch Papst Johannes!

Aufnahme des anderen, des Unterschiedlichen, des Unbekannten und Anerkennung seiner Eigenschaft als Bruder im Glauben, wenn er Christ ist, sind heute im Ordensleben überall ein Zeugnis. Es wird das geschehen, was 1968 Vater Paisios sagte, der große Charismatiker vom Berg Athos: „Wenn lateinische Mönche zum Berg Athos kommen, so sollen sie hierher kommen: Wir werden uns sofort verstehen!"[a] Ja wirklich, wenn Mönche verschiedener Konfessionen sich in Brüderlichkeit begegnen, kommt es häufig dazu, dass Gemeinschaft erfahrbar wird, echte, tiefe Interkommunion, wenngleich nicht sakramental, sondern im Heiligen Geist: Man fühlt sich eins, es gibt keine konfessionellen Schranken mehr, man fühlt sich als Mönche, die Brüder sind, die die gleiche Erfahrung miteinander teilen und einander anerkennen, im tiefsten Sinn des Wortes, in ein und derselben Gnade, in ein und demselben Geist, in ein und derselben Suche mit einem einzigen Ziel: den Heiligen Geist zu empfangen, um in Christus verklärt teilzuhaben am Reich Gottes. Ja, die Mönche, die einander in der Wahrheit begegnen, erfahren sich oft als Brüder, manchmal ganz nahe.

Johannes Paul II. hatte dieses Bewusstsein, das er in dem Apostolischen Schreiben *Orientale lumen* kundtut: „Außer der Kenntnis voneinander halte ich gegenseitige Besuche für äußerst wichtig. Ich wünsche mir, dass diesbezüglich die Klöster in besonderer Weise tätig werden, wegen der ganz besonderen Rolle, die dem monastischen Leben innerhalb der Kirchen zufällt, und wegen der vielen Punkte, die die Erfahrung des Ordenslebens und damit die geistliche Sensibilität im Orient und im Abendland vereinen" (Nr. 25). Auch in

---

a Zitiert nach: André Louf, in: *Collectanea Cisterciensia* 32/1 (1970), S. 56.

der Apostolischen Ermahnung *Vita consecrata* kommt er auf dieses Thema der Begegnung und des ökumenischen Dialogs seitens des Ordenslebens zurück und zeigt dabei die fruchtbaren Mittel in der gemeinsamen Teilnahme an der *lectio divina* auf, in der Beteiligung am gemeinsamen Gebet, in herzlicher Gastfreundschaft, die gegenüber den Brüdern und Schwestern der verschiedenen christlichen Konfessionen gepflegt wird (Nr. 101). Ja, Johannes Paul II. sagt: „Die Synode hat den tiefen Zusammenhang des geweihten Lebens mit dem Anliegen der Ökumene unterstrichen" (Nr. 100).

## *Die Prophetie der Ökumene im Mönchtum*

Heutzutage wird nicht selten ziemlich leichtfertig über die Ökumene als Prophetie des Ordenslebens geredet. Im Blick auf dieses Thema bin ich zurückhaltend, weil man sich in diesen letzten Jahrzehnten – in Wirklichkeit eigentlich von der Krise des Ordenslebens geprägt – auf diese prophetische Qualität allzu begeistert bezieht, um eine in vielen Fällen verloren gegangene Identität wiederzufinden. Man kann nicht oft genug wiederholen, dass die Ordenschristen keine prophetische Qualität qua Amt (*ex officio*) haben. Ihr Zeugnis jedoch kann prophetisch werden, wenn es radikaler Gehorsam gegenüber dem Evangelium und den Zeichen der Zeit ist. Wenn die Ordenschristen nicht für sich in Anspruch nehmen, im Licht des Schauens zu wandeln, sondern im Glauben zu leben wissen (vgl. 2 Kor 5,7), wenn sie das Bewusstsein der Vorläufigkeit und Unvollständigkeit jeder Lebensform neu gewinnen, wenn sie den Wagemut aufbringen, immer die *agápe* und die Versöhnung in den Konflikten, in die sie involviert sind, an die erste Stelle zu rücken, wenn sie ihre marginale Rolle und ihre Schwachheit als ein Geschenk annehmen und nicht als einen Verlust, den man so schnell wie möglich kompensieren muss, dann leuchtet auch in ihnen die Prophetie auf.

Paul VI. hat in seinem Apostolischen Schreiben *Evangelii nuntiandi* (Nr. 69) auf den prophetischen Charakter des Ordenslebens in der radikalen Inkarnation der Seligpreisungen hingewiesen. Das bedeutet Ordensleben in Armut, Demut, Sanftmut, dürstend nach Gerechtigkeit, als Friedensstifter bis hin zum Verfolgtwerden und zur Anfeindung wegen Christus. Johannes Paul II. hat sich zur Prophetie seitens der Ordenschristen so geäußert: „*Die wahre Prophetie entsteht aus Gott*, aus der Freundschaft mit ihm, aus dem aufmerksamen Hören seines Wortes in den verschiedenen geschichtlichen Gegebenheiten" (*VC* Nr. 84). Und weiter sagt er, dass das geschwisterliche Leben als solches, dass das gemeinsam in einer einzigen Absicht gelebte Leben „verwirklichte Prophetie" ist (ebd. Nr. 85). Hier bedarf es der Klarheit: Das Ordensleben kann die Gabe der Prophetie empfangen und leben wie alle anderen Berufungen in der Kirche. Es liegt bei jedem Ordenschristen, sie durch die Bekehrung Tag für Tag aufzunehmen und zu leben. Klar, ein Leben, das von der Radikalität des Evangeliums geprägt ist und vom Zölibat, der kundtut, dass diese Welt vergeht, und vom gemeinsamen Leben, das ein Zeichen setzt für die Gemeinschaft im Reich Gottes, kann eine eschatologische und demnach prophetische Qualität haben: Aber die Gabe der Prophetie ist groß und empfindlich!

Statt auf einer Qualität des Ordenslebens zu pochen, möchte ich ins Licht rücken, dass es in diesem Jahrhundert, das schließlich die Ökumene ins Auge gefasst hat, Prophetie in einigen Formen des Ordenslebens gegeben hat, die entstanden sind als folgsame Antwort an Gott und an die Zeichen der Zeit seitens einiger Männer und Frauen, die als wahre Wächter die Morgenröte herbeigesehnt, ihr nachgespürt und sie erweckt haben. Ich kann hier nur Namen nennen und sonst nichts, aber die schlichte Aufzählung dieser Zeugen bedeutet, sie mitten unter uns zu vergegenwärtigen: Sie sind in der Gemeinschaft der Heiligen, und mit ihnen leben wir die Ökumene.

Ohne sie wäre die heute zwischen den Kirchen praktizierte Ökumene sicher weniger wagemutig und ärmer. Hören wir ihre Namen: Pater Paul Wattson und Mutter Lurana White, Dom Lambert Beauduin in Chevetogne, Abbé Couturier und sein „unsichtbares Kloster", Schwester Antoinette Butte in Pomeyrol, Schwester Geneviève in Grandchamp, Mutter Basilea Schlink in Darmstadt, Frau Vera von Trott in Imshausen, Archimandrit Sophronios in Maldon, Vater Amphilochios auf Patmos, Frère Roger Schutz u.a.; sie sind Zeichen der Gemeinschaft. Ja, wir sind umgeben von einer Wolke von Zeugen der Ökumene, die das Ordensleben – *semper reformanda* – erneuert haben, indem sie auf die Zeichen der Zeit gehört haben, die Versöhnung verlangten. Hier haben wir echte Prophetie im Ordensleben, in der Verborgenheit der Trappistin Maria Gabriella Sagheddu oder in der weltweiten Ausstrahlung von Frère Roger Schutz.

Dennoch gibt es noch heute – es wäre unnütz, das zu verschweigen – monastische Umgebungen, die sich der Ökumene widersetzen, vor allem im christlichen Orient. Die Gewissheit, die wahre Kirche zu sein, lässt gar nicht erst den Wunsch aufkommen, einige Geschenke von den anderen christlichen Traditionen empfangen zu können, sie nährt ein Misstrauen gegen jede Art von Begegnung, Auseinandersetzung und Dialog und gegen mögliche Wege zur Einheit. Natürlich braucht es Verständnis, denn dieses Misstrauen ist in verschiedener Weise erklärbar und führt bisweilen sogar zu Haltungen offener Feindseligkeit gegenüber der Ökumene. Während der 70 Jahre des unheilvollen Kommunismus wurden die ökumenischen Aktivitäten auch zu einem Instrument, dessen sich das Sowjetregime bediente, unter dem Vorwand des Dialogs im Blick auf den Frieden, für Propagandaaktionen und zur Präsentation im internationalen Bereich. In bestimmten Umgebungen zeigt sich also, dass „Ökumene" mit Schmutz beladen, voll doppeldeutiger Sinngebung ist. Darüber hinaus unterliegen diese unsere Brüder, wenn sie heute die eigenen Wurzeln neu entdecken, der Versuchung, eine Identität aus der Vergangenheit neu zu behaupten, die ethnisch und gleichzeitig konfessionell geprägt ist, eine Identität des „Gegen“. Demzufolge kommen sie dahin, die Ökumene als etwas Modernes zu betrachten, das zum Synkretismus führt, als ein Produkt des Westens, das in ihre Länder eindringt und ihre Existenz gefährdet. Trotzdem muss man auch diese Mönche – oft sind es nämlich, wie in Georgien und in Griechenland, Mönche, die diese Feindseligkeit gegen die Ökumene an vorderster Front schüren – daran erinnern, auch wenn man ihre Gründe versteht, dass eine defensive und negative Einstellung gegen den anderen Bruder im Glauben im Widerspruch zur *agápe* steht, zum Neuen Gebot, das uns vom alleinigen Herrn als Vermächtnis hinterlassen worden ist, und dass diese Haltung einer weltlichen Logik folgt.

Was das Ordensleben im Westen betrifft, so ist eine ausdrückliche und klare Opposition gegen die Ökumene heute selten; man findet sie nur in wenigen Kommunitäten, die mit dem posttridentinischen Katholizismus verbunden sind, den sie als „unverrückbare Norm“ übernommen haben; diese fürchten, dass die Ökumene die Integrität des katholischen Dogmas bedroht. Wir müssen bekennen, dass viele monastische und einfache religiöse Gemeinschaften weiter diesen Weg der Versöhnung ignorieren; sie betrachten das als nebensächlich, als ein spezielles Charisma, das den ökumenischen Kommunitäten eigen ist. Deshalb planen sie ihr Leben, ihre Diakonie und Sendung in der Gesellschaft und unter den Kirchen, ohne dabei die anderen Konfessionen im Auge zu haben. Man denke daran, wie viele religiöse Kongregationen nach dem Fall des Eisernen Vorhangs missionarische Initiativen in Ländern entfaltet haben, die traditionell orthodox sind. Diese Präsenz von ihrer Seite, gekennzeichnet von Effizienz, Organisation, beachtlichen finanziellen Ressourcen und internationaler Unterstützung kann man vor dem Vorwurf des Proselytismus nicht in Schutz nehmen, und sie erscheint als eine Wunde, als eine Missachtung der anderen Kirchen, die immer als „Schwesterkirchen“ bezeichnet worden sind.

Doch jetzt zum Schluss komme ich nicht umhin, einen prophetischen Horizont für das Ordensleben aufzuzeigen. Dieser Horizont ist umso dringlicher, je mehr „Eiszeit“ sich in der Situation der Ökumene entwickelt hat. Hier meine ich den Horizont, dass das Ordensleben von Angehörigen verschiedener christlicher, noch nicht versöhnter Konfessionen miteinander geteilt wird. Dafür sind vonnöten viel Mut, evangelischer Wagemut, die *parrhesía*, aber auch viel Fähigkeit, sich konfessioneller Pfründe zu entledigen, die für die *Nachfolge Christi* nicht wesentlich sind, viel gegenseitige Unterwerfung, die Fähigkeit zwei Meilen mit dem zu gehen, der darum bittet, eine mit ihm zu gehen; da braucht es ein inneres Feuer, die Leidenschaft für die Gemeinschaft, die die Einheit in der Vielfalt sucht und dabei auf eine Zukunft verweist, die *gemeinsam* erreicht wird.

Die Synode über das Ordensleben hatte unter den Vorschlägen zur Diskussion die Einladung erhalten, über die Möglichkeit von interkonfessionellen religiösen Gemeinschaften nachzudenken. Darauf kam keine Antwort, und vielleicht konnte keine kommen; doch hier und da beginnt dieses interkonfessionelle monastische Leben ein Gesicht zu zeigen, in dem die Ökumene erneut Prophetie des Mönchtums in einer neuen Form wird: die gleiche Berufung gemeinsam zu leben, den gleichen Dienst, auch wenn die Kirchen, denen man angehört, noch nicht die sichtbare Gemeinschaft leben.

Für Pseudo-Dionysos ist der Mönch „derjenige, der eins geworden ist oder auf dem Weg der Einswerdung ist“. Wenn der Mönch sich darum bemüht, in sich die aufgrund der Sünde verloren gegangene Einheit wiederzufinden, dann hat er in sich die Bereitschaft, die Einheit mit den anderen zu suchen. Es gibt nämlich nicht die Möglichkeit einer Einheit unter Brüdern und zwischen den Kirchen, wenn diese innere Einheit nicht vorhanden ist.

Der Heilige Geist möge dieses neue Pfingsten für das Mönchtum erwecken; dann wird es zur Prophetie für die Kirche und für die Welt!

# Das Mönchtum an der Schwelle zum 3. Jahrtausend

*Es wird immer Männer und Frauen geben,*
*die geleitet vom Herrn*
*in die Wüste gehen,*
*um bei ihm zu weilen.*

In dieser letzten Zeit hat es nicht an Gelegenheiten gefehlt, den Versuch zu unternehmen, das Ordensleben und im Besonderen das Mönchtum an der Schwelle zum 3. Jahrtausend in den Blick zu nehmen. Es genügt an die Bischofssynode über das geweihte Leben mit dem Nachsynodalen Schreiben *Vita consecrata* zu erinnern, wegen ihrer Glaubwürdigkeit und der weltweiten Perspektive, in der sie es darzustellen vermochten, an das Generalkapitel der Benediktinerkongregation von Subiaco,[a] an den Äbtekongress des Benediktinerordens, an den Kongress der Äbte und Äbtissinen des Trappistenordens. Insgesamt hat sich da vor allem im Blick auf Europa und die westliche Welt das Bild einer Krise gezeigt, die noch nicht überwunden ist. Zweifellos ist das Ausbluten gestoppt, das die Jahre des unaufschiebbaren „Aggiornamentos" des Konzils mit sich brachten. Aber mit den wenigen Berufungen kann der Überalterung in den Kommunitäten kaum etwas entgegensetzt werden, und sie leiden unter dem starken Ungleichgewicht zwischen den Altersgruppen, meist unter der fehlenden mittleren Generation, die eine Gemeinschaft tragen müsste.

---

a Es hat sich ausdrücklich unserem Thema gewidmet; vgl. die diesbezügliche Dokumentation: *Il monachesimo all'alba del terzo millennio*, Parma 1996.

Weil diese Krise andauert, wenn auch in unterschiedlichen Formen, müssen wir uns vor allem fragen, ob das eine Krise des monastischen Lebens oder eine Krise der *monastischen Lebensform* ist. Und eine seriöse Analyse darf sich gewiss nicht darauf beschränken, die Jahre der großen Unbeweglichkeit der Post-Restauration zu durchforschen oder die der wilden Pendelschläge der nachkonziliaren Erneuerung. Dann würden wir die Komplexität einer Entwicklung nicht verstehen, die mit rühmlichen Elementen und Verfallserscheinungen, mit Krise und Reform, oft paradoxerweise nebeneinander – nicht zwei, sondern 16 Jahrhunderte Geschichte des Christentums durchzieht.

### *Zeit der Krise*

Ich meine, dass die heutige Krise weit zurückliegende Wurzeln hat: Sie reicht zurück bis an den Beginn des 2. christlichen Jahrtausends – es gibt manche, die symbolhaft das Todesdatum des hl. Bernhard (1153) als Übergangsepoche der Geschichte des Mönchtums angesetzt haben –, als das monastische Leben im Abendland angesichts der sozialen und religiösen Fermente des 12. und 13. Jahrhunderts – zum ersten Mal, wie die gesamte Kirche, der östlichen „Lunge" beraubt – stumm blieb, auf die aufkommenden Nöte nicht zu antworten vermochte. Wir sollten den Mut aufbringen, uns zu fragen – wie es Johannes Paul II. in *Orientale lumen* getan hat –, in welchem Maße wir für das Auseinanderbrechen des Mönchtums verantwortlich sind, das sich im Westen vollzog, aber nicht im Osten. Im lateinischen Westen war diese Aufspaltung die natürliche Folge der Taubheit gegenüber Appellen, die sich aus der sich wandelnden Gesellschaft und aus der Kirche selbst an das Mönchtum richteten. Das byzantinische Mönchtum, wenngleich in einer Phase des Niedergangs, und das slawische Mönchtum, auch wenn dies in jüngster

Zeit wieder zu Kräften kommt, wussten in einsichtigerer Weise zu reagieren. Dabei akzeptierten sie die Dynamik von Systole und Diastole, von Ermüdungsphasen und charismatischen Neuaufbrüchen, indem sie auf neue Situationen eingingen, ohne dabei die gemeinschaftlichen Strukturen auf den Kopf zu stellen. So haben sie bis auf den heutigen Tag eine substanzielle Einheit ihrer Identität im Ordensleben – im Bereich des Mönchtums – in einer Vielfalt von Formen und Ausprägungen bewahrt. Doch auch der Westen hatte ein wertvolles Vorbild, um diese Einsicht zu erlernen, diese Fähigkeit zur Anpassung, in der das Wesentliche nicht verloren geht: die *Benediktu-Regel.* Es ist nämlich kein Zufall, dass sie sich schließlich als einzige Regel in einem Mönchtum durchsetzte, das sich einige Jahrhunderte lang an der *regula mixta* und an den monastischen *Consuetudines* orientierte, die von Kloster zu Kloster, von Abt zu Abt variierten. Vergessen wir nicht, dass die Reform des Benedikt von Aniane sowie das Dekret der Synode von Aachen (im Jahre 817) eine Folge der Anpassungsfähigkeit der *Benediktus-Regel* waren, noch ehe sie Gegenstand ihrer Durchsetzung waren.

Bei dieser Neuinterpretation müssen wir ferner eine Gegebenheit „physiologischer" Natur berücksichtigen: Jeder Organismus – auch wenn er gemeinschaftlich geprägt ist – kennt Phasen der Entwicklung, Momente der Krise, Zeiten des Wiederauflebens, er kennt einen Niedergang und geht auf den Tod zu. Vielleicht konnte einst in einer soliden Struktur der Christenheit und der Wertschätzung der Institution als solcher die Notwendigkeit, neben der *ars vivendi* analog eine *ars moriendi* zu erlernen, relativ berücksichtigt werden.[a] Heute kann man einer solchen Lehrzeit – bisweilen schmerzlich, immer durchlitten – nicht mehr ausweichen, will man nicht

a Das bekräftigt mit großer Klarheit Johann Baptist Metz in seinem Buch *Zeit der Orden?*; vgl. im Besonderen die Seiten 18-22.

der totalen Verwirrung und Panik vor einer „bedrohlichen" Zukunft anheimfallen.

Wir stehen heute vor einer Krise vergleichbarer Tragweite wie jene, die Kirche und Gesellschaft – die einst viel symbiotischer miteinander lebten – in der Zeit des Bernhard von Clairvaux erfasste. Wir dürfen nicht verkennen, dass die an sich großartige zisterziensische Reformbewegung der enorm weiten Ausbreitung des Ordenslebens in seinen unterschiedlichsten Ausprägungen nicht hat im Wege stehen können, innerhalb kaum eines halben Jahrhunderts, was das Mönchtum betrifft. Gegenwärtig ist die Krise aufgrund des Endes der Vormacht des Christentums noch viel evidenter. In diesem Bewusstsein können wir es wagen, einige Schlüssel zum Verständnis der Krise in den Blick zu nehmen.

## *Welche Krise?*

### *1. Bruch in der Übermittlung*

Innerhalb unserer westlichen Gesellschaft erleben wir ein neues Phänomen, das von Soziologen als „Bruch in der Übermittlung"[a] bezeichnet wird, der sich auf unterschiedlichen Ebenen zeigt. Es gibt nicht mehr den Übergang von einer Generation zur nächsten; da schafft man es nicht mehr zu kommunizieren: Die Weitergabe der Werte im Innern der Gesellschaft, ja in den Familien selbst, die Vermittlung dieses Wissens in den Schulen und des Glaubens in der Kirche ist gleichsam blockiert. Jahrhundertelang wurden im Innern

a Im Blick auf dieses Phänomen und seine Auswirkungen auf das Ordensleben hat das Centre Sèvres in Paris eine Konferenz in drei Sitzungsperioden vom Februar 1993 bis zum September 1994 veranstaltet. Vgl. P. de Charentenay (Hrsg.), *Vie religieuse et mutations culturelles*, Paris 1995. Von besonderem Interesse sind die Beiträge von P. de Charentenay, „D'un monde religieux à un autre", S. 31-38, und von F. Greffe, „Mutations culturelles et vie religieuse apostolique", S. 47-53.

dieser verschiedenen Bereiche, die unter anderem, das wiederhole ich, untereinander weitaus homogener waren, der *Inhalt* und die *Form* vermittelt und nicht getrennt voneinander wahrgenommen. Der Wandel der Zeiten erforderte im Höchstfall eine gewisse Anpassung, die Erarbeitung von Antworten auf neue Fragen, die Festlegung, wer die Adressaten der Botschaft sein sollten – man denke beispielsweise u.a. an die Diskussion der Frage, ob die Eingeborenen auf dem amerikanischen Kontinent eine Seele hätten oder nicht –, doch das ging nie so weit, das Erbe selbst in Frage zu stellen, die Tatsache, dass man etwas weiterzugeben und zu empfangen hat. Heute erleben wir, wie das Erbe nicht weitergegeben wird, weil die mutmaßlichen Erben abwesend sind oder sich verflüchtigt haben. Das ist ein Phänomen mit einem breiten Spektrum, das sich nicht auf den kirchlichen Bereich beschränkt. Da denke man zum Beispiel an das landläufige Gejammer über die neuen Generationen, die den Widerstand gegen den Nazifaschismus leugnen: Abgesehen von berechtigten Urteilen bleibt das Faktum, dass ein Geschehen, das eine ganze Generation in unauslöschlicher Weise geprägt hat, von der übergroßen Mehrheit der Jugendlichen sechzig Jahre danach, in einem Zeitraum von kaum zwei Generationen als fremd wahrgenommen wird, während einige noch leben, die jene Zeit selbst am eigenen Leib erfahren fahren.

Diese Blockierung der Übermittlung führt das Ordensleben in die Versuchung einer Nabelschau, einer Wiederholung dessen, was schon mal war, als könne es sich auf diese Weise retten oder wundersamerweise das „Charisma der Anfänge" wiederentdecken. Doch eine solche Haltung offenbart eine Verwirrung im Blick auf die eigentliche Bedeutung des Begriffs *Charisma.* Nach der Lehre des Neuen Testaments ist eine Realität oder eine Person charismatisch – das heißt Trägerin eines Charismas, einer Gabe, die von Oben kommt, von Gott, vom Heiligen Geist –, wenn sie einer Intuition des Evangeliums gehorcht, und zwar in einer klar umrissenen Welt, an einem bestimmten Ort und zu einer gegebenen Zeit. Das Charisma steht nie außerhalb von Raum und Zeit, es ist immer an diese beiden grundlegenden Dimensionen der Geschichte gebunden. Es ist ein Wort, eine Botschaft Gottes, also Träger von Leben und Sinn, aber an einen besonderen Adressaten gerichtet, an eine Gemeinschaft, an ein Volk, das an einem bestimmten Ort und zu einer gegebenen Zeit lebt. Doch wenn sich der Raum-Zeit-Kontext ändert, wenn sich die soziokulturelle Wirklichkeit wandelt und aus dem Gleichgewicht gerät, gestört bzw. wie auch immer verändert wird – und wohlgemerkt, manchmal selbst kraft der „Neuheit", die in dem Charisma liegt –, dann kann das Weiterdenken und Weiterhandeln in eingefahrenen Gleisen zum Ersticken des Charismas führen: Dann hat es keine evangelisierende Kraft mehr, es vermittelt nicht die Frohe Botschaft, schafft keinen Raum zum Leben, verliert an Bedeutung und ist nicht mehr Sinnträger, weder für den, der es sich zu eigen gemacht hat – die Mitglieder einer bestimmten Gemeinschaft –, noch für die Umgebung.

## *2. Ein unzureichendes spirituelles Erbe?*

Eine erste nahe liegende Erwägung in diesem Zusammenhang ist die Notwendigkeit, eine *Unterscheidung im geistlichen Erbe* vorzunehmen, eine Verifizierung dessen, was *heute* wirklich *als Mönche* zu leben veranlasst und dabei eine authentische Erfahrung Gottes im gemeinsamen Leben im Alltag ermöglicht, ohne Rückgriff auf andere Umgebungen oder Traditionen.[a]

---

a Auch gut 60 Jahre nach seiner Veröffentlichung (1950) bleibt das bereits zitierte Werk eines der scharfsinnigsten Interpreten der monastischen Tradition und Besonderheit grundlegend: L. Bouyer, *Le sens de la vie monastique*. Wir finden nicht zufällig im letzten Werk dieses Theologen aus dem Oratorianerorden – *Sophia ou le monde en Dieu* – prophetische Aussagen im Blick auf das Mönchtum von morgen: vgl. im Folgenden, Nr. 13.

Man müsste sich fragen, ob man – wie die Benediktiner beispielsweise – für ein solides geistliches Leben reichlich Nahrung in dem Erbe findet, das die Benediktus-Regel und die daraus folgende Tradition anbietet, oder ob man es dagegen für notwendig erachtet, auf andere mehr oder weniger gefestigte Strömungen des westlichen Christentums zurückzugreifen, wie die karmelitanische oder ignatianische Spiritualität oder auch die charismatische Erneuerung oder eine auf gefühlsmäßigen und mehrdeutigen Phänomenen beruhende Frömmigkeit, wie Erscheinungen, weinende Statuen oder Ähnliches. Auch eine mangelnde Lösung im Blick auf die Kontinuität mit der kirchlichen Herkunftsumgebung – man denke im Besonderen an die Bewegungen – kann zum Hindernis werden, sich in einem neuen Kontext, in der eigenen *stabilitas* im monastischen Charisma zu verankern. Wenn der Mönch für die Sinnfindung dessen, was er tagtäglich lebt, seiner konkreten Realität „ausweichen" muss, dann heißt das, dass sie ihn nicht mehr zur Erfahrung Gottes führt, dass sie ihm nicht mehr jene besondere Form der Nachfolge Christi gestattet, die er für sich als eigene Berufung erkannt hatte.

## *Wie kann man die Krise überwinden?*

### *1. Sich auf die Trauer einlassen*

Von jeher war ich der Überzeugung, dass wir Mönche „die Welt verlassen", aber die *weltliche Gesinnung* in uns tragen, wohingegen das Evangelium von uns genau das Gegenteil fordert: die Art, weltlich zu denken, aufzugeben und für die Menschen da zu sein, für jene Welt, die Gott so sehr geliebt hat. Nun, ein Merkmal der weltlichen Gesinnung unserer Tage ist die Verdrängung des Todes, das Verbergen des Sterbens und des Leichnams. Dieses Phänomen ist in den letzten Jahrzehnten in zahlreichen Abhandlungen beschrieben worden und wird auch in Kinofilmen und Theaterstücken thematisiert.

Es stimmt, dass die Klöster vielleicht zu den ganz wenigen Orten gehören, in denen das Sterben als Ereignis bewusst erlebt und der verstorbene Bruder nicht verborgen gehalten wird, sondern in die Mitte der Kirche und des gemeinsamen Gebets gestellt wird. Doch es gibt eine andere Art, den Tod zu verheimlichen, sich nicht auf die Trauer einzulassen, nicht weinen zu können. Sie besteht daran, so weiter zu leben, als ob eine Person – oder eine Wirklichkeit –, die zuvor existiert hat und die zu einer bestimmten Zeit gestorben ist, zurückkehren oder noch anwesend sein und unter den gleichen Bedingungen wirken könnte. Wie viele unserer Bräuche sind real untergegangen, weil die Lebensumgebung, die sie hervorgebracht hatte, geschwunden ist, ohne dass wir, von weltlichem Denken beherrscht, darüber weinen würden! Doch nur wenn wir über einen Verstorbenen weinen, können wir weiter leben, nur wenn wir durch das Leid über das, was verloren gegangen ist, gehen, kann sich das Leben neu vor uns öffnen und bleibt nicht gefangen in dem, was hinter uns liegt. Wenn wir im monastischen Leben – ein Leben der Bekehrung von weltlicher Gesinnung – nicht den Untergang bestimmter Dinge akzeptieren, wenn wir uns nicht auf die Trauer einlassen, dann sind wir genauso weltlich wie jene, die den Tod und das Sterben verdrängen. Unsere Denkweise mag dabei ein wenig diskreter und durch romantische Aspekte geschönt sein, entspricht aber dem gleichen weltlichen Impuls, derselben Ablehnung des Todes, dem gleichen Wunsch nach Verheimlichung des Leichnams.

Was geschieht anthropologisch und soziologisch, wenn jemand stirbt? Vor allem ist es von großer Bedeutung, den „Leib“ zu haben, den man beweinen kann. Die Tragödie derer, die den Tod eines Menschen, den sie geliebt haben, nicht beweinen können, ist keine „rituelle“ Frage, sondern besteht im Hindernis, eine unabwendbare

Gegebenheit annehmen, sich auf das, was passiert ist, einlassen zu können. Später, und nur erst später ist es notwendig, zu den Quellen des Lebens zurückzukehren und von Neuem zu beginnen. Genau das ist von einem Ehepartner gefordert, wenn der andere heimgegangen ist, von Eltern nach dem Tod eines Kindes: zu den Quellen des Lebens zurückzukehren und wieder neu zu beginnen. Sonst nährt auch das Weinen lediglich die Illusion, dass derjenige, der verstorben ist, noch lebend sei unter den gleichen Bedingungen wie vorher.

Weinen über das, was man verloren hat, um zu den Quellen zurückzukehren, das gilt auch für das Mönchtum. 1998 wurde die Neunhundertjahrfeier der Gründung des Klosters Cîteaux begangen. Das war eine wertvolle Gelegenheit, nicht Goldene Epochen zu beweinen, sondern sich zu fragen, was haben die Väter von Cîteaux getan, um diesem Jahrhundert der Ausbreitung und Erneuerung des Mönchtums am Beginn des 2. Jahrtausends Leben zu geben, während Cîteaux selbst unter der Last seiner Größe zu leiden hatte. Die Intuition der Zisterzienser bestand gerade darin, zu den Quellen zurückzukehren, die Regel des Benedikt wieder in die Hand zu nehmen und sie zusammen mit einigen orientalischen und patristischen Quellen neu zu lesen, ohne über eine Welt und ein monastisches Klima zu jammern, das durchaus außergewöhnlich war, aber seinen vitalen Antrieb aus den Augen verloren hatte.[a]

Auch von uns heute ist schlichtweg gefordert, zu den Quellen zurückzukehren. Bedeutsam in diesem Sinn ist meines Erachtens ein nicht beiläufiges Faktum, das wohl unbemerkt übergangen worden sein dürfte. In seinem Schreiben *Orientale lumen* widmet Johannes Paul II. dem orientalischen Mönchtum einen unverhältnismäßig groß scheinenden Raum. Der widersprüchliche Aspekt liegt darin,

a Eine kenntnisreiche tiefe Analyse des zisterziensischen Weges und seiner Verbindung zur vorhergehenden benediktinischen Tradition findet sich in: A. Louf, *La vie cistercienne. À l'ècoute de l'amour*, Paris 1980.

dass das monastische Leben im orientalisch katholischen Bereich seit Längerem nicht mehr existiert: Auch jene Orden, die eine monastische Bezeichnung bewahrt haben, sind de facto Kongregationen klerikalen oder apostolischen Zuschnitts. Auf der Bischofssynode über das geweihte Leben wurde eine Wiederaufnahme des monastischen Lebens in den katholischen Ostkirchen gewünscht; gleichzeitig aber hat man hingenommen, dass es verschwunden ist, und den Irrtum erkannt, dass man einem Ordensleben westliches Denken aufgedrängt hat, das der orientalischen Tradition fremd ist. Doch warum ist der Papst mit solcher Beharrlichkeit auf das orientalische monastische Leben eingegangen? Warum hat er ein Schreiben an Adressaten gerichtet, die es augenscheinlich nicht gibt? Ich glaube, dass die Antwort ganz einfach ist: Die eigentlichen Adressaten sind wir, die Christen und Mönche im Westen; dieses Schreiben lädt uns nämlich nachdrücklich ein, zu den Quellen zurückzukehren, die im Orient liegen, was das Mönchtum betrifft.[a] Das bedeutet nicht, östlichen Ritualen und Gebräuchen nachzueifern, die der Kultur und dem Empfinden im Westen fremd sind, sondern „mit beiden Lungenflügeln zu atmen“, sich von der ursprünglichen Inspiration des Mönchtums durchdringen zu lassen, von seiner grundlegenden Einheit, von seiner Anpassungsfähigkeit an verschiedene Orte und Situationen, und zwar ohne Aufsplitterung in spezifische eingeschränkte Charakteristiken. Es bedeutet, sich dem Hören auf den Geist Gottes neu zu stellen, der „weht, wo er will“, um die authentische christli-

---

a Auf die universale Tragweite der Aussagen über das Mönchtum im Osten, die sich in der Orientale lumen finden, sind die Synodenväter aus den Ostkirchen, die an der Bischofssynode über das geweihte Leben teilnahmen, eingegangen. Vgl. Kongregation für die Ostkirchen (Hrsg.), *Le Chiese orientali e la vita religiosa. Riflessioni in preparazione al Sinodo dei vescovi*, Vatikanstadt 1994; G. Brunelli (Hrsg.), *Monachesimo, laicità e vita religiosa*, Bologna 1995, vor allem der 2. Teil, „Monachesimo tra oriente e occidente", S. 77-140, und den Synodenbeitrag von Kardinal Silvestrini, „La vita monastica e le Chiese orientali cattoliche", S. 143-145.

che Spiritualität im Singular wiederzufinden – „das Leben nach dem Geist“ –, das vernebelt ist von „Spiritualitäten“ im Plural, in denen der einzige Geist zusammengedrängt und in nebensächlichen Frömmigkeitsübungen verabsolutiert wird.

## 2. *Von der stabilitas zur mobilitas*

Wir tun gut daran, sofort klarzustellen, dass die *stabilitas*, von der ich hier spreche, nicht die *stabilitas* ist, die zu leben sich der Benediktinermönch verpflichtet, wenn er die Profess ablegt, und die den Koinobiten im Vergleich zum nie überwundenen unruhigen „Gyrovagen“, der in jedem von uns steckt, kennzeichnet.[a] Ebenso ist die hier ins Auge gefasste „mobilitas“ nicht mit „Vagabundendasein“ gleichzusetzen.

Wenn ich von *stabilitas* spreche, die es zu überwinden gilt, meine ich damit jene „Fixierung in der Uniformität“, die lange Zeit bestimmte Teile des Mönchtums im Westen gekennzeichnet hat. Ich beziehe mich auf die obsessive Verteidigung äußerlicher Observanzen und Rituale, die aus einem gesunden Bedürfnis nach Ordnung und einheitlichen gemeinschaftlichen Strukturen entstanden sind, sich aber in *Klischees* verwandelt haben, in monastische *Stanzfiguren*, in der jeder neu in eine Gemeinschaft Eingetretene hineingepresst wurde. Die Älteren mögen sich vielleicht noch erinnern, wie ihnen in ihrer Noviziatszeit sogar beigebracht wurde, wie man zu gehen, ja, wie man zu *schreiten* hat. Das seinerzeit gängige Modell in der Gesellschaft wie in der Kirche und in den Klöstern war äußerste Uniformität, während der Antikonformismus als einer der klarsten Hinweise auf Neigung zu sozialer Rebellion oder mangeln-

a Über die authentische Bedeutung der benediktinischen stabilitas und die innere Dynamik, die den Mönch als wahren amator loci beseelen sollte, vgl. F. Debuyst, *Bénédictins, un art de vivre*, Paris 1985.

der monastischer Berufung galt. Zu dieser Uniformität gesellte sich die Fixierung auf Bräuche und Sitten, Erbe einer säkularen Vergangenheit, die man, meist willkürlich, bis ins hohe Mittelalter zurückdatierte, wenn nicht gar bis in die Zeit der Väter des Mönchtums. Man sonnte sich in jenen Überzeugungen, was Henri de Lubac mit den Worten stigmatisierte: „Es gibt Menschen, die, weil sie nicht ihrer Zeit angehören, meinen, der Ewigkeit anzugehören."

Die gegenwärtige Kultur steht in offenem Kontrast zu all dem: Sie besteht aus Vielschichtigkeit, Differenziertheit, Andersartigkeit. Wenn uns die westliche Zivilisation jahrhundertelang an die Uniformität und den Zusammenhalt zwischen ähnlich Gesinnten gewöhnt hat, bis zu dem Punkt, dass derjenige, der dem nicht entsprach, als „Außenseiter" in der Gesellschaft und „Häretiker" in der Kirche gesehen wurde; wenn in den Klöstern einer, der Elemente der „Unterscheidung" bewahrte, als „Einzelgänger" betrachtet und tatsächlich an den Rand der *communio* gedrängt wurde, so verlangen von uns die soziologischen Fakten, dass wir – im Innern der Klöster wie auch nach außen – Experten in Vielschichtigkeit, Differenziertheit, Andersartigkeit werden. Die Gesellschaft selbst ist so: multiethnisch, multikulturell, multireligiös. Wenn wir in der *Missa pro pace* [Messe für den Frieden] beteten, der Feind möge von den *christianorum fines* [Grenzen der Christen] wegbleiben, hatten wir eine präzise geografische Realität dieser Grenzen vor Augen. Heute sind die Grenzen der Christenheit nicht mehr eingeschränkt, nicht mal von Klostermauern. Sie lösen sich auf und mischen sich in einem bereichernden, für viele aber destabilisierenden *melting pot.*[a]

Ich kann hier nicht das Kapitel der Definition einer „universalen Ethik" aufschlagen, aber sicherlich stehen wir vor etwas Neuem, das

---

a Vgl. J.-P. Lintanf, „Notre société. Constats et réactions", in: *Lieu des moniales* 127-128 (1997), S. 11. Im Blick auf unsere Thematik ist der gesamte Beitrag (S. 1-34) fürwahr von hohem Wert.

mit voller Wucht auch die Dimension der Moral trifft. Denken wir nur an das Problem der gesetzgebenden Staatsorgane, die lernen müssen, Gesetze zu erlassen, nicht ausgehend von der von einer christlichen Minderheit geteilten Moral, sondern von einem Gesamt von Werten, die von einer Vielzahl von Religionen und Weltanschauungen anerkannt sind.

Die gesellschaftliche Situation ist für die Kirche wie für das Mönchtum nicht leicht zu handhaben, dennoch vielleicht auch stimulierend, über die eigene Identität und das eigene Zeugnis neu nachzudenken, so wie es schon die ersten christlichen Generationen gekannt haben. Man denke beispielsweise an die Ermahnungen in dem Brief *An Diognet* oder auch an Dimensionen wie die *xeniteía* gegenüber jedem „Vaterland" der Wüstenväter und an ihr *Außenseiterdasein* hinsichtlich der kirchlichen Institution selbst.

## *Unsere Zukunft*

### *1. Ein Blick auf das italienische Mönchtum*

Die gegenwärtige Krise ist auch in der Statistik ablesbar, die das Panorama des Mönchtums abbildet. Es geht hier nicht darum, sich von Zahlen in Angst jagen zu lassen, sondern hinter den Zahlen eine problematische Realität zu verstehen und mögliche Wege zu sehen, die man gehen kann. In diesen letzten Jahren erleben wir, abgesehen vom Abnehmen der Gesamtzahl der Mönche mit Profess – aufgrund mangelnden Ausgleichs zwischen Verstorbenen und neuen Eintritten –, ein besorgniserregendes Faktum auch vom Gesichtspunkt des Personalbestands: die fortwährende Ausdünnung der Altersschicht bis 50 Jahre.

Nun, ein koinobitsches Kloster „funktioniert" gut als soziale Körperschaft – jenseits der Bewertungen über die Gesundheit seiner einzelnen Mitglieder –, wenn die tatsächlich Aktiven bei einer Zahl zwischen 35 und 40 Mönchen liegen.[a] Wenn man in diese Rechnung einbezieht, dass man einige von diesen – im Durchschnitt sind es 15 – aus verschieden Gründen (Novizen, Alte, Kranke) nicht mitzählen kann, folgt daraus, dass ein Kloster, damit es sich nur schlicht „tragen" kann – ohne an Neugründungen zu denken –, eine feierliche Profess pro Jahr bräuchte. Dieses einfache Faktum mag uns ein Gefühl für die Situation vermitteln, in der sich jedes einzelne Kloster befindet.

Doch es gibt ein noch weit besorgniserregenderes Faktum: Aus einer statistischen Erhebung im Auftrag der Universität Bologna zur Einschätzung der potenziellen Studentenzahlen für die nächsten Jahrzehnte – auf der Basis von Daten, die nicht von vagen Prognosen und Projektionen ausgehen, sondern unveränderlich feststehen – ergibt sich Folgendes: Die Bevölkerung in Italien zwischen 19 und 26 Jahren (Studentenalter) wird im Jahr 2010 im Vergleich zu den 8 Jahren vorher um 40 Prozent zurückgehen und 2012 sogar um 50 Prozent. Diese Gegebenheit deckt sich voll mit dem, was wir als das normale Zeitfenster für die Berufungen zum monastischen Leben bezeichnen könnten (zwischen 19 und 26 Jahren). Gravierend hinzu kommt aber, dass zwar die Frequenz der Hochschulen infolge des Einwanderungsphänomens wachsen könnte, während man im Blick auf das Mönchtum die Zugehörigkeit vieler Immigranten zu nichtchristlichen Religionen mit einrechnen muss. Das bedeutet, dass unsere Klöster in ca. 10 Jahren genau die Hälfte der Novizen haben werden, die sie heute haben, angenommen und voll Hoffnung, dass das prozentuale Verhältnis zwischen jugendlicher Bevölkerung und monastischen Berufungen nicht weiter abnimmt.

---

a Das belegt die weise soziologische Neudeutung des monastischen Phänomens von den Anfängen bis heute, die erstellt worden ist von R. Hostie, *Vie et mort des ordres religieux. Approches psychosociologiques*, Paris 1972.

Das bedeutet für diejenigen, die derzeit eine Leitungsfunktion in einer Kommunität haben, dass sie in ihrem administrativen Denken nicht nur die Gegenwart vor Augen haben, sondern ein Kloster für diejenigen vorbereiten müssen, die heute zwischen 20 und 30 Jahre alt sind. Sie werden ihrerseits die Kommunitäten in Jahre führen müssen, die voraussichtlich noch schwieriger sein werden. Dieses wachsame Auge auf die „Kommunität der Zukunft", während sie die „Kommunität der Gegenwart" führen, müsste ihre Überlegungen erhellen, nicht nur auf der Ebene der Bauten, der Ökonomie und Strukturen, sondern in erster Linie auf der geistlichen Ebene.

### 2. *Mönch beziehungsweise klare Identität*

In den letzten Jahrzehnten – markant beschleunigt in den Jahren nach dem Zweiten Vatikanum – hat sich in der Kirche das Bewusstsein der Tragweite der „universalen Berufung zur Heiligkeit" voll durchgesetzt. Trotz Widerständen und nostalgischen Schwärmereien hat sich das Verständnis der verschiedenen „Stände" in der Kirche radikal gewandelt, nicht nur auf der Ebene der *Communio*-Ekklesiologie, sondern auch im Streben nach „christlicher Vollkommenheit" – der Heiligkeit – vonseiten aller Getauften: Es gibt nicht mehr einen „besseren Weg", einen den Ordenschristen oder Priestern vorbehaltenen „Stand der Vollkommenheit". Es gibt lediglich verschiedene Lebensstile für die allen gemeinsame Berufung zur Heiligkeit und für das Streben nach Vollkommenheit in der Nachfolge Tag für Tag.[a] Dieses Verschwinden – wenngleich nicht in allen theologischen Texten oder in der Praxis mancher Ordenschristen – dessen, was man im Verständnis des Volkes Gottes für ausgemacht erachtete, näm-

---

a Vgl. oben S. 63-70. Ferner hierzu der mittlerweile zum Klassiker gewordene Text von J.-M. R. Tillard, *Davanti a Dio e per il mondo. Il progetto dei religiosi*, Alba 1975, sowie die jüngere Studie von C. M. Harmer, *La vie religieuse au XXIe siècle*, Montreal 1997.

lich „privilegierte Schichten" von Christen, führt zu einem radikalen Neudenken im Blick auf die Identität der verschiedenen Berufungen einer „besonderen Weihe" (wie das immer noch mit diesem zweideutigen irreführenden Begriff bezeichnet wird).

Für das Mönchtum ist diese Fokussierung auf die eigene Identität noch unabdingbarer. Da es nämlich ursprünglich weder eine besonderes „Ziel" noch eine pastorale Aufgabe hat, ist das monastische Leben ständig durch einen Gehorsam zum Evangelium im Zölibat und im gemeinsamen Leben gekennzeichnet.[a] Es bringt deshalb gar nichts, eine monastische Identität außerhalb dieser beiden konstitutiven Elemente neu zu orten zu versuchen: der Zölibat einerseits, nicht verstanden im Sinne von Gesetz und Disziplin, nicht als größere Verfügbarkeit und Wirkmöglichkeit, weil man sich um familiäre Probleme nicht zu kümmern braucht, sondern als eigene innere Identität und Quelle enormer menschlicher und geistlicher Fruchtbarkeit – und das gemeinsame Leben andererseits. Vor allem Letzteres, das für die neuen Generationen von so hoher Bedeutung ist, gilt es in den monastischen Gemeinschaften in seinem ganzen Potenzial wiederzuentdecken, zu reflektieren und neues Leben einzuhauchen. Ich glaube, nicht rein zufällig hat Johannes Paul II. in seiner Einführungsansprache an die Vollversammlung der Kongregation für das Ordensleben, die das *Instrumentum laboris* für die Bischofssynode über das geweihte Leben vorlegte, mit so großem Nachdruck und tiefer Klarheit auf die Wichtigkeit des *gemeinsamen Leben*s in den Ordenskommunitäten hingewiesen.[b] Angesichts einer Welt, die von einer gesellschaftlichen Vermassung bedroht und zugleich versucht ist von einer Nabelschau im Individualismus, kann das Zeugnis von

---

a Diese beiden Elemente bilden die wesentlichen Aspekte, die alle verschiedenen Formen des Ordensleben einen; vgl. oben, S. 71-101 sowie Th. Matura, Celibato e comunità.

b Vgl. oben, S. 249-275.

Männern und Frauen, die fähig sind, nicht nur die materiellen Güter miteinander zu teilen, sondern auch ihre Erwartungen, ihre Ideale, beginnend bei der Alltäglichkeit des Lebens und in der ständigen Auseinandersetzung mit dem Bruder, wirklich zu einem *Zeichen* werden, das die trinitarische Gemeinschaft im Heute der Kirche und der Welt widerspiegelt.

Und wenn wir ganz ehrlich sind: Gerade in der Qualität des gemeinsamen Lebens zeigen unsere Kommunitäten heute die schlimmsten Defizite. Nämlich nicht auf der Ebene des Zölibats und auch nicht auf der Ebene der Armut registrieren wir die größte Diskrepanz zwischen Projekt und Umsetzung, vielmehr auf der Ebene der Unfähigkeit, gemeinsam zu leben, zu denken und zu handeln, auf der Ebene der Mühsal, gemeinsam eines Sinnes zu sein im Blick auf jenes „eine Herz“ und jene „eine Seele“, was den Kern der apostolischen Gemeinde von Jerusalem ausmachte. Und vielleicht könnte gerade auf dieser Ebene das Mönchtum zu einer „Mahnung des Evangeliums“[a] für das ganze Ordensleben und für die gesamte Kirche werden.

### *3. Prinzip des Lebens – Prinzip des Todes*

In einem gesellschaftlichen Kontext, in dem die Kirche mittlerweile zu einer Minderheit geworden ist und in dem die Christen ihre Identität in der Gemeinschaft mit anderen Menschen suchen, auch innerhalb des Ordenslebens, erweisen sich nicht nur die äußerlichen Unterscheidungen (Habit) oder Funktionsbereiche (Aufgabenfelder), die eine Kongregation von der anderen unterscheiden, sondern auch

---

a Unter diesem treffenden Titel wurde eine postume Sammlung von Essays eines der intelligentesten und einfühlsamsten Kenner des Ordensleben und der Wüstenväter im Besondern, des Jesuiten Jean-Claude Guy, veröffentlicht, der viel Zeit in Benediktinerklöstern verbrachte: *La vie religieuse mémoire èvangélique de l'Église*. Einige prophetische Intuitionen darin sind noch heute grundlegend. Vgl. dazu auch das bereits zitierte Werk: L. Bouyer, *Sophia*, S. 188-194.

jene, die ein wenig gehörter Theologe, Louis Bouyer, als „Genetiv-Spiritualitäten“ bezeichnet hat, das heißt dekliniert durch Besonderheiten, die das Wirken des einen, belebenden Geistes in die zweite Ebene rückten, um das *Proprium* einer *Form* des Ordenslebens mit seinen „Devotionen“ in den Vordergrund zu stellen.

Diese Reduzierung der *Identität* auf stereotype *Klischees* hat dazu geführt, dass manche Formen der Präsenz in der Welt und innerhalb der Kirche in eine Krise geraten sind, und damit ist zugleich die eigene Identität des Ordenslebens angetastet worden. Diese Krisen haben sich noch weiter verschärft im Blick auf jene Kongregationen, die sich der „Diakonie“, also einem Dienst, einer genau umrissenen Diakonie widmen: in Schulen, Krankenhäusern, in der Armenfürsorge usw. Da zeigt sich ein soziologisches Element, von dem die kirchlichen Institutionen nicht ausgenommen sind: Was Prinzip des Lebens ist, das ist auch Prinzip des Todes. Wie der Jesuit Raymond Hostie ganz offen und sehr deutlich dargelegt hat,[a] kam es in der Geschichte der Kirche jedes Mal, wenn ein Mann oder eine Frau, charismatisch begnadet, eine gesellschaftliche Not gesehen und darauf eine konkrete Antwort gegeben haben, zu einer erstaunlich raschen Ausbreitung einer neuen Form des Ordenslebens, vielleicht zum Nachteil anderer Formen im Niedergang. Aber spiegelbildlich führt das Abnehmen jener speziellen Not, mit gleicher Geschwindigkeit wie die Ausbreitung, zunächst zu einer Stagnation und dann zu einem Niedergang in den Auswirkungen und auch zu einer tiefen Identitätskrise in den verbliebenen Ordenschristen. Denken wir beispielsweise an die Folgen, die die staatliche Übernahme von Aufgaben im Erziehungswesen, in der Fürsorge und im Gesundheitswesen auf das Ordensleben in der westlichen Welt gehabt hat. Zur Untermauerung dieser soziologischen Gesetzmäßigkeit haben wir die

---

a *Vie et mort des ordres religieux*, darin im Besondern die S. 289-319.

substanzielle Stabilität – aber in klar reduzierten, wenn nicht sogar vernachlässigbaren Zahlen, man denke da beispielsweise an die Kartäuser – der Auswirkungen auf die Orden, die von jedem „Ziel" oder klar umrissenen Dienst entbunden worden sind: Die starke Identität entmutigt zwar viele Kandidaten, fängt aber die Rückschläge der äußeren Veränderungen viel besser auf.

Interessant in dem Zusammenhang ist auch die Fragestellung, welches Bild das christliche Volk von „Heiligkeit" in einer bestimmten Epoche hat,[a] unabhängig von Urteilen über die Heiligkeit des Einzelnen, die nur der Herr in Wahrheit kennen kann. Nicht per Zufall bezeichnete das Volk in den ersten Jahrhunderten, gleich nach der Zeit der Märtyrer, als Heilige – vielleicht sogar, wenn sie noch gar nicht verstorben waren – die Mönche, während vom Beginn des 13. Jahrhunderts an Persönlichkeiten wie Franz von Assisi vorherrschten, und in den letzten beiden Jahrhunderten standen die großen „sozialen" Heiligen an erster Stelle. Ich denke, dass es bemerkenswert ist, dass heute kein Mönch „aus Begeisterung des Volkes" heiliggesprochen würde, während das auf charismatische Persönlichkeiten des Ordenslebens im Dienst am Nächsten wie Mutter Teresa wohl zutrifft.

Diese Fakten stellen uns vor die Frage nach dem Bild der Kirche und der Präsenz in der Welt, die die Christen heute zu geben vermö-

---

a Aus den gängigen und angestrebten „Modellen" von Heiligkeit ergibt sich eine interessante Annäherungsmöglichkeit an die ihnen zugrunde liegenden Theologien. Henri de Lubac hatte bereits in seinem Werk *Paradoxe et Mystère de l'Église*, Paris 1967, ein faszinierendes Kapitel der „Heiligkeit von morgen" gewidmet. Doch vor ca. drei Jahrzehnten kam es zu diesem Thema zu einer leidenschaftlich geführten, historisch-theologischen Debatte: vgl. H. U. von Balthasar, „Die Heiligen in der Geschichte der Kirche", in: *Communio* 47-48 (1979), S. 27-36; C. Leonardi, „Von der ‚monastischen' Heiligkeit zur ‚politischen' Heiligkeit", in: Concilium 15/9 (1979), S. 1540-1553. Das wurde dann in Frage gestellt in dem Beitrag von G. Pendico, „Mittelalter und monastische Heiligkeit: ein Äquivalent?", in: Studi Medievali 24 (1983), S. 389-401. Darauf folgte in derselben Zeitschrift (S. 402-405) die Replik von Claudio Leonardi unter dem Titel „Ende des Mönchtums".

gen. Es ist sicher nicht Sache des Mönchtums allein, Antworten zu geben: Nur die Kirche in ihrer Ganzheit und in ihrem Sein „in der Welt, aber nicht von der Welt“ wird diese geben können. Doch von den Mönchen ist Klarheit gefordert im Blick auf das, was sie sind, und im Bezug auf die Authentizität ihrer Identität: einfache Getaufte, die ein gemeinsames Leben im Zölibat und in der Radikalität der *Nachfolge Christi* führen.

## *Strukturen für eine Identität*

### *1. Unterscheidung einer Berufung*

Im Licht dieser Überlegungen bin ich überzeugt, dass sich ein großer Frühling für das monastische Leben anbahnt, mit einem Aufblühen zahlreicher Berufungen. Das steht keineswegs im Widerspruch zu dem, was ich oben über die demografische Abnahme gesagt habe, die für das potenzielle Reservoir für neue Berufungen zu erwarten ist. In einem Klima geringerer „sozialer Notwendigkeit“ für Dienstleistungen im Sektor der Nächstenliebe, die vom Ordensleben erbracht werden, ist absehbar, dass vor allem diese letzteren starken Rückgängen im Personalbestand unterliegen werden, während sich eine Lebensform wie die monastische, die an die Schwankungen in den Antworten auf nahe liegende Nöte weniger gebunden ist, auch zahlenmäßig eine beachtliche Verstärkung erwarten kann. Dies allerdings unter der Bedingung, dass das Mönchtum die notwendige Klarheit und den erforderlichen Wagemut aufbringt zu einem neuen Verständnis der eigenen Tradition und der eigenen Identität,[a] um

a An prophetischen Stimmen in der Hinsicht hat es in der nachkonziliaren Zeit nicht gemangelt. Ich möchte hier an eine der mutigsten, ja in bestimmten Aspekten sogar Ratlosigkeit auslösenden, aber immer scharfsichtigen Stimmen erinnern: B. Schellenberger, Grandeur et risque del la vie monastique, Paris 1985. Über die Leichtigkeit, sich ganz neu im Wesentlichen zu verankern, indem man akzeptiert zu verlieren, „sich auf die Trauer einzulassen" im Blick auf manche Wirklichkeiten, die in hohen Ehren stehen mögen, aber nicht mehr tragfähig sind für das Leben heute. In der Richtung habe ich den Eindruck, dass das vom Konzil geforderte „Aggiornamento" eher als Modernisierung denn als Rückkehr zu den Quellen des Evangeliums und der Kirchenväter verstanden wird. Ebenso scheint mir, dass die Unterscheidung der „Zeichen der Zeit" auf eine Verweltlichung reduziert worden ist, was zu einer Verarmung der „teuren Gnade"[a] führt, für die das Mönchtum als Mahnung an das Evangelium für die gesamte Kirche Zeugnis ablegen muss.

In der neuen Situation, in der wir uns befinden, müssen wir also den Mut aufbringen, uns nicht nur die Frage nach der Zahl der Berufungen zu stellen, sondern auch, und vor allem nach ihrer Qualität. Eine Versuchung, der das monastische Leben seit jeher ausgesetzt ist – bereits von Symeon dem Neuen Theologen stigmatisiert –, ist die der „Ikonostase": Hinter der Ikonostase, hinter der wunderschön mit Ikonen geschmückten Wand verbergen sich die wohlfeilsten Gegenstände, die für die Reinigung und Neuordnung der Kirche notwendig sind. Im Übrigen: Hat nicht der Herr selbst massiv gewettert gegen die „weiß übertünchten Gräber", die den Passanten in die Irre führten, weil sie nach außen Reinheit zeigten, in ihrem Innern aber Knochen und Verwesung verbargen (vgl. Mt 23,27-28)? Das Mönchtum muss deshalb wachsam sein, dass sein äußeres Erscheinungsbild, die monastische *Silhouette*, nicht als Paravent für ein nicht vorhande-

mit der man dagegen das Ordensleben mit Etikett „prophetisch" versieht, häufig ohne dessen reale Tragweite geprüft zu haben, vgl. oben, S. 33-56.

a Mit diesen Worten, die man nie häufig genug zitieren kann, umschreibt der evangelische Theologe Dietrich Bonhoeffer eine unausweichliche Dimension der christlichen Nachfolge, für die gerade das Ordensleben eine fortwährende Mahnung für die gesamte Kirche darstellt. Vgl. D. Bonhoeffer, *Nachfolge*, 1. Teil, S. 29-43 (aus dem Jahr 1937).

nes Lebens dient. Diese Wachsamkeit führt in erster Linie zu einer Unterscheidung der Berufungen und zur Weigerung, jeden aufzunehmen, nur um einzig und allein die Strukturen einer Kommunität anzureichern. Ich rede hier nicht von moralischen Eigenschaften, sondern von dem notwendigen Bewusstsein, dass es, um für das monastische Leben eine Zukunft zu sichern, nicht genügt, jemanden aufzunehmen, der sich vielleicht voll innerem Eifer zeigt, aber dem es an menschlicher Reife und geistlicher Einsicht mangelt. Letztere darf keineswegs mit den intellektuellen Fähigkeiten verwechselt werden. Man kann durchaus ein monastisches Leben führen, auch wenn man kein Intellektueller ist; doch es geht langfristig und in der Tiefe nicht ohne die Einsicht dessen, der mit den anderen eine verantwortliche Beziehung als Erwachsener aufzunehmen vermag. Wenn man, nur um Novizen zu haben, Anwärter ohne menschliche Reife im Blick auf Einsicht und Gemeinschaftsfähigkeit zulässt, dann führt das in einen Teufelskreis, in dem der qualitätslose Kern immer mehr derartige Kandidaten anziehen wird und andererseits jene abschrecken wird, die auf der Suche nach einem soliden monastischen Leben sind.

Es geht hier nicht darum, die Schwachen abzuweisen – wie jemand in demagogischer Weise denken könnte –, sondern im Gegenteil: Es geht darum, einen gesunden Ort bereitzuhalten, in der auch die Schwachen Halt und die Kranken Heilung finden können. Wenn man beispielsweise Personen mit labilem psychischem Gleichgewicht zulässt, wird ihre Zahl gemäß den Gesetzen einer Symbiose tendenziell größer werden; das mündet dann leicht darin, dass das gemeinsame Leben gelähmt wird, weil sie gemeinschaftliche Zusammenkünfte, brüderliche Begegnungen, die Annahme von Aufgaben in Verantwortung unmöglich machen. Wenn in einer Mönchsgemeinschaft die Zahl der Brüder übermäßig zunimmt, die nicht gerne lesen, die sich nicht angezogen fühlen von der Geistlichen Schriftlesung aus der Bibel, die nicht zu den Werken der Kirchenväter greifen und keine Freude an der Liturgie haben, wird sich das Kloster nicht in würdiger Weise halten können und ist sein Zeugnis im Blick auf Transparenz und Aussagekraft nicht gesichert: Am Horizont zeichnet sich dann nicht nur die Krise, sondern der Niedergang ab.

Andere Formen christlichen Lebens und des Ordenslebens, die in höherem Maße an eine Funktion gebunden sind, an präzise Aufgaben, die zu erfüllen sind, können zulassen, dass ein fester Bestand an Formung und ein gewisses Interessenniveau nur einige Mitglieder der Kongregation betreffen; das gilt aber nicht für das Mönchtum und schon gar nicht für das Mönchtum der kommenden Jahrzehnte.

## *2. Monastische Formung*

Im heutigen kulturellen Kontext und in besonderer Weise in der Welt der Jugendlichen muss alles gerechtfertigt sein, alles muss einen eigenen Grund haben in der Gegenwart wie in der Zukunftsperspektive. Man kann sich nicht mehr einfach auf die Vergangenheit berufen, auf das „wir haben das immer so gemacht." Entweder sind diejenigen, die in einer monastischen Gemeinschaft Verantwortung tragen, imstande, den unterschiedlichen Observanzen eine Rechtfertigung zu geben – und zwar eine Rechtfertigung, die das Leben fördert und Sinn macht –, oder die jungen Menschen erleben diese Observanzen als drückendes Joch und werden sich dem, sobald wie möglich, entziehen, wodurch jede Gemeinschaft nicht mehr lenkbar wird. Das gilt auf allen Ebenen: von der Liturgie und Kleidung, vom Lebensstil, von der Art, wie man sich ernährt, bis hin zu den Gebräuchen. Nach Aussage von Soziologen handelt es sich dabei um eine der schwierigsten Herausforderungen, denen sich die Älteren stellen müssen: Sie kommen aus einer kulturell viel homogeneren Welt, wo die Überlieferung dessen, wie man es seit jeher gemacht hat, problemlos übernommen wurde; sie erfahren sich entwaffnet, wenn sie Rechenschaft über die Motive geben sollen, die jedem Gebrauch zugrunde liegen. Man muss mit charismatischer Glaubwürdigkeit die Beziehung zwischen Bedeutung und Sinnhaben neu sehen, sich fragen nach der Fähigkeit, eine Botschaft zu vermitteln, die manche Handlungen verloren haben, neue Wege finden, um dauerhafte Werte auszudrücken: Das mag eine große Herausforderung sein, ist aber unumgänglich.[a]

### *3. Regel, Abt und Gemeinschaft in einem dynamischen Kreislauf*

Im abendländischen Mönchtum ist die Aussage von Benedikt, der die Koinobiten als jene bezeichnet, die „unter Abt und Regel" dienen (*RB* 1,2) darin gemündet, dass sie eine Verknüpfung vertikaler Unterordnung zwischen den drei konstitutiven Elementen eines Klosters erfahren hat: oben die Regel, der auch der Abt unterworfen ist, dem die Gemeinschaft unterworfen ist. Das entstellt meines Erachtens nicht nur das eigentliche Anliegen des Urhebers der Regel, sondern auch die historische Entwicklung des benediktinischen Mönchtums, wie sie sich tatsächlich vollzogen hat. In der Tat ist eine gesunde Beziehung zwischen diesen drei Elementen nur durch eine Kreislauf-Dynamik gewährleistet: Die Regel ist für das Leben der Gemeinschaft die Norm, aber der Abt ist gerade durch die Regel selbst gehalten, darüber hinauszugehen und zu unterscheiden, was in einer bestimmten Situation und mit bestimmten Personen geeigneter und dem Evangelium entsprechender ist. Er muss die Regel in ihrer Funktion für eine klar umrissene Gemeinschaft zu deuten wissen, die ihrerseits nicht nur den Abt formt und aus ihrem Schoß wählt, sondern die ihn Tag für Tag in die Lage versetzt, sein Amt im

a Vgl. oben, S. 142-149.

Gehorsam zu erfüllen. Jenseits des lapidaren, juridischen „*semel abbas, semper abbas*" (einmal Abt, immer Abt) nämlich gibt es keinen Abt, wenn eine Gemeinschaft ihn nicht als solchen in der Alltäglichkeit des Lebens anerkennt.[a]

Das ist eine Dimension gemeinschaftlicher Dynamik, die durch die *Communio*-Ekklesiologie, wie sie das Zweite Vatikanum ins Licht gerückt hat, neu vorgeschlagen worden ist. Durch sie könnten vielleicht die Klöster zu Pilot-Laboratorien für die gesamte Kirche sowie für die Amtsausübung im Blick auf die Einheit in der Liebe werden. In diese gleiche Richtung weist übrigens auch die Erkenntnistheorie, wenn sie bekräftigt, dass die sozialen Körperschaften Fortschritte machen in der Geschichte dank einer Spiegel-Dialektik zwischen „Buch" und „Volk". Hatte nicht Jahrhunderte vor den Erkenntnistheoretikern, die eben nichts anderes machen, als in der Geschichte bereits vorhandene menschliche Konstanten zu deuten, Bernhard von Clairvaux von „*liber et ecclesia*" (Buch und Kirche) gesprochen? Es geht um die Beziehung zwischen der Bibel und dem Volk Gottes: Israel war es, das den Inhalt der Bibel festlegte; aber es ist die Bibel, die Israel Identität verleiht, so wie es dann die Kirche ist, die den Kanon des Neuen Testaments festlegt, die aber gleichzeitig durch das gehorsame Hören auf das Wort Gottes erbaut und geprägt wird. Aus diesen tiefen Motiven und nicht aus ekklesiologischen Fragestellungen ist das *sola Scriptura* Luthers nicht möglich: Jedes Wort, das zum Geschehen wird, erfordert eine Interaktion mit dem Adressaten der Botschaft, die Mittlerin ist, um auch für neue Adressaten weiter sinnstiftend sein zu können.[b]

Demnach ist im monastischen Leben der Abt derjenige, der sich, wenn er sich in den Dienst der Regel und der Gemeinschaft stellt,

---

a Vgl. oben, S. 150-157.

b Vgl. oben, S. 190-205.

*unter* beide stellt, um einen ständigen und lebendigen Dialog zu ermöglichen. Es geht deshalb nicht darum, von einem monarchischen oder feudalistischen Verständnis zu einem demokratischen oder auf Versammlungsbeschlüssen beruhenden Verständnis der Autorität in den Klöstern überzugehen, sondern die *Synodalität*, das Gemeinsam-unterwegs-Sein (*sýn-odós*) neu zu entdecken, in unterschiedlichen Rollen und Funktionen, im gemeinsamen Gehorsam gegenüber dem Wort der Offenbarung – dem Evangelium, dessen Mittlerin die Regel („unter Führung des Evangeliums" – *RB* Prolog 21) sein will – doch das erfordert ständige Bekehrung.

Dieses Neudenken des Dienstes an der Einheit und der Funktion des Abtes, das nicht Frucht einer bequemen Modernisierung, sondern einer authentischen Rückkehr zu den Quellen ist, erweist sich dann besonders beredsam für den Menschen von heute in einer Gesellschaft, in der, im Gegensatz zur Vergangenheit, die Massen subjektiv geworden sind, sich aber dennoch schwer tun, in ihrem Innern Mittel der Kommunikation, des Dialogs und der organischen Entwicklung als Ganzes zu finden.

## *Mönchtum und äußere Wirklichkeiten*

### *1. Mönchtum und Kirche*

Das Mönchtum ist immer als Randphänomen entstanden, als Wirklichkeit am Rande des kirchlichen und gesellschaftlichen „Leibes": Auch die geografische Verortung[a] – an den Grenzen des Kaiserreichs und an den Peripherien der Städte – ist für die geistliche Einstellung von Bedeutung. Das Kloster findet seinen Platz im Raum zwischen

a In der bereits zitierten Studie von Hostie findet sich Herausragendes über die Rolle des „geografischen Tiegels" in der Entstehung und Entfaltung des Ordenslebens. Vgl. *Vie et mort des ordres religieux*, S. 276-289.

Wüste und Stadt, befähigt zu einem Blick auf beide Wirklichkeiten. Darauf ausgerichtet, auf sie zu hören, und Träger eines Wortes zu sein, das an sie adressiert ist. Der Mönch steht also an der Peripherie: Vor sich, in einiger Entfernung hat er die Stadt, die Welt; hinter sich hat er die Wüste, den Wald, das Gebirge oder das Tal, bereit sich ihnen zu stellen. Es ist schwierig, an der Peripherie zu *bleiben*: Es besteht die fortwährende Versuchung der Einigelung und Flucht in ein hochmütiges Sektierertum oder einer konfusen Einordnung in die kirchliche Institution (wie auch in die Gesellschaft, in Zeiten christlicher Vormacht). Wenn diese dialektische Distanz an der Peripherie nicht gewahrt wird, verliert das Mönchtum an Bedeutung; dann haben derartige Surrogate dieser seiner zu verantwortenden Freiheit gar keinen Wert. Ja, wie kann man einerseits vollberechtigt Teil der kirchlichen Institution sein, ganz darin eingesenkt (man denke beispielsweise an die Klerikalisierung des Mönchtums und die daraus resultierende Übernahme von Aufgaben in der Pastoral), und sich ihr andererseits im Ausweichen in die „Exemtion" entziehen? Ist letztere nicht als pure Verteidigung von erworbenen Privilegien zu sehen, die sich summieren mit denen, die aus institutionellen Aufgaben stammen?

Es darf sicherlich keine Flucht vor der Welt, keine Flucht vor den Menschen und auch keine Flucht vor der Kirche geben, wohl aber eine ganz entschiedene Flucht vor dem weltlichen Denken, das in der Welt, aber auch in der Kirche, in jedem Christen und Mönch präsent ist und wirkt. Doch *in der Kirche* muss das Mönchtum seinen eigenen Platz wiederfinden und bewahren, auch wenn das einen hohen Preis kostet: die prophetische Marginalität. Ich habe bereits daran erinnert, dass Antonius gern immer wieder betonte, dass die Mönche lediglich zwei Dinge besitzen: „die Heiligen Schriften und die Freiheit".[a] Wenn sie es schaffen, diese beiden Reichtümer leben-

a *Vita Antonii* 26,4.

dig zu bewahren, können sie in den Leib der Kirche – einen Leib, den sie gut und mit Liebe kennen sollten – verschiedene Werte, Anreize für alternative Lebensenergien einbringen.

Die Mönche sollten sich fragen, weshalb sich heute viele Jugendliche, die vielleicht früher mal die Nähe der Klöster suchten, von Sekten oder esoterischen Bewegungen angezogen fühlen. Kann das nicht auch eine Folge der Tatsache sein, dass ihr Wunsch „anders" zu sein, in perfekt der kirchlichen Institution angepassten monastischen Gemeinschaften keinen Raum zum Atmen mehr findet? Unsere Klöster müssten die Gemeinschaft mit der Kirche vor Ort und mit der Weltkirche leben, allerdings in eigener Weise: nicht durch die Exemtion, sondern *autrement*, „anders", um hier das schöne Wort von zwei französischsprachigen, sehr charismatisch begnadeten Äbten zu verwenden: André Louf von der Abtei Mont-des-Cats (Katsberg) und Michel Van Parys in Chevetogne.[a] Ja, wir sind dazu berufen das zu sein, was auch die anderen sein sollten – Christen, die in Treue ihrem Herrn folgen – aber „anders", mit anderen Konnotationen, wobei der *eschatologischen* Dimension des christlichen Lebens ein Vorrang zukommt und aus unserem Leben eine *Mahnung an die Zukunft* wird, die uns erwartet und uns in Christus entgegenkommt.

## 2. Mönchtum und menschliches Miteinander

Das ursprüngliche Mönchtum wurde in der konstantinischen Ära als Erbe der Märtyrer gesehen und vom hellenistisch geprägten kulturellen Hintergrund beeinflusst, der in Ägypten und im gesamten Raum des Mittleren Ostens präsent war. Vergessen wir nicht, dass Alexandria zur damaligen Zeit wohl das wichtigste Zentrum helle-

a Bezeichnend ist auch der Originaltitel des bereits zitierten Werkes von Schellenberger: *Ein anderes Leben: Was ein Mönch erfährt*, Freiburg 1980.

nistischer Kultur war. Das Mönchtum hat sich in einer Zeit entwickelt, die stark vom Manichäismus geprägt war; es hat sehr bald aus Überzeugung den dualistischen Sprachgebrauch des johanneischen Neuen Testaments übernommen: Licht-Finsternis, Welt-Himmelreich, Leben-Tod, und ihn bisweilen noch stärker akzentuiert. Als dann allmählich die Kirche und mit ihr das Mönchtum die in Qumran geprägten semitischen Wurzeln des johanneischen Dualismus in Vergessenheit geraten ließ, hat das dazu geführt, dass die Christen – und die Mönche in erster Linie – ihn vom platonischen Verständnis her interpretierte. Das hatte eine Verachtung des Körpers, des Fleisches und der irdischen Wirklichkeiten zugunsten des Geistes und der Realität des Himmels zur Folge.

Als bezeichnendes Beispiel für die Folgen dieser dualistischen Fehlentwicklung denke man an das „römische Tagesgebet", wo die Rede ist von „*terrena despicere*", was mit „die irdischen Dinge verachten" übersetzt wurde. Eigentlich bedeutet das lateinische *despicere* „herabschauen", das heißt mit den Augen Gottes urteilen, unterscheiden „Gott gemäß und nicht nach Art der Menschen". Das ist doch etwas ganz anderes als Verachtung!

Die fortschreitende Verfestigung dieser hochmütigen und verachtenden Einstellung hat die monastische Welt in eine Unfähigkeit zur Kommunikation mit den Männern und Frauen ihrer Zeit geführt, zu in mancherlei Hinsicht schizophrenen und paradoxen Verhaltensweisen. Unfähig zum Dialog mit „Sympathie", mit dem Herzen entspringender Solidarität mit den Menschen, meinen manche Mönche, die Wirklichkeit unserer Zeit „kennen" zu können, indem sie sich dem Weltlichen preisgeben, dem vorbehaltlosen Anschauen von Fernsehsendungen, der unkritischen Übernahme mancher Botschaften, die Personen oder Medien „im modernen Zeitgeist" übermitteln. So treten einerseits anstelle des brüderlichen Dialogs innerhalb der Gemeinschaft die Fernsehnachrichten – wenn nicht gar Spielfilme oder Kabarettsendungen im Fernsehen; andererseits wird weiter mit voreingenommenen, wenn nicht gar feindseligen Augen „von oben herabgeschaut“ auf jene „Welt“, die Gott so sehr geliebt hat!

Auch hier ist es notwendig, das Nebensächliche als solches klar zu erkennen. Nur so wird man zu einer liebevollen Distanz kommen. Nur so ist es möglich, das weltliche Denken zu hassen, aber die Menschen zu lieben, die Sünde zu hassen, aber den Sünder zu lieben. Diese Kunst erwirbt man nicht mit Leichtigkeit, doch der Christ, und mehr noch der Mönch darf sich ihr nicht entziehen. Heute besteht man beharrlich, wie es auch Papst Johannes Paul II. getan hat, auf der Notwendigkeit, zu einer neuen Spiritualität überzugehen oder besser: zu einer neuen Art, Raum zu schaffen für das Wirken des Geistes Gottes. Diese „Spiritualität“ – der die Mönche nicht fremd bleiben dürfen, wenn sie nicht zu einem kostbaren „archäologischen Relikt“ werden wollen – birgt in sich die Fähigkeit, die Treue zur Erde mit der Treue zum Himmel zu verbinden, Solidarität mit den Menschen und Sehnsucht nach Gott. Die Mönche müssen das in der ihnen eigenen Weise tun, indem sie nicht den letzten Errungenschaften auf dem Gebiet der Ökologie oder in den Strategien der Marktpräsenz nachhecheln und auch nicht, indem sie erfolgreiche Persönlichkeiten hofieren, um die Massen anzulocken. Sie müssen vielmehr zu den Quellen zurückkehren, in den Kirchenvätern und in den Autoren aus dem Mönchtum jenes *Mitleiden* im Blick auf die Menschen neu entdecken, jenen tiefen Wunsch, das Antlitz Gottes im Bruder zu erkennen, jene Fähigkeit zur Wahrnehmung dessen, was im Herzen selbst des schlimmsten Sünders brennt, jene liebevolle Solidarität mit allen Geschöpfen, mit Seele und ohne Seele, wie es in den lichtvollsten Seiten der Geschichte des Mönchtums und des Christentum zum Ausdruck gekommen ist.

# Eine Spiritualität für die Kirche?

*Die Mönche haben in ihrem Leben*
*kein spezifisches Ziel,*
*sie haben in der Kirche*
*keine besondere Funktion.*
*In erster Linie sind sie da ...*

Den Begriff „Spiritualität" finden wir erstmalig in einem Brief, der an einen Getauften aus dem 6. Jahrhundert adressiert ist: „*Age ut in spiritualitate proficias*", das heißt „Handle, damit du in der Spiritualität vorwärtskommst." Damit wird in den rar vorhandenen Zitaten dieser Aussage auf das Leben gemäß dem Geist Gottes hingewiesen, auf das Leben des Christen als konsequente Entfaltung der Taufgnade.[a] Wenn das christliche Leben mit angemessenem Bewusstsein aufgegriffen wird, wenn man sich auf die Dynamik des Heiligen Geistes einlässt, der in jeden Gläubigen durch die Taufgnade herabgekommen ist, wenn kirchliches Leben im Sinne der Teilhabe am Leib Christi vorliegt, dann ist es ein geistliches Leben. Und es ist genau dieses geistliche Leben, das seit den 1960er Jahren, auch durch die Stellungnahmen Hans Urs von Balthasars, geläufig als „Spiritualität" (abgeleitet vom französischen *spiritualité*) bezeichnet wird. Dieser Begriff wurde neu aufgegriffen, im letzten Jahrhundert häufig verwendet, auch im Plural: „die Spiritualitäten". Ja, leider spricht man im Plural von

a Siehe den Eintrag „Spiritualité" in: *Dictionnaire de Spiritualité* XIV, Paris 1990, Sp. 1142-1173, und da im Besonderen „Histoire du mot en latin et en français", Sp. 1142-1149. Vgl. auch O. Boulnois, „Spiritualitè ou vie chrétienne dans l'Ésprit?", in: *Communio* 19/3 (1994), S. 13-21.

Spiritualitäten, das heißt, damit werden „spezifische Spiritualitäten“ definiert, in denen besondere Elemente der christlichen Spiritualität hervorgehoben werden, abhängig von einem Ordensgründer oder von einem Heiligen. Dieses Phänomen haben wir nur in der westlichen Welt, dem christlichen Osten ist das fremd, der immer auf die Einheit des christlichen Lebens bedacht war, also auf eine einzige Spiritualität, nämlich die der Kirche. Und wahrscheinlich gerade deshalb hat der Osten auch die Einheit des monastischen Lebens bewahrt, weil es da keine Ausbreitung verschiedener Formen des Ordenslebens gab. Doch ich glaube, dass man sich hinsichtlich dieser Pluralität von Spiritualitäten dem Urteil von Hans Urs von Balthasar anschließen darf:

> *Große Impulse der Kirchengeschichte sind immer von einer Aufhebung trennender, doch nicht hinreichend begründeter geistiger Grenzen ausgegangen und von einem Rückgang auf den ersten, allbedingenden und -tragenden Impuls des Evangeliums selbst. Die heute üblich gewordene Differenzierung der Spiritualitäten – der verschiedenen Orden, Kongregationen, der Weltpriester, der Laien und der verschiedenen Laiengruppen – sind fast sämtlich Totgeburten, oft wohlgemeint, oft aber nicht nur unbewusst mit dem Gift des Ressentiments durchsetzt. Als ob je ein Heiliger an „seiner“ eigenen Spiritualität hätte interessiert sein können! Als ob solche Schubladengeistigkeit nicht des Heiligen Geistes unwürdig wäre, der doch immer nur die nie zu bändigende Fülle Christi den Herzen einflößen will!*[a]

Ja, diese Spezialisierung der *Genetiv-Spiritualitäten* offenbart, statt einen Reichtum zu zeigen, die verschiedenen Scheidungen, zu denen es zwischen Theologie und Spiritualität, zwischen dem Wes-

---

a H. U. von Balthasar, *Sponsa Verbi. Skizzen zur Theologie* II, Einsiedeln 1961, S. 11.

ten und dem Osten, unter Gliedern der Kirche gekommen ist, beziehungsweise sie macht die kirchlichen Spaltungen sichtbar, die passiert sind durch die Überbewertung einiger Elemente des geistlichen Lebens gegenüber dem, was vernachlässigt wurde.

Das Denken in Spiritualitäten kann tatsächlich dazu führen, das Subjekt mit dem Objekt zu verwechseln: Statt offen zu bleiben für das Evangelium, kapselt sich das Subjekt, der Gläubige, ab in einer Suche nach Identität, die ausgeht von der Unterscheidung hinsichtlich der anderen Subjekte, Glaubenden. Dadurch wird die Einheit des kirchlichen *pléroma* [Geistesfülle] in Frage gestellt; die fundamentale *simplicitas* des geistlichen Lebens, die mit der „universalen Berufung zur Heiligkeit“ (*Lumen Gentium* 39-40) verbunden ist, wird kompromittiert.

Die Spiritualitäten sind die Auswirkung einer körperschaftlichen Ableitung und deshalb ein Attentat auf die christliche Spiritualität, die, wie Louis Bouyer sagt, „nicht eine Unterscheidung zwischen dieser oder jener Gruppe von Christen sein darf, sondern ‚ein Glaube, eine Taufe, ein Herr, ein einziger Geist, ein Gott allein, der Erlöser aller ist‘ (vgl. Eph 4,5-6). Zweifellos ist es ein Geist allein, der in allen wirkt und von jedem Einzelnen fordert, verschiedene Aufgaben zu erfüllen und verschiedene Gaben und Dienste zu übernehmen; aber deshalb darf man nicht von verschiedenen christlichen Spiritualitäten sprechen, denn diese unterschiedlichen ‚Manifestationen‘ des Geistes unterscheiden sich nur auf einer äußeren beziehungsweise zweitrangigen Ebene, während das Wesen der christlichen Spiritualität eins und unveränderlich bleibt.“[a]

Gerade aufgrund dieser Überzeugung glaube ich nicht, dass es eine monastische oder eine benediktinische Spiritualität gibt, denn das Mönchtum erhält das *geistliche Leben und dessen Gestalt* von

a L. Bouyer, *Introduzione alla vita spirituale*, Turin 1965, S. 36.

der einen Kirche Christi: Es gibt nämlich nur eine Taufe, die das christliche Leben weiht, und deshalb ist für alle Christen die Weihe eine; einzig ist die Rechtfertigung, die Gott durch den Glauben wirkt; einzig ist das sakramentale Leben, durch das wir den Bund mit dem Herrn erneuern; einzig ist der reale Leib Christi, der die Kirche ist, deren Glieder wir sind wie die anderen, ohne Privilegien und ohne Exemtionen.[a]

Deshalb bieten die Mönche keine Spiritualität oder geistliches Leben an, weil sie das vom gegenwärtigen Christus und Herrn in der Kirche empfangen. Ja, was bieten sie denn an, beziehungsweise welche Botschaft können sie in aller Demut an ihre Brüder richten? Welche Mahnungen, dieses Wort gefällt mir hier besser, können von Bedeutung sein (im Sinne von hinweisen, „zum Wegweiser werden") in der Kirche auf ihrer Pilgerschaft zum Reich Gottes? Alle Christen sind, wenn sie konkret die Nachfolge Christi verwirklichen entsprechend ihrer Berufung, die sie bekommen haben, Mahnung an den Herrn: Nun, woran mahnt das monastische Leben heute im Blick auf das Evangelium die anderen Christen, die ihrerseits das Mönchtum an andere Bedürfnissen und Nöte erinnern?

### *Das monastische Leben heute muss der Kirche weiter und mit erneuerter Ausdauer seine Liebe anbieten*

Wenn wir einen Blick auf die Geschichte des Mönchtums werfen, können wir zwei Pole erkennen, die es immer gab, wenn nicht sogar zwei sich voneinander unterscheidende Traditionen, gerade im Leben ihrer Beziehung zur Kirche.[b] Eine Tradition, die sich vor allem

a Interessant ist die Deutung des Ordenslebens, die Kardinal Pierre Eyt vorgenommen hat: „La vie consacrée: l'être, le signe, le 'faire'", in: *Nouvelle Revue Théologique* 117/5 (1995), S. 641-653.

b Auch Giuseppe Dossetti weist auf die beiden monastischen Traditionen hin, die sich bei den Wüstenvätern ausgebildet hat – das heißt bei denen, die in der Sketis, in der Nitria, Kellia und in der Thebäis ein anachoretisches oder eremitisches Leben führten –, bewirkte parallel zur *fuga mundi* eine *fuga ecclesiae*. Die Christianisierung des Kaiserreiches, der Schutz, den der Kaiser der Kirche gewährte, der von ihr angenommen wurde und den sie genoss, die geistliche Dekadenz, in der sich der Klerus befand, und das Schwinden eines Weges der Buße, der sich durch die Bekehrung auszeichnet, drängten einige Christen, in die Wüste zu ziehen, um die radikale Nachfolge Christi „anders" zu leben. Doch das geschah nicht ohne einen Willen zur Trennung und Flucht aus der Kirche selbst.

Cassianus hat in seine *Koinobitischen Institutionen* ein Apophtegma aufgenommen: „Der Mönch muss vor den Frauen und Bischöfen fliehen"[a], weil durch beide der Mönch seine Berufung verlieren kann. Durch die Frau konnte es zu einem Verlust der Jungfräulichkeit, durch den Bischof zu einem Verlust des evangelischen Charakters eines Lebens kommen, das von einem Weggehen aus der Welt und einem Hineingehen in die Wüste gekennzeichnet war. Diese Tradition findet sich nicht nur in Ägypten oder in der Gruppe der Asketen des Eustathius von Sebaste, sondern erscheint überwiegend auch hier und da vor allem im Mittelmeerraum, der von Tendenzen zum Enkratismus beherrscht war: ein monastisches Gärbecken, das die Gestalt eines überbordenden Vagabundentums annimmt, eines übertrieben verklärten, begeisterten Eremitendaseins. Diese Mönche bleiben skeptisch gegenüber der großen Kirche, sie entwickeln die Theologie der monastischen Profess als „neue Taufe", die die wahre Bekehrung bestätigt und kennzeichnet. Sie entfernen sich in vielerlei Hinsicht vom sakramentalen Leben, das in der Kirche immer

---

vor allem in Beziehung zur Ortskirche auszeichnen. Vgl. „L'esperienza religiosa. Testimonianza di un monaco", S. 225-226.

a Johannes Cassianus, *Institutiones*, 11,18.

stärker organisiert und theologisiert worden war. Von daher ist das Aufkommen einer Polemik gegen Bischöfe und Klerus verständlich sowie die Bekräftigung der monastischen Lebensform als eine „bessere", „vollkommenere" im Vergleich zu der der anderen Christen, die tatsächliche Ausbildung einer Rangordnung, einer Klasse, die sich vom Leib der Kirche unterscheidet. Den Bischof zu meiden, das war nicht nur eine Flucht vor einer möglichen Priesterweihe bei Anwerbungsversuchen im monastischen Bereich, sondern bedeutete auch eine Behauptung des eigenen Lebens gegenüber dem Leben der Kirche; es war eine Flucht vor den Konflikten, zu denen es zwischen der kirchlichen Autorität und dem Mönchtum kam.

In der Hinsicht ist der Kanon 6 der Synode von Gangra bezeichnend: „Wenn jemand eine eigene Kirche errichtet, außerhalb der Kirche und unter Missachtung der Kirche, und für sich in Anspruch nimmt, kirchlich zu wirken ... er sei ausgeschlossen!"[a]

Dass diese Haltung einer Flucht vor der Kirche auch im Westen bezeugt ist, wissen wir von Gregor dem Großen, der in den *Dialogen* daran erinnert, dass Benedikt, ein *Mann Gottes*, inmitten der steilen Felsen der Berge nicht wusste, dass die christliche Gemeinschaft das Osterfest feierte und darüber erst durch einen Priester informiert werden musste.[b]

Spuren dieser Tradition findet man im östlichen wie im westlichen Mönchtum in allen Jahrhunderten, vor allem anlässlich von Zwisten und Konflikten zwischen bischöflicher Autorität und monastischen Kommunitäten. In Wahrheit mangelt es häufig bei den Bischöfen und in der Kirche, in der sie den Vorsitz führen, an dem *Bewusstsein* der *Ursprünglichkeit* des monastischen Charismas und Dienstes, der *Notwendigkeit* ihrer Präsenz in der Kirche als Dienst

a Vgl. „Concile de Gangres", in: J. Gribomont, *Saint Basile. Évangile et Église*, Bellefontaine 1981, S. 23.

b Vgl. Gregor der Große, *Dialoge* II,1.7.

am ganzen Leib und an der Schwäche einer wesentlich laikalen Berufung, die durch kein Sakrament ausgerüstet ist.

Parallel – das muss man eingestehen – kann es im monastischen Leben am Willen zur Gemeinschaft mit dem jeweiligen Bischof und mit der ganzen Kirche mangeln, an der Demut derer, die sich bewusst sind, „nur eine Gemeinschaft von armen Laien zu sein", wie sich die Mönche des Pachomius gegenüber dem Patriarchen von Alexandria äußerten.[a]

In der *Benediktus-Regel* wird die Unterwerfung des Klosters und des Abtes im Blick auf den Bischof vorausgesetzt (vgl. *RB* 64,4); aber gerade weil sich die vom Bischof in Normen festgelegten kirchlichen Bedingungen des Öfteren als nicht sonderlich günstig oder gar wenig respektvoll gegenüber dem monastischen Leben erwiesen, spürte man die Notwendigkeit der „kanonischen Exemtion" als Garantie gegen Risiken und Schwierigkeiten. Doch das war und kann kein Instrument authentischer und liebevoller Gemeinschaft mit der Kirche und mit dem sein, der sie führt.

So hat sich tatsächlich seit der Cluniazensischen Reform im Westen und seit der Reform des athonitischen Mönchtums in der Ostkirche das Band zwischen Kirche und Mönchtum geschwächt. Alternativ sind kirchliches Leben und Mönchtum in der Versuchung, so zu leben und zu handeln, als ob es das Gegenüber nicht gäbe, das heißt, ohne der Ergänzung der Charismen im einen Leib des Herrn Rechnung zu tragen.

Heute sind die Mönche in der orthodoxen Ostkirche, indem sie sich auf die Glaubwürdigkeit stützen, die ihnen durch die Reformen im Leben vieler Kommunitäten zugewachsen ist – sie sind vielfach durch einen geistlichen Vater von einem in Verfall geratenen Leben

---

a Vgl. *Vita saidica* S. 21, in: *Les Vies coptes de saint Pachôme et de ses premiers successeurs*, hrsg. Von Th. Lefort, Löwen 1943, S. 392.

im gleichen Rhythmus zu einem koinobitischen Leben übergegangen, das den Observanzen folgt und geistlich lebendig ist – nicht selten versucht, dass sie selbst es sind, die den orthodoxen Glauben garantieren, wobei sie sich an die Stelle der Bischöfe setzen oder auf sie Druck ausüben, der geradezu einer Vorherrschaft gleichkommt.

Im Westen ist die Situation unterschiedlich und hat sich in vielen Aspekten überschlagen: Hier durchlebt das Mönchtum eine Zeit der Krise und großer Schwierigkeiten und nimmt darin an der Krise der gesamten Kirche teil. Bis in die Mitte der 1980er Jahre hatte man auf eine stärkere Widerstandsfähigkeit gehofft, ich würde zu sagen wagen, auf ein anderes Schicksal des übrig gebliebenen Ordenslebens. Doch seit etwa 15 Jahren hat der Mangel an Berufungen und die Überalterung der Kommunitäten zu einer erheblichen Verarmung im monastischen Leben geführt. Doch dies muss klar und mit Stolz gesagt werden: Das monastische Leben heute ist nicht in Verfall geraten, es ist verarmt, das wohl; es ist seiner eigenen Berufung nicht weniger treu geblieben, aber sicherlich weniger reich an Energien und Möglichkeiten der Teilnahme am kirchlichen Leben.

Parallel zu dieser inneren Situation des Mönchtums darf man aber auch nicht verbergen, dass die Kirche und an erster Stelle diejenigen, die in ihr den Vorsitz führen, die Ursprünglichkeit der monastischen Berufung nicht verstehen, und dass sie vor allem nicht fähig sind, sie in der kirchlichen Gemeinschaft angemessen zu verorten, indem sie das Charisma und die Form wahren.[a]

Andere kirchliche Persönlichkeiten sind heute von der Kirche gefragt, anerkannt, geliebt und werden sichtbar gemacht, sodass es in der aktuellen Pastoral tatsächlich ein echtes Hindernis für die Möglichkeit monastischer Berufungen gibt. Die Überbetonung von

a Vgl. A. Schenker, „Y-a-t-il une dimension ministérielle de la vie consacrée dans l'Èglise?", in: *Revue de sciences religieuses* 69/2 (1995), S. 239-253.

Pfarrgemeinden und Bewegungen, des Engagements und des Dienstes am Nächsten, der Mission und Evangelisierung verhindert in der Tat, dass die monastische Berufung – neben den anderen, ohne Überbewertung – möglich erscheint. Viele Bischöfe sind vollständig von der Effizienz der geweihten Formen (so nennen sie das) von Säkularinstituten oder Instituten des apostolischen Lebens eingenommen; und wenn sie an das monastische Leben denken, so heißt das für sie lediglich streng klausurierte Frauenklöster, wobei sie einem Frömmigkeitsideal folgen, das das Charisma des monastischen Lebens verkennt.

Ja, das monastische Leben bekommt heute in unserer Kirche nicht jene Aufmerksamkeit und Liebe, an die es seitens derer, die die Kirchen leiten, seit Jahrhunderten gewöhnt war. Doch das ist kein Grund, wieder Wege zu gehen, die nicht echte Pfade der Gemeinschaft mit der Kirche sind. Im Gegenteil, gerade heute findet die Kirche neu zum Bewusstsein der *Communio*-Ekklesiologie. Wir Mönche müssen unsere Liebe zur Kirche erneuern, indem wir auch manche Erniedrigungen hinnehmen, in der Überzeugung, dass wir nur durch sie die Demut lernen, eine wesentliche Voraussetzung, um unser Charisma und unseren Platz in der Kirche zu verstehen und zu leben. Bekanntlich haben einige Mönchsgemeinschaften gerade wegen dieser Umstände einen Exodus aus der lateinisch-katholischen Kirche hin zu anderen nichtkatholischen oder nicht lateinisch-katholischen Kirchen vollzogen. Wir wissen, dass andere in der Versuchung sind, das auch zu tun, wie sich übrigens viele Klöster in Griechenland immer mehr entvölkern, um auf den Berg Athos überzusiedeln, außerhalb bischöflicher Jurisdiktion. Doch das ist sicher kein Weg, der dem monastischen Charisma und der Erneuerung der *koinonía* in der Kirche gut tun wird.

Eingedenk der anderen Tradition, die es seit der Entstehung des Mönchtums gibt, und für die das monastische Leben im Herzen der Kirche verankert ist – eine Tradition, die auf Pachomius und seine koinobitischen Klöster in enger Verbundenheit mit dem Patriarchen von Alexandria zurückgeht und die Basilius durch seine Theologie unterstützt hat, indem er seine koinobitischen Kommunitäten zu einer beständigen dynamischen Gemeinschaft mit der gesamten Kirche befähigte –, müssen wir heute unbedingt unsere nicht formelle, sondern reale und existenzielle Kirchlichkeit überprüfen, unsere Teilnahme am Leben der Kirche, ohne Selbstgenügsamkeit, unsere Anteilnahme an ihrem Leben und dem, was in ihr geschieht. Wenn der Generalobere eines monastischen Ordens so weit gegangen ist, dass er seinen Mönchen schrieb, das Zweite Vatikanum sei ein Pastoralkonzil gewesen und betreffe deshalb die Mönche nicht, dann wird deutlich, dass in einigen Fällen die Exemtion wirklich eine *fuga ecclesiae* ist.

### *Der Vorrang der Liturgie*

Das christliche monastische Leben hat seit seiner Entstehung bis heute immer das Gebet und die Liturgie als Quelle seines Seins empfunden. Aufgepasst, es geht hier nicht darum, das monastische Leben auf das Gebet zu reduzieren (ein Irrweg, der bereits bei den Messalianern verurteilt wurde) und auch nicht um ein kontemplatives Leben, dem die Arbeit und all das, was menschliches und christliches Leben ausmacht, fremd ist. Es geht darum zu bekennen, dass das monastische Leben dem Wort des Herrn: „Allezeit zu beten und darin nicht müde zu werden“ (Lk 18,1) und dem Wort des Apostels Paulus: „Betet ohne Unterlass!“ (1 Thess 5,17) gehorchen und es so verwirklichen möchte. Ja, der Mönch lebt ein Leben, indem *„nihil operi Dei praeponatur“*, „dem Gottesdienst soll nichts vorgezogen werden“, wie es die *Benediktus-Regel* zusammenfasst (*RB* 43,3). Im gemeinschaftlichen Gebet (Liturgie) wie im persönlichen Gebet (*lectio divina*), die stets miteinander verbunden sind und ganz eng zusammengehören, bis zum Gipfel allen Betens, der Eucharistie, dem Gebet der Gebete, ruft der Mönch den Heiligen Geist an, den der Vater immer denen schenkt, die ihn darum bitten (vgl. Lk 11,13). Er bittet den Heiligen Geist darum, dass er das monastische Leben zu einem Leben im Geist Gottes mache, dass heißt christlich, weil Nachfolge Jesu bis zum Tod / zur Auferstehung, also kirchlich, das heißt eingegliedert in den Leib Christi, Teil von ihm, und deshalb eschatologisch, weil es die Wirklichkeit des Gottesreiches offenbart.

In seinen *Institutiones* schreibt Cassianus hinsichtlich des Gebets, dass „an verschiedenen Orten eine unterschiedliche Regel festgelegt worden ist, und so haben wir daraus abgeleitet, dass es so viele Formen und Regeln gibt, die in Gebrauch sind, wie es Klöster und Zahl der Zellen gibt, die von uns besucht worden sind“[a]; doch der Vorrang des Gebets wird überall bekräftigt. Basilius beharrt auf dem Beten ohne Zerstreuungen,[b] indem man ständig in der *memoria Dei* verweilt.[c] Augustinus fordert auf, ausdauernd im Gebet zu sein,[d] und auch in der *Benediktus-Regel* steht als spezielles Kennzeichen für die monastische Berufung: „... ob er Eifer hat für den Gottesdienst“ (*RB* 58,7).

Ja, der Gottesdienst, der – wie wir bereits sagten – das gemeinschaftliche und persönliche Gebet umfasst, ist die Quelle allen Lebens der Gemeinschaft: Dann ist das Mönchtum eine gelebte Mahnung nicht nur in der Kirche, sondern auch *für* die gesamte Kirche, wobei dieses „für“ bedeutet „zugunsten“ der Kirche und gleichzeitig „zur Mahnung“, und zwar als Realität und Wahrheit, an die dadurch die Kirche erinnert wird. Ja, das ist ein Dienst an der ganzen Kirche,

---

a Johannes Cassianus, *Institutiones* 2,2,1.

b Vgl. Basilius von Caesarea, *Längere Regeln* 6,1 und *Kürzere Regeln* 201.

c Vgl. *Briefe* 2,4; *Längere Regeln* 5; *Kürzere Regeln* 202.

d *Regel des Augustinus* 2,1.

der auf Knien zu leisten ist, in echter Demut, ohne die Augen zu erheben – ein notwendiger Dienst!

Nur wenn die Quelle des ganzen Wirkens der Kirche in der Feier und ständigen Erneuerung des Bundes liegt, der sich im Gottesdienst vollzieht, nur dann ist ihre Präsenz unter den Menschen, ihre Evangelisierung, ihre Diakonie und ihre Agape im Blick auf die Menschen authentisch und nur dann auch fruchtbar: Sonst werden Mission und Evangelisierung zur Propaganda und zum Versuch zu erobern, die Liebe wird in gefährlicher Weise auf eine Philanthropie reduziert, die Diakonie wird zur ehrenamtlichen Tätigkeit, wobei die Versuchung besteht, sich selbst in den Vordergrund zu stellen ...

Gerade im Vorrang, dem der Gottesdient zukommt, verwirklicht sich jede Mission, Tag für Tag; im Vorrang, dem das Hören auf das Wort Gottes gebührt, kann man fähig werden zu evangelisieren, und in der Kontemplation dieses Wortes erkennt man das von Gott bereits erfüllte Wirken Gottes in der Kirche und in den Menschen; in der Eucharistie-Danksagung bekennt man, dass Gott mit und ohne uns in der Geschichte Wunderbares gewirkt hat. In diesen letzten Jahrzehnten, man erlaube und verzeihe mir diese Lesart, läuft die Kirche in der „Neuevangelisierung" Gefahr, die *martyría* und *diakonía* dermaßen in den Vordergrund zu stellen, dass sie vergisst, dass diese, die zwar für ihr Leben wesentlich sind, jedoch *hervorgehen* – hervorgehen und deshalb aus ihrer Quelle entsprungen sind – aus dem Gottesdienst. Ohne diesen Vorrang des Gottesdienstes läuft selbst die *martyría* Gefahr, ihren Sinn zu verlieren und zu einer verbalen Evangelisierung oder zu einer Evangelisierung mittels Werken zu werden, ohne Zusammenhang des persönlichen Lebens mit dem Evangelium, das man empfangen hat und den anderen vermitteln möchte. Evangelisierung bedeutet in jedem Fall, das Wort des Herrn zu vermitteln, und zwar als dessen Zeugen, bis an die Grenzen der Erde, indem man alle Menschen zu seinen Jüngern macht (vgl. Mt 28,19; Mk 16,15;

Lk 24,47-48). Diese Verbreitung des Wortes Gottes beinhaltet in sich aber auch das Zeugnis des Knechtes des Herrn, der „nicht schreit und nicht lärmt und dessen Stimme man nicht auf den Straßen hören wird" (Jes 42,2), der im Ja zur Ohnmacht seinen Rücken denen, die ihn schlagen, und seine Wange den Schmähungen hinhält (Jes 50,6), der namenlos und ohne Schönheit wie ein Wurzeltrieb in trockenem Boden ist (Jes 53,2): Und dennoch ist er, gerade er, *das Licht der Völker*, Inbegriff der Evangelisierung – laut Deuterojesaja!

So kann das monastische Leben, das keine Evangelisierung betreibt, indem es in der Welt umhereilt, das sich nicht einer Pastoral widmet, indem es über das Volk Gottes herrscht, sondern das lebt, indem es schöpft aus der Gemeinschaft mit Gott in der Liturgie, zur Mahnung und Anfrage für die ganze Kirche werden. Ja, es evangelisiert auch ohne die Worte und Werke der normalen pastoralen Verkündigung: Die Praxis der Nachfolge ist in Wahrheit die erste Form des Zeugnisses für den christlichen Glauben.

Wir leben in einer Zeit, in der die Kirche ein „zivilisiertes" Christentum beziehungsweise ein kulturelles und bürgerliches, westliches, europäisches Christentum geerbt hat. Sie ist in Versuchung, sich als Subjekt zu beugen, das bestimmend und wirksam unter den Menschen ist. Da kann das monastische Leben durch sein Dasein und seine Praxis, das heißt durch sein Bemühen, Tag für Tag das Evangelium zu leben, indem es so lebt, wie Jesus als Mensch gelebt hat, Ausdruck dieser einfachen nüchternen Wahrheit sein: der Vorrang des Hörens ist der Vorrang des Gehorsams: „Nur wer gehorcht, der hört auch!"[a]

War es nicht das monastische Leben, das jene *Weisheit* hervorgebracht hat, die ja gerade mit dem Attribut „monastisch" versehen

a Vgl. dazu die anregenden Gedanken von P. Sequeri, „Beata solitudo?", in: *Un monastero alle porte della città*, Mailand 1999, S. 64-75.

wurde, in der es keine Trennung zwischen gefeiertem Mysterium in der Liturgie und gelebtem Mysterium, zwischen Theologie und Spiritualität, zwischen Lesung der Schriften und Moral gibt? Solange es in sich die treibende Kraft der Einheit zwischen Gebet und Denken bewahrte, gab es keinen Bruch zwischen Theologie und geistlicher Erfahrung, und die Kirche hat das Abdriften in Mystizismus und Pietismus vermieden ... Das monastische Leben ist begabt mit der Fähigkeit, das Wort des Euagrios in die Praxis umzusetzen: „Wenn du wirklich betest, bist du Theologe, und wenn du Theologe bist, betest du wirklich!“[a] Das ist *epígnosis*, Metaerkenntnis, die die *sophia* übersteigt und diese allein im Gebet, in der *lectio divina* und in der sakramentalen Feier umwandelt.

### *Das Leben in Gemeinschaft*

Die *koinonía* ist seit jeher die Lebensform des koinobitischen Mönchtums, und alle Gründerpersönlichkeiten – von Pachomius über Basilius und Augustins bis zur *Benediktus-Regel* – geben als ihre Inspiration jene *koinonía* an, wie sie von den Aposteln in der Stunde am Pfingsttag gelebt wurde. Auch die wichtigsten Reformen des Mönchslebens, man braucht nur an Cîteaux zu denken, waren immer darauf angelegt, das Leben in Gemeinschaft in seiner Radikalität und seiner dem Evangelium gemäßen Gestalt wiederherzustellen.

Die vollkommene *koinonía* zu verwirklichen, „ein Herz und eine Seele“ zu sein (Apg 4,32), das wurde dermaßen als Wesen des monastischen Lebens empfunden, dass Cassianius das Koinobitentum auf die Zeit der Apostel zurückführt,[b] und Hieronymus sagt im Vor-

a Evagrios Pontikos, *Das Gebet* 60.

b Vgl. Johannes Cassianus, *Collationes* 18,5: „a tempore praedicationis apostolicae" [zur Zeit der Verkündigung der Apostel].

wort zur lateinischen Übersetzung des *Regel des Pachomius*, dass jene Mönche „leben wie zu Zeiten der Apostel".[a] Basilius erinnert nicht nur an die erste Gemeinschaft der Apostel[b], sondern erklärt das gemeinsame Leben zur vorzüglichsten Form der Nachfolge, wobei er das Allein-Leben für schwierig und gefährlich hält.[c] Die *Benediktus-Regel* bezeugt seine koinobitisch-gemeinschaftliche Qualität vor allem in den Kapiteln 67-72 (da, wo keine Abhängigkeit von der *Regula Magistri* mehr besteht). Das sind Kapitel, in denen das „sie sollen Christus überhaupt nichts vorziehen" (*RB* 72,11), dieses „Christus nichts voranstellen" sich erfüllt im Beispiel der gegenseitigen Liebe: Alles sollen sie „einander" erweisen (*RB* 71,1), die einen den anderen, „mit glühender Liebe" (*RB* 72,3). Ja, die *stabilitas* steht im Dienst der *koinonía* (vgl. RB 4,78; 66,6), und die *koinonía* ist Gemeinschaft im Gebet, in der Arbeit, in der Einsicht des Glaubens (*lectio divina*): Sie ist nicht nur ein Zusammenleben, sondern Epiphanie des Primats der Liebe (vgl. *RB* 7,67 und analog 71-72).

Das Mönchskloster ist kein „Konvent", wohin man nach dem Apostolat zurückkehrt (wie für Franziskus), auch kein Wohnsitz für eine Gruppe von Ordenschristen (wie es Ignatius beabsichtigte): Es ist ein klar umrissener Ort für das Leben, das gemeinsam sein will, sodass es möglich wird, die *koinonía* zu verwirklichen und zu leben, die Gott denen schenkt, die im Bund mit ihm und den Brüdern sind. Ikone und Quelle der monastischen Kommunität, wie der ganzen Kirche, ist die Dreieinigkeit Gottes, die nicht nur das brüderliche Leben prägt, sondern in der man auch ein Modell für dessen Realisierung finden soll, sozusagen eine Bewahrheitung, soweit dies unter Menschen möglich ist. Das ist der Grund dafür, dass von der

a Vgl. *Regole monastiche antiche*, hrsg. von G. Turbessi, Rom 1974, S. 105.

b Vgl. *Längere Regeln* 7,4.

c Vgl. ebd. 7,1.

monastischen Gemeinschaft gesagt wurde, sie eine *schola amoris*, eine *schola communionis*, aber zugleich ein *signum communionis* ...

Johannes Paul II. erinnerte in seiner bereits zitierten Botschaft an die Vollversammlung der Kongregation für das Ordensleben am 21. November 1992 daran, dass das gemeinsame Leben „die Berufung hat, in der Kirche sichtbares Zeichen jener dynamischen strömenden Liebe zu sein, die zwischen den Personen der Heiligen Dreifaltigkeit besteht“ (Nr. 5) und dass es „ein Geschenk ist, das eifersüchtig gehütet und in der Ordensgemeinschaft gereift, mit besonderer Intensität leuchten soll, um der Kirche zu nutzen in ihrer Sendung in der Evangelisierung und sichtbares Zeichen der barmherzigen und belebenden Liebe des Herrn bilden soll“.

Johannes Paul II. ging bei der Gelegenheit so weit zu sagen: „Die ganze Fruchtbarkeit des Ordenslebens ist abhängig von der Qualität des brüderlichen Lebens, in Gemeinschaft!“ – und weiter: „Das Ordensleben wird umso mehr Bedeutung haben, je mehr es ihm gelingt, brüderliche Kommunitäten aufzubauen“, in denen man Gott sucht und sich darum bemüht, die Erfahrung Gottes gerade durch das gemeinsame Leben zu machen. Ist das nicht etwa auch die Absicht der *Benediktus-Regel*, wo es heißt, man solle darauf achten, „ob der Novize wirklich Gott sucht, ob er Eifer hat für den Gottesdienst, ob er bereit ist zu gehorchen ... dann soll er in die Gemeinschaft aufgenommen werden“ (*RB* 58,7.14).

Ich denke, wie es Kardinal Basil Hume 1980 während der Synode über die *Communio*-Ekklesiologie äußerte, dass das monastische Leben, ausgehend von der eigenen Erfahrung in der Welt als Gemeinschaft, der Kirche etwas zu sagen hat, die sucht und bemüht ist, ihr eigenes Mysterium tiefer zu verstehen, dass sie nämlich Gemeinschaft ist. Die Praxis der Bildung einer Entscheidung, die Synodalität (das heißt gemeinsam unterwegs zu sein: *sýn-odós*), ist ein vom Mönchtum erprobter Weg seit seiner Entstehung als *koinonía*; und heute kann die Kirche diese Erfahrung brauchen. Natürlich ist die *koinonía* kein Mythos und auch kein idyllisches Ziel: Sie ist ein Weg oder besser: ein äußerstes Bemühen zu einem hohen Preis, damit der Geist der Gemeinschaft wirkt und diese *koinonía* wirksam aufbaut. Und der hohe Preis besteht darin, ein klares Bewusstsein Jesu Christi zu haben (*phroneîn* – Phil 2,5), der sich erniedrigte, demütig wurde, sich entäußerte, um den *Tausch* mit uns zu vollziehen und die Gemeinschaft zu stiften. In der Kirche wird eine Verwirklichung der *Communio*-Ekklesiologie nicht möglich sein ohne die Erfahrung eines realen gemeinsamen Lebens, das man Tag für Tag miteinander teilt im Lobpreis, im Dienen, in der realen Umsetzung der Nachfolge des Herrn. Man braucht nur an das monastische Leben als Ort gemeinsamen Lebens von Angehörigen verschiedener christlicher Konfessionen zu denken, um eher auf die Einheit der Kirchen hoffen zu können ...

Ja, für das innere Leben der Kirche und für die Versöhnung der Kirchen untereinander vermögen die Ordenschristen ein glaubwürdiges Wort im Blick auf die Gemeinschaft zu sagen. Es ist ein Wort, das sie ihrem täglichen Leben und der Weisheit im Blick auf die Welt entnehmen, die sich durch die *koinonía* und die dafür notwendigen Prozesse entwickelt hat, um dem Evangelium immer treuer zu werden.

## *Monastisches Leben und Kirche*

Immer stärker bezeugt und unbestritten zeigt sich mittlerweile die vorherrschende Tendenz, die wir als „Verkirchlichung“ aller christlichen Realitäten bezeichnen. Seit einigen Jahrzehnten hat alles im Umfeld der Kirche seine Ordnung gefunden, wobei bisweilen vergessen wird, dass sie *Werkzeug* für das Heil bleibt, nicht Protagonistin ist. Wenn sie der Leib Christi ist, muss dennoch eine Unterscheidung im Bezug auf den, der Haupt und Herr ist, gewahrt bleiben. Auch das Ordensleben wird häufig eher in seiner Beziehung zur Kirche verstanden und oft weniger im Bezug zum Herrn, in dessen Nachfolge sie steht, und zum Heiligen Geist, der ihre Quelle ist und sie auf dem Weg zum Vater nährt. Wir glauben, dass diese Tendenz nicht der Kirchlichkeit des Ordensleben zugute kommt: Wir fürchten vielmehr, dass sie dem kirchlichen Leib in einer rein pragmatischen und „pastoralen" Sicht der Ordnung den Todesstoß versetzen könnte.[a] In erster Linie gilt es immer, die Nachfolge Christi, das Wirken des Heiligen Geistes und seiner Kraft, die eschatologische Spannung im Blick auf das vom Vater kommende Reich Gottes in den Vordergrund zu rücken, denn der Herr ist der Herr der Kirche und des Ordenslebens!

Es ist ja wohlbekannt, dass es in der Geschichte des monastischen Lebens seit seinen Anfängen zwei Tendenzen im Bezug zur Kirche gegeben hat: eine, die eine gewisse Distanz von der Kirche fordert, wobei unseres Erachtens die Gefahr besteht, dass das parallel zur *fuga mundi* in einer *fuga ecclesia*e mündet. Dieses Leben hat sich vor allem durch die Anachoreten der Wüste behauptet, wie es Cassianus in seinem mahnenden Wort „Vor dem Bischof und vor der Frau fliehen" zusammengefasst hat. Und man braucht nicht zu meinen, diese Tendenz gehöre lediglich der Antike an: In der Realität entspricht die Exemtion der Ordenschristen in der lateinischen Kirche, die im Mittelalter aufkam und bis heute fortdauert, zum Teil dieser Tendenz. Es hat jedoch auch einen anderen Weg gegeben: Zeugnis dafür ist das koinobitische Leben des Pachomius und Basilius in enger Verbundenheit mit der Ortskirche. Das scheint mir der Weg, den es zu beschreiten gilt, auch wenn das ein wirklich schwieriger Weg ist,

a Diese akzentuierte Einstellung einer zentralen Rolle der Kirche bewahrt einerseits das Ordensleben vor der Gefahr, sich selbst als „kleine Kirche" zu verstehen, getrennt von der Ortskirche und von der Weltkirche (die katholische Kirche), andererseits lastet sie auf der eschatologischen Spannung, deren Zeuge das Ordensleben sein müsste.

denn er erfordert von den Ordenschristen den Willen, mit der Kirche unterwegs zu sein, so wie sie sich in der Geschichte darstellt, und seitens der Bischöfe ein – eher selten anzutreffendes – Bewusstsein hinsichtlich der Ursprünglichkeit des Charismas des Ordenslebens.

Was das Mönchtum betrifft, das keinen Dienst oder Amtsauftrag zum Ziel hat und sich autorisiert fühlen könnte, sich für Kirche oder „kleine Kirche" zu halten, haben wir den Wunsch, es möge sich daran erinnern, dass es lediglich ein Charisma, nur ein Aspekt in der Kirche ist. Es kann und muss gewiss ein Appell und Zeichen der Kirche sein, darf aber nicht eine Kirche, und auf keinen Fall eine Parallelkirche sein. Die Nicht-Exemtion von der Ortskirche ist für das monastische Leben sicher kein Hindernis dort, wo der Geist Gottes es so will, wo eine Randrolle heilsam ist (wie es Thomas Merton in seinen letzten Schriften forderte), um im Leib der Kirche Alternativen entstehen zu lassen, wobei aber jede Art von Sektierertum, jede Absetzung von der Kirche zurückzuweisen und ein verflachender Bezug auf existierende kirchliche Modelle auszuschließen ist.

Beim Nachdenken über die Beziehung zwischen Ordensleben und Kirche ist weiterhin die gegenwärtige Praxis der Dispens von den Gelübden nicht ganz unwichtig. Während man für das Priestertum feststellen kann, dass eine Dispens nur mühsam und langsam erwirkt werden kann, so scheint eine solche beim Ordensleben lediglich eine bürokratische Formalität zu sein. Thomas von Aquin war noch der Auffassung war, nicht einmal der Papst könne von den feierlichen Gelübden dispensieren.[a] Warum wird es dann heute so leicht gemacht, eine abgelegte Profess wieder aufzugeben? Wenn die Ordensprofess wie das Jawort im Ehesakrament eine freie Lebensentscheidung ist, wenn sie eine durch lange Unterscheidung geprüfte Antwort auf einen Ruf ist, wenn die christliche Gemeinschaft

a Thomas von Aquin, *Summa theologiae* II-II, q. 88, a. II.

Zeuge der Existenz dieser Gabe und der öffentlich und liturgisch darauf gegebenen Antwort ist, ja, wie kann man dann diesen Bund lösen? Wir glauben, dass dabei der Kirche die gleiche Kompetenz zukommt wie beim Ehesakrament, sonst wäre diese von den Ehepartnern geforderte Treue im Widerspruch zu einer anderen Praxis, die auf dic Ordenschristen angewandt wird. Wenn das Ordensleben mit dem Charisma des Zölibats und das Familienleben mit dem Sakrament der Ehe die beiden sich ergänzenden Wege zur Heiligung sind, beides Abbilder der treuen Verbindung zwischen Christus und der Kirche, dann müsste man über sie im Nebeneinander und nicht mehr im Gegeneinander neu nachdenken, nicht mehr in einer Überlegenheit des einen über den anderen, sondern beide gekennzeichnet von der gleichen Bedingung der Treue![a]

## *Resümee*

Jetzt mag jemand denken: Was können wir Mönche und Nonnen noch heute in dieser Zeit, in der wir schwächer und ärmer geworden sind,[b] über den Vorrang der Liturgie und über das Leben in Gemeinschaft vermitteln? Kann die Kirche uns in unserer Unbedeutendheit überhaupt noch hören? In unserem Zustand, der uns nicht nur zur Minderheit macht, sondern uns immer weniger und älter werden lässt, während andere Lebensformen sichtbar in der Kirche aufblühen, und es so scheint, dass sie die Antwort geben auf die Zeichen der Zeit und auf die Erwartungen der Hirten?

---

a Bei diesen Überlegungen zur Ordensprofess wollen wir auch Ghislain Lafont danken, einem Mönch der Abtei La-Pierre-qui-Vire in Burgund und Dozent an der Theologischen Fakultät von Sant'Anselmo in Rom, für den theologischen Beitrag, den er uns überlassen hat.

b Vgl. G. Merlin, „Mystère pascal: mort et vie des communautés, fermer un monastère?", in: *Le lien* 121 (1995), S. 1-16, und Y. Girard, „Réflexion sur les communautés déclinantes", in: *Collectanea cisterciensia* 60/3 (1998), S. 216-225.

Was werde ich also dem sagen, der in sich diese Fragen trägt? Nur einige Worte, die jedoch seit Langem gereift sind, einige Worte, die ich aber gerade wegen dieses langen, mühsamen Prozesses für wahr halte, weil sie ausschließlich dem Evangelium entspringen!

a) Das monastische Leben heute erfährt einen Rückgang ... Das sagten wir bereits, und ich glaube, dass dieser Feststellung niemand widersprechen kann. Rückgang heißt aber nicht Niedergang, und um so weniger darf diese Deutung Raum lassen für Vorwürfe und Schuldzuweisungen, so als wäre die gegenwärtige Prüfung durch das Verhalten einzelner Mönche oder vom monastischen Leben als Ganzes verursacht. Manche jedoch, leider nicht mit ausreichender Unterscheidungsgabe ausgestattet und von oberflächlichen Eindrücken getäuscht, wollen uns davon überzeugen, dass es als ein Zeichen der Zeit zu verstehen sei, wenn das traditionelle monastische Leben verbraucht wirke und die neuen Gemeinschaften eine ziemlich hohe Zahl an Berufungen vorzuweisen haben.

Ich meine dagegen, wir können und müssen mit gutem Gewissen sagen, dass wir erst am Ende, am Tag des Jüngsten Gerichts die Treue oder Untreue zur eigenen Berufung bei einer traditionellen oder neueren Gemeinschaft genauer einschätzen können. Jedenfalls lehrt uns die Geschichte, dass Cluny und die anderen benediktinischen Klöster ihrer Berufung nicht weniger treu waren, nur weil Cîteaux als neu aufblühende Gemeinschaft sie in den Schatten stellte.[a]

Was die neuen Gemeinschaften betrifft, und das bekräftige ich im Bewusstsein, selbst ein Vertreter davon zu sein, so braucht es Zeit, um darüber urteilen zu können, ob sie eine Antwort auf die Zeichen der Zeit geben und sich an die monastische Tradition anpassen konnten. Diese wird nämlich ihr Prüfstein sein, weil man das mo-

---

a Vgl. A. Louf, „Quelques leçons d'un Centenaire", in: Collectanea cisterciensia 60/3 (1998), S. 216-225.

nastische Leben nicht erfindet, sondern empfängt, wie den Mantel des Elija (vgl. 1 Kön 19,19)!

In jedem Fall, und das muss deutlich gesagt werden, betrifft diese Prüfung, von der das gesamte Ordensleben erfasst ist, auch die Kirche,[a] selbst wenn sie diese Wahrheit zu verdrängen und sich der Illusion durch „niederschwellige" Glaubensangebote und triumphalistische Feiern hinzugeben scheint.

b) Das monastische Leben muss sich an die Worte des Propheten erinnern, eine wahre Verheißung für die Letzten Zeiten: „Ich lasse in deiner Mitte übrig ein demütiges und armes Volk (*'am 'ani wadal*), das seine Zuflucht sucht beim Namen des Herrn" (Zef 3,12).

Wenn Demut und Kleinsein da ist, wenn man wirklich die „kleine Herde" ist, dann ist man das, was der Herr gewollt hat und will!

Heute sind die Mönche ein Gruppe, ein *'am*, „demütig und arm", und selbst wenn wir in der Situation wären, die Jesaja beschrieben hat: „Bleibt darin noch ein Zehntel übrig – auch sie werden schließlich vernichtet wie bei einer Eiche, von der nur der Stumpf bleibt, wenn man sie fällt", auch in dem Fall „ist ihr Stumpf ein heiliger Same" (Jes 6,13). Welche Offenbarung! Ja, würde nur ein Stumpf vom Mönchtum bleiben, dieser Stumpf ist ein heiliger Same! Das gilt für jede Gemeinschaft, für jedes Kloster, für jeden Mönch und jede Nonne, die auf das Wort des Herrn hören wollen: Wenn die Eiche erschüttert und gefällt ist, dann ist sie in der Situation des Osterfestes. Wir wissen sehr wohl, wie viel Leiden, welche Mühsal in verborgener Weise in vielen Gemeinschaften gelebt wird, in der die Kräfte immer weniger werden, die noch ein ausdrucksstarkes monastisches Leben tragen, das fähig ist zu einer wahrnehmbaren Diakonie in der Kirche und unter den Menschen; aber gerade das

---

a Vgl. Gh. Lafont, „Riflessioni sulla comunità monastica considerata nel contesto di una chiesa minoritaria", in: *Un monastero alle porte della città*, S. 39–49.

muss mit den Augen des Evangeliums verstanden werden. Diese Leiden ohne sichtbares Gloria, diese Mühsal, die selbst den Brüdern und Schwestern in der Kirche nicht bekannt ist, diese Ohnmacht im Erklären, was vor sich geht und gelebt wird, ist nicht Frucht von Verrat oder Widerspruch zum Willen des Herrn ... es ist Schwachheit, es ist Krankheit, doch – erinnert ihr euch? –

> *Haúte he asthéneia ouk éstin pròs thánaton:*
> *„Diese Krankheit wird nicht zum Tod führen" (Joh 11,4).*

Von dort her kommt das Bewusstsein, dass der Stumpf heiliger Same ist! Das Bewusstsein, dass sich, wenn wir schwach sind, in unserer Schwachheit die Kraft Gottes erweisen kann (vgl. 2 Kor 12,10); das Bewusstsein, dass es nicht darum geht, die Art zu leben zu verändern, sondern die Art zu verändern, wie wir die Situation verstehen ... In der gegenwärtigen Armut des monastischen Lebens verbirgt sich ein außergewöhnlicher Reichtum, den nur der Herr zu ermessen vermag.

Das monastische Leben kann sich hin und wieder, wie Jesaja, dem die Fruchtbarkeit als Gabe geschenkt wurde, mit seinen Söhnen und Töchtern der Kirche präsentieren und sagen: „Ich will harren auf den Herrn: Ich und meine Kinder, die der Herr mir geschenkt hat, wir sind in Israel ein Zeichen und Mahnmal" (vgl. Jes 8,17-18).[a] Doch andere Male muss es sagen: „Mein Stumpf, was übrig geblieben ist von dem blühenden Baum, der ich war, ist heiliger Same!"

c) Sicher durchlebt nicht nur das monastische Leben, sondern das gesamte Ordensleben eine Zeit der Krise, die auch, mit den Augen des Glaubens betrachtet, eine läuternde Prüfung darstellt. Es gibt also keinen Grund, sich zu ängstigen, sondern „gegen alle Hoffnung

---

a Vgl. F. Magistretti, „Vita di fede in comunità", in: A. und G. Alberigo (Hrsg.), „Con tutte le forze". Omaggio a Giuseppe Donetti, Genua 1993, S. 48.

zu hoffen" (vgl. Röm 4,18), wachsam und aufmerksam bleibend auf das, was der Heilige Geist den Kirchen sagt.

Aus unserer Sicht wird die Krise noch lange andauern, und der Weg der Neugestaltung des Ordenslebens hat gerade erst begonnen. Über das Ordensleben muss in der Tat neu nachgedacht werden, und nichts wird verloren gehen von dem, was es in der Kirche auszeichnet: die radikale Nachfolge des Herrn im Zölibat für das Reich Gottes. Die Formen werden sich jedoch ändern: in der unablässigen Suche einer stets erneuerten Nachfolge des Herrn, in einer ständigen Bekehrung zu ihm, in einer dem Evangelium entsprechenden Reform der Kommunitäten, die sich nicht auf einige Optionen von punktueller Modernisierung reduzieren darf.

Hinsichtlich der verschiedenen Formen des Mönchtums möchten wir Mönche nur an die Aussagen des 2004 verstorbenen Theologen Louis Bouyer erinnern, eines wahrlich vom Geist Gottes beseelten Mannes: Wenn sie in besonders wirksamer Weise auf die speziellen Sendungen zu antworten wissen, sollten sie achtgeben, dass die immer weiter vorangetriebene Spezialisierung sie nicht nach den überraschenden anfänglichen Erfolgen in ein fatales stures Festhalten an überlebte Anschauungen führt, und vor allem sollten sie das nicht aufgeben, was die tiefe Rechtfertigung jedes Ordenslebens ausmacht: die Suche nach dem „nur einen Notwendigen" (Lk 10,42).[a]

Schließlich sind wir, was das Mönchtum betrifft, überzeugt, dass es – zumindest in den Gebieten der Welt, wo das Christentum zu einer Minderheit geworden ist, weil die Vorherrschaft der Christenheit zu Ende ist – notwendig sein wird, dass es schlicht seine Berufung in Gemeinschaft mit der Ortskirche lebt. Vielleicht wird es, wie Louis Bouyer auch schreibt, in der christlichen Gemeinschaft vor Ort sichtbar, denn „das Leben in einer Familie ... und das monastische Leben

a Vgl. L. Bouyer, *Sophia ou le monde en Dieu*, S. 191-192.

sind zwei einander ergänzende Wege, um *den endgültigen Primat der vollkommenen Liebe* zu bekräftigen und die Notwendigkeit zu erhellen, das Kreuz in der einen oder anderen Form anzunehmen, um dieses Ziel zu erreichen."[a]

Ja, denn Charismen und Prophetien – auch jene, die sich im Laufe der Jahrhunderte im Ordensleben inkarniert haben – werden vergehen, allein die Liebe wird kein Ende haben!

---

a Ebd., S. 193-194.

# Abkürzungen

| | |
|---|---|
| CCCM | *Corpus christianorum contiuatio medievalis*, Turnhout |
| CIC | *Codex iuris canonici* |
| DV | *Dei Verbum*, Dogmatische Konstitution des II. Vatikanums |
| IL | *Instrumentum laboris* der Bischofssynode über das geweihte Leben |
| LG | *Lumen Gentium*, Dogmatische Konstitution des II. Vatikanums |
| PC | *Perfectae caritatis*, Dekret des II. Vatikanums |
| PG | *Patrologiae cursus completus. Series graeca*, hrsg. von J.-P. Migne, Paris 1857-1886 |
| PL | *Patrologiae cursus completus. Series latina*, hrsg. von J.-P. Migne, Paris 1844-1864 |
| RB | *Benediktus-Regel* |
| SC | *Sacrosanctum concilium*, Konstitution des II. Vatikanums |
| VC | *Vita consecrata*, Nachsynodales Apostolisches Schreiben über das geweihte Leben |

Pachomius
KLOSTERREGELN
hg. von Heinrich Bacht SJ
400 Seiten, broschiert, Euro 24,80
ISBN 978-3-8306-7429-0

Um 320 gründete der ägyptische Mönch Pachomius das erste christliche Kloster am Ufer des Nils. Die von ihm verfasste Lebensordnung wurde richtungsweisend für die entstehende monastische Bewegung.

Horsiese
GEISTLICHES TESTAMENT
hg. von Heinrich Bacht SJ
188 Seiten, broschiert, Euro 14,80
ISBN 978-3-8306-7328-3

Horsiese († ca. 380/390) als zweiter Nachfolger des Pachomius erläuterte in seinen Unterweisungen („Liber Orsiesii") das geistliche Erbe des verehrten Gründers und der frühen Klöster.

KLEINE ÄGYPTISCHE MÖNCHSREGELN
hg. von Daniel Tibi OSB
72 Seiten, broschiert, Euro 9,80
ISBN 978-3-8306-7463-4

Die Regeln des Antonius und Isaias entstammen einer späteren Epoche des ägyptischen Mönchtums und geben Einblicke in die Lebensweise einer halberemitischen Mönchsform.

Basilius von Caesarea
MÖNCHSREGELN
hg. von Karl Suso Frank OFM
456 Seiten, broschiert, Euro 29,80
ISBN 978-3-8306-7433-7

Die von Basilius zusammengestellten Anweisungen prägen bis heute die Praxis des ostkirchlichen Mönchtums. In dieser Textausgabe sind die „Längeren" und „Kürzeren Regeln" wiedergegeben.

www.eos-verlag.de

Augustinus
DIE HANDARBEIT DER MÖNCHE
hg. von Karl Suso Frank OFM
116 Seiten, broschiert, Euro 14,80
ISBN 978-3-8306-7481-8

Gegen 400 verfasste der Kirchenvater Augustinus eine Schrift gegen arbeitsscheue Mönche. Darin zeigt er auf Grundlage der Heiligen Schrift, dass Arbeit für den Mönche eine selbstverständliche Pflicht ist.

MÖNCHSREGELN VON LÉRINS
hg. von Michaela Puzicha OSB
218 Seiten, broschiert, Euro 19,80
ISBN 978-3-8306-7419-1

Aus dem Umkreis des gallischen Inselkloster Lérins sind eine Reihe kurzer Mönchsregeln enthalten. Sie berufen sich auf das Vorbild der Wüstenväter und geben Einblick in die Anfangszeit der westlichen Mönchsbewegung.

Pseudo-Basilius
WEISUNG AN EINEN GEISTLICHEN SOHN
hg. von Athanas Recheis OSB
88 Seiten, broschiert, Euro 9,80
ISBN 978-3-8306-7423-8

Die dem hl. Basilius von Cäsarea fälschlicherweise zugeschriebene Schrift ist wohl im Umkreis des gallischen Inselklosters Lérins entstanden und hat mit ihren Formulierungen die Benediktusregel beeinflusst.

Cäsarius von Arles
KLOSTERREGELN
FÜR NONNEN UND MÖNCHE
hg. von Ivo Auf der Maur OSB
144 Seiten, broschiert, Euro 13,80
ISBN 978-3-8306-7325-6

Erste Nonnenregel der westlichen Kirche und weitere Schriften des Cäsarius zu klösterlichen Themen.

www.eos-verlag.de

Columban von Luxeuil
MÖNCHSREGELN
hg. von Ivo Auf der Maur OSB
96 Seiten, broschiert, Euro 9,80
ISBN 978-3-8306-7276-0

Die Quellenausgabe enthält die in Luxueil verfasste Klosterregel Columbans (ca. 543-615), die sich an keltische Bräuche anlehnt, und weitere Schriften des irischen Mönchsvaters.

REGEL DES PAULUS UND STEPHANUS
hg. von Karl Suso Frank OFM
54 Seiten, broschiert, Euro 9,80
ISBN 978-3-8306-7484-9

Die kleine Regel des Stephanus und Paulus entstand wohl gegen Mitte des 6. Jahrhunderts, ungefähr zur Zeit und im Raum, in dem die Benediktusregel festgehalten wurde. Inspirierend wirkte das Vorbild der Wüstenväter.

HISPANISCHE KLOSTERREGELN
hg. von Karl Suso Frank OFM
164 Seiten, broschiert, Euro 16,80
ISBN 978-3-8306-7483-2

Die Brüder Leander (ca. 531-601) und Isidor (ca. 560-630) bekleideten als Mönche nacheinander die Bischofswürde von Sevilla. Für seine Schwester Florentina verfasste Leander eine Lebensordnung, während Isidor für ein Männerkloster eine Regel entwarf.

Smaragdus von Saint-Mihiel
PROLOG DES KOMMENTARS ZUR BENEDIKTUSREGEL
hg. von Katharina Hauschild OCist
128 Seiten, broschiert, Euro 14,80
ISBN 978-3-8306-7421-4

Der karolingische Reformabt Smaragdus (ca. 750-ca. 830) hat den ältesten erhaltenen Kommentar zur Benediktusregel verfasst. Aus dem umfangreichen Werk wird hier der einleitende Teil veröffentlicht.

www.eos-verlag.de

Michaela Puzicha OSB (Hrsg.)
KOMMENTAR ZUR BENEDIKTUSREGEL
Mit einer Einführung von Christian Schütz.
Im Auftrag der Salzburger Äbtekonferenz
669 Seiten, gebunden, Euro 45,00
ISBN 978-3-8306-7112-1

Versweise Auslegung der Benediktusregel, wobei besonderer Wert auf die biblische und patristische Tradition gelegt wird.

Michaela Puzicha OSB (Hrsg.)
QUELLEN UND TEXTE ZUR BENEDIKTUSREGEL
unter Mitarbeit von Abt Johannes Gartner
und P. Plazidus Hungerbühler
Im Auftrag der Salzburger Äbtekonferenz
656 Seiten, gebunden, Euro 45,00
ISBN 978-3-8306-7278-4

Ausführliche Wiedergabe der patristischen Quellentexte der RB.

Michael Casey OCSO
EINFÜHRUNG IN DIE BENEDIKTUSREGEL
Ein geistliches Ausbildungsprogramm
288 Seiten, gebunden, Euro 24,80
ISBN 978-3-8306-7415-3

Überblick zur neueren Erforschung der Regel mit Schwerpunkt auf der Vermittlung in heutige Lebenssituationen der Klöster.

Michael Casey OCSO
FREMD IN DER STADT
Glaube und Werte in der Regel des hl. Benedikt
216 Seiten, gebunden, Euro 18,50
ISBN 978-3-8306-7285-2

Ein Klostereintritt fordert die Bereitschaft zu einem Identitätswandel und zu innerer Umformung. Dargelegt werden die Werte, die das klösterliche Lebensprogramm bestimmen.

www.eos-verlag.de